Macht und Herrschaft

Herausgegeben von
Christian Sigrist

Veröffentlichungen
des Arbeitskreises zur Erforschung
der Religions- und Kulturgeschichte
des Antiken Vorderen Orients
und des Sonderforschungsbereichs 493
Band 5

Alter Orient und Altes Testament

Veröffentlichungen zur Kultur und Geschichte des Alten Orients und des Alten Testaments

Band 316

Herausgeber

Manfried Dietrich • Oswald Loretz

2004
Ugarit-Verlag
Münster

Macht und Herrschaft

Herausgegeben von
Christian Sigrist

Veröffentlichungen
des Arbeitskreises zur Erforschung
der Religions- und Kulturgeschichte
des Antiken Vorderen Orients
und des Sonderforschungsbereichs 493
Band 5

2004
Ugarit-Verlag
Münster

Macht und Herrschaft
hrsg. von Christian Sigrist
Veröffentlichungen des Arbeitskreises zur Erforschung der Religions- und
    Kulturgeschichte des Antiken Vorderen Orients und des Sonderforschungs-
    bereichs 493, Band 5
AOAT Bd. 316

Herstellung: Hanf Buch & Mediendruck GmbH, Pfungstadt

Printed in Germany

ISBN 3-934628-55-9

Printed on acid-free paper

Inhalt

I. Sozialwissenschaftliche Beiträge

II. Beiträge aus der alttestamentlichen Wissenschaft, der Ägyptologie und der Assyriologie

Vorwort

„Macht und Herrschaft" war der Titel zweier Symposia, welche das Teilprojekt C2 „Thronwechsel und Usurpationen in Kleinasien, Mesopotamien, Persien, Israel und Ägypten" innerhalb des SFB 493 „Funktionen von Religion in antiken Gesellschaften des Vorderen Orients" in den Jahren 2001 und 2003 unter Leitung des Münsteraner Soziologen Christian Sigrist veranstaltete. Ziel war es, den immer noch nicht ganz einfachen Versuch zu unternehmen, die auf Allgemeingültigkeit zielende Theoriebildung zu Macht und Herrschaft in der Soziologie mit der historischen Beschreibung und Analyse konkreter antiker Herrschaftsformationen in den Altertumswissenschaften in ein fruchtbares Gespräch zu bringen.

Im ersten Symposion ging es um eine kritische Auseinandersetzung mit dem dreibändigen Werk von Michael Mann, „Geschichte der Macht" (englisch 1986-1993; deutsch 1990-1998), das eine kulturgeschichtliche Gesamtsicht von den Anfängen der Menschheit bis in die Gegenwart wagt. Das zweite Symposion hatte die Entstehung von Herrschaft zwischen den Geschlechtern zum Thema, einem Aspekt, der von Michael Mann vernachlässigt worden war. Die grundlegenden Ausführungen der Soziologen Christian Sigrist, Rüdiger Haude und Thomas Wagner sind aus diesen beiden Veranstaltungen hervorgegangen. Sie wurden ergänzt durch Fallstudien zu Herrscherwechseln und Herrschaftssicherung aus dem ägyptischen Kanaan (Simon D. Schweitzer), dem alten Israel (Rüdiger Schmitt), und dem alten Mesopotamien (Gebhard J. Selz und Walter Mayer), die aus weiteren Tagungen der Projektgruppe C2 stammen.

Ich möchte an dieser Stelle noch einmal allen danken, die zum Gelingen der beiden Symposia beigetragen haben, insbesondere Herrn Kollegen Sigrist und seiner Hilfskraft, Frau Katharina Wolf, für die hervorragende Organisation und generöse Bewirtung. Ich danke Frau Wolff und den Doktorandinnen und Doktoranden Anke Ilona Blöbaum, Monika Himstedt und Simon Schweitzer für die Präsentationen aus ihrer Arbeitsgruppe, in denen soziologische Modelle an den von ihnen untersuchten historischen Thronwechseln und Usurpationen überprüft wurden. Schließlich danke ich Herrn Dr. habil. Rüdiger Schmitt für die umsichtige redaktionelle Betreuung des Bandes, stud. theol. Frauke Fähndrich für das Korrekturlesen und Herrn Prof. Dr. Sigrist für die freundliche Übernahme der Herausgeberschaft.

Münster, den 15. Februar 2004
Rainer Albertz

Zum Geleit

Christian Sigrist

Das Verhältnis von Soziologie und Geschichte (als Geschichts-wissenschaft) zu klären, stellte sich selbst im Kontext der im vorliegenden Band behandelten Thematik als schwierig heraus. Man kann dieses Verhältnis aber auch formal, und damit einfacher, angehen: Während der Beginn der ἱστορία mit Herodot angesetzt wird, wurde der Begriff Soziologie erst 1830 von Auguste Comte geprägt. Und erst Émile Durkheim begründete die Soziologie als eine empirische Wissenschaft. Er war auch der erste Professor für Soziologie. Comtes „Soziologie" war von Montesquieu und Condorcet beeinflußt, ganz entscheidend aber durch die „positive Wissenschaft" Saint-Simons geprägt, von dem er auch die drei-Stadien-Theorie übernahm. Während Condorcet bereits den Ausdruck „art social" und „sciences morales et politiques" geprägt hatte, (dies aber in einem evolutionstheoretisch-emanzipatorischen Entwurf), und mit der Anwendung der Wahrscheinlichkeitstheorie auf Wahlentscheidungen dazu bereits einen empiriebezogenen Beitrag geleistet hatte, war Saint-Simons Lebenswerk eine Reaktion auf die „große Krise", welche die französische Revolution gesellschaftlich wie im Bereich der Sozialphilosophie ausgelöst hatte. Seine „positive Wissenschaft" war einerseits eine Absage an die „Metaphysiker" und „Ideologen", im wesentlichen aber das Projekt einer konstruktiven Gestaltung der sich herausbildenden Industriegesellschaft im Interesse der „Produzenten" (d.h. in erster Linie der Unternehmer).

Durkheim setzte dieser gesellschaftspolitischen Fixierung eine auf systematische Beobachtung „sozialer Tatsachen" beruhende Fachwissen-schaft entgegen, auch wenn dies ein starkes Engagement in der Gestaltung des französischen Erziehungswesens nicht ausschloß. Die auf empirische Forschung gegründete Theoriebildung wurde aber zugleich auf evolutions-theoretische Fragestellungen bezogen. Obwohl Durkheim Schüler des bedeutenden Historikers Foustel de Coulanges war, ging es ihm in erster Linie um die kritische Analyse der zeitgenössischen bürgerlichen Gesellschaft (insbesondere um das Anomieproblem), ehe er sich mit seinen Forschungen über „Elementare Formen des religiösen Lebens" einer anthropologisch fundierten Evolutions- und Wissenschaftstheorie zuwandte. Durchgängig zentrale Begriffe blieben aber Institution, Funktion, Integration und Struktur in ihrem Bezug auf das soziale Kollektiv.

In Deutschland bildete sich eine stärker am methodischen Individualismus orientierte Variante der neuen Wissenschaft heraus. Zugleich war ihr überragender Denker, Max Weber, weit stärker durch historische Studien geprägt. Dies gilt insbesondere für seine „Römische Agrargeschichte" wie auch für seine religionssoziologischen Studien. Gleichwohl ging es ihm um die Erkenntnis epochenübergreifender Transformationsprozesse wie der „Modernisierung", die religionssoziologisch als „Entzauberung der Welt", organisationssoziologisch als „Bürokratisierung" analysiert wurden. Die religionssoziologischen Studien standen unter der Leitfrage nach den religiösen Wurzeln des wirtschaftlichen Handelns, letztlich nach den Gründen für die Entstehung des Kapitalismus in modernen okzidentalen Gesellschaften.

Dabei ist anzumerken, daß die beiden bedeutendsten Religionssoziologen wie die meisten ihrer Nachfolger eine „agnostische Methodologie" (Rainer Albertz) verfolgten, was aber eine spannungsreiche Auseinandersetzung von Soziologie mit theologischen Traditionen wie mit den Theologien der Gegenwart ermöglicht.

Festzuhalten bleibt, daß für Durkheim wie Weber religionssoziologische Studien eine zentrale Bedeutung besaßen, nachdem sowohl Saint-Simon wie Auguste Comte gegen Ende ihres Lebens nach langen Phasen rationalistischer Religionskritik zu Stiftern eigener Sekten geworden waren.

Gegen Ideologien wie den Rassismus setzten sowohl Durkheim als auch Weber auf die Definitionsschärfe von Grundbegriffen und präzise Ableitungen. Gerade im thematischen Kontext des vorliegenden Bandes kommt Max Webers Definitionen von Macht, Herrschaft und Staat eine grundlegende Bedeutung zu.

Die US-amerikanische Soziologie läßt sich weitgehend auf diese beiden Protagonisten zurückführen; ähnliches gilt für die britische Sozialwissenschaft, deren wichtigste Ausprägung die social anthropology war, wichtiger jedenfalls als der auch als Klassiker der Soziologie geltende Henry Spencer, der als Begründer des Sozialdarwinismus dem widerstrebenden Darwin die Definition von Selektion als „survival of the fittest" aufgedrängt hatte. Und selbstverständlich schafft die Einlösung der empirischen Forschungsqualität durch das Ehepaar Webb, die Hawthorne-Studien und die Arbeitslosenstudie von Jahoda u.a. ein neues höheres Niveau für die Entwicklung der Soziologie auf der Basis industriesoziologischer Untersuchungen; zu denen hatte bereits Max Weber durch die von ihm angeleiteten Untersuchungen der sozialen Situation von Industriearbeitern einen wichtigen Beitrag geleistet, nachdem er die Auswertung der Landarbeiterenquête des „Vereins für Sozialpolitik" übernommen hatte.

Wie Durkheim und Weber zeichneten sich die britische social anthropology und die US-amerikanischen Vertreter der Soziologie und der cultural anthropology durch eine klare Distanzierung von rassistischen Ideologien aus.

Dieser kurze Überblick zeigt zumindest eine wesentliche Differenz von „Geschichte" als Wissenschaft und Soziologie: letztere ist eindeutig geprägt durch die durch die französische Revolution ausgelöste Krise, auch wenn in den nach dieser Krise formierten Gesellschaften Soziologie verschiedene Wege gegangen ist. Auch konservative Varianten der Soziologie müssen den Kriterien der empirisch fundierten Kritikfähigkeit standhalten.

Die Entwicklung der Soziologie bedeutete eine Verselbständigung gegenüber etablierten akademischen Disziplinen wie der Philosophie, vor allem aber der Geschichtswissenschaft, die gesellschaftliche Themen immer mitverarbeitet hatten, wie die auf Aristoteles' Begriff der πολιτικὴ κοινωνία zurückgehende Konzeption der societas civilis bis hin zu Heinrich Riehls Schrift „Die bürgerliche Gesellschaft". Zuvor hatte die Historie schon die Naturgeschichte an die (Evolutions-)Biologie verloren. Die „Geschichte" wurde insbesondere in Deutschland auf die Nationsproblematik umgestellt; eine Abwehrtendenz gegenüber der neuen kritischen Wissenschaft ist deutlich erkennbar. Mit der Reichsgründung verschärften sich wie bei Heinrich von Treitschke die völkischen, xenophoben Tendenzen zu rassistischen Ideologemen, auch wenn liberale Historiker wie Theodor Mommsen und jüdische Historiker wie Henry Breßlau (s. den „Berliner Antisemitismusstreit") sich scharf von diesen Ausfällen distanzierten. In der deutschen Geschichtswissenschaft setzte sich ein von soziologischer Begriffsbildung weit entferntes Forschungs- und Darstellungsprofil durch – ganz im Gegensatz zur französischen Annales-Schule.

Grundlegend bleibt die Verschiedenheit der „Logik der Forschung": Während die historischen Wissenschaften die Basis ihrer Objektivität in der Quellenkritik finden, wobei zwar neue Quellen und archäologische Objekte entdeckt werden können, aber letztlich quantitativ vorgegeben sind, verfügt die Soziologie über die statistische Erhebung hinaus über andere Methoden der empirischen Sozialforschung wie teilnehmende Beobachtung und experimentelle Untersuchungen, sieht sich dabei aber dem Dilemma der Dynamik ihres Gegenstandes, dem „sozialen Wandel", und auch revolutionären Transformationen konfrontiert. Dabei nimmt die Sozial-geschichte eine Zwischenstellung ein. Für alle genannten Disziplinen aber gilt, daß bei allem Bemühen um Objektivität die Standortgebundenheit des Wissenschaftlers wie die damit je unterschiedliche Rekonstruktion von historischer wie sozialer Wirklichkeit nicht prinzipiell zu beseitigen, sondern nur transparent gestaltbar ist.

In Deutschland hat sich in den letzten Jahrzehnten insbesondere dank der „Bielefelder Schule" (Koselleck, Wehler) ein grundlegender Wandel vollzogen – die Abwehrhaltung gegen soziologische Begriffsbildung ist überwunden. Dabei ist allerdings anzumerken, daß Begründer dieser Schule wie Conze und Ipsen ihre Forschungen während der NS-Zeit für die Planung von (Zwangs-) Umsiedlungen betrieben haben.

Die sozialwissenschaftliche Öffnung kann auch für die Altertumswissenschaften konstatiert werden, auch wenn die unvermeidliche Konzentration auf die Quellenprobleme soziologische Neugier mitunter ins Leere stoßen läßt.

Umgekehrt ist zu beklagen, daß bereits der Unterricht in Politik bzw. Sozialwissenschaften in den Schulen auch zu Lasten historischer Kenntnisse gewirkt hat, ganz zu schweigen davon, daß Soziologiestudenten nur ganz selten die sogenannten Orchideenfächer dazuwählen. Problematisch ist auch, daß soziologische Evolutions- und Systemtheoretiker die Geschichte häufig nur als Steinbruch benutzen.

Ein letztes Problem sei wenigstens angesprochen: die weitgehende Opposition von politischer Ökonomie und insbesondere des „historischen Materialismus" und als bürgerlich apostrophierter Soziologie. Die Abneigung Marxens gegen den abstrakten und affirmativen Soziologen Comte ist nachvollziehbar. Die „Klassiker" haben gleichwohl wichtige soziologische Erkenntnisse produziert – insbesondere in der Klassenanalyse. Als verhängnisvoll hat sich aber Lenins Stigmatisierung der Soziologie als bürgerliche Ideologie erwiesen. An dieses Verdikt hielt sich zwar nicht die linkshegelianische Frankfurter Schule der „Kritischen Theorie" – ähnliches gilt für Parteikommunisten wie Eric Hobsbawm und den eingekerkerten KPI-Generalsekretär Antonio Gramsci, dessen Neukonzeption der „Zivilgesellschaft" allerdings posthum beliebig instrumentalisiert wurde –, im kommunistischen Herrschaftsbereich wurde Lenins Position aber weitgehend durchgesetzt, nicht nur von Stalin, der den Histomat verfälschend dogmatisierte, sondern auch von Mao Tse-tung. Nur in Polen und Ungarn hat sich in den RGW-Ländern Soziologie behaupten können. Hingegen hatte die „marxistische Soziologie" auch in der DDR nur einen marginalen Status. Diese Fehlentwicklung hat – wie beabsichtigt – ein wichtiges Potential an Gesellschaftskritik ausgeschaltet und entscheidend zur mangelhaften Selbstwahrnehmung des gesellschaftlichen Systems im „realen Sozialismus" und zu dessen Implosion geführt.

Die Überwindung dieser Disparität von Soziologie und marxistischer Sozialwissenschaft ist eines der Ziele, das sich Michael Mann gesetzt hat – ein wichtiger Grund, seine „Geschichte der Macht" zum Ausgangspunkt des Colloquiums „Macht und Herrschaft" zu wählen.

Macht und Herrschaft – eine Einführung in eine kontroverse Thematik der Geschichts- und Sozialwissenschaften

Christian Sigrist

1. Burckhardts kritische Perzeption von Macht

„Alle Macht ist an sich böse!" Mit diesem Ausspruch könnte ein anarchistischer Traktat beginnen. Er stammt aber von Jacob Burckhardt, Patrizier und Professor in Basel, der mit Anarchismus nichts im Sinn hatte. Allerdings war er frei von jener *Machttrunkenheit* und Staatsvergötzung, deren Umsichgreifen und Steigerung er im damaligen Europa kritisch beobachtete.

Das Diktum findet sich dreimal in den „Weltgeschichtlichen Betrachtungen"[1]; zunächst im Zusammenhang mit den Expansionstendenzen europäischer Territorial- und Nationalstaaten:

> „Und nun zeigt es sich – man denke dabei an Louis XIV, an Napoleon und an die revolutionären Volksregierungen –, daß die Macht an sich böse ist, daß ohne *Rücksicht auf irgend eine Religion* das Recht des Egoismus, das man dem Einzelnen abspricht, dem Staate zugesprochen wird." (1978: 36)

Burckhardt befürchtet einen dunklen Ausgang des modernen Strebens der Völker zur Einheit und zum Großstaat, und er wiederholt.

> „Und nun ist die Macht an sich böse, gleichviel wer sie ausübe. Sie ist kein Beharren, sondern eine Gier und eo ipso unerfüllbar, daher in sich unglücklich und muß also Andere unglücklich machen." (1978: 97)

Diese Aussage läßt sich aber nicht nur auf staatliche Macht beziehen; sie gilt auch für andere Formen von Macht, insbesondere für *wirtschaftliche* Macht. Beide zitierten Sätze aus Burckhardts Vorlesung beziehen sich implizit auf Hobbes' Leviathan, auch wenn er dessen Vertragskonstruktion für absurd erklärt.

---

[1] Es handelt sich dabei um Manuskripte von Vorlesungen, die Burckhardt von 1868 bis 1873 in Basel gehalten hat und die von seinem Neffen Jacob Oeri 8 Jahre nach Burckhardts Tod in redigierter Form veröffentlicht wurden.

In seiner von tiefem Pessimismus geprägten Diagnose der gesellschaftlichen Krise antizipiert er die Verschärfung der Kriegsproblematik. Drohend aber steht die Verflechtung der gegenwärtigen Krisis mit gewaltigen Völkerkriegen in Aussicht (1978: 191).

Ich habe Burckhardts Spruch vorangestellt, weil er mit dem Hegel-Epitheton „an sich" darauf aufmerksam macht, daß eine fundamentale Herrschaftskritik nicht auf einen ahistorischen Standpunkt hinauslaufen muß, sondern daß sie eine Analyse des Staates als „Potenz", als wirkender Kraft nicht ausschließt. Diese Analyse hat Burckhardt in seiner Konzeption der drei Potenzen (Religion, Staat, Kultur) in Form der „Betrachtung der sechs Bedingtheiten" konkret umgesetzt. Die Rückbesinnung auf Burckhardt soll uns aber auch den tödlichen Ernst des Themas bewußt machen. Sprüche wie: *„Anarchie ist machbar, Frau Nachbar!"*, tragen dem nicht Rechnung. Im Kontext seiner Betrachtungen kritisiert Burckhardt die Politisierung von Religionen und wiederholt das bereits zitierte Diktum:

> „Macht und Besitz sind es, die in der abendländischen Kirche das Heiligtum mehr und mehr mit Unberufenen ausfüllen. Macht ist aber an sich böse."
> (1978: 139)

Im gleichen Absatz findet sich eine Differenzierung: Burckhardt wirft der Kirche einen „falschen Machtsinn" vor, wodurch sie versäumt, „eine sittliche Macht im Völkerleben" zu sein (S. 138). Im Anschluß an die von der Kirche betriebene Bekämpfung von Häretikern mithilfe des „weltlichen Arms", die u.a. zur Ausrottung der Albigenser führte, merkt Burckhardt an:

> „Die Nemesis lag darin, daß die Kirche mehr und mehr ein Polizeiinstitut wurde, und daß die Hierarchen danach rochen." (1978: 55)

Im Zusammenhang mit dem „heiligen Recht" der Staats- und Priestermacht in den frühen Staaten behauptet Burckhardt, daß eine Hemmung alles Individuellen und eine „heilige Versteinerung" eingetreten sei. (1978: 107)

Die asiatischen Despotien, als deren Vorbild ihm unstreitig Ägypten erscheint, sind durch das „Stillstellen" der Kultur bestimmt (1978: 85); im „Geistigen herrscht Stillstand, Beschränkung" (1978: 86). Zweifelsohne zeigt Burckhardt hier eine durch den damaligen Forschungsstand begünstigte, stereotype Wahrnehmung der alten „Kulturstaaten", wenn er von den „ganz ungeschlachten Königsburgen von Ninive" schreibt und fortfährt: „(...) die elenden Anlagen und die knechtische Skulptur regierten die Jahrhunderte weiter." (1978: 87)

Burckhardt differenziert immerhin seine Kritik an der großräumigen Zentralisierung in der Form von Reichen, ohne seine prinzipielle Position aufzugeben:

„Rom rettete dann vor allem die sämtlichen Kulturen der alten Welt, soweit sie noch vorhanden und überhaupt zu retten waren (...) Das [römische] Kaiserreich ist jedenfalls allen alten Weltmonarchien enorm überlegen und überhaupt die einzige, welche bei allen Mängeln den Namen verdient." Entscheidend für ihn ist die durch dieses Reich gesicherte „Kontinuität der Bildung". (1978: 90)

Burckhardt beobachtet den Akkumulations- und Konzentrations-mechanismus von Machtverhältnissen keineswegs nur bei den Flächen-staaten; in unüberbietbarer Form sieht er diese Mechanismen z.B. in den griechischen Poleis, wobei der „Städtehaß" (2002: 221[2]) eine ganz besonders verhängnisvolle Rolle spielte. Schon in der „Kultur der Renaissance in Italien" hatte er die internen wie externen Machtkämpfe ohne jede Kleinstaatsillusion beschrieben. Er schreibt sogar:

„Im allgemeinen läßt sich von den Gewaltherrschaften des 15. Jahrhunderts sagen, daß die schlimmsten Dinge in den kleineren und kleinsten Herrschaften am meisten sich häuften." (1925: 27)

Aber auch die bürokratisch-repressiven Züge späterer Staatlichkeit werden hier – ausgehend von Kontrollpraktiken des Staufers Friedrich II –, wie z.B. in Padua, „völlig" durchgeführt, z.B. das Paßwesen. (1925: 12) Die italienischen Tyrannenstaaten orientierten sich an den Vorbildern der Normannenreiche und speziell am Herrschaftssystem des „ersten modernen Menschen", eben dieses staufischen Kaisers, dessen Verordnungen „auf die völlige Zerstückelung des Lehenstaates, auf die Verwandlung des Volkes in eine willenlose, unbewaffnete, in höchstem Grade steuerfähige Masse" hinausliefen. (1925: 5) Die Machtproblematik auch der kleinen griechischen Stadtstaaten sieht Burckhardt bereits in ihrem Entstehungszusammenhang: dem häufig gewaltsamen Synoikismus, dem zunächst ein Gewaltzustand vorausging, der durch die dorische Wanderung geschaffen war. (2002: 4) Er kontrastiert „die auch gewaltsame Übersiedlung der Widerstrebenden [Dörfler] oder auch ihre Zernichtung" (2002: 43) mit der „Zeit, da man dorfweise (...) gewohnt hatte", sie sei „bei aller Leidenschaft der Stämme doch wohl die unschuldigere gewesen; man hatte sich etwaigen Landräubern und Piraten zu wehren gehabt, dabei aber das Bauernleben gepflegt; jetzt stand Polis gegen Polis als Concurrenten des Daseins und der politischen Macht". (2002: 44)

---

[2] Zum Zweck dieser Einführung wurde der 1. Band der „Griechischen Culturgeschichte" herangezogen, soweit sie das Verständnis der „Weltge-schichtlichen Betrachtungen" sinnvoll ergänzen. Wie dieses Werk ist auch die Griechische Culturgeschichte postum von seinem Neffen Jacob Oeri herausgegeben worden. Die Zitate im Text dieses Essays stammen aus Band 19 der Kritischen Gesamtausgabe, die L. Burckhardt, B. von Reibnitz und J. von Ungarn-Sternberg besorgt haben.

Diese Veränderungen bewirkten eine Einschränkung des Feldbaus. Er vermutet:

> „Die Synoikismen können der Anfang der Verödung Griechenlands gewesen sein." (S.45)

Kolonienbildung und Kriege zwischen Poleis und Symmachien verschärften die machtbedingten Brutalitäten. „Politischer Haß" motivierte extreme Repression gegen Konkurrenten. (2002: 223) Burckhardt modifiziert auch hier seine Kritik an den Großstaaten:

> „Die Macht auf Erden hat sich von jeher, wenn ihr Interesse ins Spiel kam, Vieles gestattet, aber in großen Staaten bändigt sie die vielen kleinen Einzelkräfte und hat in der Regel und auf lange Zeiten den Wunsch, nach außen Frieden zu halten. Griechische Poleis dagegen sind Kleinstaaten, deren innere Unruhe seit dem V. Jahrhundert beständig nach außen drängt und sich, sobald Krieg ausgebrochen ist, das Äußerste erlaubt hat." (2002: 223f.)

Burckhardt verweist auf mögliche Deportationen und Ausrottungen, die Verwüstung von Städten, Tötung der Männer und Versklavung der Weiber und Kinder, das Abhacken der rechten Hand. (S. 226-228) Die griechische Polis zeichnet sich also nicht durch ein besonderes Maß an Menschlichkeit aus. Apodiktisch schreibt Burckhardt:

> „Menschenrechte giebt es im Alterthum überhaupt nicht und auch bei Aristoteles nicht." (2002: 54)

Spezifisch für die Polis als „ein höheres Kulturprodukt" (2002: 56) gilt, daß sie „vom Ganzen" ausgeht und von ihren Bürgern Hingabe und Opferbereitschaft fordert. Mehr noch:

> „Wenn sich nun in den guten Zeiten das Höchste und Edelste, was in dem Griechen lebte, auf die Polis bezog, so war sie im Grunde seine Religion." (2002: 58)

Diese ideelle Vorrangigkeit der Polis steht aber in einem Spannungsverhältnis zur realen historischen Entwicklung:

> „Die griechische Staatsidee (...) mit ihrer völligen Unterordnung des Einzelnen unter das Allgemeine" hat „zugleich die Eigenschaft entwickelt, das Individuum auf das Stärkste voranzutreiben." (2002: 61)

Diese Tendenz ist die Basis für das allen griechischen Poleis gemeinsame agonale Prinzip und damit die Permanenz von Machtkämpfen im Inneren wie nach außen. Durch die „Entfesselung des Individuellen" erhält die

Kultur zwar „gewaltige Stöße". (1978: 88) Burckhardt betont aber das produktive Moment dieser Umbrüche:

> „Allein der Glanz des Ruhmes und der Bildung überwiegt am Ende doch alles. Nur in einem griechischen Staatswesen erreichten alle Kräfte des entfesselten Individuums jene Spannung und Schwingung, welche überall das Höchste zu leisten gestattete." (1978: 88f.)

Burckhardt interpretiert Macht als Tendenz zur Zentralisierung und zur Ausdehnung von Herrschaftsverhältnissen und ist mit Max Webers Machtansatz kompatibel. Burckhardt hielt aber seine Skepsis gegen die Folgen von Vermachtung konsequent durch, während Max Weber die herrschaftliche Zentralisierung politischer und ökonomischer Macht für unvermeidlich hielt und seine Ambivalenz nur in düsteren Metaphern wie dem „Gehäuse jener Hörigkeit der Zukunft", in welche der Modernisierungsprozeß führe, dabei aber mit der Ohnmacht der Fellachen im altägyptischen Staat vergleichbar sei, Ausdruck verlieh. (1980: 332) Diese Metapher hat auch Michael Mann übernommen und bereits auf den archaischen Staat angewandt. Ethnosoziologisch läßt sich ein Nachtrag anbringen, der mit Burckhardts Sicht der griechischen Frühgeschichte kompatibel erscheint: Peter Funke hat in seinem Beitrag für das Alfred Heuß-Colloquium die Frage aufgeworfen, ob wir für die "dunklen Jahrhunderte der griechischen Geschichte" annehmen können, daß die poleis gründenden Phratrien oder Phratrienverbände die Merkmale „segmentärer Gesellschaften" (vgl. Sigrist 1994) aufwiesen.

2. Hannah Arendts Konzeption von Macht und ihre Differenz zum Ansatz von Max Weber

Von dem kritisch-wertenden Gebrauch des Machtbegriffs bei Burckhardt unterscheidet sich Hannah Arendts Begriff fundamental:

> „Macht entspricht der menschlichen Fähigkeit, nicht nur zu handeln oder etwas zu tun, sondern sich mit anderen zusammenzuschließen und im Einvernehmen mit ihnen zu handeln. Über Macht verfügt niemals ein Einzelner; sie ist im Besitz einer Gruppe (...)" (1990:45)

Sie wendet sich insbesondere gegen die Gleichsetzung von Macht und Gewalt:

> „Der Extremfall der Macht ist gegeben in der Konstellation: Alle gegen Einen, der Extremfall der Gewalt in der Konstellation: Einer gegen alle." (1990: 43)

Hier werden die entgegengesetzten Pole von Arendts Analyse sichtbar: Einerseits die antike Polis als Raum freier Öffentlichkeit; dort die totale

Herrschaft, die auf der von ihr geschaffenen Atomisierung der Gesellschaft
aufbaut (vgl. dazu auch Arendt 1962):

> „Die Gewaltherrschaft bezweckt und erreicht die Entmachtung der
> Gesellschaft, bis sie einer organisierten Opposition nicht mehr fähig ist, und
> dies ist der Augenblick, wo der eigentliche Terror entfesselt werden kann.
> Die Tyrannis ermöglicht die Ohnmacht, welche dann totale Herrschaft
> ermöglicht." (1990: 56)

Arendt sieht das Böse nicht in der Macht, wie sie von ihr definiert wurde,
sondern in den Herrschaftsapparaten, in der Bürokratie (1981: 41), deren
Funktionäre die „Herrschaft des Niemand" und im schlimmsten Fall die
„Banalität des Bösen" verkörpern. (1963)

Arendts Essay „Macht und Gewalt" ist eine eher situationsgeprägte als
systematische Reaktion auf die Gewaltdiskussion in der aus dem Protest
gegen den Vietnamkrieg entstandenen Studentenbewegung. Während ihre
Polemik gegen unterschiedliche Gewaltanalysen teilweise arbiträr erscheint,
muß ihre Konzeption des Machtbegriffs als eine interessante Alternative
sowohl zu Burckhardts Sichtweise wie zur Weberschen Herrschaftssoziologie berücksichtigt werden. Auf die bezieht sie sich implizit auch,
wenn sie fordert, die „verhängnisvolle Reduktion des Politischen auf den
Herrschaftsbegriff" zu „eliminieren" (1990: 45). Arendt kritisiert insbesondere radikale Gewalttheoretiker wie Frantz Fanon und das „ständige
Anwachsen der von Mao Tse-tung verkündeten, ganz und gar un-
marxistischen Überzeugung: ,Die politische Macht kommt aus den Gewehrläufen'." (1990: 15) Dagegen schreibt Arendt apodiktisch: „Was niemals aus
den Gewehrläufen kommt, ist Macht." (1990: 54) In unmittelbarem
Anschluß daran hebt sie „Gandhis außerordentlich mächtige und
erfolgreiche Strategie des gewaltlosen Widerstandes" hervor, deren Ergebnis
die Entkolonisierung Indiens gewesen sei. Auch wenn sie einräumt, daß
diese Strategie bei anderen Gegnern wie Stalins Rußland oder Hitlers
Deutschland mit „administrativem Massenmord" beantwortet worden und
also gescheitert wäre, so ist doch kritisch zu konstatieren, daß Arendts
positive Bewertung auf der Unkenntnis des tatsächlichen Entkolonisierungs-
prozesses beruht: Gandhis *ahimsa*-Ideologie war „mächtig und erfolgreich"
in der Mobilisierungsphase des indischen Nationalismus in der
Zwischenkriegszeit, spielte aber bei der Entscheidung der „Machtfrage" im
eigentlichen Entkolonisierungsprozeß keine wesentliche Rolle. Diese war
vielmehr eine Konsequenz des bengalischen Nationalismus, dessen Führer
Subhas Chandra Bose im Exil mit japanischer Unterstützung die Indian
National Army organisiert hatte. Deren militärische Niederlage gegen die
britische Kolonialarmee und der Unfalltod ihres Gründers (1945) beendeten
aber nicht den gewaltsamen Aufstand. Es waren vielmehr Meutereien in der
indischen Marine als Reaktion auf die Verurteilung von Offizieren dieser
Nationalarmee und die gleichzeitigen Bauernaufstände und Arbeiterstreiks,

welche die britische Herrschaft in Indien beendeten. Gandhis Charisma hat sich nicht als Herrschaft institutionalisiert; der Indian National Congress hat es vielmehr für Zwecke instrumentalisiert, die seinen Idealen diametral entgegengesetzt waren. Arendt faßt ihre Position wie folgt zusammen:

> „Politisch gesprochen genügt es nicht zu sagen, daß Macht und Gewalt nicht dasselbe sind. Macht und Gewalt sind Gegensätze (...) Gewalt tritt auf den Plan, wo Macht in Gefahr ist." (1990: 57)

Sie spitzt ihre These zu:

> „Gewalt kann Macht vernichten; sie ist gänzlich außerstande, Macht zu erzeugen." (1990: 57)

Mit ihrer Schlußfolgerung: „Man kann weder die Macht aus der Gewalt noch die Gewalt aus der Macht ableiten" (1990: 58), bezieht Arendt implizit gegen Webers Ableitungssystematik Position, in der das staatliche Gewaltmonopol ein besonderer Fall von Macht ist. Sie apostrophiert Webers Definition des Staates „als ein auf das Mittel der legitimen (...) Gewaltsamkeit gestütztes *Herrschafts*verhältnis von Menschen über Menschen" (1990: 36).

Arendt übergeht in ihrer Kritik an Webers Begrifflichkeit, daß Webers Staatsdefinition keine Aussagen über das „Wesen" des Staates, sondern über das ihn charakterisierende Mittel bezweckte. Dem steht auch Webers Zitieren von Trotzkis Ausspruch in Brest-Litowsk: „Jeder Staat wird auf Gewalt gegründet" (1980: 506), nicht entgegen. Denn auch in diesem Kontext beharrt Weber darauf, daß Gewaltsamkeit „nicht das normale oder das einzige Mittel des Staates, wohl aber das ihm spezifische" sei, um anschließend das spezifische zu präzisieren: „das Monopol legitimer physischer Gewaltsamkeit".

Es spricht für die soziologische Phantasie Max Webers, daß er die gewaltfreie „Gegenwelt" zu konzipieren vermag:

> „Wenn nur soziale Gebilde bestünden, denen die Gewaltsamkeit als Mittel unbekannt wäre, dann würde der Begriff ‚Staat' fortgefallen sein, *dann* wäre eingetreten, was man in diesem besonderen Sinne des Wortes als ‚Anarchie' bezeichnen würde."

In zwei Sätzen wird zwar die Gewaltsamkeit in primitiven Gesellschaften nur als überholte Marginalie der Vergangenheit gestreift. In „Wirtschaft und Gesellschaft" betont er allerdings den „anarchischen" Aspekt primitiver Gemeinwesen:

> „Eine nur durch die gedankenlose, oder irgendwelche unbestimmten Folgen von Neuerungen scheuende, Innehaltung des faktisch Gewohnten regulierte

Anarchie kann fast als der Normalzustand primitiver Gesellschaften angesehen werden." (Kap. IX, 6. Abschn., 1956: 678)

Diese Konzeption veranschaulicht er im „antiken Judentum" im Anschluß an Wellhausen am Beispiel der arabischen Bedu (1963: 14; vgl. dazu Sigrist 1997).

Arendt hätte spezifisch auf Webers Macht-Definition eingehen können als „Chance, seinen Willen auch gegen Widerstreben durchzusetzen" (vgl. 3. Abschnitt): Webers restriktive Zuspitzung des angeblich „amorphen" Machtbegriffs ist in der Tat kritisierbar, weil sie als Folge der Organisations- und Ordnungsfixierung von Webers Systematik die konstruktiven Aspekte von Macht als Gemeinschaftshandeln in den Schatten stellt.

Arendts Autoritätsbegriff ist überzeugender als Webers Kons- truktionen, gerade weil sie den Begriff „Gehorsam" nicht repressiv verengt. Autorität differenziert sie als Person- oder Amtsbezogen; sie beruht auf „fragloser Anerkennung"; „sie bedarf weder des Zwanges noch der Überredung" (1990: 46), wohl aber des Respekts. „Ihr gefährlichster Gegner ist nicht Feindschaft, sondern Verachtung, und was sie am sichersten unterminiert, ist das Lachen." (1990 46f)

Die Schwäche dieses Ansatzes liegt aber in den Unklarheiten, die mit dem Amts-Bezug entstehen. Gleiches gilt für den Begriff der „Staatsmacht". Zugleich können Überschneidungen mit Webers Legitimitätstypenansätzen festgestellt werden.

Arendt ist im Hinblick auf ihre Idealisierung der griechischen Polis in ihrem Buch „Vita activa" zu kritisieren. Burckhardts Analysen des agonalen, d.h. aber auch brutalen Charakters der Machtkämpfe in den Poleis wie zwischen ihnen lassen ihre Ausführungen über die antike „Politik" als einseitig erscheinen.

Arendts Machtbegriff hat gegenüber dem Weberschen den Vorzug, daß er auf die soziale Gruppe bezogen ist, während deren Platz in Webers Ableitungssystematik der „Verband" einnimmt (dies gilt unbeschadet der Tatsache, daß Weber den Begriff „Gemeinschaft" verwendet – allerdings stark bezogen auf den Begriff der legitimen Ordnung). Arendts Machtbegriff korrespondiert dem Durkheimschen Konzept von „Solidarität", allerdings ohne deren repressive Komponente, die „contrainte sociale", die alle gesellschaftlichen Einheiten auf das Individuum ausüben.

Arendt betont das synergetische Moment von Macht; Weber definiert sie repressiv. Webers Begriff ist direkt auf ökonomische Verhältnisse in komplexen Gesellschaften (z.B. Klassenkonflikte) anwendbar; durch seine Präzisierung im Herrschaftsbegriff und deren weitere Ableitungen ist er sowohl auf innerbetriebliche Herrschaftsverhältnisse als auch auf politische Organisationsformen, vor allem verschiedene Staatsformen, anwendbar.

Arendts Ansatz sollte aber nicht verdrängt werden; dies wird durch Michael Manns IEMP-Ansatz (*ideological, economical, military, and political power*; siehe den folgenden Beitrag von Haude, insbes. S. 19ff.) ermöglicht, obwohl Mann diese Autorin genau so wenig berücksichtigt, wie Jacob Burckhardt.

Während der „amorphe" Machtbegriff anhand von Burckhardt und Weber einerseits und Arendt andererseits problematisiert wurde, sollen im folgenden die nur ansatzweise gemachten Aussagen über den Herr- schaftsbegriff in einem systematischen begrifflich-historischen Überblick weitergeführt werden.

3. Herrschaft – ein begrifflich-historischer Überblick[3]

Herrschaft ist als historischer Begriff durch eine große semantische Variation gekennzeichnet. Diesem durch die deutsche Sozialgeschichte geprägten Begriff stehen allein in den europäischen Sprachen höchst unterschiedliche rechtsgeschichtliche und analytische Äquivalente mit überwiegend lateinischer Wurzel gegenüber, wobei sich der deutsche Begriff als umfassender und komplexer erweist (Lat.: auctoritas, dignitas, dominium, imperium, iurisdictio, maiestas, potestas, principatus, territorium; Franz.: autorité, domination, empire, juridiction, maîtrise, pouvoir, puissance, seigneurie, souveraineté; Engl.: authority, command, dominion, Empire, lordship, manorial estate, mastery, reign, rule, sovereignty, power, domination; vgl. Kosellek, 1982: 14). Herrschaft geht zurück auf das althochdeutsche Adjektiv hêr (grau, erhaben) und seine Steigerung hêriro (senior). Entsprechend der patriarchalischen Grundstruktur der deutschen Sozialverbände wird seit dem frühen Mittelalter damit der Hausherr (pater familias) bezeichnet, dem kraft Verfügungsgewalt über das „ganze Haus" und insbesondere über Grundeigentum Anweisungs- und Vertretungs- befugnisse zukommen. Diese Terminologie für private Herrschaft wird auf politische Strukturen übertragen, auf feudale Grund- und Landesherrschaft. Herrschaft erscheint dabei als personenfixiertes Sozialverhältnis, das erst mit der sich herausbildenden Differenzierung politischer Strukturen, bei gleichzeitiger Zentralisierung, insbesondere in Form der Territorialstaaten zunehmend depersonalisiert wird. Das Grundverhältnis von Herrschaft und Knechtschaft wirkt aber soweit nach, daß es in Hegels „Phänomenologie des Geistes" als grundlegend thematisiert wird (1952: 141-150). Mit der abnehmenden Verfügbarkeit der Dienerschaft setzt sich ein Prozeß der Entspezifizierung des Herren-Titels bis hin zur formalen Demokratisierung der Anrede durch. Diese sozialhistorische Semantik ist in die Herrschafts- definition Max Webers eingegangen. Dank seiner universalhistorisch konzipierten Herrschaftstypologie ist Webers Herrschaftsbegriff gleichwohl zum unumgehbaren Ausgangspunkt der Begriffsbildung auch der internationalen Soziologie geworden.

---

[3] Eine stark gekürzte Version ist abgedruckt in: RGG[4] III, Tübingen 2000.

Weber versteht Herrschaft als eine bestimmte Form der Ausübung von
Macht, definiert als „Chance, innerhalb einer sozialen Beziehung seinen
Willen auch gegen Widerstreben durchzusetzen" (1921 Kap I §15, 28).
Dieser „soziologisch amorphe Begriff" von Macht wird im Begriff der
Herrschaft präzisiert als „die Chance, für einen Befehl bestimmten Inhalts
bei angebbaren Personen Gehorsam zu finden" (ebd.). Als verschärfte Form
von Herrschaft definiert Weber „Disziplin" als „die Chance, kraft eingeübter
Einstellung für einen Befehl prompten, automatischen und schematischen
Gehorsam bei einer angebbaren Vielheit von Menschen zu finden"; sie
schließt „die Eingeübtheit des kritik- und widerstandslosen Massen-
gehorsams" (1956: 29) ein. Mit dieser Zuspitzung wird die Zielrichtung der
Weberschen Begriffsbildung deutlich: die Analyse von Staaten einschließlich ihres Militärs.

Zentraler Bezugspunkt der Weberschen Herrschaftsanalyse ist die
Kategorie der „geltenden Ordnung", die einerseits auf Gebiete bezogen wird,
deren Durchsetzung durch Leiter und Verwaltungsstäbe erfolgt. Die
raumgestaltende Tätigkeit, die „Raumordnung" ist ein wichtiger Aspekt
politischer Verbände, speziell von Staaten. Dies gilt insbesondere für
Territorialstaaten, Reiche und „Weltmonarchien". Ein wichtiges Attribut von
expansiven Territorialstaaten ist der Anspruch auf Verfügung über die
Residenz von Untertanen bzw. Unterworfenen. Eine extreme Umsetzung
findet dieser Herrschaftsanspruch in den Deportationen gerade unterworfener oder abtrünniger Bevölkerungen. Allerdings erschienen sie in
archaischer Zeit eher als eine „Humanisierung": als Alternative zum
Genozid. Im Unterschied zu Deportationen moderner Diktaturen (z.B. des
Dritten Reiches) ist ihr Ziel gerade nicht der Genozid, sie dienen vielmehr
außer der Herrschaftssicherung bzw. –ausweitung der Beschaffung von
Arbeitskräften, insbesondere von Spezialisten. Deportationen sind allerdings
nicht auf große Staaten beschränkt; wie oben erwähnt waren sie auch ein
Merkmal griechischer Stadtstaaten, wobei allerdings die Maßnahmen
hethitischer und mesopotamischer Herrscher (insbesondere der Assyrer) und
vor allem der Achämeniden als „Vorlage" gedient haben können (vgl. den
Beitrag von Walter Mayer in diesem Band, 215-232; vgl. weiter Metzler;
Oded).

Diese hoheitliche Funktion der Raumordnung wird in weniger
dramatischer, gleichwohl einschneidender Weise auch von modernen
demokratischen Staaten in Anspruch genommen, wobei sie häufig an untere
Gebietsinstanzen delegiert wird: Umsiedlungen aus bergrechtlichen Gründen
oder zur Realisierung von hydraulischen Projekten bis hin zu Stadtteil-
„Sanierungen".

Weber unterscheidet drei „reine Typen legitimer Herrschaft" nach
ihrer Begründung für den geforderten Gehorsam: rationale, traditionale,
charismatische (1921 Kap III §2, 124). Im Prozeß der Modernisierung hat
sich der rationale Typ der legalen Herrschaft, deren typische Erscheinungs-

form die Bürokratie ist, durchgesetzt. Ihre überlegene Effektivität besteht in der Regulierung alltäglicher Probleme, besonders im Zusammenhang der „Massenverwaltung". Traditionale Herrschaft wie patriarchalische Autorität und der (asiatische) Patrimonialstaat verlieren an Bedeutung bzw. werden durch Modernisierungszwänge aufgelöst. Charismatische Herrschaft ist personalisiert und typisch in Notsituationen. In der modernen Gesellschaft sind charismatische Führer eine notwendige Ergänzung bürokratischer Herrschaft, um politische Entscheidungen in Extremsituationen herbeizuführen. Mit dieser Emphase auf die politische Notwendigkeit von charismatischen „Nothelfern" hat Max Weber erheblich zur starken Stellung des plebiszitär legitimierten Reichspräsidenten in der Weimarer Verfassung beigetragen (1980, 448-501), wobei sich besonders das zu Webers Konzeption passende Instrument der präsidentiellen „Notverordnungen" als verhängnisvolle Vorbereitung des Weges in den Führerstaat erwies (Mommsen, 1974).

Webers Begriff von Herrschaft, der auf die Analyse staatlicher Organisationsformen und legitimierender Ideologien ausgerichtet ist, legt eine Interpretation von Herrschaft als soziale Universalie nahe. Andererseits hat Weber, wie bereits erwähnt, selbst den Normalzustand „primitiver Gesellschaften" als „regulierte Anarchie" bezeichnet (1921: 678). Dieser Begriff ist insbesondere von der politischen Anthropologie aufgegriffen worden. Es besteht weitgehender Konsens über die Unterscheidbarkeit von anarchischen, herrschaftsfreien bzw. nichtzentralisierten und zentralisierten, d.h. mit von Zentralinstanzen geleiteten Erzwingungsstäben ausgestatteten Gesellschaften. Im Anschluß an Durkheim sind solche Gesellschaften als „segmentär" bezeichnet worden.

Feldforschungen der social anthropology (Fortes; Evans-Pritchard[4]) und die Untersuchungen von Clastres haben institutionelle Vorkehrungen (Haude/Wagner) und bewußte Widerstandshaltungen als herrschaftsverhindernde soziale Tatsachen nachgewiesen. Den „Widerstand gegen das Königtum" hat für Alt-Israel Frank Crüsemann eindrucksvoll herausgearbeitet. Es stellt sich die Frage, ob nicht auch in anderen Staaten des antiken Vorderen Orients antiherrschaftliche Haltungen „Rebellionen" getragen haben und inwieweit Königstheologien nicht auch der „Verarbeitung" solcher Mentalitäten gedient haben.

Zeitpunkte frühgeschichtlicher, aber vorstaatlicher Herrschaftsbildung lassen sich nicht identifizieren; von einer Vielzahl von Emergenzen und Typen ist auszugehen (Mann). Die Betonung des physischen Zwangs als maßgebenden Herrschaftsmittels ergibt sich aus deren Bedeutung für die Herausbildung von Staatlichkeit und die bis in die Gegenwart reichende

---

[4] Die von diesen beiden Autoren vorgenommene Verengung des Begriffs der „segmentären Gesellschaft" auf Gesellschaften, die statt durch eine Zentralinstanz durch unilineare Abstammungsgruppen integriert sind, hat sich allerdings als nicht haltbar erwiesen.

Relevanz von Kriegen einschließlich der Notwendigkeit, technologisch überlegene Kriegsführung durch den Einsatz von Bodentruppen abzuschließen.

Die Zurückweisung von Herrschaft als sozialer Universalie beruft sich auf die Unterscheidung von Herrschaft und Autorität, z.B. von Ältesten in Stammesgesellschaften. Autorität beruht nicht auf physischen Sanktionen, sondern auf der Anerkennung sachlicher Überlegenheit und der sozialen Nähe zu ihren Adressaten. Den eindeutigen Beweis für die Existenz herrschaftsfreier Gesellschaften stellen geschlechts-egalitäre Gesellschaften dar (Lenz/Luig).

Private Herrschaft verfügt über Arbeitskräfte (Sklaven in der Antike oder auf den frühkapitalistischen Plantagen). Sie organisiert die industrielle Produktion in der kapitalistischen Fabrik [nach Marx: in despotischer Form (1969: 351)]. Eine besonders extreme Form privater Herrschaft über ein riesiges Territorium stellte die Aneignung des Kongo als Privateigentum durch den belgischen König Leopold II. dar. Mit brutalen Methoden wurde die entrechtete afrikanische Bevölkerung zur Zwangsarbeit in Minen und auf Plantagen gezwungen. Nach jahrelangen internationalen Protesten und mehr als 20 Jahren dieser privaten Herrschaft, die erst 1908 in ein staatliches Kolonialverhältnis umgewandelt wurde, war die Bevölkerung um 10 Millionen dezimiert (Hochschild, 2000). Webers Ansatz berücksichtigt die Bürokratisierung der kapitalistischen Unternehmen; ökonomische Macht kann darüber hinaus durch Unternehmensfusionen in ein einheitliches Herrschaftsgefüge überführt werden. Eine andere Variante moderner Despotie im Produktionsprozeß stellt die von deutschen Privatfirmen mit Zwangsarbeitern und KZ-Häftlingen betriebene Kriegswirtschaft dar. Staatliche Herrschaft in Form der modernen Despotie bestimmte die nachholende Industrialisierung der Sowjetunion (Kößler).

4. Zusammenfassung und Überleitung zu den folgenden Beiträgen
Nach diesen einleitenden Überlegungen ergibt sich die Notwendigkeit, einen übergreifenden konzeptionellen Ansatz von Macht und Herrschaft zu nutzen, wie er von Michael Mann entwickelt worden ist. Seine „Geschichte der Macht" ist die erste anthropologisch fundierte, sozialgeschichtliche Darstellung der Entwicklung von Machtgeflechten, die von den Anfängen bis in die moderne Zeit geführt wird. Ein besonderes Verdienst dieser großangelegten Untersuchung ist die Einbeziehung der Ergebnisse der social anthropology, wodurch die unterschiedlichen Ausbildungen von Macht und die Ansätze zur Ausprägung von Rangunterschieden und schließlich zur Herrschaftsbildung als emergent und nicht als Ergebnis einer einheitlichen, evolutionären Gesetzmäßigkeit interpretiert werden können. Seiner Aussage, „Einen allgemeinen Ursprung von Staat und Schichtung gibt es nicht" (I 90), ist voll zuzustimmen, zumal er sie inhaltlich mit Rekurs auf die Reversibilität sozialer Entwicklungen begründet.

Der mehrdimensionale IEMP-Ansatz (dazu: Rüdiger Haude, Institutionalisierung, 19ff., in diesem Band) erscheint auch für die vergleichende Analyse von Staatsbildungsprozessen im antiken Vorderen Orient voll anwendbar. Indem das Analysemodell aber nicht historisch und regional beschränkt, sondern epochen-übergreifend angelegt ist, ermöglicht es Einsichten in die historischen Prägewirkungen der frühen Staaten auf spätere Staats- und Reichsbildungsprozesse.

Daß ein so anspruchsvolles Vorhaben Defizite von vornherein in Kauf nehmen muß, dürfte auf der Hand liegen. Der erste Band der „History of social power" erschien 1986. Gerade für dieses Buch über die „Anfänge" gilt, daß es von neuen Ergebnissen der Archäologie in Einzelfragen überholt worden ist.

Zwei vermeidbare Vernachlässigungen von wichtigen Themen seien aber hier hervorgehoben: die Geschlechterverhältnisse und die Deportationen. In zwei besonderen Beiträgen (Rüdiger Haude, 59-84; Walther Mayer, 215-232) sollen im Anschluß an die Darstellung von Manns Theorieansatz und seiner Umsetzung in der Analyse der Staatenbildung in Mesopotamien diese Lücken geschlossen werden.

Literatur:
H. Arendt:
> Macht und Gewalt, München 1990.

H. Arendt:
> Eichmann in Jerusalem. Ein Bericht über die Banalität des Bösen, München 1963.

H. Arendt:
> Vita activa, München 1981.

H. Arendt:
> Elemente und Ursprünge totaler Herrschaft, Frankfurt 1962.

S. Breuer:
> Max Webers Herrschaftssoziologie, Frankfurt 1991.

J. Burckhardt:
> Weltgeschichtliche Betrachtungen, hrsg. von R. Marx, Stuttgart 1978.

J. Burckhardt:
> Die Kultur der Renaissance in Italien, Stuttgart 1925.

J. Burckhardt:
> Griechische Kulturgeschichte Bd. I, KGA IXX München - Basel 2002.

P. Clastres:
> Staatsfeinde, Frankfurt 1976.

F. Crüsemann:
> Widerstand gegen das Königtum. Die antiköniglichen Texte des Alten Testaments und der Kampf um den frühen israelitischen Staat, Neukirchen-Vluyn 1978.

M. Fortes/E. Evans-Pritchard:
> African Political Systems, London 1940.

P.Funke:
> Stamm und Polis. In Bleicken, J. (Hrg.): Kolloquium aus Anlaß des
> 80. Geburtstages von Alfred Heuß, Callmünz 1993, 29 - 48.

R. Haude/T. Wagner:
> Herrschaftsfreie Institutionen, Baden-Baden 1999.

A.Hochschild:
> Schatten über dem Kongo. Die Geschichte eines der großen,
> fastvergessenen Menscheitsverbrechen, Hamburg 2002.

G.W.F. Hegel:
> Phänomenologie des Geistes, Frankfurt 1952.

R. Koselleck:
> Herrschaft, in: O. Brunner/W. Conzer/R. Konselleck (Hg.):
> Geschichtliche Grundbegriffe III, Stuttgart 1982, 1-102.

R. Kößler:
> Despotie in der Moderne, Frankfurt 1993.

I. Lenz/U. Luig:
> Frauenmacht ohne Herrschaft, Berlin 1990.

M. Mann:
> Geschichte der Macht I-III, Frankfurt 1990ff.

K. Marx:
> Das Kapital I (1867), MEW 23, Berlin 1969.

W. Mayer:
> Politik und Kriegskunst der Assyrer, Münster 1995.

D. Metzler:
> Ziele und Formen königlicher Innenpolitik im vorislamischen Iran,
> unveröffentlichte Habil.-Schrift, Münster 1977.

M. Mommsen:
> Max Weber und die deutsche Politik, Tübingen 1974.

B. Oded:
> Mass deportations and deportees in the Neo-Assyrian Empire, Wies-
> baden 1979.

Ch. Sigrist:
> Regulierte Anarchie, Neukirchen-Vluyn 1994

Ch. Sigrist:
> Ein Gemeinwesen ohne Obrigkeit. Gedanken zu Wellhausens
> Akephalie-Paradigma, in: Religion und Gesellschaft, hrsg. von R.
> Albertz, AOAT 248, Münster 1997, 133-140.

Ch. Sigrist/R. Neu:
> Ethnologische Texte zum Alten Testament 1-2, Neukirchen-Vluyn
> 1989/1997.

M. Weber:
> Wirtschaft und Gesellschaft, Tübingen 1965 (1921).

M. Weber:
> Gesammelte Politische Schriften, Tübingen 1980 (1921).

M. Weber:
> Das antike Judentum (ges. Aufs. Zur Religionssoziologie III),
> Tübingen 1963.

Institutionalisierung von Macht und Herrschaft in antiken Gesellschaften

Rüdiger Haude

Lassen Sie mich meinen Vortrag mit einigen Bemerkungen zu den Bestandteilen seines Titels beginnen. 1. Indem von Institutionalisierung die Rede ist, wird Bezug genommen auf die neuere Institutionentheorie, insbesondere die „Theorie und Analyse institutioneller Mechanismen" (TAIM). Als *Institutionen* erscheinen dort (Rehberg 1994: 56) alle „'Sozialregulationen' [...], in denen die Prinzipien und Geltungsansprüche einer Ordnung symbolisch zum Ausdruck gebracht werden"; sie sind somit „Vermittlungsinstanzen kultureller Sinnproduktion" (Rehberg 1994: 57). Zugleich handelt es sich aber um „dauerhaft gewordene Machtbeziehungen" (Rehberg 1994: 72). Als *Institutionalisierung* lassen sich dann alle Prozesse der institutionellen Geltungsgenerierung und -wandlung beschreiben, so etwa Prozesse der *Abstraktion* (d.h. Absehung vom zeitlichen, räumlichen und sozialen Kontext eines sozialen Sachverhalts), der *Autonomisierung* (Absehung von den Funktionsbezügen, die den Ursprung einer Institution bewirkten, und deren Ausstattung mit "Selbstwertgeltung") und der *Akkumulation* institutioneller Geltung (d.h. der Tendenz von Institutionen, normativ aufs soziale Umfeld und seine Systeme auszustrahlen) (vgl. Rehberg 1973: 227ff).

2. Wie gesagt, ist *Macht* immer schon Bestandteil von Institutionalisierungen. Die Verteilung von Handlungs- und Durchsetzungschancen wird in jeder Sozialstruktur von einiger Dauer zum Gegenstand von Regulierungen. *Herrschaft* ist *eine* Lösungsmöglichkeit des Machtverteilungsproblems – nicht die älteste, nicht die häufigste, keineswegs eine selbstverständliche Lösung. Das Forschungsprogramm, das Thomas Wagner und mich vereint (vgl. Haude/Wagner 1999), besteht gerade darin, institutionelle Stabilisierungen solcher Machtverteilungen zu analysieren, die nicht herrschaftlich, ja geradezu intentional herrschaftsfeindlich sind. Die Mechanismen der Institutionalisierung – Gründungsmythen, Zeitkonzepte, Aufladung des Raums mit Sinn usw. – sind dabei dieselben wie in herrschaftlichen Ordnungen, die inhaltliche Ausfüllung dieser Kategorien ist

jedoch teilweise deutlich unterschieden. Was die theoretische Unterscheidung von Macht und Herrschaft betrifft, hat Christian Sigrist in seinem einleitenden Referat bereits sinnvolle kategoriale Bestimmungen vorgelegt[1]; ich möchte lediglich anmerken, dass die Existenz von Erzwingungsstäben mir zwar als wichtiger empirischer *Indikator* von Herrschaftsstrukturen erscheint, ich aber theoretisch nicht vorentscheiden möchte, ob nicht ideologische oder ökonomische Herrschaftsgenerierungen ohne derartige Stäbe institutionalisierbar wären (vgl. Haude 1999: 185).

3. Von *antiken Gesellschaften* zu sprechen, heißt nun jedoch, sich in einem herrschaftsdurchtränkten Terrain zu bewegen. Die TAIM geht davon aus, „daß sich die *Prinzipien* institutioneller Ordnungsstabilisierung und - erhöhung tiefgreifend durch die Herausbildung hochkultureller Herrschaftssysteme gewandelt haben, daß alle institutionellen Formen (also nicht nur die politischen) durch *Herrschaftsüberformungen* geprägt worden sind" (Rehberg 1994: 74). Ich möchte allerdings betonen, dass diese Typen-Unterscheidung nicht im Sinne einliniger evolutionistischer Abfolge-Modelle zu verstehen ist; dass vielmehr auch in diesem Terrain, wo Institutionen personaler Herrschaft dominieren, herrschafts*feindliche* Institutionalisierungen möglich sind, deren Logik gegenüber der Logik typischer segmentärer Institutionalisierungen ihrerseits charakteristisch unterschieden sein können. Vieles, was über die Institutionengeschichte des alttestamentlichen Israels zu sagen ist, gehört hierhin.

Dies vorausgeschickt, möchte ich Ihnen ein sozialwissenschaftliches Theoriemodell vorstellen, das sich explizit und avanciert mit Machtphänomenen in der Menschheitsgeschichte beschäftigt, wobei die früheste Staats- und Zivilisationsbildung, nämlich in Mesopotamien, eine paradigmatische Rolle spielt. Die Machtgeschichte Sumers und der Folge-Zivilisationen des mesopotamischen Raumes wird ebenfalls Gegenstand des Vortrags Thomas Wagners sein; hier geht es zunächst um eine kritische Darstellung des machttheoretischen Gerüsts, mit dem der britische Soziologe Michael Mann seine mehrbändige „Geschichte der Macht" bestreitet.

Ganz im Einklang mit unseren institutionentheoretischen Einsichten, konzipiert Mann „Macht" als eine gesellschaftlich unhintergehbare Kategorie, ohne sie in der menschlichen „Natur" zu verorten. „Das Machtbedürfnis ist ein *emergentes* Bedürfnis", postuliert er, welches erwächst,

---

[1] Es ist eine Ironie der Geschichte, wenn Sigrist das Stichwort „Herrschaft" für RGG[4] verfasst, nachdem der entsprechende Beitrag in RGG[3] von seinem alten Widerpart, dem Herrschaftsgeneralisierer Ralf Dahrendorf verfasst wurde. Dieser konzipierte Macht als strikt vor-institutionell und Herrschaft als ihre Bändigungsform, was zu so eigenartigen Bekenntnissen führte wie: „Der Werkmeister, der den ihm Unterstellten Arbeitsanweisungen gibt, übt Herrschaft aus; verlangt er dagegen erfolgreich, daß sie ihm sein Motorrad reparieren oder Bier holen, so übt er M. aus. [...] M. kann in der Regel als Überschreitung der Herrschaftsbefugnis verstanden werden." (Dahrendorf 2000: 20529)

soweit sich Macht als *Mittel* zur Befriedigung anderer, basaler Bedürfnisse erweist (GdM 1: 21). Diese „ursprüngliche Quelle der Macht", so Manns anthropologische Prämisse, besteht darin, dass Menschen „rastlos, zielorientiert und rational" seien, „bestrebt, ihren Genuß an den schönen Dingen des Lebens zu mehren und [...] fähig, die dazu erforderlichen Mittel herauszufinden und von ihnen Gebrauch zu machen" (GdM 1: 19). Dass dieses rationalistische Menschenbild alles andere als befriedigend ist, versteht sich: Was sorgt denn dafür, dass die Zielorientierung der Menschen sich einmal auf Reichtumsakkumulation, ein anderes Mal auf Müßiggang richtet; was definiert „die schönen Dinge des Lebens"? Hier bleibt also gerade das Institutionelle, das Symbolische, die „gesellschaftliche Konstruktion von Wirklichkeit" (Berger/Luckmann) unterbelichtet. Und überdies wird empirischen Gesellschaften theoretische Gewalt angetan: Gegen die Einsicht der politischen Anthropologie etwa, wonach die Menschen nur durch Repression zur Erwirtschaftung eines Surplus bewegt werden können (vgl. Sahlins 1974; Clastres 1976: 185), behauptet Mann, man könne den „Motivationsimpuls der Menschen, ihre Subsistenzmittel zu mehren, [...] getrost als gegeben nehmen"; er sei eine „Konstante" (GdM 1: 20).

Für unser Thema wichtig ist, dass Mann *terminologisch* Macht nicht von Herrschaft unterscheidet, sondern sie im Naturverhältnis (Macht einer Person als „Herrschaft über ihre Umgebung") und im sozialen Interaktionsverhältnis (*soziale* Macht als „Herrschaft über andere Menschen") ineinander fließen lässt (GdM 1: 22). Gleichwohl baut er auf dieser problematischen Prämisse ein theoretisches Modell auf, das herrschaftsferne Macht-Institutionalisierungen zu fassen erlaubt. Dies zeigt schon seine erste Aspekt-Differenzierung zwischen „**kollektiver**" und „**distributiver**" Macht. Distributiv ist Macht dann, wenn eine Person/ein Kollektiv Macht über eine andere Person/ein anderes Kollektiv ausübt. Der Machtzuwachs der einen Seite entspricht dem Machtverlust der anderen. Wie aber Talcott Parsons bereits erkannt hatte, kann durch *Kooperation* die Macht aller an ihr Beteiligten gesteigert werden – gegenüber Dritten oder gegenüber der Natur. Diesen Aspekt nennt Mann den der *kollektiven* Macht (GdM 1: 22; vgl. Haude/Wagner 1999: 54f).

Weiter unterscheidet Mann zwischen „**autoritativer**" und „**diffuser**" Macht. Während der erstgenannte Typus „klare Anweisungen und bewußten Gehorsam" impliziert, verteilt letzterer sich „in einer eher spontanen, unwillkürlichen, dezentralen Weise über die Bevölkerung und produziert dabei gleichartige Sozialpraktiken, die zwar ebenfalls Machtbeziehungen implizieren, aber keine explizit von oben verfügten" (GdM 1: 24).

Drittens unterscheidet Mann **extensive** und **intensive** Aspekte der Macht, wobei die Extensität sich auf die räumliche Reichweite von Machtwirkungen bezieht, die Intensität hingegen auf das „Maß an Engagement", das den Beteiligten abverlangt werden kann (GdM 3: 17).

Über die letzten beiden „Dimensionen" der Macht zeichnet Mann eine vierzellige Matrix, die typische „Institutionen" der je kombinierten Merkmale benennt (GdM 1: 25)[2]:

Abb.1.1: Formen organisationeller Machtentfaltung

	autoritativ	*diffus*
intensiv	Befehlsstruktur der Armee	Generalstreik
extensiv	Militaristisches Großreich	Markt

Es ist auffällig, dass Mann diese Matrix zwar mit der Dimension „intensiv/extensiv" errichtet, die ja keine Pole eines Kontinuums bezeichnet (Macht kann intensiv und extensiv *zugleich* sein, oder beides nicht), nicht jedoch mit der Dimension „distributiv/kollektiv". Hätte er dies getan, so hätte ihm auffallen müssen, dass Herrschaftsfreiheit nicht aus seinem Modell ausschließbar ist. Hier meine Improvisation eines solchen Schemas:

	autoritativ	*diffus*
distributiv	Die „reine" Form der Herrschaft	„Machtbildung auf einem Schiff" (Popitz)
kollektiv	Überlagerungs-Reiche	„Regulierte Anarchie" (Sigrist)

---

[2] Wie eine Anwendung der Unterscheidung extensiv/intensiv auf die spezifische *staatliche* Macht wirkt Manns an anderer Stelle eingeführte Unterscheidung von **despotischer** und **infrastruktureller** Macht. Despotische Macht ist „the range of actions which the elite is empowered to undertake without routine, institutionalised negotiation with civil society groups"; infrastrukturelle Macht dagegen „the capacity of the state to actually penetrate civil society, and to implement logistically political decisions throughout the realm" (APS: 188f; vgl. auch GdM 1, 278f). Über diese beiden Aspekte spannt Mann wiederum eine Matrix auf, mit der er vier Idealtypen des Staates gewinnt (APS: 191):

	infrastructural co-ordination	
	low	*high*
despotic power { *low*	feudal	bureaucratic
{ *high*	imperial	authoritarian

FIGURE 1 : *Two dimensions of state power*

Man vergleiche mit diesem Gedanken die fast identische Unterscheidung von Lawrence Krader, den Mann nicht zitiert. Über frühe Staaten behauptete Krader 1976: „The monarch is a despot who has absolut power over his courtiers, clients, retainers and slaves [...]. But his reach does not extend very far, and, historically, the villages have their own lives." (z.n. Skalník 1978: 612)

Das Herzstück von Manns Machttheorie und sein wichtigster Fortschritt steckt nun in der Einsicht, dass Gesellschaften im Hinblick auf die Macht in der Regel nicht wohlintegrierte Ganze sind, sondern dass die Menschen sich gleichzeitig in einer Vielzahl von „Machtgeflechten" befinden, deren „sozialräumliche" Grenzen keineswegs deckungsgleich sind. „Sich überlagernde Interaktionsnetze sind die historische Norm." (GdM 1, 37)[3] Der Staat, in dem ich lebe, hat andere Ausdehnungen als das Territorium, in dem Menschen meinen Glauben teilen, und beide unterscheiden sich von dem Raum, in dem die für mich relevanten ökonomischen Transaktionen stattfinden. Es sind vier Machtquellen bzw. Interaktionsnetze, welche Mann als die wichtigsten idealtypisch unterscheidet, wobei er richtig betont, dass in realen Institutionen niemals eine dieser Quellen isoliert zu beobachten sein wird. Diese vier Quellen sind die **ideologische**, die **ökonomische**, die **militärische** und die **politische Macht**. Nach den Anfangsbuchstaben dieser (englischen) Begriffe spricht Mann von seiner Theorie kurz als vom IEMP-Modell.

Ideologische Macht hat nach Manns geläuterter Definition im 3. Band seiner Machtgeschichte „ihren Ursprung in dem Bedürfnis der Menschen, dem Leben einen höheren Sinn abzugewinnen bzw. zu verleihen, Normen und Werte miteinander zu teilen und an ästhetischen und rituellen Praktiken zu partizipieren" (GdM 3: 18). Hier zeigt sich also eine besondere Nähe zur Dimension Symbolizität der Institutionentheorie. Allerdings wäre einzuwenden, dass weniger ein subjektives „Bedürfnis" nach Sinn usw. zu veranschlagen ist, sondern vielmehr ein aus der Logik sozialer Interaktion erwachsender objektiver „Zwang" im Sinne Durkheims. Das bedeutet keineswegs, dass ideologische Macht besonders herrschafts-affin sein müsse. Bei Mann figuriert sie im Gegenteil tendenziell als „diffuse", eben nicht „autoritative" Macht (GdM 1: 211; GdM 3: 18; APS: 199). Diese Diffusion verwirklicht sich in zwei Erscheinungsformen: 1) als sozialräumlich transzendent[4]; 2) als immanente Moral (Staatsideologien) (GdM 1, 48f). In Anknüpfung an einen Begriff Max Webers bezeichnet Mann Glaubenssysteme (zumindest jene im 1. Jahrtausend v.u.Z. entstandenen, die eine andere Theorietradition „achsenzeitliche" nennt) als „Schienenleger der Ge-

---

[3] Derselbe Gedanke findet sich auch in Jack Goodys Überlegungen zur Schrift-Geschichte. Was ist, fragt er (Goody 1986: 36), „in islamischen oder hinduistischen Gesellschaften das ‚Ganze'? In allen Strukturen – abgesehen von den einfachsten – verändern sich die Grenzen eines sozialen Interaktionsfeldes mit den verschiedenen Tätigkeiten eines Menschen". Mal verhalte er sich *als* Hindu, mal *als* Händler, mal *als* Angehöriger einer Kaste oder patronymischen Gruppe.

[4] In der theoretischen Konzeptualisierung ist Manns Transzendenzbegriff stark geographisch eingeengt („Lösungen für Probleme von Räumen […], die sehr viel größer waren, als irgendeine der damals existierenden Institutionen sie ordnen und lenken konnte" (GdM 1, 211). Zuweilen geht er aber über dieses reduktionistische Transzendenzkonzept hinaus (vgl. z.B. GdM1, 258.266).

schichte" (z.B. GdM 2, 185f). Für *diese* ideologischen Großprojekte beschreibt Mann Institutionalisierungsleistungen der *Abstraktion* (als Universalisierung), der *Autonomisierung* (wodurch sich, ganz wie in der Achsenzeit-Debatte, „Gegeneliten" etablieren, die überdies ein Quasi-Monopol über die Regulierung ihres „sozialen Kernbereichs, speziell der Familie und des Lebenszyklus", erlangen), und auch der *Akkumulation* (durch Relevantwerden für „die Massen", die nun erst eine relevante ideologische Beziehung zum Machtzentrum erlangten) (GdM 2, 185-198). Religion zeigt sich *in ihnen* „nicht nur als ein Widerschein von Gesellschaft", „sondern auch als eine kreative Kraft, welche die normative, rituelle Gemeinschaft, die eine Gesellschaft wirklich ist, aktiv hervorbringt und gestaltet" (GdM 2, 196). Für frühere Geschichtsepochen bleibt Manns Konzipierung von „ideologischer Macht" jedoch defizient. In seinem Erklärungsmodell für die Zivilisationsentstehung in Mesopotamien kommt sie so gut wie überhaupt nicht vor.

Ökonomische Macht „leitet sich her aus der Erfüllung von Subsistenzerfordernissen vermittels der sozial organisierten Extraktion, Transformation, Distribution und Konsumtion der Gaben der Natur." (GdM 1, 49; GdM 3, 18f) Sie ist, wie die ideologische, „generell diffus und nicht zentral kontrollierbar" (GdM 1, 50); das heißt, so etwas wie Kommando-Wirtschaft ist konzeptuell nicht vorgesehen. Mann verwendet einen ökonomischen Begriff von Klassen, bezeichnet als „herrschende Klasse" aber eine solche, der die Monopolisierung außerökonomischer Machtquellen gelungen ist (GdM 1, 50). Die ökonomische Organisation umfasst die „Praxiskreisläufe" der Produktion, Distribution, des Tauschs und der Konsumtion (GdM 1, 51). „Praxiskreisläufe" ist ein später von Mann als „unnötig kompliziert und schwerverständlich" aufgegebener Begriff, aufgegeben zugunsten der Konzepte „Klasse" (als vertikaler Gliederungseinheit) und „Segmente" (als horizontal konkurrierende ökonomische Gruppen) (GdM 3, 19). Da Manns anthropologische Prämissen ja nicht zuletzt auf den „Genuß an den [materiell gedachten] schönen Dingen des Lebens" zielen, hat die ökonomische Macht eine wichtige Stellung in seinem Konzept.

Militärische Macht ist „die soziale Organisation von physischer Gewalt. Sie leitet sich her aus der Notwendigkeit einer organisierten physischen Verteidigung und ihrer Zweckdienlichkeit im Falle aggressiver Absichten." (GdM 3, 20) „Die *militärische Organisation* ist in erster Linie *konzentrierte Zwangsgewalt*" (Spencer) und somit das, was Mann als *autoritative* Macht bezeichnet (GdM 1, 52) Militärische Macht ist „sozialräumlich zweidimensional": um einen inneren Bereich, in dem permanent zugeschlagen und somit Unterwerfung erzwungen werden kann, liegt ein „Halbschatten"-Bereich, der aus logistischen Gründen nur sporadisch heimgesucht und eingeschüchtert werden kann (GdM 1, 53). Manns problematische Wertbesetzung wird bei seinen Äußerungen zur konzentrierten Zwangsgewalt, die er offen bewundert, besonders deutlich. Sie sorge, schreibt er, „auch für positive Kooperation [...] – wie etwa im Falle der Sklavenarbeit in früheren Gesellschaften [...]." Wobei die affirmative Bedeutung des Ausdrucks „positiv" durch die Kontrastierung mit der „in ihrer Form negative[n], weil terroristische[n] – große[n] Reichweite militärischer Macht" klar wird (GdM 3: 21).

Politische Macht ist offensichtlich eine problematische Kategorie, schon wegen ihres tautologischen Charakters: Was wäre an ideologischer, ökonomischer oder militärischer Macht „unpolitisch"? Mann definiert sie höchst spezifisch: Politische Macht „leitet sich her aus der Zweckdienlichkeit territorialer, zentralisierter Regulierung" (GdM 3, 21). Politische Macht ist somit *staatliche* Macht (GdM 3, 23), und der Staat ist die „*zivile Administration*" im Unterschied zur militärischen (GdM 1, 26).[5] Es ließen sich Missverständnisse vermeiden, wenn dieses spezifische Phänomen als das konzeptualisiert würde, was es ist, etwa als „staatliche Macht". Spezifisch an diesem Machttyp ist, Mann folgend, dass er im Gegensatz zu den übrigen Machtquellen „die Grenzen zwischen den Völkern verstärkt" sowie auf einen speziellen Raum, das „Zentrum" beschränkt ist (GdM 1, 53). Die bevorzugte Machtform ist auch hier die *autoritative* Macht (GdM 1, 54). Die Konzentration auf den Aspekt der Zentralität verwundert insofern, als zu den interessanten Einsichten Manns über die Geschichte der vormodernen Staaten ja jene über das dialektische Verhältnis zwischen Zentralisierung und Fragmentierung gehört. An einer Stelle formuliert er gar im Hinblick auf Imperien: „All extensive societies were in reality ‚territorially federal'." (APS: 205) Auch die von Mann behauptete „Notwendigkeit" des Staates in nicht-primitiven Gesellschaften wäre zu hinterfragen. Er macht geltend, es gebe „gute soziologische Gründe" für diese These (APS: 195), teilt diese aber nicht mit, sondern beschränkt sich auf Scheinevidenzen wie: „Organisation und Arbeitsteilung tragen infolge der Momente von Überwachung und Koordination eine inhärente Tendenz zu distributiver Macht in sich." (GdM 1: 22)[6]. So bleiben als Gewinn von

---

[5] Manns Staatsdefinition: „*ein differenziertes Gefüge von Institutionen und Personen, das insofern Zentralität im Sinne von zentraler Macht verkörpert, als die darin implizierten politischen Verhältnisse ausstrahlen auf ein territorial abgegrenztes Gebiet, in dem er, der Staat, gestützt auf physische Gewalt, ein Monopol der verbindlichen und immerwährenden Regelsetzung beansprucht*" (GdM 1: 71) Dabei erwachsen u.a. folgende Probleme: 1. Regelsetzungsmonopol: Was ist mit religiösen Instanzen? 2. „gestützt auf physische Gewalt": Wo bleibt die Abgrenzung gegenüber militärischer Macht? 3. Zentralität: Wie ist mit dem Phänomen des Satrapentums u.ä. zu verfahren?

[6] Man könnte hier fast von einem „Topos" politischer Philosophie und politischer Soziologie sprechen. Zu entsprechenden Äußerungen von Karl Jaspers, Helmuth Plessner, Karl August Wittfogel u.a. vgl. Kapitel 1 der „Herrschaftsfreien Institutionen" (Haude/Wagner 1999: 23-49).

Manns Ausführungen über Staaten eine Reihe von interessanten Beobachtungen über deren Funktionalität (Aufrechterhaltung der inneren Ordnung, militärische Verteidigung bzw. Aggression, Aufrechterhaltung der Kommunikations-Infrastruktur, ökonomische Redistribution, Diplomatie) und brauchbare Analyse-Instrumente wie die Unterscheidung zwischen *despotischer* und *infrastruktureller* Macht. „Politische Macht" im Sinne Manns jedoch als eigene Macht*quelle* zu konzipieren, erscheint wenig einleuchtend. Staaten sind vielmehr Herrschafts-Institutionalisierungen, die von militärischer, ökonomischer und ideologischer, aber etwa auch bürokratischer Macht, zehren.

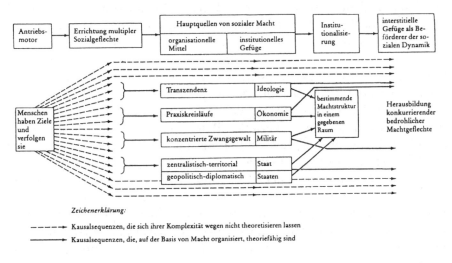

Abb. 1.2: Kausales IEMP-Modell von organisierter Macht

Manns Ansatz fehlt (womit er keineswegs allein unter seinen Kollegen steht) die institutionentheoretische Einsicht, dass symbolische Ordnungs-*Darstellungen* ebenso unhintergehbar für die von ihm „Organisationen" genannten Macht-Institutionalisierungen sind wie eben deren Machtstruktur und Machtwirkung. Aber er erkennt, dass diese Organisationen nie in der „reinen" Form des idealtypischen Modells auftreten, und somit auch eine militärische Organisation wie eine Armee mit ideologischer Macht, also Symbolizität, sozusagen infiziert ist. Außerdem untersucht er die Wechselbeziehungen zwischen den Machtquellen. Je stärker diese Wechselbeziehungen „institutionalisiert" sind, so macht er geltend, „desto mehr schießen die verschiedenen Machtgeflechte zu einer einheitlichen Gesellschaft zusammen." Am stärksten war dies aus ökologischen, „sozialräumlichen" Gründen im alten Ägypten der Fall, das entgegen Manns Modell sich „zur einzigen fast-einheitlichen Gesellschaftsformation des Altertums" entwickelte (GdM 1: 183). Im Normalfall aber habe gegolten, dass die „treibende Kraft der menschlichen Gesellschaft" nicht die Institutionalisierung gewesen sei. Die Geschichte verdanke sich vielmehr jenen „rastlosen Trieben, welche die Menschen veranlassen, verschiedenartige Netze extensiver und intensiver Machtbeziehungen zu knüpfen" (GdM 1, 35). Dass Mann diese „rastlosen Triebe" oder menschlichen „Ziele" geradezu als Gegensatz zum Institutionellen konzipiert, statt deren kulturelle, und das heißt: institutionelle Formung in Rechnung zu stellen, ist ein Defizit seiner Theorie. Gleichwohl enthält sein Gedanke eine wichtige institutionentheoretische Einsicht. Die inkongruenten Machtgeflechte bieten infolge ihrer mangelnden Integriertheit stets Zwischenräume, Nischen, Ritzen, in denen unbemerkt von der bestehenden Machtstruktur neue Institutionalisierungen stattfinden können, die eines Tages die alte Struktur ‚über den Haufen werfen'. Manns Terminus für diesen Vorgang lautet „interstitielle Emergenzen" (GdM 1: 36); ein wichtiges Beispiel dafür sind die Imperiengründungen durch „Grenzherren", die ihre Machtpotentiale teils aus Notwendigkeitserwägungen des Zentrums, teils unbemerkt von diesem ausgebaut haben. Institutionentheoretisch wäre hier von *Autonomisierung* zu sprechen.

Möglicherweise ließe sich der historische Vorgang der *Staatsentstehung* in vielen Fällen ebenfalls mit Prozessen „interstitieller Emergenz" erklären (was Mann, soweit ich sehe, nicht unternimmt). Hinsichtlich dieses Problems ist Manns Einsicht von der *Unwahrscheinlichkeit* der autochthonen Staatsbildung wichtig. Für den größten Teil der Zeit, in der es menschliche Gesellschaften gegeben hat, waren vielmehr zyklische, von Devolution geprägte Dynamiken normal (GdM 1, 73).[7] Mann erkennt sogar die Intentionalität der Staatsverhinderung in diesen vorgeschichtlichen Zeiten, wenn er schreibt: „Genau genommen, haben die Menschen einen beträchtlichen Teil ihrer kulturellen und organisationellen Fähigkeiten sogar eigens darauf verwandt, sicherzustellen, daß eine weitere Evolution nicht stattfand." (GdM 1, 73) Hier wirkte offensichtlich, in Manns Terminologie, „kollektive Macht" (GdM 1, 96) als „diffuse" und zugleich hoch wirksame. Wenn Mann diese Einsicht in einem Kapitel mitteilt, dessen Überschrift lautet: „Warum vorgeschichtliche Gesellschaften ohne Macht auskamen", so zeigt diese Widersprüchlichkeit, dass er vor dem analytischen Potential seiner Theorie gewissermaßen konservativ zurückschreckt.

Die wenigen Fälle in der Menschheits(vor)geschichte, in denen es zur Bildung von Staat und Zivilisation[8] kam, erklärt Mann mit der Metapher des „*Sozialkäfigs*".[9] Kurz gesagt, meint dieser Ausdruck, dass unter den

---

[7] Eine derartige Zyklizität wird auch im „epigenetischen" Evolutionsmodell von Friedman und Rowlands betont, das in der neueren historischen Soziologie vor allem von Stefan Breuer vertreten wird (vgl. Breuer 1990).

[8] Mann folgt bei seiner Bestimmung des Begriffs „Zivilisation" der Definition Colin Renfrews, wonach Zivilisationen durch die Existenz von zeremoniellen Zentren, Schriftlichkeit und Städten gekennzeichnet sind (GdM 1, 71f).

[9] Die Käfigmetapher scheint der Idee inkongruenter Machtgeflechte zu widersprechen (ein Käfig hat eindeutige, wohldefinierte Grenzen); ihr Wert besteht

ökologischen Bedingungen alluvialer Landwirtschaft[10] aufgrund der hohen
Fruchtbarkeit der Böden die Menschen in die Lage geraten, dass die emp-
fundenen Kosten des Weglaufens größer sind als die einer Herrschaftszumutung. Verstärkend tritt die Ausbildung einer Arbeitsteilung
zwischen dem alluvialen Zentrum und umgebenden Peripherien sowie die
Notwendigkeit militärischer Verteidigung des relativen Reichtums hinzu.
Dieses Argument hat eine Reihe namhafter Vorgänger. So hat James
Woodburn argumentiert, landwirtschaftliche Gesellschaften seien infolge des
in ihnen charakteristischen „verzögerten Ertrags" (als „delayed return
systems") nicht annähernd so egalitär wie Jäger-Sammler-Gesellschaften
(„immediate return systems"), und zwar aufgrund der mit der Produktionsweise verbundenen „bindenden Verpflichtungen" (Woodburn
1982). Mit einem ganz ähnlichen Argument hat Claude Meillassoux (1983)
die Wurzeln der Herrschaft in der „häuslichen Produktionsweise" verortet,
wobei er nicht nur in der landwirtschaftlichen Produktion, sondern auch in
der sexuellen Reproduktion ein System von Vorschüssen und Rück-
zahlungen postulierte, dessen Verwaltung von Ältesten unter Kontrolle
gebracht werde. Ich würde hier jedoch Michael Manns Befund folgen,
wonach der Entwicklung der Landwirtschaft in der neolithischen Revolution
jahrtausendelang eben *nicht* die Staatsentstehung folgte, sondern allenfalls
Ranggesellschaften sich bildeten, die alsbald in Devolutionsprozesse
gerieten. Entscheidend für die „Käfig"-Metapher bei Mann scheint vor allem
der Evolutionstheoretiker Robert Carneiro gewesen zu sein, der die
Staatsentstehung auf einen Vorgang zurückführt, den er „Zirkumskription"
nennt. Der Staat resultiert auch bei Carneiro aus der Abwesenheit einer *exit
option* für die Menschen, gleich ob dies aus einer geographischen
‚Insulation‘, einer großen Bevölkerungsdichte des Areals oder, wie bei
Mann, aus einer „Ressourcenkonzentration" resultiert (Carneiro 1970: 737).

Lassen Sie mich abschließend auf einige grundsätzliche Probleme der
Machttheorie Michael Manns eingehen. Dies mag erhellen, mit welchen
Modifikationen und Ergänzungen diese Theorie für historische Forschung
nutzbar gemacht werden kann. Der erste Einwand betrifft den Zuschnitt der
Machtquellen. Die gleichsinnige Konzipierung der staatlichen Macht (und
gar als schlechthin „politischer") mit den drei anderen Machtquellen habe

---

nur in der Einsicht, dass in einer Käfiggesellschaft den Menschen der Preis des
Weglaufens   höher   erscheint   als   der   Preis   des   Dableibens   unter
Herrschaftszumutung. – Im übrigen ist der Gedanke im Hinblick auf alluviale
Landwirtschaft wohl aus ökologischen Gründen überzogen (Versalzung der Böden
und Änderungen der Flussläufe bewirkten periodische Wanderungsbewegungen;
vgl. Stone/Zimanski 1995).

[10] Eine Abweichung von diesem Modell liefert lediglich das minoische Kreta, das
über keine alluviale Landwirtschaft verfügte. Die landwirtschaftliche Nutzung von
Oliven, Wein *und* Getreide im Kontext einer arbeitsteiligen Archipel-Situation
stellte hier ein „funktionales Äquivalent" dar (GdM 1, 193-197).

ich bereits problematisiert. Es scheint mir überdies nicht zwingend, militärische Macht vom staatlichen Handeln analytisch zu trennen. Manns Hinweis auf das autonome Agieren militärischer Akteure gegenüber „ihren" Regierungen (GdM 1, 29f) ist zwar triftig; aber Vergleichbares trifft etwa in modernen Staaten auch für bürokratische Verwaltungsapparate zu.

Eine allgemeine Machttheorie dürfte auch keinesfalls die gesamte Problematik der Geschlechterverhältnisse und ihrer Machthaltigkeit ausklammern. Mann tut dies mit dem Bonmot, seine *theoretische* Ungleichbehandlung der Geschlechter sei mit deren *faktischer* Ungleichbehandlung in der Geschichte zu rechtfertigen; in der Sphäre „öffentlicher" Machtbeziehungen seien Frauen nicht vorgekommen (GdM 1: 59f). Jedoch zeigen z.B. die Untersuchungen Gerda Lerners zur Patriarchatsentstehung in Mesopotamien, dass die Geschlechterverhältnisse als Machtstruktur, die quer zu Klassen- und Staatsstrukturen liegt, sämtliche Machtquellen Manns nicht unerheblich affizierten (Lerner 1995).

Die interessante Einsicht Manns von den inkongruenten Machtgeflechten wäre insoweit zu verfeinern, dass sie neben der räumlichen Komponente auch eine zeitliche bekäme. „Ungleichzeitigkeiten" in institutionellen Arrangements sind es ja, die z.B. Thorkild Jacobsen zu seiner These von der *Primitiven Demokratie* im alten Mesopotamien geführt haben. Aufgrund der Eigenlogik einzelner Institutionen, vor allem ihrer spezifischen Sinnbesetzung der Zeit und des institutionellen Mechanismus der Traditionalisierung konnte er vom versammlungsdemokratischen Charakter assyrischer und babylonischer Jurisdiktion sowie mythischer Pantheon-Konzepte auf die ursprünglich demokratische Struktur der zugehörigen Gesellschaften schließen; sie erwiesen sich als „stubborn survival" (Jacobsen 1970a: 162).[11]

Jacobsen lehrt ferner, dass Manns Fokussierung auf Zentralisierungs-„Leistungen" mit Skepsis begegnet werden sollte. Seine Engführung von „Politischer Macht" auf „staatliche Macht" zeugt ja von seiner unterschwelligen Reserve gegenüber dem eigenen Konzept. Ähnlich wird die differenzierte Macht-Begrifflichkeit zuschanden, wenn etwa „diejenigen, die das Recht auf Sinngebung *monopolisieren*, *kollektive* [...] Macht *ausüben* können" (GdM 1, 47). Kollektive Macht wäre sinnvoller diesseits von Monopolisierungen zu suchen, was Mann weithin vermeidet. Beredt ist insofern sein konsequentes Schweigen über Institutionalisierungen des alten Israel. Dass etwa der bis in die Gegenwart wirkmächtige herrschaftskritische

---

[11] Christoph Auffarth rezipiert Jacobsens Modell der „primitiven Demokratie" als analog zu Christian Sigrists „Regulierter Anarchie" (Auffarth 1991: 53n24) und will auch die homerische Gesellschaft als „Regulierte Anarchie" begreifen (185ff). Dies scheint denn doch eine Überstrapazierung des Begriffs, auch wenn in der Ilias Gleichheitsbewusstsein und Gegenseitigkeitsnormen als „stubborn survival" vorfindlich sein mögen.

Impuls der biblischen Propheten kein Thema für eine allgemeine
Machtgeschichte sein sollte, muss verblüffen.

Herrschaftsferne Institutionalisierungen von Macht wären aber auch
noch in ihrem dialektischen Zusammenhang mit herrschaftlichen
Rahmenbedingungen der Analyse wert. Hierhin gehören außer Jacobsens
Referenzinstitutionen der „primitiven Demokratie" etwa die von Elizabeth
Stone und Paul Zimanski analysierte Siedlungsstruktur von Maschkan-
Schapir, einer Stadt der Isin-Larsa-Zeit Anfang des 2. Jahrtausends v.u.Z.
Stone und Zimanski betonen die fehlende Trennung nach Wohlstand oder
Status in der Siedlungsstruktur von Maschkan-Schapir (mit lediglich dem
Nergal-Tempel und einer administrativen Gebäudeeinheit als her-
ausragenden Strukturen) und ziehen den Schluss: „The overall organization
of Mashkan-shapir suggests that textual sources have not misled us about the
broad involvement of Mesopotamian city dwellers in shaping their local
power relationships." (Stone/Zimanski 1995)

Dass die Bevölkerung nicht als Machtfaktor unterschlagen werden
darf, lehren auch mesopotamische Erlass-Texte derselben Zeit. Enlil-bani
von Isin berichtet im 19. Jahrhundert in einer Inschrift: „Nachdem ich in
Nippur das Recht wiedereingeführt hatte und sein Inneres sich beruhigte,
habe ich in Isin [...] das Recht und die Gerechtigkeit festgesetzt, (und) das
Innere des Landes hat sich beruhigt." (Simonetti 2000: 26) Daraus wird man
doch wohl schließen dürfen, dass die vorausgehende Unruhe des Landes und
der Städte zur hier verkündeten Senkung von Zinssätzen und Frondiensten
geführt hatte.[12] Und auch wenn der berühmte „propagandistische"
„Reformtext" des Königs Uru'inimgina (früher: Urukagina) von Lagaš (ca.
2350 v.u.Z.) verspricht, dass man „die Waise und Witwe dem Mächtigen
nicht ausliefert" (Simonetti 2000: 22f)[13], erweist sich, dass „das Volk" und
die Volkskultur durchaus Thema einer Machttheorie auch antiker
Gesellschaften sein müsste.

---

[12] Auch die pseudepigraphische Königsinschrift des Naram-Sîn berichtet im
Zusammenhang mit einem (fiktiven?) Erlassedikt, die „vier Winkel" hätten sich
gemeinsam gegen den Herrscher erhoben (Simonetti 2000: 42).

[13] Simonetti interpretiert die Königsinschrift Uru'inimginas als „propagandistischen"
Text des Usurpators, der seinen eigenen Aufstieg zum ersten Lugal von Lagaš als
„Rebellion des Gottes [Ningirsu] gegen den Niedergang der Stadt" darstellt. Als der
„erste bekannte Reformtext" ist sie auch reformgeschichtlich insofern bemerkenswert, als Uru'inimgina hier keine verlorengegangene Gerechtigkeit
wiederaufzurichten prätendiert, sondern eine neue, nie dagewesene zu errichten: eine
frühe Form nicht-zyklischer Zeitkonstruktion. Prototypisch zu bestimmten Aspekten
der israelitischen Religionsgeschichte könnte auch die Reservierung bestimmter
Ländereien für Ningirsu und andere Götter sein, Güter, die von der Ausbeutung
künftig besonders enthoben sein sollen: Ein früher Fall von Umbuchung
menschlicher Machtressourcen auf Götter in egalitärer Absicht (vgl. Assmann 2000:
50)?

Hier klafft bei Michael Mann eine Lücke. Auch eine Erörterung etwa von Robert Redfields Theorie des Verhältnisses von „Großer" und „Kleiner Tradition" (vgl. Goody 1986: 32-39) unterbleibt. Freilich ist die Elitenfixierung weit verbreitet in der historischen Sozialwissenschaft – man vergleiche etwa S.N. Eisenstadts Fassung der „Achsenzeit"-Theorie (Eisenstadt 1986) – und in gewissem Umfang ist dieser Bias wohl auch durch die Quellenlage mitbedingt. Die spannenden Ausführungen Hayim Tadmors etwa zur Frage der Verantwortlichkeit und Kritisierbarkeit babylonischer und assyrischer Monarchen (Tadmor 1986) bewegen sich voll auf der Ebene von Eliten-Konflikten, und ihm entgeht, dass die Hirtentitulatur als ideologische Machtressource keinen Sinn haben würde, wenn sie nicht auf reale Klassenkämpfe verwiese.[14]

Erstaunlicherweise ist es Michael Mann selbst, der Klassenkämpfe in antiken Gesellschaften als analysierbar demonstriert hat. In seinem frühen Aufsatz „States, Ancient and Modern" benennt er für das Imperium Romanum Banditentum, Sklavenaufstände, bestimmte Bürgerkriege und religiöse Schismata mit ökonomischer Motivation (wie jenes der Donatisten) als Formen des Klassenkampfs (SAM: 51ff; GdM 2: 29ff). Beim Blick auf orientalische Gesellschaften ist von dieser Sensibilität nicht viel übrig geblieben. Die „Volksmassen" kommen hier nur sporadisch vor, und wenn, dann im Rahmen unvermittelter Pauschaleinschätzungen wie jener, der „konzentrierte Zwang" der militärischen Macht habe sich vermutlich auch für sie „als gesellschaftlich nützlich" erwiesen (GdM 1, 288). Meine These ist, dass dieser elitistische und herrschaftsfrohe Bias *nicht* dem theoretischen Konzept Manns geschuldet ist, sondern seiner eigenen Idiosynkrasie gegenüber dessen konsequenter Anwendung. Ich möchte Sie einladen, in Ihrer Forschung Michael Mann zu sich selbst finden zu lassen und sein – an anderen Ansätzen der historischen Soziologie und an der Institutionentheorie geschärftes – Macht-Konzept anzuwenden. Beruht nicht im Atrachasis-Mythos die Schöpfung der Menschheit, wie deren mehrfache Bestrafung, zuletzt in der Sintflut, auf der Anwendung *kollektiver, intensiver* und *diffuser* Macht – dem Generalstreik?

---

[14] So wäre auch der Festkalender in seiner Bedeutung für die unteren Klassen und für soziale Kämpfe zu untersuchen. Wie Walther Sallaberger (2000: 259) für die 3. Dynastie von Ur zeigt, bestand die „politisch einigende Kraft der Feste" einerseits in der „Präsentation der hierarchischen sozialen Ordnung mit ihrer göttlichen Legitimation", andererseits sei hier die „von Königen so oft beschworene Sorge um die Bedürftigen zum Tragen" gekommen durch die Verausgabung von zum Teil riesigen Mengen an Nahrungsmitteln im Festmahl. Christoph Auffarth analysiert die anarchischen Umkehr-Rituale mesopotamischer Neujahrfeste als spielerische Experimente anderer Ordnungen, die in der Regel, aber nicht notwendig, mit der Restitution der gewöhnlichen Herrschaftsordnung enden (Auffarth 1991: 32f.55).

Literatur:

Assmann, Jan:
  Herrschaft und Heil. Politische Theologie in Altägypten, Israel und
  Europa. München/Wien: Hanser 2000.
Auffarth, Christoph:
  Der drohende Untergang. „Schöpfung" in Mythos und Ritual im Alten
  Orient und in Griechenland am Beispiel der Odyssee und des
  Ezechielbuches. Berlin/New York: de Gruyter 1991.
Breuer, Stefan:
  Der archaische Staat. Zur Soziologie charismatischer Herrschaft.
  Berlin: Dietrich Reimer 1990.
Carneiro, Robert L.:
  A Theory of the Origin of the State. In: Science 169, 1970. S.733-738.
Clastres, Pierre:
  Staatsfeinde. Studien zur politischen Anthropologie. Frankfurt a.M.:
  Suhrkamp 1976.
Eisenstadt, S.N.:
  Allgemeine Einleitung: Die Bedingungen für die Entstehung und
  Institutionalisierung der Kulturen der Achsenzeit. In: ders. (Hrsg.):
  Kulturen der Achsenzeit. Ihre Ursprünge und ihre Vielfalt. Teil 1:
  Griechenland, Israel, Mesopotamien. Frankfurt a.M.: Suhrkamp 1987.
  S.10-40.
Dahrendorf, Ralf:
  Macht und Herrschaft, soziologisch. In: Die Religion in Geschichte
  und Gegenwart. Handwörterbuch für Theologie und
  Religionswissenschaft. Hrsg. Kurt Galling. Ungekürzte elektronische
  Ausgabe der dritten Auflage. Berlin: Directmedia 2000 (Digitale
  Bibliothek Bd.12). S.20528-20537.
Goody, Jack:
  Funktionen der Schrift in traditionalen Gesellschaften. In: ders., Ian
  Watt und Kathleen Gough: Entstehung und Folgen der Schriftkultur.
  Frankfurt a.M.: Suhrkamp 1986. S.25-61. [Engl. zuerst 1968]
Haude, Rüdiger:
  Macht und Herrschaft bei Pierre Clastres. In: Peripherie Nr. 73/74,
  April 1999. S.184-199.
Haude, Rüdiger und Thomas Wagner:
  Herrschaftsfreie Institutionen. Studien zur Logik ihrer Symbolisierun-
  gen und zur Logik ihrer theoretischen Leugnung. Baden-Baden:
  Nomos 1999.
Jacobsen, Thorkild:
  Primitive Democracy in Ancient Mesopotamia. In: ders. Toward the
  Image of Tammuz and Other Essays on Mesopotamian History and

Culture. Cambridge, Mass.: Harvard University Press 1970. S.157-170.396-407. [Zuerst 1943] (1970a)

Jacobsen, Thorkild:
Early Political Development in Mesopotamia. In: ders. Toward the Image of Tammuz and Other Essays on Mesopotamian History and Culture. Cambridge, Mass.: Harvard University Press 1970. S.132-156.366-396. [Zuerst 1956] (1970 b)

Lerner, Gerda:
Die Entstehung des Patriarchats. Frankfurt a.M./New York: Campus 1995. [Engl. zuerst 1986]

Mann, Michael:
States, Ancient and Modern. In: ders.: States, War and Capitalism. Studies in Political Sociology. Oxford/New York: Basil Blackwell 1988. S.33-72. [Zuerst 1977] (SAM)

Mann, Michael:
The Autonomous Power of the State: Its Origins, Mechanisms and Results. In: Arch. europ. sociol., XXV (1984). S.185-213. (APS)

Mann, Michael:
Geschichte der Macht. Band 1: Von den Anfängen bis zur griechischen Antike. Frankfurt a.M./New York: Campus 1990. [Engl. zuerst 1986] (GdM 1)

Mann, Michael:
Geschichte der Macht. Band 2: Vom Römischen Reich bis zum Vorabend der Industrialisierung. Frankfurt a.M./New York: Campus 1991. [Engl. zuerst 1986] (GdM 2)

Mann, Michael:
Geschichte der Macht. Band 3, Teil I: Die Entstehung von Klassen und Nationalstaaten. Frankfurt a.M./New York: Campus 1998. [Engl. zuerst 1993] (GdM 3)

Meillassoux, Claude:
„Die wilden Früchte der Frau". Über häusliche Produktion und kapitalistische Wirtschaft. Frankfurt a.M.: Suhrkamp 1983. [Frz. zuerst 1975]

Rehberg, Karl-Siegbert:
Ansätze zu einer perspektivischen Soziologie der Institutionen. (Phil.Diss., RWTH) Aachen, 1973.

Rehberg, Karl-Siegbert:
Institutionen als symbolische Ordnungen. Leitfragen und Grundkategorien zur Theorie und Analyse institutioneller Mechanismen. In: Gerhard Göhler (Hrsg.): Die Eigenart der Institutionen. Zum Profil politischer Institutionentheorie. Baden-Baden: Nomos 1994. S.47-84.

Sahlins, Marshall:
    The Original Affluent Society. In: ders.: Stone Age Economics. London: Tavistock 1974. S.1-39.
Sallaberger, Walther:
    Königtum und Kult in der Hauptstadt Ur unter den Herrschern der III. Dynastie (21. Jh. v. Chr.). In: Wilfried Seipel und Alfried Wieczorek (Hrsg.): Von Babylon bis Jerusalem. Die Welt der altorientalischen Königsstädte. Band 2. S.255-260.
Simonetti, Cristina:
    Die Nachlaßedikte in Mesopotamien und im antiken Syrien. In: Georg Scheuermann (Hrsg.): Das Jobeljahr im Wandel. Untersuchungen zu Erlaßjahr- und Jobeljahrtexten aus vier Jahrtausenden. Würzburg: Echter 2000. S.7-54.
Skalník, Peter:
    The Early State as a Process. In: Henri J.M. Claessen und Peter Skalník: The Early State. The Hague u.a.: Mouton 1978. S.597-618.
Stone, Elizabeth und Paul Zimanski:
    The Tapestry of Power in a Mesopotamian City. In: Scientific American 272/4, 1995. S.92-97. (Hier zitiert nach: http://www.mc.maricopa.edu/academic/cult_sci/anthro/readings/city_of_canals.html.)
Tadmor, Hayim:
    Monarchie und Eliten in Assyrien und Babylonien: Die Frage der Verantwortlichkeit. In: S.N. Eisenstadt (Hrsg.): Kulturen der Achsenzeit. Ihre Ursprünge und ihre Vielfalt. Teil 1: Griechenland, Israel, Mesopotamien. Frankfurt a.M.: Suhrkamp 1987. S.292-323.
Woodburn, James:
    Egalitarian Societies. In: Man: New Series 17, 1982. S.431-451.

Zentralisierungsprozesse in Mesopotamien in der Sicht Michael Manns

Thomas Wagner

Einer der wichtigsten Vorzüge von Michael Manns historischen Modellüberlegungen ist der Sachverhalt, dass sich hier jemand erkennbar Gedanken um die richtigen Fragen macht. Dem Soziologen Mann erscheinen erstens die Entstehung von stabilen Herrschaftsformen in den Stadtstaaten einer *Vielmächte-Zivilisation* und zweitens die mit einer Zentralisierungs-Dezentralisierungsdynamik verbundenen Akkumulationserfolge früher Reichsbildungen als äußerst unwahrscheinliche und daher hochgradig erklärungsbedürftige Ordnungserfolge. Damit geht sein Erkenntnisinteresse tiefer als das des ausgewiesenen Mesopotamien-Kenners und renommierten Archäologen Barthel Hrouda (1997: 21), für den sich die weltliche und religiöse Herrschaft von sogenannten Priesterfürsten gleichsam natur-wüchsig aus den Erfordernissen der sumerischen Bewässerungsmethoden ergibt. Der prominente israelische Militärhistoriker Martin von Creveld (1999: 48) erklärte in seinem jüngst erschienenen Buch über den „Aufstieg und Untergang des Staates" viele Reichsbildungsprozesse – und zwar nicht nur in Mesopotamien – nach dem Muster der altehrwürdigen Überlagerungs-theorien[1] gar zum leicht fassbaren Resultat eines simplen Eroberungs-vorgangs: „Das Assyrische, Babylonische, Persische, Arabische, Mongo-lische, Osmanische und das Mogulreich entstanden, indem ein Häuptling mit seinem Stamm viele andere Stämme eroberte." Ein anderer prominenter Militärhistoriker dagegen vermutete aufgrund fehlender Befestigungsanlagen der Städte eine Abwesenheit von Kriegen in der sumerischen Zivilisation und glaubt diesen friedlichen Zustand auf „die beeindruckende Macht der Priesterkönige" zurückführen zu können, wegen der es „keine inneren Streitigkeiten" gegeben habe (Keegan 1997: 201).

Nun können sowohl die den Faktor der militärischen Eroberung fokussierenden Überlagerungstheorien als auch endogene und „friedliche" Faktoren der Herrschaftsstabilisierung berücksichtigende Ansätze wichtige

---

[1] Diese heute nur noch wenig diskutierten universalhistorischen Theorien verbinden sich vor allem mit den Namen Ludwig Gumplowicz (1926; 1973), Franz Oppenheimer (1964) und Alexander Rüstow (1950/52/57).

Beiträge zur Erklärung der Herausbildung und Konsolidierung von Herrschaftsgebilden liefern.[2] Sie haben als heuristische Modelle vor allem dann ihre Berechtigung, wenn sie durch historische Fakten modifiziert und zu komplexen Modellkonstruktionen neu zusammengefügt werden können. Genau das ist ein bedeutender Vorzug von Manns IEMP-Modell, das den Wechselwirkungen und Verflechtungen idcologischer, ökonomischer, militärischer und politischer Macht in sich verändernden Konstellationen unterschiedlicher Komplexität gerechter zu werden verspricht als monokausale Erklärungsmuster und eindimensionale Evolutionsmodelle.

Mit der nun folgenden Argumentationsskizze knüpfe ich an Rüdiger Haudes Darlegung von Manns Machttheorie an und zeige, wie sie am Beispiel Mesopotamien für ein Modell der Staatsentstehung fruchtbar gemacht wird. Zunächst muss erklärt werden, wie aus relativ egalitären Gesellschaften zunehmend hierarchisierte und zentralisierte Herrschafts-gebilde hervorgehen. Ich diskutiere daher in einem ersten Schritt *die Rolle von herrschaftsfreien Gesellschaften* in Manns Theorie (Abs. 1). Vor diesem Hintergrund skizziere ich zweitens Manns Erzählung der *Entstehung einer Vielmächte-Zivilisation in Mesopotamien* (Abs. 2). Dem folgt drittens ein Referat zu seinem Modell der Reichsentstehung (Abs. 3). Die Darstellung wird ergänzt – und gegebenenfalls kontrastiert – durch Verweise auf alternative sozialwissenschaftliche und historische Modelle der meso-potamischen Staatsentstehung. In einem vierten Schritt werde ich versuchen, *Manns defizitärer Behandlung des Deportationsthemas* eine für unsere Diskussion produktive Wendung zu geben (Abs. 4). Im Schlussteil gehe ich dann auf ein weiteres Defizit von Manns Machtheorie ein: *die Vernachlässigung historischer Geschlechterverhältnisse* (Abs. 5).

1. Zur Rolle herrschaftsfreier Gesellschaften in Manns Theorie

Mann stellt grob vereinfachend vier evolutionistische Schulen vor, die zwar die Entstehung von Autorität aber nicht die von Herrschaft (bei Mann „Macht") zu erklären vermöchten. „Liberale Theorien" gingen von einem eigentumsabgeleiteten Gesellschaftsvertrag aus. Die empirienähere „funktio-nalistische Argumentation" des redistributiven Häuptlingstums reiche über die Entstehung von Ranggesellschaften nicht hinaus. Die „Marxisten" wiederum gingen davon aus, dass Staaten die Klassenausbeutung begünstigten und deshalb von den ersten besitzenden Klassen errichtet worden seien. Die „militaristischen" Theorien schließlich sähen den Ursprung von Staatlichkeit und sozialer Schichtung in der Eroberung und in den Erfordernissen von Angriff und Verteidigung (Mann 1994: 91). Nach diesem Rundumschlag gegen konkurrierende Theoriemodelle entwickelt

---

[2] Überlagerungstheorien können zwar nicht generell die Frage der Staatsentstehung beantworten, bieten aber Kategorien und Verlaufsschemata, die die Rolle von gewaltsamen Überlagerungen in bestimmten historischen Fällen der Entstehung, Konsolidierung und des Zerfalls staatlicher Herrschaft systematisieren helfen.

Mann ein eigenes Modell, das die *Unwahrscheinlichkeit von Zentra-
lisierungsvorgängen*[3] zu berücksichtigen versucht. „Die allgemeinen
Fähigkeiten der Menschen, die sich mit ihrer irdischen Umgebung
auseinandersetzen mußten, ließen die ersten Gesellschaften – samt
Ackerbau, Dorf, Sippe, Verwandtschaftslinie und Häuptlingstum –, nicht
aber Zivilisation, Schichtung oder den Staat entstehen" (Mann 1994: 74f.).
Bei sozialer Ungleichheit und staatlicher Herrschaft handele es sich um
durchaus abnorme Erscheinungen, um Dinge, „die zu vermeiden die
Menschen während des größten Teils ihres Erdendaseins bemüht waren."
(ebd.: 207) Manns Einsicht in die intentional gegen die Entstehung
institutionalisierter Herrschaft gerichtete *kollektive Macht* hebt sich
wohltuend ab gegen die von seinem sozialwissenschaftlichen Kollegen
Stefan Breuer prominent vertretene Auffassung, nach der Macht nur dort
soziologisch greifbar werde, „wo sie einen spezifischen Aggregatzustand
annimmt, in dem ihre proteische Qualität, wenn auch niemals für immer,
gebändigt ist: den Zustand der `Herrschaft´." (Breuer 1998: 17) Allerdings
macht auch Mann, wie Rüdiger Haude in seinem Beitrag zu dieser
Anthologie bemerkte, das analytische Potential seiner Theorie für die
Konturierung der produktiven Wirkungen herrschaftsfreier Kollektivmacht
nicht hinreichend fruchtbar. Zwar nimmt er Erkenntnisse der politischen
Anthropologie über herrschaftsverhindernde soziale Mechanismen auf.
Diese Vorkehrungen der Herrschaftsabwehr werden als *institutionelle*
Mechanismen aber wenig konturiert, wenn Mann einseitig auf die
„Lockerheit sozialer Bindungen" abhebt, um die egalisierende Dynamik
früher Gesellschaften zu erklären (Mann 1994: 74). Noch zu wenig
berücksichtigt er die durch politikanthropologische Forschungen reichhaltig
erarbeiteten Belege dafür, dass es sich bei dem weit verbreiteten Phänomen
„primitiver" Herrschaftslosigkeit zumeist um einen institutionell bewährten
Verzicht auf herrschaftliche Formen der Ordnungsgenerierung handelt. Zwar
rekurriert Mann wiederholt auf Pierre Clastres (1976) und James Woodburns
(1982) Studien zur intentionalen Herrschaftsfeindschaft staatsloser
Gesellschaften (Mann 1994: 101), zwar erkennt er in der „Unterscheidung
zwischen Autorität und Macht" (ebd.: 90) ein notwendiges Begriffs-
instrumentarium, um die Entstehung von Macht im herrschaftsfreien Modus

---

[3] Mann Ansatz erweist sich darin als konsequenter als die auf die
Unwahrscheinlichkeit sozialer Ordnung und von Differenzierungsgewinnen einge-
schworene Systemtheorie Niklas Luhmanns. Luhmann qualifizierte die von ihm zum
Teil gut beschriebenen sozialen Stabilisierungsmechanismen segmentärer
Gesellschaften aus der antiutopisch gewendeten Perspektive eines „Noch-Nicht" in
einer merkwürdig naturalistischen Wendung schließlich als „unnatürlich" ab. Der
Übergang zur Ungleichheit erfolgt nach Luhmann „durch Desinhibierung der
Inhibierung einer natürlichen Entwicklung" (Luhmann 1997: 658).

zu erklären, aber er wertet die von Clastres und anderen Autoren[4]
erarbeiteten Mechanismen der Verhinderung politischer und ökonomischer
Ungleichheit nicht hinreichend aus. Er verfehlt damit die entscheidende
herrschaftssoziologische Pointe dieser Theorien, dass die „primitive
Staatsfeindschaft" durch symbolisch vermittelte Handlungsorientierungen
vor allem auch *institutionell* stabilisiert wird. Für die Herrschafts-
vermeidung wichtig sind unter anderem das von Mann gesehene Prinzip der
Gruppenteilung oder der individuellen Abwanderung im Konfliktfall, die
gegen Herrschaftszumutungen wendbare allgemeine Wehrhaftigkeit der
Männer, akkumulationshemmende Formen des Gemeineigentums sowie die
genealogisch fundierte Sozialstruktur segmentärer Gesellschaften. Diese
Faktoren korrespondieren mit symbolisch gestützten Gleichheitsnomen, die
in Spiel, Architektur, Ritual, Arbeitsteilung und internalisierten Teilzwängen
ihren handlungsstrukturierenden Ausdruck finden. Indem Mann solche
herrschaftsfreien Institutionen[5] aber vernachlässigt, rückt auch *sein*
Machtkonzept in eine vermeidbare Nähe zur kurzschlüssigen Auffassung
Breuers, nach der „der Schritt von Macht zu Herrschaft gleichbedeutend mit
dem Schritt von relativ chaotischen, unstrukturierten Beziehungen zu einer
wie immer gearteten Ordnung" sei (Breuer 1998: 17).

Immerhin können wir Mann (1994: 113) darin folgen, dass vor dem
Hintergrund institutionell gestützter Herrschaftsfeindschaft schon die
Herausbildung von Rangsystemen und Häuptlingstümern als eine seltene
evolutionäre Ausnahmeerscheinung und nicht als ein notwendiger Schritt
aufgefasst werden muss. Das Weiterwirken egalitärer Normen und sozialer
Mechanismen setze dann in der Regel eine Dynamik in Gang, in deren
Verlauf schwach zentralisierte Häuptlingstümer in evolutionäre „Sack-
gassen" gerieten und sich wieder egalisierten. Als bedeutsam für diese
prähistorische Zyklizität erklärt Mann den Sachverhalt, dass zwar auch
Häuptlingstümer „Käfige" gewesen seien, die „Türen dieser Käfige", um in
Manns Bild zu bleiben, „jedoch nicht verschlossen waren". Sie blieben im
Grunde demokratische Gemeinwesen. „In nichtzivilisierten Gesellschaften
war ein Entweichen aus dem sozialen Käfig möglich. Autorität wurde aus
freien Stücken verliehen bzw. übertragen, sie konnte aber auch wieder
entzogen bzw. zurückgenommen werden; dauerhafte und auf Zwang sich
stützende Macht gab es nicht." (Mann 1994: 74) Das Volk habe seinen
Eliten nur selten Machtbefugnisse gegeben, die es ihnen nicht wieder
entziehen konnte. Sei der Fall einer nicht erwünschten zentralen
Machtakkumulation aber doch einmal eingetreten, dann „hatte es die
Möglichkeit oder sah sich gezwungen, sich physisch aus dieser Machtsphäre

---

[4] Hierhin gehört vor allem Christian Sigrist (1994), den Mann für seine
Überlegungen aber nicht berücksichtigt.
[5] Vgl. für eine Theorie und Analyse herrschaftsfreier Institutionen: Haude/Wagner
1999.

zu entfernen."[6] Dieter Metzler (1988) hat in einer interessanten Synopse die eskapistische Strategie als eine häufig gewählte nomadische Widerstandsform gegen zentralistische Staaten im Altertum herausgearbeitet. Zuvor hatte bereits Horst Klengel (1978: 106f) Flucht, Nomadentum und Arbeitsverweigerung als noch im babylonischen Staat weiterwirkende Widerstandsformen von abhängigen Bauern, Arbeitern und Halbnomaden geschildert. „Bereits vor dem 2. Jahrtausend hatten Abhängige versucht, sich durch die Flucht der Ausbeutung und der Willkür eines Herrschers und seiner Beamten zu entziehen. Aber gerade in der frühen altbabylonischen Periode begann die Flucht als Ausdruck sozialen Protestes an Bedeutung zu gewinnen und spielte während des ganzen Jahrtausends dann in Babylonien sowie anderen Zentren Vorderasiens eine Rolle" (Klengel 1978: 105f). Wegzug, Flucht und/oder die Wahl einer nomadischen Subsistenzform werden somit als eine durchaus effektive Möglichkeit der Herrschaftsmeidung plausibel. Mann weist zudem auf den Umstand hin, dass es in den Ranggesellschaften häufig eine Pluralität von Führungsfiguren mit zum Teil konkurrierenden, zum Teil sich überschneidenden Machtbefugnissen gab, die einander argwöhnisch beäugten, sich gegenseitig kontrollierten und auf diese Weise weitere Machtakkumulationen verhinderten (Mann 1994: 120).

Aufgrund der starken devolutionären Wirkungen „primitiver Staatsfeindschaft" sieht Mann für den Schritt vom fragilen Häuptlingstum einer Ranggesellschaft zum dauerhaften Staat generelle Annahmen einer fortschreitenden allgemeinen sozialen Evolution nicht mehr als plausibel an. Zu Beginn der Menschheitsgeschichte seien soziale und politische Entwicklungen weitverbreitet gewesen und anscheinend unabhängig voneinander und in sehr vielen Fällen kumulativ erfolgt. Noch in der Entfaltung des Ackerbaus habe sich eine Tendenz zur größeren *Beständigkeit* von Siedlung und Organisation bemerkbar gemacht. Allgemeine Evolutionstheorien verlören jedoch ihre Plausibilität, wenn es um die Erklärung des äußerst seltenen Phänomens der Staatsentstehung ginge (ebd.: 77f). Keine der von Mann konsultierten herkömmlichen Theorien könne erklären, warum und auf welche Weise aus egalitären und Ranggesellschaften „gegen einigen Widerstand, die dauerhafte Schichtungsgesellschaft und der Staat werden konnten" (ebd.: 111). Mann ist also

---

[6] Reinhard Bernbeck (1994: 35) trug in seiner auf das frühe mesopotamische Beispiel gemünzten Variante der Theorie der häuslichen Produktionsweise die Überlegung bei, dass eine steigende Anzahl gleichgestellter Haushalte zu zunehmenden Stress führe. Dagegen stelle, neben der Herausbildung hierarchischer Strukturen, die Aufspaltung des Dorfes und die Abwanderung eines Teils der Bevölkerung eine Lösung dar. Gerade in Mechanismen der Auflösung sozialer Verdichtung kann eine Ursache dafür gesehen werden, dass es sich bei der von Bernbeck für das frühe Mesopotamien angenommenen häuslichen Produktionsweise um ein, wie er schrieb, in hohem Grade anpassungsfähiges wirtschaftliches System handelte, das nicht so schnell aus dem Gleichgewicht zu bringen war (ebd.: 343).

davon überzeugt, dass solche Herrschaftsgebilde nicht als gleichsam „natürliche" Konsequenz aus den allgemeinen Eigenschaften früher Gesellschaften hervorgegangen sind. Die zunächst seltenen Vorgänge der Staatsentstehung müssten vielmehr als historisches Ereignisse mit rekonstruierbaren räumlichen und zeitlichen Koordinaten aufgefasst werden. Da Mann im sumerischen Mesopotamien jenen speziellen Ort lokaler Geschichte gefunden zu haben glaubt, an dem sich der Prozess der Staatsentstehung mit Sicherheit eigenständig zugetragen habe, gilt der mesopotamischen Entwicklung sein besonderes Augenmerk.

2. Die Entstehung einer Vielmächte-Zivilisation in Mesopotamien

Die für die Geschichte der Macht bedeutendste Gemeinsamkeit aller „Zivilisationen" sieht Mann in der Verbindung der drei Institutionen *zeremonielles Zentrum, Schrift* und *Stadt* zu einem einzigen einschließenden und isolierenden „Sozialkäfig": „Zivilisation war ein komplexes Ganzes, bestehend aus Isolations- und Käfigfaktoren, die sich relativ plötzlich in Gemeinschaft miteinander herausbildeten." (Mann 1994: 128f) Das mesopotamische Entwicklungsmuster zu Herrschaft und Eigentum stellt sich für Mann als Resultat der Wechselbeziehungen mehrerer sich überlagernder sozialer Netze dar (ebd.: 208), die sich, ohne dass die Akteure dies intendiert hätten, zu einem immer engeren Sozialkäfig verdichteten. Die sumerische Zivilisation habe nun mit den wenigen anderen bekannten Fällen vor allem im Nil- und im Industal sowie am Gelben Fluss[7] eine auffällige Besonderheit gemein: „Die Zivilisationen entstanden in Stromtälern, in denen alluvialer Ackerbau betrieben wurde. Mehr noch, die meisten von ihnen bewässerten ihre Täler zusätzlich künstlich durch Überfluten." (ebd.: 129) Folgen wir Mann, dann darf diese Übereinstimmung keineswegs als Zufall betrachtet werden, denn die genannten Ökologien sind in seiner Sicht trefflich dazu geeignet, zivilisatorische Käfigeffekte zu verstärken. Vor allem tendierten sie dazu, die für nichtzentralisierte Vergesellschaftungsformen so typischen Ausweichmöglichkeiten und Fluchtwege wirksam zu versperren. Manns Ansatz erlaubt es, die Bewässerungswirtschaft als einen von mehreren Faktoren zur Erklärung der Zentralisierungstendenzen heranzuziehen. Damit überwindet er die zu einlineare und in weiten Teilen empirisch widerlegte Theorie vom „hydraulischen Staat", der Karl August Wittfogel[8] unter dem plakativen Titel *Die Orientalische Despotie*[9] eine seit den fünfziger Jahren

---

[7] Vielleicht kämen noch die Minoer und Kreta sowie schließlich die präkolumbianischen Zivilisationen von Mittelamerika und von Peru hinzu (ebd.: 129).

[8] Der zum Liberalismus konvertierte ehemals parteikommunistische Marxist legte sein Hauptwerk über „Die orientalische Despotie" mit antistalinistischer Stoßrichtung im Kontext des Kalten Krieges vor (Rehberg u.a. 1993: 24).

[9] Der Gedanke, dass das Despotische etwas typisch Orientalisches bzw. Asiatisches sei, kann im Okzident auf eine lange Tradition zurückblicken. Man findet ihn bei

des 20. Jahrhunderts kontrovers diskutierte Gestalt gegeben hatte. Wittfogel (1962: 47) hatte argumentiert, dass aride und semiaride landwirtschaftliche Bedingungen eine notwendig bürokratisch und despotisch organisierte Bewässerungskultur hervorbrachten, da die hydraulischen Großprojekte einer zentralen Koordination bedurften. Auch Mann betont ausdrücklich die Rolle der Bewässerungswirtschaft, verwirft in Übereinstimmung mit neueren Erkenntnissen der altorientalischen Fachwissenschaften jedoch die von Wittfogel verbreitete Theorie der „hydraulischen Despotie", nach der die Bildung *autoritärer* Staaten *ursächlich* den Sachzwängen einer zentralisierten Wasserbaubewirtschaftung folge.[10] Wittfogels These weise vier grundsätzliche Mängel auf. Sie sei *erstens* außerstande, die *Form* des frühen Stadtstaates zu erklären, der nicht despotisch, sondern demokratisch/ oligarchisch war. Sie könne *zweitens* nicht die Herausbildung größerer Reiche und Staaten erklären. Sie sei drittens außerstande, die allgemeineren Aspekte von sozialer Organisation, die in Gestalt einer segmentären, föderalistischen Kultur in den frühen Stadtstaaten bereits existent waren, zu erklären. Sie sei viertens außerstande, die Tatsache zu erklären, dass selbst die Ausweitung des stadtstaatlichen Kerns kein einheitliches, sondern ein doppeltes, *dualistisches* Ergebnis gezeitigt habe. „Was da entstand, war ein zentralistischer Staat einerseits *und* ein dezentrales Schichtungssystem auf der Basis von Privateigentum andererseits." (Mann 1994: 166) Auch der ausgewiesene Kenner der mesopotamischen Geschichte Hans Nissen wies die klassische Wasserbauthese zurück, die „den Aufstieg Babyloniens damit begründet, daß zur Durchführung einer künstlichen Bewässerung und vor allem zur Unterhaltung der dazu nötigen technischen Einrichtungen größere organisatorische Zusammenschlüsse aller derer nötig gewesen seien, die teilhatten an einem solchen Bewässerungssystem. Diese Auffassung wäre jedoch nur dann zutreffend, wenn bereits in der Zeit, in der sich die Besiedlung dieser großen Ebenen vollzog, die Bewässerung in der Weise hätte durchgeführt werden müssen, wie wir es aus den Texten des späteren Babylonien kennen: mit Hilfe langer, aus dem Euphrat abgeleiteter Zubringerkanäle, deren kostbares, weil nie ausreichendes Wasser, sorgfältig auf die Anlieger verteilt werden mußte." (Nissen 1990: 63) Die Existenz komplizierter Bewässerungssysteme sei für diese Frühzeit jedoch auszuschließen. Der durch die archäologische Faktenlage begründete Verzicht auf das einfache Modell einer „hydraulischen Despotie" legt nun

---

Aristoteles, Montesquieu und Hegel. Bei letzterem diente er auch als Legitimation der europäischen Kolonisierung des Orients (Rehberg u.a. 1993: 27f).

[10] Vgl. für eine Wittfogel-Kritik Gerhard Lenski (1977: 316): Die Bewässerungssysteme Asiens seien von der Zentralregion nicht in dem Maße abhängig gewesen, wie Wittfogel meine. Der Bedarf an riesigen Bewässerungsanlagen stelle einen Faktor dar, welcher vermutlich die Autokratie befördert habe. Er sei aber nicht ausschlaggebend, noch nicht einmal besonders wichtig gewesen.

jedoch weder für Nissen noch für Mann den Umkehrschluss nahe, dass der künstlichen Bewässerung nun überhaupt kein Einfluss auf die Zivilisations-entwicklung zugeschrieben werden dürfe – ganz im Gegenteil. Beide Autoren bewerten sie als bedeutenden zivilisatorischen Entwicklungsfaktor. In Manns Augen macht die Bewässerung Kooperation notwendig und begünstigt durch ihre höheren Erträge eine Besiedlungs- und Bevölkerungsdichte, die schließlich kleine Stadtstaaten hervorbringe (Mann 1994.: 165f). Den Schlüssel zur Bedeutung der Bewässerung sieht er daher in dem Verstärkereffekt, „den sie auf in der Vorgeschichte bereits gegenwärtige isolierende oder einschließende Kräfte und Zwänge ausübte" (ebd.: 131). Bei dem, was dabei herausgekommen sei, habe es sich jedoch zunächst keineswegs um Despotien gehandelt, sondern um demokratische Gebilde, die sich zu Föderationen verbanden.[11]

Die Verbesserung des Ackerbodens durch zunächst lokale Netze von Bewässerungsgräben und Kanälen habe durch ihre höheren Ertragsmöglichkeiten innerhalb eines ungefähr 2000 Jahre während Zeitraums von 5500 an eine sehr viel engere Bindung an bestimmte, auf diese Weise fruchtbar gemachte Landstriche bewirkt, als es die mit periodisch häufigen Ortswechseln notwendig verbundene landwirtschaftliche Technik der Brandrodung je ermöglicht hätte. Diese ökonomisch-technologische Innovation betrachtet Mann als Hauptursache für eine Reihe von folgenreichen sozialen, ökonomischen und politischen Veränderungen. Hierhin gehörten eine bemerkenswerte Bevölkerungszunahme in den Siedlungen der Bewässerungsbauern, die Freistellung von Arbeitskräften (einerseits für die fernhandelstaugliche Luxusproduktion und andererseits für Kontrollaufgaben), die Zunahme der Fernhandelsaktivitäten und sozialen Kontakte mit Nomaden, Sumpfdörfern, egalitären Ackerbauern, Hirten-stämmen und rivalisierenden Bewässerungsbauern sowie eine größere Affinität zu hierarchischeren Organisationsformen. „Bewässern hieß, gemeinsam mit anderen Arbeit zu investieren und Anlagen errichten, die viele Jahre Bestand haben sollten. Das Ergebnis war ein beträchtlicher Surplus, den die an der Arbeit Beteiligten unter sich aufteilten und der an diese spezielle Arbeitsinvestition und ihr Produkt, die Bewässerung,

---

[11] Für den mutmaßlich „demokratischen Charakter" der frühen mesopotamischen Stadtstaaten vgl. Thorkild Jacobsons (1970) Konzept von der "primitiven" Demokratie im Alten Mesopotamien; aber auch Leo A. Oppenheims (1964) „Stammeszusammenkunft": „Although no direct indications are available, one may well assume that, at least originally, the assembly included every householder, with the eldermen playing an important role." (Oppenheim 1964: 112) Es wurde sogar die These aufgestellt, die kalendarische Praxis in Assur, die Jahre nach Beamten zu benennen, habe bereits die Abschaffung des Königtums auf Lebzeiten bedeutet, was ein Modell für die Griechen dargestellt haben könne (Larsen 1976: 192). Kritisch zur Quellenlage für die Demokratiediskussion äußerte sich Seton Lloyd (1981: 110ff).

geknüpft war. Der Einsatz einer großen Zahl von Arbeitskräften (von Hunderten, wenn nicht gar von Tausenden) erfolgte zwar nur gelegentlich, aber doch regelmäßig im Rhythmus der Jahreszeiten. Zudem erwies sich eine zentrale Autorität bei der Durchführung solcher Bewässerungsvorhaben als nützlich." (ebd.) In Anbetracht der enormen institutionell bewehrten Widerstände gegen die Entstehung von Herrschaft sind all das noch keine hinreichenden Gründe für eine nachhaltige Zentralisierung und herrschaftliche Überformung sozialer Macht, doch mag Mann ganz richtig liegen mit der Annahme, dass Territorium, Gemeinschaft und Hierarchie bei der Bewässerungsökonomie stärker koinzidierten, „als dies beim Ackerbau auf der Basis einer natürlichen Bewässerung durch Regen oder bei der Viehzucht der Fall war." (ebd.: 139) Seine Argumentation wird durch Annahmen Hans Nissens gestützt, der wie Mann die künstliche Bewässerung für einen wichtigen Faktor der Zivilisationsentwicklung hält. „Wenn auch künstliche Bewässerung nicht automatisch bedeutet, daß dies notwendigerweise in einem größeren organisatorischen Zusammenhang zu geschehen hatte, so besteht doch ein erheblicher Unterschied zwischen dieser Art der Landwirtschaft und dem Regenfeldbau, wobei nicht nur mehr körperliche Energie investiert werden mußte, sondern auch die geistige Herausforderung um einiges größer war." (ebd.: 64) In Gebieten mit künstlicher Bewässerung konnten die Siedlungen aufgrund der höheren Erträge sehr viel näher aneinanderrücken als in Gebieten, deren Pflanzenanbau nur auf den natürlichen Niederschlägen beruhte. Die zunehmende Bindung an ein immer dichter besiedeltes Territorium brachte einen verstärkten sozialen Regelungsbedarf hervor, „und insofern waren die Menschen, die den Bewässerungsbodenbau und die Viehhaltung zu ihrer Subsistenzbasis gemacht hatten, in eine Falle getappt" (Lambrecht u.a. 1998: 213). Mann würde diesen Sachverhalt mit der Metapher des „Sozialkäfigs" belegen. Die größere Nähe förderte auf der einen Seite den kulturellen und wirtschaftlichen Austausch, auf der anderen Seite aber auch die Entstehung oder Verschärfung von Konflikten, die nicht mehr durch räumliches Ausweichen verhindert oder gelöst werden konnten. „Bei solch engem Zusammenleben müssen Konflikte vielmehr aktiv bewältigt werden, was zur Ausbildung von Regelungen zur Konfliktlösung führt." (Nissen 1990: 65)

Von einem steigenden Bedarf sozialer Regulierung innerhalb und zwischen den Siedlungen der Bewässerungsbauern bis zur Herausbildung staatlicher Kontrollstrukturen ist allerdings noch ein weiter Weg zurückzulegen, der wohl über mehrere Stufen der Zentralisierung führt. Zu prüfen wäre daher, inwieweit sich Manns Ansatz, der neben der Bewässerungswirtschaft auch anderen Faktoren eine Rolle für die Zentralisierung einzuräumen bereit ist, mit dem gestuften politikökonomischen Entwicklungsmodell von Reinhard Bernbeck vereinbaren ließe. Bernbeck hat für den mehrere Jahrtausende dauernden Zeitraum zwischen Neolithisierung und Staatsentstehung (1994: 3)[12] ein Modell „zwischengeschobener Entwicklungsstufen" relativ egalitärer häuslicher[13] und stärker zentralisierter tributärer[14] Produktionsweisen vorgeschlagen. Eine Verknüpfung der Ansätze von Bernbeck und Mann wird allerdings schon dadurch erschwert, dass die beiden Autoren die Entstehung dauerhafter sozialer Ungleichheiten unterschiedlich datieren.[15] Während

---

[12] Während das ökonomische Surplus im Rahmen von flexiblen Koalitionsbildungen zwischen gleichgestellten Haushalten der häuslichen Produktionsweise im Fall der Missernte umverteilt werde, „ansonsten aber das Konsumtionsniveau im jeweiligen Haushalt erhöht", begegne die tributäre Produktionsweise dem Risiko der Missernten mit einem „zentral kontrolliertem Surplus" (Bernbeck 1994: 30).

[13] Gemeinsam sei den mit der Neolithisierung aufkommenden Gesellschaften der häuslichen Produktionsweise nicht primär die Technologie, „sondern die Organisation der Produktion" (Bernbeck 1994: 29), in der die koresidierende, arbeitsteilige und als eine Zelle sozialer Reproduktion fungierende Produktionseinheit „Haushalt" mit der Konsumtionseinheit identisch ist. Diese Produktionsweise trete in Stammesgesellschaften, aber als untergeordnete Produktionsweise auch in staatlich organisierten Gesellschaften auf. „Sie ist nur insoweit von ökologischen Bedingungen abhängig, als eine auf Seßhaftigkeit und Landwirtschaft (Ackerbau, Viehzucht und Gartenbau) basierende Subsistenz garantiert sein muß." (ebd.: 28f)

[14] Die *tributäre Produktionsweise* bezeichnet die Übertragung eines Produktes von den Herstellern an eine übergeordnete gesellschaftliche Instanz. „Dies impliziert in der Regel eine Mehrwert-Produktion, die hier definiert wird als eine Produktion über den Eigenbedarf — das Konsumtionsniveau — einer Produktionseinheit hinaus." (Bernbeck 1994: 51) Die grundsätzliche Einheit der Produktion in der tributären Produktionsweise ist größer als die Konsumtionseinheit. Beginnende Spezialisierung im Bereich der Produktion und Produktentausch sind verbunden mit einer Dynamik regionaler Expansion und komplexer werdenden zwischenörtlichen Wirtschaftsbeziehungen, die wiederum verwaltungsähnliche formal-politische Kontrollverhältnisse begünstigen (ebd.: 69, 71).

[15] Das Ausmaß sozialer Ungleichheit und Herrschaft in den Gesellschaften der frühen mesopotamischen Geschichte bleibt unter den Fachleuten umstritten. Das betrifft vor allem die Gemeinschaften der archäologischen Ubaid-Periode zwischen 6000 und 4000 v. Chr. „Some argue that they were essentially egalitarian, with each household producing most of the goods it needed and few people, if any, exempted from the task of subsistence production." (Pollock 1999: 5) Während Autoren wie Frank Hole (1989) annehmen, dass es sich bei der Autorität von Priestern vor allem um die stark begrenzte Macht von außerhalb ihrer Ritualaufgaben Gleichgestellten handelte, liegt Pollock (1999: 5) im Anschluss an Reinhard Bernbeck (1995) u.a. der Gedanke näher, dass zumindest in einigen dieser Gesellschaften die Religion bereits als eine Art von Ideologie fungierte, die zur Legitimierung wachsender sozialer Ungleichheiten diente. Als Indizien dafür führt sie die Tatsache auf, dass die kunstvollen Verzierungen der Tempel dieser Zeit sich bereits deutlich von denen gewöhnlicher Häuser abhoben (Pollock 1999: 86f) und dass in den mutmaßlichen Tempeln der späten Ubaid-Zeit Luxus- und Ritualgüter gefunden wurden, an deren Reichtum wohl nicht nur die Götter ihre Freude gehabt hätten: „[...] there is little

Mann erst in den Folgeerscheinungen von langdauernden Interaktionsbeziehungen zwischen künstlich bewässerten Gebieten und ihrem Umfeld die notwendigen, jedoch noch nicht hinreichenden Bedingungen für die Entwicklung dauerhafter Ungleichheiten erkennen kann, führt Bernbeck die Auflösung einer „relativ egalitären" häuslichen Produktionsweise schon auf das Zusammenspiel von zwei gleichzeitig ablaufenden Änderungen zurück: Die Bildung von Großfamilien im mittelmesopotamischen Bereich und die das Risiko von Missernten reduzierende Einführung von Bewässerungsanbau seit der Hassuna-Samarra Zeit zwischen 6000 und 5000 v. Chr. (Bernbeck 1994.: 343f).[16] Ein tiefergehender Vergleich der beiden Theorien kann an dieser Stelle nicht geleistet werden.

Für Manns Erklärung der zunehmenden Schichtungstendenz ist die Verfügung der Bewässerungsbauern über eine strategisch günstige Position am Kontaktpunkt zu „diffuseren Sozialgefügen" von großer Bedeutung. Denn mit den Flüssen lagen die wichtigsten Kommunikationskanäle im Herzen der bewässerten Region: „Zusammenflüsse, Kanalfurten sowie Wegkreuzungen und Brunnen boten die Chance, benachbarte Siedler durch die Schaffung von Marktplätzen und die Anlegung von Speichern wie auch durch `Schutzgeldforderungen´ zu kontrollieren und zu beherrschen." (Mann 1994: 143) Der Schutz von zunehmend zentralisierten Lagerhäusern für die Redistribution und von Marktplätzen für den Tausch habe einen wichtigen Anreiz zur militärischen Zentralisierung gegeben. Der Ausbau von Tauschbeziehungen zu Viehzüchtern sowie Sammler-Jägern habe strengere und generalisiertere Normierungen sowie reglementierte Kontakte befördert, die zu einem sich ausdehnenden zivilisatorischen Beziehungsgeflecht führten (ebd.: 146). Einer stärkeren Regulierung hätten nun auch die Dorf- oder Sippengemeinschaften einer immer dichter bevölkerten Schwemmland- fläche bedurft. Die zeremoniellen Zentren der Tempel seien als Schlichter zwischen verschiedenen Dörfern auf den Plan getreten und hätten auch in der Organisation von Schutz- und Kontrollmaßnahmen für die Dämme und Kanäle eine wichtige Rolle zu spielen vermocht (ebd.: 147f). In ritueller Form habe die ideologische Institution des Tempels diplomatische Möglichkeiten zur Regulierung und Lösung von Problemen bereit gehalten, die erst mit der zunehmenden territorialen Vernetzung in Erscheinung traten.[17] Indem es den im Zentrum der Bewässerung ansässigen begüterten

---

reason to doubt that their earthly attendants - priests, priestesses, and related personnel - enjoyed some of the material benefits." (ebd.: 87f)

[16] Diese Änderung, die Einführung von Bewässerungsanbau, trete zunächst dort auf, wo sie sowohl in Normaljahren wie auch in kritischen Jahren zu höheren Erträgen führe als dies in der häuslichen Produktionsweise der Fall gewesen sei (Bernbeck 1994: 341).

[17] Regelungsbedarf habe für den Handel und Austausch von Gerätschaften und Techniken, aber auch für die Abwicklung von Heiraten, Migration, Ansiedlung, die

Familien oder Dorfgemeinschaften zunehmend möglich gewesen sei, sich
aus der direkten Produktion zurückzuziehen und Arbeiter einzustellen, habe
quer über die Schwemmlandfläche hinweg zwischen dem fruchtbaren
Zentrum und Teilen der Peripherie im späten vierten Jahrtausend auf der
Grundlage von Patron-Klient-Beziehungen eine laterale Schichtung
entstehen können. Damit könne, ergänzt Mann vorsichtig, zudem eine
Schichtung innerhalb des Zentrums selbst vom Sippen- oder Dorfoberhaupt
über seine eigenen Angehörigen oder die Mitglieder seines Dorfes
einhergegangen sein (ebd.: 144f). Die ökonomische Führungsrolle des
bewässernden Kerns oder Zentrums habe sich zudem in der Ausweitung des
handwerklichen Gewerbes und des Exportgeschäfts an denselben Orten
dokumentiert, was wiederum eine Kontrolle des Zentrums über die
Prestigegüterproduktion ermöglichte. Periphere Gruppen hätten sich dieser
Machtkonzentration unter den Familiengruppen des Zentrums nur unter
Preisgabe ihres eigenen ökonomischen Vorteils entziehen können, weshalb
es genügend Gruppen gab, die durch ihre Kooperation „der Entstehung von
dauerhaften, institutionalisierten und repressiven Staaten Vorschub
leisteten." (ebd.: 209) „Nach dem Jahr 3000 v. Chr. zogen diese Ungleichheiten rechtlich anerkannte Unterschiede im Zugang zu Grundbesitz nach
sich. Vier Gruppen kristallisierten sich heraus: führende Familien mit
Zugang zu den Ressourcen von Tempeln und Pälasten; gewöhnliche freie
Personen, halbfreie abhängige Arbeiter und einige wenige Sklaven." (ebd.:
145f) Auf dieser Grundlage seien vor dem Jahr 3000 eine Vielzahl kleiner
Tempelstaaten entstanden, die sich die politische Form einfacher
Demokratien gegeben hätten und deren Machtressourcen sich weitgehend
auf ihr jeweiliges Zentrum beschränkten (ebd.: 141). „Der Staat war ein
behördlicher Haushalt, der in freundschaftlicher Koexistenz mit anderen
Haushalten – Familienhaushalten – zusammenlebte." (ebd.: 150). Die zu
dieser Zeit entstehende Schriftlichkeit habe geholfen, die Autoritätssysteme
von Privateigentum und Staat zu stabilisieren (ebd.: 153)

Damit ist für Mann die erste Phase der Entstehung der „Zivilisation"
abgeschlossen. In ihr haben sich die drei sozialräumlichen Interaktionsnetze
alluvialer oder bewässerter Kern, die unmittelbare Peripherie sowie die
Gesamtregion zu immer dichteren Machtnetzen verbunden, die für klar
definierte, festumgrenzte und dauerhafte soziale und territoriale Räume
sorgten. Zentralisierung in Mesopotamien fuße mithin auf der Käfigwirkung
von zwei bedeutenden Interaktionsnetzen. Gemeint sind erstens die
Relationen von Zentrum und Peripherie, von alluvialer Landwirtschaft
einerseits und Regenfeldbau samt Weidewirtschaft, Bergbau und
Waldwirtschaft andererseits. Hinzu kämen zweitens das Netz der vertikalen
Beziehungen zwischen den verschiedenen Schwemmlandgebieten entlang

Ausbeutung von Arbeitskraft auf der Basis von Besitzrechten sowie die Definition
von rechtmäßiger und unrechtmäßiger Gewalt bestanden (Mann 1994: 211).

der Flüsse und ihrem jeweiligen Hinterland. Indem sie eine stärkere Konzentration von Privateigentum und eine intensivere territoriale Zentralisierung begünstigten, hätten diese beiden Netzwerke zugleich die Entstehung und Entwicklung der sozialen Schichten und des Staates befördert (ebd.: 173). „Von diesem Moment an wurde es für die solchermaßen eingesperrte Bevölkerung relativ schwer, der sich herausbildenden Autorität und Ungleichheit in der Weise den Rücken zu kehren, wie dies in prähistorischer Zeit bei zahllosen Gelegenheiten geschehen war." (ebd.: 208) Als Ergebnis des von Mann umrissenen langdauernden Prozesses der Herrschaftsakkumulation erscheint eine föderalistische Machtstruktur von kleinen Stadtstaaten im Rahmen einer extensiveren und diffuseren gemeinsamen Zivilisation. Hervor tritt eine multipolare, kulturelle, diplomatische und geopolitische Organisation sozialer Macht mit unscharfen Grenzen und der Neigung, sich in kleinere Stadtstaateneinheiten aufzuspalten.

3. Die Entstehung des Herrschaftsreiches

Damit aus den föderalen Herrschaftsgebilden dezentraler Kleinstaaten die Strukturen von ersten Herrschaftsreichen hervorgehen konnten, waren weitere Zentralisierungsschübe notwendig, die Mann mit der Bedeutungs-zunahme militärischer Macht in einen ursächlichen Zusammenhang stellt. Er macht erst die Herausbildung konzentrierter militärischer Zwangsgewalt am Ende des 3. und zu Beginn des 2. Jahrtausends dafür verantwortlich, dass der demokratische oder oligarchische Stadtstaat und das föderales Zivilisations-netz schließlich zum autoritären Zwangsgebilde des Reiches miteinander verschmolzen (Mann 1994: 211f). Ein durch intensivere Anbaumethoden, zunehmende Arbeitsteilung, Spezialisierung des Handwerks und vermehrte Handelsaktivitäten befördertes Wirtschaftswachstum habe qualitativ verbesserte Überschüsse hervorgebracht, die den Anreiz zu Raubzügen erhöht hätten. Die zunehmende Gefährdung der Erträge sei dafür verantwortlich gewesen, dass verstärkte militärische Maßnahmen zu ihrem Schutz erforderlich wurden. Mann nimmt für die Zeit nach 3000 einen frühen Rüstungswettlauf an, der den Käfigeffekt beförderte und durch die dauernde Kriegsführung in den Stadtstaaten seit dem ersten Drittel des 3. Jahrtausends allmählich ständige Militärführer an die Stelle von demokratischen Vertretungsorganen treten ließ. Um 2500 sei endlich „jenes rundes Dutzend von Stadtstaaten" von Königen mit despotischen Prätentionen gelenkt worden (ebd.: 169). Damit sieht Mann das historische Ausgangsszenario für einen gewaltsamen Akt der Reichsbildung gegeben, indem zum ersten Mal in der Geschichte periphere Grenzherren die Kontrolle über das Zentrum erlangt hätten. Die Sumerer hatten ihren Einfluss in die Grenzregionen ausgedehnt, um die Kontrolle des Fernhandels zu sichern. Hier wurden Ackerbau und Viehzucht nebeneinander betrieben und die von den sumerischen Stadtstaaten als Puffer gegen die Hirtenstämme der Steppen unterstützten Grenzherren, machten sich gemischte Techniken der Kriegsführung zunutze.[18] Die Akkader, ein semitisches Volk an der Nordgrenze von Sumer, begründeten mit ihrer Eroberung Mesopotamiens durch Sargon „das 2000 Jahre während Übergewicht der Grenzherren bzw. Markgrafen in der Kriegsführung und ihre Neigung, Großreiche zu gründen und auszuweiten" (ebd.: 222). Manns Schilderung der Reichsbildung lehnt sich exemplarisch an die Eroberungs- und Konsolidierungsgeschichte des Reiches von Sargon an. Seine Einsichten über die Logistik militärischer und die Infrastruktur politischer Macht haben jedoch einen allgemeineren Status. Mann gewinnt am Beispiel Sargons Schlüsselkategorien, die er für das Verständnis früher Reichsbildungen als allgemeingültig ansieht. Demnach seien die ersten Großreiche nicht als Territorialstaaten, sondern als föderalistische Herrschaftssysteme mit einem König an der Spitze zu begreifen, der vermittels verschiedener Provinzstatthalter und Vasallen regierte. Für diese Grenzen imperialer Herrschaft sieht Mann logistische Gründe, denn nach seinen eigenen Berechnungen habe kein Eroberer oder Herrscher seine Truppen und Beamten „über Distanzen von mehr als 80 bis 90 km Marschroute hinweg routinemäßig zu organisieren, zu kontrollieren und zu ernähren" vermocht (ebd.: 286).

In Manns Perspektive hat sich daher das Herrschaftsvermögen Sargons (und späterer Eroberer) als weniger ausgeprägt und extensiv erwiesen als seine Eroberungsstärke. Die Ausdehnung des Eroberungsradius seines Heeres sei dadurch begünstigt worden, dass die Menschen, gegen die konzentrierte Militärmacht eingesetzt wurde, aus ihren landwirtschaftlichen und städtischen „Sozialkäfigen" nicht weglaufen konnten. Die Herrschaftskonsolidierung habe jedoch gerade eine zu ihrem Nachteil gereichende Verteilung der militärischen Macht gefordert. Mann nennt vier Strategien, wie diese Situation zugunsten der Reichsbildung herrschaftstechnisch bewältigt werden konnte: 1. die indirekte Herrschaft mittels Vasallen in

---

[18] In den Grenzregionen seien mit der Dominanz des Streitwagenkämpfers in der Zeit zwischen 1800 und 1400 sowie mit der Ausbreitung von Waffen und Werkzeugen aus Eisen zwischen 1200 und 800 wichtige militärtechnische Neuerungen von Nichtsesshaften und nichtschriftkundigen Völkern übernommen worden (Mann 1994: 291). So gehörten den mit Streitwagen kämpfenden aristokratischen Bündnissen der Kassiten um 1500 große Teile Mesopotamiens. Sie hätten zuvor bereits eine Zeitlang sesshaft an den Rändern oder sogar im Zentrum dieser Region gelebt: „In dieser Phase der Seßhaftigkeit verbesserten sie nicht nur die Techniken der Pferdezucht und des Reitens, sie erwarben auch Werkzeug aus Bronze, um damit kleine Karren herzustellen." (ebd.: 295) Als nichtschriftkundige Völker mit weniger Erfahrung in Zwangswirtschaft hätten Völker wie die Kassiten erhebliche Schwierigkeiten bei der Integration ausgedehnter Hoheitsgebiete zu bewältigen gehabt. Die Kassiten „reagierten auf diese Situation damit, daß sie sowohl die Schrift als auch andere Zivilisationstechniken von ihren Vorgängern übernahmen. Allerdings entfernte dies die Herrscher von ihrer einstigen Gefolgschaft um einiges." (ebd.: 299)

Gestalt von besiegten und zuweilen tributpflichtigen einheimischen Eliten, gegen die bei Fehlverhalten sporadische Strafaktionen durchgeführt werden; 2. die direkte Militärherrschaft durch die Verteilung von Statthaltern und Truppen auf strategisch wichtige Festungen und Städte. Die entsprechenden Kontingente und Amtsträger werden dafür in der noch nichtmonetären Wirtschaft mit Ländereien und landwirtschaftlichem Personal versorgt, was eine nichtintendierte Dezentralisierung der Macht zur Folge hatte. Die Soldaten wurden auf diese Weise tendenziell unabhängig vom Militärstaat. „Erfolgreiche Pazifizierung *de*zentralisierte das Militär." (ebd.: 239) Diese ersten beiden Herrschaftsstrategien seien für die Armee als mobiles Zentrum[19] des entstehenden Reichsgebildes leicht umsetzbar gewesen. Die Schwäche des militärischen Mittels habe in der Gefahr der Zersplitterung der Kräfte und im Zwang zur ständigen Kriegsführung gelegen, wenn es galt, ein erobertes Reich dauerhaft zu konsolidieren. Um der Aufsplitterung und Aufspaltung entgegenzuwirken, hätten die Eroberer ständig Feldzüge führen müssen. „Ihre körperliche Anwesenheit im Hauptquartier des Heeres zentralisierte ihre Macht." (ebd.: 240)

Vor diesem Hintergrund erwiesen sich die beiden folgenden infrastrukturell aufwendigeren Herrschaftsstrategien zum einen der *Zwangskooperation* und zum anderen der *Schaffung einer der herrschenden Klasse gemeinsamen Kultur* schließlich als durchgreifender. An der Zwangskooperation interessieren Mann in ökonomischer Hinsicht fünf Aspekte besonders: 1. die militärische *Befriedung* und Sicherung der Handelsrouten; 2. die Ankurbelung der Nachfrage durch die Konsumerfordernisse eines Heeres, das sich zudem durch den Bau und die Instandhaltung von Verkehrswegen nützlich macht (Mann nennt dies den *militärischen Multiplikator*); 3. die *autoritäre Festsetzung ökonomischer Werte* und Maße; 4. die *Intensivierung der Arbeit* durch militärischen Zwang und 5. die *Zwangsdiffusion* unterschiedlicher Lebensstile durch die Eroberung. Hierhin gehöre die „Verschmelzung von akkadischer Sprache und sumerischer Lese- und Schreibfähigkeit" zu einer vereinfachten Schrift.

Damit ist auch schon die vierte von Manns Herrschaftsstrategien angesprochen: *die Schaffung einer der herrschenden Klasse gemeinsamen Kultur*. Die mesopotamische Kultur bzw. Religion habe mit ihren weitgehend den Blicken des gemeinen Volkes verborgenen Ritualen – es gab eine deutliche Trennung von Innen- und Außenrepräsentationen des Sakralen (ebd.: 261) – vor allem die moralische, intellektuelle und ästhetische Gemeinsamkeit der herrschenden Gruppen verstärkt, „indem sie deren interne partikularistische Spaltungen und Unterteilungen aufhob und sie zu relativ homogenen, universellen herrschenden Klassen verdichtete" (ebd.: 265). Mann bezeichnet diesen herrschaftsstabilisierenden Aspekt

---

[19] John Keegan (1997: 209) wies darauf hin, dass sich Sargon selbst *Der unaufhörlich durch die vier Reiche [d.h. das Universum] Reisende* nannte.

religiöser Homogenisierung als die *immanente Funktion* der Ideologie, die sich von *transzendenten* ideologischen Störfaktoren unterscheiden lasse. Letztere sieht er in geringerem Ausmaße dort sich entfalten, wo die *Zwangsdiffusion* dazu beigetragen habe, dass lokale Eliten eroberter Gebiete sich der mesopotamischen Kultur auf eine von der Zentralherrschaft nicht mehr gänzlich zu kontrollierende Weise zu bemächtigen vermochten. „Indem sie – speziell in Grenzregionen – die quasi-herrschenden Klassen zur Nachahmung und Assimilation von bisher Fremden und Neuem bereit machte, weichte sie die bislang wohlinstitutionalisierten Muster der Zwangskooperation auf" (ebd.: 266). Das alles ist eng verknüpft mit dem Versuch der akkadischen Eroberer, „das Pantheon und die Schöpfungsmythen der sumerischen Städte zu rationalisieren und zu systematisieren. Unter der Herrschaft von Akkad wurde eine allgemeine `Religion´ schriftlich niedergelegt, kodifiziert und mit Suprematie und Zentralität ausgestattet" (ebd.: 280).[20] Welche Rolle Mann den seiner Auffassung nach weiterexistierenden volksreligiösen Praktiken der prähistorischen Epoche im Rahmen der Reichskonsolidierung zumisst, erfahren wir allerdings nicht (ebd.: 261). Immerhin ist denkbar, dass staatlich unkontrollierte volkreligiöse Tendenzen, die in einer zumindest potenziell spannungsreichen Beziehung zur Hochreligion gestanden haben können, Widerstandstendenzen eine ideologische Basis zu geben vermocht hätten.

Fassen wir Manns Einsichten in die Entstehung von frühen Herrschaftsreichen an dieser Stelle zusammen, dann erweisen sich diese gegenüber der vorrangig ökonomisch beförderten Vielmächtezivilisation von Stadtstaaten in erster Linie als Konsequenz militärisch organisierten konzentrierten Zwangs. Die Bemühungen um die Lösung logistischer Schwierigkeiten der Herrschaftskonsolidierung hatten Dezentralisierungstendenzen zur Folge, in deren Rahmen sich das Privateigentum ausweitete. „Der Staat konnte das, was Eroberung oder auch die erfolgreiche Entwicklung von Techniken der Zwangskooperation ihm einbrachten, nicht in der Weise auf sich konzentrieren, daß es bei ihm, dem Staatskörper, blieb. Und so war das gesamte Altertum hindurch eine Dialektik zwischen zentralisierenden und dezentralisierenden Kräften am Werk, zwischen mächtigen imperialen Staaten und besitzenden Klassen, die beide das Produkt desselben Gemisches von Quellen sozialer Macht waren" (ebd.: 286f). Für diesen Sachverhalt findet Mann die folgende Formel einer *Dialektik der Zwangskooperation*: „Zwangskooperation vergrößerte in einem und gleichzeitig die Macht des Militärstaates (These) und die seiner

---

[20] Als weitere Universalisierungstechniken nennt Mann den Versuch Sargons und seiner Nachfolger die „Kommunikationsstruktur des Reiches als Ganze zu verbessern und zu koordinieren"; sowie jene auf einem Zehnersystem basierende `dekadische´ Verwaltungsstruktur, „die die Inka-Eroberer den Andenvölkern aufzwangen." (Mann 1994: 280)

dezentralisierten Eliten, die nun den Staat vernichten konnten (Antithese). Aber die Eliten brauchten weiterhin eine allseits verbindliche Ordnung, was in der Regel dazu führte, daß ein neuer Staat mit nunmehr größeren Machtkompetenzen entstand (Synthese)" (ebd.: 274). Indem an dieser Stelle die „Dialektik" wieder von vorn habe beginnen können, setzte sie eine Jahrhunderte während Entwicklung hin zu immer mächtigeren Sozial-organisationen von zumeist imperialer Form in Gang. Durch die Machttechniken der Zwangskooperation habe sich die „Leitkante" der Macht[21] von den „Vielmächte-Zivilisationen" auf die „großen Herrschafts-reiche" verlagert. Dabei veränderte sich auch die geopolitische Struktur: „Zonen, die bis dahin halbperipher gewesen waren, bildeten nun in einem gewissen Sinne den neuen Kern der Zivilisation. `Grenzherren´ waren die Pioniere des hegemonischen Großreichs" (ebd.: 217).

4. Massendeportationen in Assyrien: Implikationen einer neuen Herrschaftstechnik

Eine Skizze von Manns Machtgeschichte kann gut ohne das achte Kapitel auskommen, in dem es, wie es bei ihm heißt, um die wiedererstarkten Herrschaftsreiche Assyrien und Persien geht. Der Inhalt des Kapitels müsste vor dem Hintergrund des aktuellen Forschungsstands überprüft werden.[22] Mein Haupteinwand besteht jedoch darin, dass Manns Ausführungen sich leider nicht auf der Höhe des von ihm selbst vorgeschlagenen Erklärungsmodells bewegen. Nachdem er sich relativ ausführlich und von mir nicht leicht überprüfbar über die Schätzungen von Truppenstärken auslässt, verschenkt Mann nämlich die Chance, den von ihm nur unter „ferner liefen" erwähnten Aspekt der „Deportation" in sein Modell der Zwangskooperation zu integrieren. Zum Teil mag dieses Defizit auf eine bemerkenswerte Schwäche von Manns Theorie zurückgeführt werden können, die Machtgeflechte weitgehend von Handlungen der Akteure und institutionellen Vermittlungsebenen[23] abstrahiert. Darunter leidet die empirisch-historische Darstellungsdichte. Mangels genügender Trennschärfe des analytischen Werkzeugs könnte der Machtheoretiker das Deportations-thema als Kandidat für eine wichtige historische Weichenstellung einfach

---

[21] Mann gelangt zu der Erkenntnis, dass sich eine stetige Verschiebung der Leitkante der Macht in Richtung Westen und Nordwesten feststellen lasse. Kurt Röttgers (1992: 496) nennt dies seinen „geschichtsphilosophischen `Spleen´".

[22] Vgl. vor allem Walter Mayers Studie zur assyrischen Politik und Kriegsführung (Mayer 1995).

[23] Mann fasst Institutionen als Organisationen und stabile Interaktionssubsysteme auf, „die in den meisten Gesellschaften in Gestalt von `Kirchen´, `Produktionsweisen´, `Märkten´, `Armeen´, `Staaten´ usw. in Erscheinung treten." (Mann 1994: 31) In dieser Perspektive erscheinen Institutionen statisch, als soziale Erscheinungen in gleichsam geronnener Form. Davon unterscheidet er einerseits Funktionen (auch *funktionale Ziele*) und andererseits funktionale Mittel (ebd.).

übersehen haben. Dabei macht es durchaus Sinn zu prüfen, ob sich mit der Untersuchung der Einführung von Massendeportationen, wie es Christian Sigrist vorzuschweben scheint, Einsichten für eine Typologie von Staaten gewinnen lassen. Dieser Gedanke wird zudem durch einen typologischen Vorschlag Stefan Breuers unterstützt, den er im Rahmen seines ambitionierten Parallelprojekts einer an Max Weber orientierten historischen Herrschaftssoziologie entfaltet hat. Während für Breuer (1998: 108) das Kriterium der Massendeportation ein wichtiger Indikator dafür ist, dass aus dezentralen Varianten des Imperiums[24] ein *zentralisiertes* Imperium geworden war, begnügt sich Mann mit der eher beiläufigen Bemerkung, das Prinzip der Deportation sei dem assyrischen Militarismus der Königs-inschriften[25] nicht fremd gewesen.

Obwohl Mann von einer Intensivierung der Deportationspraxis erzählt, die ganze Völker umfassen konnte, baut er diese Information nicht in seinen Theorieentwurf ein (Mann 1994: 378).[26] Statt die durchaus vorhandene

----

[24] Dem liegt die folgende Definition von *Imperium* zugrunde: „Aus dem patrimonialen Stadtkönigtum wird ein *Imperium*, sobald die Tendenz erkennbar ist, nicht nur eine Hegemonie über die jeweils nächstgelegenen Staaten zu etablieren, sondern die vorgestellte und erreichbare ʹWeltʹ insgesamt in das Herrschaftssystem zu inkorporieren. Die Begrenztheit der Machtmittel, die Schwierigkeiten logistischer und kommunikationstechnischer Art machen dabei eine Abstufung der Herrengewalt wahrscheinlich. Staaten in unmittelbarer Nachbarschaft des imperialen Zentrums müssen damit rechnen, vollständig in die patrimoniale Verwaltung inkorporiert zu werden. Weiter entfernte Staaten hingegen haben gute Chancen, nur formell subsumiert zu werden und ihre eigene Verwaltungsstruktur beizubehalten." (Breuer 1998: 107)

[25] Militärische Stärke und Strenge, so werde darin behauptet, „beförderten die Prosperität der Agrarwirtschaft, indem sie vier Dinge sicherstellten: (1) die Errichtung von ʹPalästenʹ in der Funktion von Verwaltungs- und Militärzentren, welche Sicherheit und ʹmilitärischen Keynsianismusʹ garantierten; (2) die Ausstattung der Bauern mit Pflügen (offensichtlich Staatsinvestitionen); (3) die Beschaffung von Zugpferden (von Nutzen sowohl für die Kavallerie wie für die Landwirtschaft); und (4) die Lagerhaltung von und Bevorratung mit Kornreserven." (Mann 1994: 379)

[26] Dabei lässt sich die Deportationspraxis weit in die mesopotamische Geschichte zurückverfolgen. Gerda Lerner (1997: 12) erwähnt eine Inschrift des Königs Schu.sin aus der dritten Dynastie von Ur (ca. 2037-2029 v. Chr.), die erläutert, wie er die feindlichen "Sklaven", seine Kriegsbeute aus der besiegten Stadt Simanum, in einer Stadt an einer fernen Grenze ansiedelte. Im Kleinasien der Hethiterzeit etwa ab 16. Jh. v.Chr. erscheinen Deportierte als eine Kategorie der unfreien Bevölkerung: „Als Teil der Kriegsbeute waren sie nach Hatti gebracht und dort als Bauern oder Handwerker zwangsweise angesiedelt worden. Teils ergänzten sie die bereits bestehenden ʹHäuserʹ auf die jeweils notwendige Zahl an Arbeitskräften (etwa zehn), teils dienten sie zur Wiederbesiedlung von Gebieten, die durch Naturkatastrophen oder Kriege verödet waren. Ihre Wirtschaftseinheiten durften sie

Literatur hinsichtlich dieser in ihrem Umfang und in der Qualität wahrscheinlich neuen Herrschaftstechnik für sein noch recht einfaches Modell der Zwangskooperation auszuwerten, hebt er nur *eine*, wenn auch wichtige Hypothese hervor: Die Politik der Massenumsiedlungen im *Neuen Reich* habe sich für den auf die Eliten abgestellten assyrischen Nationalismus insofern als förderlich erwiesen, als sie die verschiedenen unterjochten Völker *interstitiell* in einen ideologischen und ökonomischen Austausch miteinander habe eintreten lassen.[27] Ausdruck hiervon sei die Verbreitung der vereinfachten Schrift der aramäischen Sprache gewesen (Mann 1994: 382)[28]. Welche spannenden Fragen Mann an dieser Stelle beiseite gelassen hat, zeigt schon ein kurzer Blick auf Bustenay Odeds bereits 1979 veröffentlichte Studie: *Mass Deportations and Deportees in the Neo-Assyrian Empire*. Massendeportationen werden dort diskutiert als Form der Bestrafung gegen Rebellionen, als Mittel der Auslöschung konkurrierender Mächte und der Schwächung von Widerstandszentren, als Reservoir militärischer Hilfstruppen und von Arbeitskräften sowie als Bevölkerungsreserve zum Aufbau und zur Verstärkung urbaner Zentren Assyriens und der strategischen Besiedlung eroberter Gebiete und Vasallenstaaten. Hinzu kommen die (Wieder)bevölkerung und Urbarmachung verlassener Landstriche und schließlich die gezielte Schaffung von Minderheitengruppen, die der Herrschaft loyal zu sein versprachen. Einen von Oded herausgestellten Aspekt dieser Herrschaftstechnik hatte Christian Sigrist bereits 1967 in allgemeiner Form in seiner *Regulierten Anarchie* hervorgehoben: die Instrumentalisierung der ethnischen Unterscheidung von lokaler Bevölkerung und Deportiertengemeinschaft. In einem kurzen, als Forschungsanregung formulierten Ausblick zur herrschaftlichen Funktionalisierung von Pariagruppen formulierte Sigrist damals eine Hypothese über den Zusammenhang von Zentralisierungsgrad einer Gesellschaft und der Existenz marginaler Gruppen, die möglicherweise an der Deportationspraxis Assyriens überprüft werden könnte. Indem Zentralinstanzen die Mitglieder marginaler Gruppen als Erzwingungsstäbe insbesondere für die niedrigen, aber wichtigen Aufgaben benutzten, erführen antiherrschaftliche Affekte in der Bevölkerung eine Deformation. Sie würden nun nicht mehr gegen die Herrschaftsinstanz gerichtet, sondern gegen die niederen Befehlsempfänger – vor allem dann, und das ist beim Thema der Deportation besonders wichtig, wenn sie ethnisch nicht zur Grundschicht der

---

nicht verlassen und konnten wie Sklaven verkauft werden. Es gibt Hinweise auf Fluchtversuche dieser Unfreien; die meisten jedoch werden sich allmählich der eingesessenen Bevölkerung assimiliert haben." (Autorenkollektiv 1989: 241f)

[27] Hierhin passt die Beobachtung John Keegan (1997: 257), dass Assyrien die erste Macht gewesen zu sein scheint, „die Krieger jeder ethnischer Herkunft rekrutierte".

[28] Vgl. für die deportationsbeförderte Verdrängung des Assyrischen als gesprochene Sprache durch das Aramäische (Autorenkollektiv 1989: 295f; 342).

Bevölkerung gehörten. Breuer bemerkte für den assyrischen Fall, „da die Deportierten gewöhnlich Fremdkörper in ihrer neuen Umgebung blieben, standen sie zu den assyrischen Königen nicht selten in einer loyaleren Beziehung als die Einheimischen" (Breuer 1987: 118; Sigrist 1994: 262). Er vermutete, dass eine Zunahme des Zentralisierungsgrades einer Gesellschaft die Chance erhöhe, dass sich marginale Gruppen bildeten oder sich die soziale Lage bereits bestehender marginaler Gruppen in Richtung auf die Parialage veränderte.

Es spricht vieles dafür mit Stefan Breuer in den Massendeportationen Mittel einer neuen Herrschaftstechnik zu sehen, „ohne welche die rasche Ausdehnung wie auch der Fortbestand des assyrischen Großreichs nicht zu erklären sind" (Breuer 1987: 118; ders.: 1998: 117). Massendeportationen können daher vielleicht als Kriterium genommen werden, um den Begriff des Reichs oder Imperiums weiter zu differenzieren: „Während sich im dezentralisierten Imperium der Staat mit den lokalen Eliten arrangiert, geht er im zentralisierten Imperium frontal gegen sie vor. Es kommt zu Enteignungen und Deportationen großen Stils, zur Zerstörung örtlicher Verwaltungsstrukturen und deren Reorganisation nach den Vorgaben des Zentrums" (Breuer 1998: 108).

5. Das Geschlechterverhältnis in Manns Machttheorie

Zum Schluss möchte ich noch auf ein weiteres in seiner Reichweite vielleicht gravierenderes Defizit von Manns Machttheorie aufmerksam machen. Mir will nicht einleuchten, warum Mann die Frage der Durchmachtung von Geschlechterverhältnissen aus seinen theoretischen Überlegungen und historischen Exkursionen explizit ausklammert. Das erstaunt umso mehr, als er von den ethnologischen Diskussionen um geschlechtsegalitäre Machtarrangements in Wildbeuter-Gesellschaften weiß. Nach „alldem, was wir über diese Sammler-Aasfresser und Sammler-Jäger mutmaßen können", schreibt er, dürften „selbst ihre Unterscheidungen nach Geschlechts- und nach Altersgruppen (innerhalb des Erwachsenenlebens) [...] kaum dauerhafte Machtunterschiede indizieren" (Mann 1994: 65). Mann müsste also auch die Entstehung von Herrschaft zwischen den Geschlechtern fragwürdig sein. Gerade für den von Mann bevorzugt herangezogenen Fall der mesopotamischen Machtgeschichte ergeben sich wichtige Fragen bezüglich der historischen Dynamik der Geschlechterverhältnisse. So wird der weitgehend „patriarchalisch" geprägten Zeit seit der frühen Staats-bildung gelegentlich eine neolithische Frühzeit matrilinear und matrilokal strukturierter Stammesgesellschaften gegenübergestellt.[29] Manns Vernach-

---

[29] Lars Lambrecht, Karl Hermann Tjaden und Margarete Tjaden-Steinhauer (1998) nehmen für das frühe Neolithikum in vorderasiatischen Regionen matrilinear strukturierte Stammesgesellschaften an. Sie gehen davon aus, „daß bei der Besiedlung Südmesopotamiens in der 2. Hälfte des 4. Jt. v. u. Z. Familien, die einer Sippe zugehörten, sich in neuangelegten Dörfern niederließen oder besondere

lässigung der Genderthematik mag sich zum Teil dadurch erklären lassen, dass auch in der fachwissenschaftlichen Literatur zum mesopotamischen Areal theoretisch anspruchsvolle Ansätze zur Analyse von Geschlechterverhältnissen lange Zeit rar gesät waren. Im Kontext ihrer Arbeiten zur Frühgeschichte Mesopotamiens hat Susan Pollock (1999: 223) zurecht darauf hingewiesen, dass die „Gender"-Kategorie ökonomische, politische und soziale Beziehungen auf eine fundamentale Weise strukturiere, aber in der Archäologie bislang noch zu wenig berücksichtigt werde. Gleichwohl hätten Mann eine ganze Reihe von Untersuchungen zur Verfügung gestanden, um sich dem zugestandenermaßen besonders schwierigen Thema der mesopotamischen Geschlechterverhältnisse theoretisch zu nähern. So wurde im Zuge allgemeiner historischer Erklärungsversuche für die Ungleichstellung der Geschlechter die Entwicklung südmesopotamischer Gesellschaften im 4. und 3. Jt. v. Chr. mit besonderem Augenmerk betrachtet. Gerda Lerner (1997: 25) begreift die „Durchsetzung des Patriarchats" als einen Prozess, „der sich in einem Zeitraum von etwa 2500 Jahren, ungefähr von 3100 bis 600 v. Chr., vollzogen hat." Lerner versucht ihre Auffassung zu belegen, „daß der Rang und die Rolle von Frauen um so strikter und enger definiert wird, je komplexer der Staatsapparat wird" (Lerner 1997: 97f).[30] Neben Lerner bringen auch Ruby Rohrlich und June Nash (Rohrlich 1980; Rohrlich/Nash 1981) einen Statusverlust der Frauen seit der Frühzeit landwirtschaftlich fortgeschrittener Gesellschaften Südmesopotamiens mit den Urbanisierungs-prozessen der Staatsentstehung in einen ursächlichen Zusammenhang. Die Urbanisierung hätte, wegen der Notwendigkeit mit Nomadeneinfällen, Trockenheiten, Überflutungen und Hungersnöten fertig zu werden, die Herausbildung einer theokratischen Klasse erforderlich gemacht, in der Frauen weiterhin wichtige Rollen übernahmen. Mit dem Aufkommen einer Schicht von Fernhändlern seien private Reichtümer angehäuft und im gleichen Zuge gemeinschaftliche Bodenbesitz- und -nutzungsverhältnisse auf dem Land zerstört worden. Mit

---

Bezirke bei einer bestehenden, sich zur Stadt entwickelnden Einzelsiedlung, bildeten." (Lambrecht u.a. 1998: 216). Bernbeck schließt aus der häufigen Verbindung von häuslicher Produktionsweise und matrilokaler Wohnfolgeordnung vorsichtig auf das Vorhandensein matrilokaler Strukturen in der mesopotamischen Frühgeschichte. Auch archäologische Daten erlaubten mit Einschränkungen die Identifikation dieses Phänomens. „Für den Bakhityari-Zagros konnte dies anhand von Keramikbemalungen herausgearbeitet werden" (Bernbeck 1994: 46).
[30] Eine Sammlung von königlichen Dokumenten aus der im Norden von Sumer gelegenen Stadt Mari aus den Jahren 1810 bis ca. 1760 v. Chr. beschreibe eine Gesellschaft, die den Frauen der Elite weitreichende wirtschaftliche und politische Aktivitäten gestattete. Der Assyriologe Bernard Frank Batto erkläre die gesellschaftliche Position der Frauen in Mari im Vergleich zu den mesopotamischen Kulturen als kulturelles Überbleibsel des früheren Stadiums der Stammesgesellschaft (Lerner 1997: 97f).

der Entwicklung chronischer Konflikte zwischen den sumerischen Städten um Wasser, Land und Handelswege sei schließlich die gesamte Gesellschaft militarisiert und die einst egalitäre Verwandtschaftsordnung der Clans zugunsten einer zentralisierten politischen Macht, Klassenbildung sowie patriarchalischer Strukturen in Familie und Rechtsordnung aufgelöst worden. Für Lerner lässt sich in der mesopotamischen Geschichte ein bemerkenswerter Statusverlust der Frauen beobachten: „Die Unterordnung der Frauen in der Familie wird institutionalisiert und rechtlich kodifiziert; die Prostitution wird zu einer gesellschaftlich akzeptierten Einrichtung und ihre Ausübung an Regeln gebunden; mit der zunehmenden Spezialisierung der Arbeit werden Frauen nach und nach von bestimmten Tätigkeiten und Berufszweigen ausgeschlossen" (Lerner 1997: 80).

Stark generalisierende Aussagen über die Entwicklung der Geschlechterverhältnisse in der mesopotamischen Geschichte sind fragwürdig, wenn sie versäumen, die Geschlechterverhältnisse mit den Auswirkungen der entstehenden Klassen- und Schichtendifferenzierung in einen Wirkungszusammenhang zu stellen. Deshalb plädiert Pollock dafür, an die Frage, ob die mesopotamische Staatsentstehung einen Statusverlust oder einen Statusgewinn für die Frauen bedeutete, mit differenzierten Modellen heranzugehen, die in der Lage sind, die Unterschiede von sozialen Rollen und vor allem von Schichtunterschieden zwischen den Frauen zu berücksichtigen: „As in any situation of growing inequality, some women, men, and children benefited while many, indeed most, others lost. Overall, society seems to have offered much less to most women than to men" (Pollock 1999: 221).

Für die frühe Staatenbildung im mesopotamische Areal kann bereits *a priori* angenommen werden, dass alle generalisierenden Hypothesen über Frauenmacht und Männerherrschaft zu kurz greifen müssen, wenn sie die vertikalen Differenzierungsprozesse außer acht lassen. Gerda Lerner macht darauf aufmerksam, dass die Königsgräber von Ur zwar belegten, dass regierende Königinnen in gesellschaftlichem Rang, Macht, Reichtum und zugeschriebener Göttlichkeit den Königen gleich waren, die Überzahl weiblicher Skelette im Verhältnis zu den männlichen unter den begrabenen Bediensteten aber auch als ein Zeichen für die größere Schutzlosigkeit und Abhängigkeit der Frauen als Bedienstete gewertet werden müssten (Lerner 1997: 89). Susan Pollock (1991) weist nach, dass Frauen aus höheren Schichten mit ebensoviel Reichtum und Gefolge bestattet wurden wie Männer, während in deutlich ärmeren Gräbern nur männerspezifische, nicht aber frauenspezifische Beigaben identifiziert werden können. Aus Texten weiß man zudem, dass Frauen aus der Herrscherklasse meist in ritueller Position tätig waren, als Priesterinnen oder Leiterinnen großer Tempelhaushalte. Das Schriftzeugnis der Sumerischen Königsliste gibt Hinweise darauf, dass einige Frauen über anerkannte politische und ökonomische Macht verfügt zu haben scheinen, doch ist ihre Zahl relativ gering (ebd.:

369). Für die Entwicklung des mesopotamischen Eherechts für die Zeit seit Hammurabi ist gezeigt worden, dass „Heirat durch Verkauf und Heirat durch Vertrag" nebeneinander bestanden, aber Frauen aus verschiedenen sozialen Schichten betrafen. „Die Vorstellung, die Braut sei eine Partnerin der Ehe, war implizit in dem Ehevertrag, der in der Oberschicht üblich war, enthalten. Für Frauen aus niedrigeren Schichten lief die Ehe jedoch auf eine häusliche Versklavung hinaus" (Lerner 1997: 148). Die Fehlgeburt und Abtreibung betreffenden Gesetze sahen verschiedene Strafen je nach der Schichtzugehörigkeit der Betroffenen vor (ebd.: 156).

Eine differenzierte Sicht auf die mesopotamischen Geschlechterverhältnisse versuchen Susan Pollock und Reinhart Bernbeck in ihrer Analyse und Deutung des überlieferten mesopotamischen Bildmaterials (z.B. figürliche Siegeldarstellungen) des späten vierten und frühen dritten vorchristlichen Jahrtausends anzulegen. Darstellungen von Frauen in Textilmanufakturen ließen etwa darauf schließen, das zumindest einige Frauen einen gewissen Anteil ihrer Zeit mit der Produktion von Textilien verbrachten (Pollock/Bernbeck 2000: 155). Die tragende gesellschaftliche Rolle von Frauen im späten vierten Jahrtausend lasse sich auf diese Weise für den Bereich der materiellen Produktion und ideologisch in der Gestalt der mächtigen Stadtgöttin Inanna erschließen. Jedoch müsse von bedeutenden Klassendifferenzierungen zwischen den Frauen ausgegangen werden, die ebenso bedeutsam waren wie die Geschlechterunterscheidung. Pollocks und Bernbecks Analysen des vorhandenen ikonographischen Materials legen den Schluss nahe, dass der überwiegende Teil der weiblichen Bevölkerung in den unteren Schichten sich in den Männern untergeordnete Positionen zu fügen hatte, während die Verehrung einer weiblichen Göttin darauf deutet, dass zumindest einige Frauen der oberen Schichten übergeordnete soziale Rollen ausüben konnten (ebd.: 162f).[31]

---

[31] Für das 3. Jt. v.u.Z. referieren Lambrecht, Tjaden und Tjaden-Steinhauer die breit angelegte Untersuchung von Julia Asher-Greve (1985) zur gesellschaftlichen Rolle der Frauen in den mesopotamischen Gesellschaften bis zum Ende der frühdynastischen Zeit. Die Autorin habe aber lediglich bestätigen können, dass die Familie monogam war. Dass das Ehepaar eine gesellschaftliche Rolle gespielt habe, lasse die Statuette eines Paares aus der Mitte des 3. Jt. v.Chr. aus Nippur vermuten. Dabei wiesen jedoch Urkunden aus den Archiven von Girsu aus der Zeit Ende Frühdynastisch III darauf hin, dass einfache *und* höhergestellte Frauen zu dieser Zeit vor allem mit ihrer den Männern untergeordneten Rolle als Ehefrauen, Mütter, Schwester oder Tochter identifiziert worden seien (Lambrecht u.a. 1998: 217f). Es gebe eine Reihe von Hinweisen darauf, dass im allgemeinen wohl eine Zurückstellung hinter die Männer gegeben war. Das schließe nicht aus, dass Frauen vielfach auch hohe soziale Positionen – z.B. im religiösen Bereich – bekleideten und in bestimmten Teilbereichen, zumindest wenn sie einen hohen Rang innehatten, Männern auch gleichgestellt sein konnten (ebd.: 219f).

Literatur:

Autorenkollektiv:
Kulturgeschichte des alten Vorderasien. Berlin (Ost) 1989.
Bernbeck, Reinhard:
Die Auflösung der häuslichen Produktionsweise. Das Beispiel Mesopotamiens. Berlin 1994.
Bernbeck, Reinhard:
Theorien in der Archäologie. Tübingen/Basel 1997.
Bernbeck, Reinhard:
Die ˋObed-Zeit: religiöse Gerontokratien oder Häuptlingstümer?, in: Bartl, Karin/Bernbeck, Reinhard/Heinz, Marlies (Hrsg.): Zwischen Euphrat und Indus: aktuelle Forschungsprobleme in der Vorderasiatischen Archäologie. Hildesheim 1995, 44-56.
Breuer, Stefan:
Imperien der Alten Welt. Stuttgart/Berlin/Köln/Mainz 1987.
Breuer, Stefan:
Der Staat. Reinbek bei Hamburg 1998.
Clastres, Pierre:
Staatsfeinde. Studien zur politischen Anthropologie, Frankfurt/M 1976.
Van Creveld, Martin:
Aufstieg und Untergang des Staates. München 1999.
Dalley, S.:
Mari and Karana: Two Old Babylonian Cities. London 1984.
Goody, Jack:
Die Logik der Schrift und die Organisation von Gesellschaft. Frankfurt a.M. 1990.
Gumplowicz, Ludwig:
Grundriss der Soziologie. Innsbruck 1926.
Gumplowicz, Ludwig:
Der Rassenkampf. (Ausgewählte Werke III). Aalen 1973.
Haude, Rüdiger/Thomas Wagner:
Herrschaftsfreie Institutionen. Studien zur Logik ihrer Symbolisierungen und zur Logik ihrer theoretischen Leugnung. Baden-Baden 1999.
Hole, Frank:
Patterns of burial in the fifth millennium, in: Henrickson, Elizabeth/Thuesen, Ingolf (Hrsg.): Upon this foundation: the Ubaid reconsidered. Copenhagen 1989.

Hole, Frank:

Symbols of religion and social organization at Susa, in: Smith, E./Mortensen, Peder (Hrsg.): The hilly flanks and beyond: essays on the prehistory of southwestern Asia. Chicago 1983.

Hrouda, Barthel:

Mesopotamien. Die antiken Kulturen zwischen Euphrat und Tigris. München 1997.

Jacobsen, Thorkild:

Primitive Democracy in Ancient Mesopotamia, in: ders. Toward the Image of Tammuz and Other Essays on Mesopotamian History and Culture. Cambridge 1970.

Keegan, John:

Die Kultur des Krieges. Reinbek bei Hamburg 1997.

Klengel, H.:

Hammurapi von Babylonien und seine Zeit. Berlin (Ost) 1978.

Lambrecht, Lars/Tjaden, Karl Hermann/Tjaden-Steinhauer, Margarete:

Gesellschaft von Olduvai bis Uruk. Soziologische Exkursionen. Kassel 1998.

Larsen, M.T.:

The Old Assyrian City State and its Colonies. Kopenhagen 1976.

Lenski, Gerhard:

Macht und Privileg. Eine Theorie der sozialen Schichtung. Frankfurt a.M. 1977.

Lerner, Gerda:

Die Entstehung des Patriarchats. München 1997.

Lloyd, Seton:

Die Archäologie Mesopotamiens. Von der Altsteinzeit bis zur persischen Eroberung. München 1981.

Mann, Michael:

Geschichte der Macht. Von den Anfängen bis zur Griechischen Antike. Frankfurt a.M./New York 1994.

Mann, Michael:

Geschichte der Macht. Vom Römischen Reich bis zum Vorabend der Industrialisierung. Frankfurt a.M./New York 1991.

Mayer, Walter:

Politik und Kriegskunst der Assyrer. Münster 1995.

Metzler, Dieter:
    Widerstand von Nomaden gegen zentralistische Staaten im Alterum,
    in: Yuge, Toru/Doi, Masaoki (Hrsg.): Forms of Conrol and
    Subordination in Antiquity. Leiden u.a. 1988, 86-95.

Münkler, Herfried:
    Von Macht und Mächten. Michael Manns großer Wurf einer
    Herrschaftsgeschichte. In: Süddt. Zeitung 31.7.1992, 37.

Nissen, Hans J.:
    Grundzüge einer Geschichte der Frühzeit des Vorderen Orients.
    Darmstadt 1990.

Oates, John:
    Mesopotamian social organisation: archaeological and philological
    evidence, in: Friedman, Jonathan/Rowlands, Michael (Hrsg.): The
    evolution of social systems. London 1977, 457-85.

Oded, Bustenay:
    Mass Deportations and Deportees in the Neo-Assyrian Empire.
    Wiesbaden 1979.

Oppenheim, Leo A.:
    Ancient Mesopotamia. Portrait of a Dead Civilization. Chicago/
    London 1964.

Oppenheimer, Franz:
    Der Staat (= System der Soziologie II). Stuttgart 1964.

Pollock, Susan:
    Ancient Mesopotamia. Cambridge 1999.

Pollock, Susan:
    Women in a Men´s World: Images of Sumerian Women, in: Gero,
    Joan M./Conkey, Margaret W. (Hrsg.): Engendering Archaeology.
    Women and Prehistory. Oxford 1991, 366-387.

Pollock, Susan/Bernbeck Reinhard:
    And They Said, Let Us Make Gods in Our Image. Gendered
    Ideologies in Ancient Mesopotamia, in: Rautman, Alison E. (Hrsg.):
    Reading the Body. Representations and Remains in the
    Archaeological Record. Philadelphia 2000, 150-164.

Rehberg, Karl-Siegbert/ Hoffmann, Ulrich/ Polti, Adolf/ Schobert, Alfred:
    Theorie und Analyse institutioneller Mechanismen. MS. Aachen
    1991.

Rehberg, Karl-Siegbert/ Haude, Rüdiger/ Hoffmann, Ulrich/ Schobert,
Alfred/ Wagner, Thomas:
    „Unverfügbarkeit und Reflexivität". (Zwischenbericht des DFG-
    Projekts) MS. Aachen 1993.

Rohrlich, Ruby:
State Formation in Sumer and the Subjugation of Women, in: Feminist Studies 6, 4, 76-102.

Rohrlich, Ruby/Nash, June:
Patriarchal Puzzle: State Formation in Mesopotamia and Mesoamerica, in: Heresis. A Feminist Publication on Art and Politics 4, 1, 60-65.

Röttgers, Kurt:
[Rez] Michael Mann: Geschichte der Macht I und II. In: Politische Vierteljahresschrift 33, 1992, 693-697.

Rüstow, Alexander:
Ortsbestimmung der Gegenwart. Eine universalgeschichtliche Kulturkritik. 3 Bde. Erlenbach/Zürich 1950/52/57.

Schobert, Alfred:
[Rez.] Michael Mann: Geschichte der Macht I und II. In: Das Argument 200, 1993.

Sigrist, Christian:
Regulierte Anarchie. Untersuchungen zum Fehlen und zur Entstehung politischer Herrschaft in segmentären Gesellschaften Afrikas. Hamburg 1994.

Stein, Gil:
Economy, ritual, and power in 'Ubaid Mesopotamia, in: Stein, Gil/Rothman, Mitchell (Hrsg.): Chiefdoms and early states in the Near East: the organizational dymnamics of complexity. Madison 1994, 35-46.

Wittfogel, Karl A.:
Die Orientalische Despotie. Eine vergleichende Untersuchung totaler Macht. Berlin/Köln1962.

Woodburn, James:
Egalitarian Societien, in: Man: New Series 17, 1982, 431-451.

Wright, Henry T.:
Prestate political formations, in: Stein, Gil/Rothman, Mitchell (Hrsg.): Chiefdoms and early states in the Near East: the organizational dynamics of complexity. Madison 1994, 67-84.

Geschlechterverhältnisse im biblischen Israel beim Übergang zum Staat

Rüdiger Haude

Die Untersuchung des *Wandels* der Geschlechterverhältnisse im Zuge von Staatsentstehungsprozessen ist ein weithin brachliegendes Forschungsgelände. Das hängt damit zusammen, dass ethnografische Studien, die sich in den vergangenen Jahrzehnten um die Erforschung der gesellschaftlichen Dimension der Geschlechterverhältnisse so verdient gemacht haben, gleichwohl typischerweise einem „strukturalistischen", statischen Bias unterliegen, da sie längerfristige Entwicklungen, gerade herrschaftsfreier Vergesellschaftungen, kaum im Rahmen von Feldforschung in den Griff bekommen können. Umgekehrt setzt Geschichtsschreibung mit ihrem Potenzial zur Erfassung von Dynamiken fast durchgängig erst im Zustand entwickelter Staatlichkeit ein.

Die „Geschichte Israels" stellt insoweit einen Ausnahmefall dar: Hier werden historiografisch explizit herrschaftsfreie und staatliche Gesellschaftstypen einander gegenüber gestellt. Wie jede Geschichtsschreibung können die historiografischen Passagen der Bibel nicht einfach für unverzerrte Wahrheit genommen werden. Aber der besondere Status dieses Buchs hat so immense Bemühungen der Textkritik und der flankierenden archäologischen Forschung gezeitigt, dass das alte Israel potenziell der besterforschte Staatsentstehungsfall des Altertums sein müsste. Jedenfalls für die Entwicklung der Geschlechterverhältnisse trifft dies aber nicht zu. Hier spielen eine ganze Reihe von systematischen Ausblendungen zusammen. Die sozialwissenschaftlich orientierten Universalhistorien, die in den 80er und 90er Jahren boomten, ignorierten Israel als Fallstudie vollständig, wie ein *mysterium tremendum* – so das „Early-State"-Forschungsprogramm von Claessen und Skálnik, so Stefan Breuers „archaischer Staat", so Michael Manns „Geschichte der Macht". Auch die ausdrücklich am „Ursprung der Ungleichheit zwischen Frau und Mann" interessierte Studie von Günter Dux (1992), „Die Spur der Macht im Verhältnis der Geschlechter", berücksichtigt viele Ethnien und antike Zivilisationen, nicht aber Israel.

Die Erforschung der Geschichte Israels weist eine komplementäre Auslassung auf. Lange war hier die Dimension der Geschlechterverhältnisse insgesamt unterbelichtet. In den letzten Jahrzehnten hat sich ein sehr lebhafter feministischer Diskurs diesem Thema gewidmet, aber der Löwenanteil dieses Materials vermeidet, gebannt vom ersten, patriarchalen Augenschein, Längsschnitt-Analysen. Meist wird entweder „die" patriarchale Grundstruktur als zeitlich und sozial pervasiv verstanden, so dass biblische Frauen schlechthin unterdrückt sind; oder es werden subkutane weibliche Machtressourcen freigelegt, die aber wiederum für das gesamte zur Debatte stehende Jahrtausend gegolten haben sollen.

Die letztgenannte Position bringt uns immerhin weiter; denn um einen Wandel der Geschlechterverhältnisse anhand der Schriften zu rekonstruieren, muss man in der Tat hinter die Oberfläche von Texten schauen, die durch Jahrtausende frauenfeindlicher Redaktion und Exegese gegangen sind (Schüngel-Straumann 1993, 55-64; Pagels 1991) und gleichwohl immer noch die Spuren einer komplexeren Wirklichkeit bewahren. Das betrifft die Auslegung zentraler theologischer Positionen: Z.B. bewirkt das Fehlen einer Göttin, daß das Männliche am monotheistischen Gott[1] in seiner Bedeutung abnimmt. „Es ist Israels Gott, der sich von männlichen Tugenden und vor allem von militärischer Macht häufig distanziert. Dieser Gott verbündet sich lieber mit einem David, der ohne Rüstung gegen Goliat antritt, oder mit einer Judit, die sich schutzlos in größte Gefahr begibt." (Schroer 1995, 156) Gleichzeitig nimmt JHWH mehrfach Züge an, die im Polytheismus weiblichen Gottheiten eigneten, etwa die „Barmherzigkeit" der Muttergöttin (Keel 1989, 91)[2]. Durch diese Entsexualisierung Gottes wird die Geschlechtlichkeit im Alten Testament zu einer rein profanen Angelegenheit (vgl. Winter 1983, 672; Crüsemann 1978b, 91). Mit der damit verbundenen stärkeren Transzendierung Gottes ist, wie Urs Winter (1983, 673) argumentiert, „eine menschliche, nicht-sexistische Gesellschaft noch nicht realisiert, aber eine wichtige Grundbedingung dafür bereits im Alten Testament angelegt."

---

[1] Urs Winter, auf den wir uns hier beziehen, vertritt eine Position zur israelitischen Religionsentwicklung, die einen zunehmenden israelitischen Synkretismus als Folge der „Sesshaft- und Staatwerdung" postuliert (Winter 1983, 678), was doch wohl einen vorausliegenden Monotheismus nahelegt. Daß diese Frage in der Religionswissenschaft heftig umstritten ist, kann hier nur angedeutet werden; vgl. in unserem Kontext dazu Weippert/Weippert 1997. – Gerda Lerners Verdikt, das „Ausschließen der Frauen von der Erschaffung der Symbolsysteme" sei „erst mit dem Entstehen des Monotheismus vollständig institutionalisiert" worden (Lerner 1995, 248), bleibt theoretisch unerklärt.

[2] Vgl. hierzu auch Erbele 1999, 140: „the Old Testament troubles our gender clichés [...] our conception of God's gender identity and his non-corporelaity has to be reexamined" (wegen seiner Ausstattung mit *nepeš* und dem gender-neutralen *rû^aḥ*).

Was die historiografische Seite betrifft, muß die sorgfältige Beachtung der Ergebnisse historisch-kritischer Exegese der Hebräischen Bibel zu einer *Historisierung* der Texte führen. Nicht nur das Alter einzelner Textstücke ist dabei zu bestimmen, sondern auch die Wege der Verschüttung von Traditionen.[3] Beispielsweise muß hier, wie auch im ethnografischen Bereich, damit gerechnet werden, daß es institutionelle Sphären gab, zu denen nur ein Geschlecht Zugang hatte. Nicht nur der Ausschluß von Frauen (etwa von kultischen Aktivitäten oder der Tor-Gerichtsbarkeit) ist denkbar, sondern auch der umgekehrte Fall. „Wo Männer zu Frauenbereichen keinen Zugang hatten (z.B. Geburt, Feste wie das Neumondfest, Riten), fehlten männlichen Schreibern Informationen, so daß solches Wissen nicht oder nur frag-mentarisch tradiert wurde." (Schroer 1995, 88; vgl. auch Meyers 1988, 161f, mit Beispielen) Zumal damit zu rechnen ist, daß solche „Frauentraditionen" stärker im Bereich *mündlicher* Kommunikationskultur angesiedelt waren. Die Kanonisierung der Tradition(en) war jedenfalls Männersache[4]. Das heißt aber glücklicherweise nicht, daß die Suche nach „female voices" in der Hebräischen Bibel von vornherein aussichtslos sein muß (vgl. Schroer 1995, 88; Crüsemann 1978b, 71). Auf das Hohelied sowie das Buch Ruth sei hier nur exemplarisch hingewiesen.

Aber es geht nicht darum, in der ideologisch hoch aufgeladenen Bibel allein zu suchen; sondern die Methodik muss sich aus einer Kombination der Auswertung archäologischer Befunde, anthropologischen Analogiebildungen und exegetischen Bemühungen zusammensetzen.

Unbestreitbar ist etwa, dass das Israel in seiner herrschaftsfreien Phase (der „Richterzeit") eine patrilineare, patrilokale Struktur aufwies, die z.B. afrikanischen segmentären Gesellschaften stark ähnelte (vgl. Haude 1999, 144ff). Aber wie sich in der anthropologischen Forschung gezeigt hat, reicht die Feststellung einer bestimmten Form der Linearität in einer Gesellschaft keineswegs aus, um die Geschlechterverhältnisse in ihr einschätzen zu

---

[3] Dabei ist u.a. zu beachten, dass die politische Entwicklung Israels nicht einfach von einer segmentären Gesellschaft zu einem Staat hin verlief; sondern es sind die gerade für die Kanonbildung besonders produktiven Phasen des Exils und der nachexilischen, substaatlichen Zeit zu berücksichtigen.

[4] Dies ist ein „Bias" unter mehreren, die zu unserer Wahrnehmung des alten Israel als Gipfel patriarchaler Unterdrückung beitragen. Weitere sind z.B. die misogyne Übersetzungspraxis der Bibel, die lange Zeit bestehende Konzentration der archäologischen Forschung auf Städte und monumentale Relikte bei Vernach-lässigung des dörflichen Bereichs, die damit zusammenhängende Fokussierung auf soziale Oberschichten, aber schließlich auch der häufig unhistorische Charakter feministischer Patriarchatskritik. Vgl. zu allen diesen Meyers 1988, 5-29; Meyers 1999b, 34-37; Fontaine 1999, 159-162. Die Archäologie Palästinas, und in dieser nochmals verstärkt die „biblische" Archäologie, ist davon geprägt, methodische und theoretische Fortschritte der allgemeinen Archäologie besonders zögerlich zu implementieren; insbesondere die Gender-Archäologie hat hier noch kaum Fuß fassen können. Vgl. dazu Julia Müller-Clemm 2001, 31-41.

können. Eine patrilineare Zuordnung der Nachkommen impliziert ebensowenig schon die Unterwerfung der Frauen wie die matrilineare Abstammungsregel ein Matriarchat (vgl. Lerner 1995, 51)[5]. Tatsächlich ist die Einschätzung der Geschlechterverhältnisse im herrschaftsfreien Israel und ihres Wandels im Übergang zum Staat hochgradig umstritten. Gerade in feministischen Diskursen werden diametrale Positionen vertreten.

Die in der reichen, vor allem feministischen Literatur zu Genderfragen im biblischen Israel verstreuten Argumente zu einem *Wandel* der Geschlechterverhältnisse lassen sich auf zwei Muster zurückführen: das erste unterstellt eine Verbesserung der Lage der Frauen durch staatliche Ordnungsgarantien; das zweite eine Verschlechterung dieser Lage durch staatliche Herrschaftszumutungen. Einige der Hauptargumente beider Seiten sollen in der genannten Reihenfolge der Positionen hier zur Diskussion gestellt werden.

1. Verbesserung der Lage der Frauen durch staatliche Ordnungsgarantien

1.1 Israel als patriarchale Überlagerung eines kanaanäischen Matriarchats?

Von einem „ursemitischen Matriarchat" ging im 19. Jahrhundert bereits William Robertson Smith aus (vgl. Wacker 1991, 42), dessen Gedanken u.a. die religionsgeschichtlichen Erwägungen Sigmund Freuds stark beeinflussten. Das bemerkenswerte Ausmaß an freischwebenden, fantasievollen Rekonstruktionen hat dieser Diskurs bis heute kaum abgelegt. Dies zeigt sich z.B. an Gerda Weilers (1989) Annahme, die patriarchalen, hirtennomadischen Israeliten hätten bäuerliche Matriarchate in Palästina überlagert (wodurch der monarchische Synkretismus in Israel als erfrischende matriarchale Renaissance erscheinen muß!) Ähnlich argumentiert Heide Göttner-Abendroth in *Die Göttin und ihr Heros* (1990). Sie weiß von „jahrhundertelange[n], erbitterte[n] Kämpfe[n] zwischen den verschiedenen Stämmen in Palästina" (83), die der matriarchalen resp. der patriarchalen Religion anhingen, wobei sie erstere durch teilweise abenteuerliche etymologische Spekulationen konstruiert. Eine zeitlich verschobene Variante liefert Savina Teubal (1993), die die Matriarchinnen im Buch Genesis als Vertreter einer mesopotamischen „matrifokalen" Kultur sieht, die gegen eine zunehmend patriarchale Umwelt kämpfen.

---

[5] Vgl. auch ebd. 304 n46: „Ein Beispiel für eine patriarchal organisierte Kultur, in der Frauen ökonomische Macht ausübten, ist das jüdische 'Schtetl' des frühen 20. Jahrhunderts. Frauen führten Geschäfte, verdienten Geld und kontrollierten die Familienfinanzen; sie hatten einen starken politischen Einfluß, indem sie Gerüchte verbreiteten, Eheschließungen vermittelten und das Verhalten ihrer Söhne beeinflußten. Gleichwohl waren Frauen ihren Vätern und Ehemännern untergeordnet und verehrten den Rabbi – der Definition nach ein Mann – als den in der Gemeinde Höchstrangigen."

Gegen eine israelitische Zerstörung eines vorausliegenden Matriarchats macht Silvia Schroer (1995, 106) geltend, „daß spätestens seit der Spätbronzezeit, wahrscheinlich noch früher, in Palästina deutliche Indizien für patriarchale Gesellschaftsformen vorliegen. In der Spätbronzezeit ist auch die Welt der Gottessymbole schon weitgehend männlich geprägt, die Göttin zurückgedrängt worden. Von einer Zerstörung matriarchaler Ordnungen durch Israeliten kann also keine Rede sein."[6] Wenn also mit Beginn der Eisenzeit (der Entstehungszeit Israels) Göttinnen-Darstellungen in der Kleinkunst verschwinden (Jaros 1995, 15-28), so deutet dies wohl auf wichtige Veränderungen in der religiösen Sphäre; aber das solcherart abgelehnte bzw. modifizierte Symbolisierungssystem „kanaanäisches Pantheon" steht dabei kaum für eine Gesellschaft mit hohem Status des weiblichen Geschlechts. Das gilt dann *mutatis mutandis* auch für die Spätphase der judäischen Monarchie im späten 8. und im 7. Jahrhundert, wo die Verehrung einer „Großen Göttin", glaubt man Karl Jaros, eine bemerkenswerte Renaissance erlebte. Eine besondere Aufmerksamkeit verdienen die aus Ton modellierten „Pfeilerfigurinen". Sie stellen durchgängig weibliche Personen dar, wobei die untere Hälfte in einem unmodellierten Zylinder ausläuft. Silvia Schroer (1995, 126f) schließt aus den 3000 Exemplaren, die die Archäologen aus jener Epoche zutage befördert haben, auf ein „einzigartiges Revival" des Göttinnenkults ab 700; und nicht ganz ohne Grund resümieren Helga und Manfred Weippert (1997, 170), auf der Ebene der Familienreligion sei im 8./7. Jahrhundert „die Verehrung einer Göttin archäologisch weitaus besser dokumentiert als die eines Gottes". In der Tat verweisen die aus dem Billigmaterial Terrakotta hergestellten Figurinen auf die Notwendigkeit, verschiedene Sphären der Religiosität zu unterscheiden, auch wenn man sie nicht mit Erhard Gerstenberger (1981, 339) zu Belegen einer „feminine[n] Untergrund-religion" erklären will. Viele Autoren erklären die Figurinen zu Darstellungen der Aschera (Braulik 1991; Keel/Uehlinger 1992, 425; Jaros 1995, 80, spricht von Darstellungen der „Großen Göttin"). Michael David Coogan (1987: 118ff) bringt die Kuntillet-'Ajrud-Inschriften aus dem 9. Jh. (*lyhwh šmrn wl'šrth* − „für JHWH von Samaria und für seine Aschera") mit den Figurinen in Zusammenhang, um zu betonen, dass unter der Decke der kanonisierten Religion die religiöse Realität im zweiten und im ersten Jahrtausend durchgängig kanaanitisch-polytheistisch gewesen sei.[7]

---

[6] Vgl. auch Jaros 1995, 19f. Zur Kritik des Matriarchats-Ansatzes auch Neu 1990; Höffken 1994; Wacker 1991, 25f.30f; Beyerle 1991; Fontaine 1999, 164.
[7] Vgl. auch Rasmussens (1989) These, das Deborah-Lied sei im Rahmen einer Anath/Ascherah-Verehrung zu lesen.

Bei den Ascheren, die Josia 2Kön 23, 14 umhaut, ist hingegen an eine personifizierte Göttin nicht unbedingt zu denken; wahrscheinlicher handelt es sich um Kultpfähle. Keel/Uehlinger (1992, 318), resümieren vorsichtiger: „Insgesamt bietet [in der EZ II B] weder die ikonographische noch die epigraphische Dokumentation Anlaß, in Jahwes Aschera eine göttliche Paredros zu erkennen." Die Pfeilerfigurinen belegten zwar eine Repersonalisierung der Aschera; für eine Paredros-Relation zwischen Aschera und Jahwe gebe es jedoch auch in der EZ II C keine Anzeichen (425)

Die Identifikation der Figurinen mit der Göttin Aschera hat etwas Spekulatives. Aber auch wenn diese weiblichen Kleinskulpturen keinen Beweis für die Verehrung einer „Großen Göttin" liefern (geschweige denn für ein verborgenes Matriarchat), so spiegeln sie doch eine wie auch immer geartete Rolle des Weiblichen im Kult wieder. Möglicherweise handelt es sich, wie Carol Meyers (1988, 161f) mutmaßt, um Votivgaben von Frauen, die ihren Wunsch nach Fruchtbarkeit ausdrückten. Sie belegen in jedem Falle, daß Frauen im Bereich des Hauskultes eine aktive Rolle spielten. Die Konzentration dieses Typs archäologischer Funde auf das 7. Jahrhundert spiegelt eine plötzliche Entwicklung innerhalb der etablierten Monarchie wider, genauer gesagt, in der Phase ihrer existentiellen Bedrohung durch imperiale Eroberung. Für unsere Leitfrage sagt sie daher wenig aus. Man kann freilich darüber streiten, ob die Entwicklung assyrischen Einfluß widerspiegelt oder eine Belebung subkutaner Folk-Traditionen, die dann auch einen gewissen Aussagewert für frühere Epochen hätten. Aber hier ist schwer Klarheit zu gewinnen. Eine Verbesserung der Lage von Frauen durch die Monarchie (im Sinne eines langfristigen Trends) ist diesen Funden jedenfalls schwerlich abzulesen. Zumal es eben, wie nicht zuletzt Gerda Lerner gezeigt hat „schwierig ist, von solchen Beweisstücken auf die Struktur sozialer Organisation zu schließen" (Lerner 1995, 49).[8]

1.2 Das vorstaatliche Israel als „häusliche Produktionsweise"?

Frank Crüsemann, dem die deutschsprachige Exegese die Anwendung von Christian Sigrists Theorie der „Regulierten Anarchie" segmentärer Gesellschaften auf das richterzeitliche Israel verdankt, hat auch hinsichtlich der Geschlechterverhältnisse in jener Epoche eine ethnologische Analogiebildung angeregt. Es handelt sich dabei um das Modell der „häuslichen Produktionsweise" von Claude Meillassoux. So wie Crüsemann in seinem „Widerstand gegen das Königtum" (1978a, 204) bemerkte, daß die Sigristschen Bedingungen für eine akephale, segmentäre Gesellschaft "exakt" auf das zutreffen, "was wir über das alte Israel mit Sicherheit

---

[8] Dennoch argumentiert Lerner (1995, 204): „Solange Frauen ein Medium zwischen den Menschen und dem Übernatürlichen waren, konnten sie andere Funktionen und Rollen in der Gesellschaft ausüben als Männer, ohne daß ihre grundsätzliche wesentliche Gleichheit als menschliche Wesen in Frage gestellt wurde." Dies habe sich endgültig erst im israelitischen Monotheismus geändert.

wissen", so heißt es nun im Hinblick auf die Theorie Meillassoux', dessen Voraussetzungen träfen „nahezu exakt auf das Israel der älteren vorstaatlichen Zeit zu" (Crüsemann 1978b, 43). Dies hat gravierende Konsequenzen für die Einschätzung der Geschlechterverhältnisse. Denn wo Sigrist damit rechnet (1994, 163f), daß in patrilinearen segmentären Gesellschaften "Frauen [...] ein verhältnismäßig großes Maß an Selbstbestimmung" hatten, werden sie bei Meillassoux (1983, 11-106) notwendig unterdrückt, erniedrigt, zur Beute und schließlich zum bloßen Tauschgegenstand gemacht. Somit läßt nun auch Crüsemann (1978b, 46) für das vorstaatliche Israel „idealtypisch" gelten: „Nicht im Sinne eines absoluten Determinismus, wohl aber einer in weiten Teilen der Erde dominierenden Tendenz ergibt sich also aus der logischen Analyse der häuslichen Produktion die Autorität der Ältesten und die auf die Beherrschung der Frauen gegründete [sic!] Patrilinearität." Die infolge der Staatsentstehung bewirkte Erosion der häuslichen Produktionsweise in Israel führt dann tendenziell zu einer Verbesserung der Stellung der Frauen: So zeige „schon" das (spätmonarchische) Deuteronomium „eine gegenüber dem idealtypischen Anfangsstadium in manchen Zügen verbesserte Stellung der Frau jedenfalls in bestimmten Schichten. An die Stelle der Sanktion durch die Ältesten tritt das öffentlich geregelte Gerichtswesen, in dem die Frau jedenfalls partiell als Mutter und Witwe selbst auftreten kann." (48)

Crüsemanns Meillassoux-Adaption verfolgt ausdrücklich (1978b, 49) das Ziel zu belegen, daß in der Bibel beobachtete Geschlechterverhältnisse weder als natürlich, noch als spezifischer Ausfluß des „Jahweglaubens" zu verstehen seien. Auch hält sie ihn nicht davon ab, gerade auf subkutane Belege für „Frauenmacht" in der Hebräischen Bibel aufmerksam zu machen. Als „die wichtigste Quelle für die Struktur und Theologie des vorstaatlichen Israel" (78) – wofür sich aus der staatlichen Zeit kaum Vergleichbares finde – benennt er richtig das Deborah-Lied Ri 5, welches die heldenhafte Errettung Israels durch zwei Frauen verherrlicht. Aber dann drängt sich doch die Frage auf, ob mit Meillassoux das passende ethnologische Modell gewählt wurde.

1.3 Rechtssammlungen

Die Torah enthält drei größere Rechtssammlungen: Das frühmonarchisch kodifizierte „Bundesbuch" (Ex 20, 23 bis 23, 33), das aus der Spätzeit der judäischen Monarchie datierende Gesetzeskorpus des Deuteronomium, und das „Heiligkeitsgesetz" (Lev 17-25), das zur Quellenschicht „P" gehört und in die Exilszeit datiert wird. Verschiedene Autorinnen und Autoren haben nun beobachtet, dass die für Geschlechterverhältnisse relevanten Passagen dieser Sammlungen im Ablauf der Zeit eine Verbesserung der Rechtsstellung von Frauen erkennen lassen.

Eine solche Rechtsmaterie ist das Sklavenrecht. Nach dem Bundesbuch sollen Sklavinnen nicht wie männliche Sklaven im siebenten Jahr freigelassen werden, sondern sind auf Dauer versklavt (Ex 21, 7-11). Im Deuteronomium (Dtn 15, 12-18) werden sie hingegen den männlichen Sklaven ausdrücklich gleichgestellt. „In dem noch späteren Text Lev 25 (bes. v. 39ff.) wird die Sklavin gar nicht mehr gesondert aufgeführt. Hinter dieser Veränderung in der Rechtsposition dürfte am ehesten der zunehmende Umfang der Sklaverei als Grund vermutet werden." Wonach nämlich versklavte Frauen nicht mehr zu Nebenfrauen der Sklavenhalter gemacht, sondern als reine Arbeitssklaven gehalten wurden (Crüsemann 1978b, 32f; vgl. Emmerson 1991, 389). Carolyn Pressler meint aber (nach Frymer-Kensky 1998, 23f), dass die nicht zu befreiende Sklavin in Ex 21 eine Konkubine sei, für die das Dtn nicht mehr Sklaven-Terminologie verwenden wollte; „nicht-sexuelle" Sklavinnen seien auch gemäß Ex nach sechs Jahren freigelassen worden.

Weiter wird argumentiert, die Rechtssammlungen zeigten eine Zurückdrängung der absoluten Macht des Paterfamilias. So postuliert Gerda Lerner (1995, 213): „Zur Zeit des Königtums war die Macht des Vaters über Leben und Tod seiner Familienmitglieder nicht mehr uneingeschränkt und in sein Belieben gestellt. Unter diesem Aspekt läßt sich eine Verbesserung der Position der Töchter gegenüber früheren Perioden feststellen." Konkret führt sie an, „daß in der Zeit der Könige und danach jüdische Töchter nicht zu Sklavinnen gemacht wurden" (214).[9]

Auch Silvia Schroer (1995, 120) argumentiert, erst das deutero-nomische Gesetzbuch (Dtn 12-26) habe die rechtliche Stellung von Frauen „erheblich" verbessert, „indem es in den Bereich der Familiengesetze (Ehe, Sexualität, Heirat, Erbrecht)" eingegriffen habe. Louis Stulman (1992, 62) schließt aus diesen Umbuchungen vom Familienrecht ins öffentliche Recht, das Deuteronomium vollziehe „wichtige Schritte in der Geschichte der Geschlechtergleichheit". Alle Regelungen zur Todesstrafe in D seien Beschränkungen des traditionell umfassenden Strafrechts des Paterfamilias, und hiervon profitierten vor allem die Frauen.[10]

Nach Eckart Otto (1998) liegt die Statusverbesserung für Frauen durch das deuteronomische Familienrecht insbesondere darin, dass es sie zu selbständigen Rechtssubjekten erkläre.[11] In Dtn 25, 7.9 etwa ist es die Frau,

---

[9] Die Beobachtung Engelkens (1990, 184), die „späteren Interpretationen der alten Sklavengesetze" zeigten überhaupt eine „zunehmende Tendenz, israelitische Sklaverei abzuschaffen", verweist auf die notwendige „ethnische" Differenzierung der Analyse: die Frage der Herkunft einer versklavten Person steht quer zur Frage ihres Geschlechts.
[10] Unbegründet bleibt Stulmans mehrfache Unterstellung, die mit diesen Kapitaldelikten betraute Torgerichtsbarkeit habe „under the judicial control of the state" (55) gestanden.
[11] Seine Belegstellen sind: Dtn 22, 20-29 (Ehebruch und Vergewaltigung); 22, 13-21 (verleumdete Braut); 24, 1-4 (Verbot der Wiederherstellung der ersten Ehe); 25, 5-10 (Levirat).

die im Falle des verweigerten Levirats „unter das Tor vor die Ältesten"
gehen soll. Das Deuteronomium, so schließt Otto ganz ähnlich wie Stulman,
sei „die Wiege" der modernen juristischen Geschlechteregalität (145).

Als ein Beispiel für die angeführten Veränderung sei der Fall der
Verführung eines unverlobten Mädchens herausgegriffen. Im Bundesbuch
heißt es (Ex 22, 15f): „Wenn ein Mann eine Jungfrau verleitet, die nicht
verlobt ist, und mit ihr schläft, soll er sie wahrlich für das Heiratsgeld
erwerben, für sich zur Frau. / Wenn sich ihr Vater durchaus weigert, sie ihm
zu geben, soll er Silber darwägen gemäß dem Heiratsgeld für Jungfrauen."
Im Deuteronomium dagegen (Dtn 22, 28f): „Wenn ein Mann ein junges
Mädchen findet, eine Jungfrau, die nicht verlobt ist, und er sie ergreift und
mit ihr schläft, und sie werden gefunden, / dann soll der Mann, der mit ihr
geschlafen hat, dem Vater des jungen Mädchens 50 (Stück) Silber geben,
und sie soll seine Frau werden, dafür dass er sie gedemütigt hat. Er darf sie
nicht wegschicken alle seine Tage." Louis Stulman (1992, 61) erkennt hierin
einen doppelten Fortschritt: „D thus protects the woman not only from the
husband's authority to divorce her at will, but also from the father's right to
refuse her in marriage". Dass ein solcher Rechtsschutz ein Effekt der Regelungen sein *kann*, soll nicht bestritten werden. Aber ihre Implikationen
sind damit nicht erschöpft: Ob die Unauflösbarkeit der hierdurch gestifteten
Zwangsehe durch den Verführer/Ehemann und die Unmöglichkeit für ihren
Vater, sie zu verhindern, für das Mädchen immer vorteilhaft ist, hängt von
den gesellschaftlichen Rahmenbedingungen ab, insbesondere von der
faktischen Machtverteilung im Elternhaus. So wäre prinzipiell zu überprüfen, ob den staatlichen Rechtsgarantien des monarchischen D in der
früheren Rechtspraxis tatsächlich nur individuelle Patriarchenwillkür
gegenüberstand. Die Beantwortung dieser Fragen hängt davon ab, wie wir
die Verteilung von Machtressourcen in der patrilinearen Familie der alten
Zeit einschätzen. Hierzu später mehr.

An anderer Stelle besteht ein diagnostizierter „move towards equality"
(Emmerson 1991: 386) in der Einführung der Todesstrafe für *beide*
Beteiligte eines Ehebruchs (Dtn 22, 22); eine Verbesserung der Stellung der
Frau, die vorher „nur" verstoßen wurde (Hos 2,4; Jer 3,8), lässt sich daraus
kaum ableiten. Vielmehr zeigt sich hier die zunehmende Rigidität der
Rechtssammlungen. Gemäß dem Resümee Crüsemanns (1978b, 22ff) greift
das Bundesbuch kaum in Sexualität und Familienrecht ein; das
deuteronomische Gesetz regelt eine Fülle umstrittener Fälle; das
Heiligkeitsgesetz zeigt „ausschließliches Interesse an verbotenen sexuellen
Beziehungen und Praktiken, also an Sexualtabus". Inwieweit dies in jedem
Fall eine Verbesserung für Frauen bedeutet, bedürfte noch sorgfältiger
Überprüfung.[12]

---

[12] Vgl. zu Tabus um Menstruation Meyers 1988, 36, mit Verweis auf Mary Douglas,
Purity and Danger: „it is only when women are powerless that notions of female

1.4 Schöpfungsmythen
 Eine weitere textliche Vergleichsmöglichkeit liegt im Nebeneinander der beiden biblischen Schöpfungserzählungen, von denen die ältere (Gen 2-3) dem Quellenstrang des sogenannten Jahwisten (J) zugeordnet wird, der frühmonarchisch gewirkt haben dürfte (und dessen Texte wie die Rechtssammlung des „Bundesbuchs" daher noch vorstaatliche Einflüsse widerspiegeln dürften); während die jüngere Erzählung (Gen 1) zur „Priesterschrift" (P) gehört, die exilisch kompiliert worden sein dürfte.
 Nach traditioneller Lesart, die etwa noch von Crüsemann (1978b, 57) geteilt wird, weist der ältere Schöpfungsmythos ein „eindeutig androzentrisches Weltbild" auf, während im jüngeren Gen 1 der Menschen-Begriff beide Geschlechter umfaßt. Mit Ernst Axel Knauf (1997, 176; ähnlich Crüsemann 1998, 10) kann man sagen: „Genesis 1, 27 ist ein doppelt revolutionärer Text. Gottes herrscherliche Statue auf Erden, die seine Weltherrschaft verkörperte, das war im alten Orient seit Jahrtausenden der König [...]. P vermittelt das königliche Selbstverständnis der Gottesebenbildlichkeit nun dem Menschen an sich [...]. Man könnte sagen: P ist

---

impurity are absent". Hierauf verweisen auch Wohlrab-Sahr/Rosenstock 2000:291n5. Bei ihnen findet sich eine Anwendung von Max Webers Überlegungen in seiner „Zwischenbetrachtung" über die gegenseitige Vertretbarkeit von Erotik und Religion. Mit weiterer Anknüpfung an Luhmann wird daraus eine „Zweitcodierung" religiöser Systeme durch die Unterscheidung von Reinheit und Unreinheit abgeleitet, die sich primär am weiblichen Körper manifestiere. Besonders virulent wird dies im Falle von Erlösungsreligionen. Be'er (1994) argumentiert umgekehrt, dass die Reinheit-Unreinheit-Codierung von Levitikus keine Entsprechung in der narrativen Behandlung des Themas Menstruation habe (Gen 18, 11f (Sarah lachte); Gen 31 (Teraphim); 2Sam 11, 4 (Bathscheba): jegliche negative Konnotation fehle dort. Die Reinheitsgesetze könnten erst für „spätere Generationen" Einfluss gewonnen haben. – Vgl. zu binären Klassifizierungen auch Weems 1992. – Die geschlechtsegalitären Bestimmungen Ex 21, 26.28 gehören dem älteren Bundesbuch an; Phyllis Bird leitet daraus das Urteil ab: „Egalitarianism, or nondiscrimination, is characteristic of most of the laws concerning ritual impurity and is a consistent feature of the laws dealing with the major ethical, moral and cultic infractions." (Bird o.J., 56) Die Gleichheit hinsichtlich der Gelübde (Num 6, 2ff, Num 30) entstammt aber der spätesten Rechtssammlung (ebd.) Hingegen vermutet G.I. Emmerson gerade im Vetorecht des Vaters resp. Ehemanns gegenüber Gelübden von Frauen (Num 30) eine „spätere Restriktion" früherer Gelübdefreiheit, wie sie sich etwa bei Hannah (1Sam1, 11) zeige (Emmerson 1991, 381). Sie hält ferner die Todesstrafe für ehebrecherische Frauen (Dtn 22, 22ff) für eine Strafverschärfung gegenüber früherem Usus (386). – Meyers (1999b, 40): „many of the legal materials that seem to favor males over females are related to property transmission and may be a response to informal female controls interfering with the expected male domination in a patrilineal system". – Harold C. Washington (1997: 347ff.352ff) gewinnt vor allem aus dem Kriegsrecht Dtn 20f sein Urteil über das alte Israel als „rape culture". Bei Eckart Otto (1998, 145) dienen dieselben Bestimmungen dem „Schutz gegen sexuelle Ausbeutung".

konzeptionell bereits dort, wo amerikanische und französische Revolutionäre in der zweiten Hälfte des 18. Jahrhunderts n.Chr. angelangen sollten. Man müßte hinzufügen: P ist bereits weiter, denn bei ihm sind nicht nur die Männer gleich, sondern auch die Frauen." Helen Schüngel-Straumann (1993, 74f) geht noch weiter mit der Argumentation, der pluralisch formulierte Auftrag, über die Tiere zu herrschen (Gen 1, 28), impliziere den Ausschluss der Herrschaft von Menschen über Menschen, und aus der Qualifikation der Menschheit als „männlich und weiblich" ergebe sich daher „explizit", dass männliche Herrschaft über Frauen ausgeschlossen werde. Letztendlich könne nur bei einer gemeinsamen Wahrnehmung des Auftrags, über die Natur zu herrschen, von einer aktuellen Gottesebenbildlichkeit die Rede sein (76).

Die egalitäre Gender-Konzeption (Gen 1, 26-28) ist in der Tat spektakulär. Problematisch ist aber die Kontrastierung des älteren Schöpfungsberichts als misogyn. Diese Interpretation ist auch, obwohl historisch äußerst wirkmächtig, nie unwidersprochen gewesen.[13] Erstens ist ʾdm („Erdling") nicht geschlechtlich bestimmt, und „Adam" wird erst durch die Schaffung Evas (der ʾiššāh) zum ʾîš (Schroer 1995, 144; dagegen: Bird 1997, 164f). Zweitens ist die Konzeption der Frau Gen 2, 18 sprachlich als ʿēzer kᵉnegdô („ein Helfer wie sein Gegenstück") die eines gleichgewichtigen, komplementären Gegenübers (Bird o.J., 73; Crüsemann 1978b, 58; Meyers 1988, 85; Jüngling 1991, 96; Trible 1995, 9-15). Drittens tritt das Herrschaftsverhältnis des Mannes über die Frau (Gen 3, 16) erst als Folge der Übertretung des göttlichen Speisetabus auf; es ist nicht Bestandteil der gottgewollten Schöpfungsordnung (Crüsemann 1978b, 60). Nach Meyers (1993, 135) meint mšl überdies hier kein allgemeines Mandat zu herrschen,

---

[13] Vgl. Pagels 1991 für die Zeit der Kirchenväter. – Gössmann (1998) zeigt, dass Exegetinnen seit dem späten Mittelalter (u.a. Hildegard von Bingen) aus Gen 2f die Ebenbürtigkeit oder gar Überlegenheit der Frau in der Schöpfung ableiten. Auch Lerner (1995, 230f) referiert exegetische Positionen, die die Schaffung Evas aus Adams Rippe für eine symbolische Hochwertigkeit halten: so Rachel Speght 1617 (!) mit dem Argument, die Frau sei aus verfeinertem Material geschaffen worden, der Mann nur aus Staub; die Rippe stehe für die Körpermitte, nicht oben noch unten, und für die Nähe des Herzens, „um ihm gleichgestellt zu sein". Auch die noch von Rainer Neu (1990, 230) vertretene Ansicht, „in dem schöpfungstheologischen Bekenntnis von der Erschaffung des Mannes vor der Frau" drücke sich eine Überzeugung von der Vorrangstellung des Mannes aus, ist mit dem feministischen Argument, Eva sei „Gottes Meisterwerk", überzeugend bestritten worden. Eine komplementäre Ebenbürtigkeit erkennen Bal u.a. (1988: 112) mit einer semiotischen Analyse: „Die Frau ist als erste differenziert, der Mann ist der erste, der die Unterschiedlichkeit erkennt. Diese Verteilung der semiotischen Rollen weist auf eine dialektische Gleichwertigkeit von Zeichen und Subjekt hin." Komplementarität erwächst ferner aus der neolokalen Wohnsitzregel Gen 2, 24 (Meyers 1988, 86). Dass Komplementarität Voraussetzung von „actual power, freedom and respect of women in the society" sei, argumentiert Bird o.J., 76.

sondern ein auf die Arbeitssphäre beschränktes „predominate".[14] In jedem
Fall geht es um eine Ätiologie des dem Erzähler vorfindlichen
Gesellschaftszustandes. Die Übertretung und ihre Folgen Gen 3 symbo-
lisieren nach Crüsemann (1978b, 62f) den Bruch mit den segmentären
Traditionen unter der jungen Monarchie. Es ist gerade die Frau, die den
entscheidenden Schritt der Übertretung tut, weil ihr Schicksal in der
vorfindlichen Welt viel stärkeren Belastungen unterworfen ist als das der
Männer (Arbeit *und* Schwangerschaft). Um das ätiologisch zu erklären, muß
Eva also größere Schuld auf sich geladen haben als Adam (Crüsemann
1978b, 63ff).[15]

Die hier gewählte Prozess-Perspektive kann jedenfalls nicht daran
vorbeigehen, dass die Geschlechterverhältnisse in Gen 2f selbst als
prozessuale verhandelt werden. Auch wenn es um ätiologische Mythen geht,
ist das nicht selbstverständlich, denn der Status quo kann auch als ‚von allem
Anbeginn' gültig legitimiert werden. Dass aber der Mann über die Frau
herrscht (*ymšl*), wird Gen 3, 16 als Ergebnis einer Entwicklung, nämlich des
Gewinnens von Erkenntnis, des Beginns der Geschichte, präsentiert. Es ist
Bestandteil des Verlusts des Paradieses, des vorgeschichtlichen Gesell-
schaftszustands; dieser war geschlechtsegalitär. (Vgl. Bal u.a.1988: 118).
Wenn der Status quo Gen 3, 14-19 als abweichend von der gottgewollten
Schöpfungsordnung erklärt wird, dann ist jeder Versuch, ihn zu verbessern,
gottgefällig – nicht nur die Einführung von Traktoren in der Landarbeit
(trotz Gen 3, 17-19), sondern auch die Befreiung der Frauen (Schüngel-
Straumann 1993, 71).

---

[14] In ihrer Monografie argumentierte Meyers (1988, 109-116) noch umgekehrt, das
ymšl beziehe sich ausschließlich auf den Bereich der Sexualität bzw. Reproduktion.
[15] Vgl. Meyers 1988, 88; Meyers 1993, wo eher die besonders rauhe frontier-
Situation der vorstaatlichen Israeliten ätiologisch widergespiegelt sein soll. - Über
all das darf freilich nicht vergessen werden, daß der Mythos *auch* eine
religionsgeschichtliche Auseinandersetzung führt; anders ist die Rolle der Schlange
kaum zu erklären. Indem Eva von der Schlange getrennt wird, wird sie dem Mann
unterworfen – so argumentiert Lerner (1995, 245f). Also indem die Frau von den
Attributen weiblicher Göttlichkeit getrennt wird (dazu gehört auch der Baum), ist
ihre Unterwerfung besiegelt! Auch Helen Schüngel-Straumann (1993, 68f) weist auf
den religionsgeschichtlichen Hintergrund des Schlange-Baum-Frau-Ensembles hin,
welches dem Redaktor J vorgegeben gewesen sei; zudem sieht sie die Verheißung
der Schlange Gen 3, 5, wonach die vom Baum der Erkenntnis Essenden „wie
Elohim" würden (und nicht: „wie JHWH"), im Rahmen der Auseinandersetzung mit
kanaanäischer Religion. – Vgl. aber die areligiöse Schlangen-Ätiologie bei Meyers
1988, 88.

2. Verschlechterung der Lage der Frauen durch staatliche Herrschafts- zumutungen

2.1 Starke Frauen in den narrativen Anteilen der Bibel

In der biblischen Geschichtsschreibung sind Berichte von starken, selbständig agierenden Frauen vor allem in der Patriarchenzeit, in der Richterzeit oder der Frühphase der Monarchie lokalisiert. Die verwickelte Problematik der Abfassungszeit dieser Texte verbietet es, dies als unmittelbare Evidenz für einen günstigeren Status von Frauen in diesen Epochen zu nehmen. Immerhin gibt diese Beobachtung aber Aufschluss darüber, wie die Kompilatoren diese Frage eingeschätzt haben. Hier soll nur exemplarisch auf das Deborah-Lied (Ri 5) eingegangen werden, das als eines der ältesten, wahrscheinlich in die Richterzeit zurückreichenden Textstücke der Bibel gilt.

Das ganze spielt, wie Jürgen Kegler (1980, 50f) mit Anknüpfung an Christian Sigrist bemerkt, in einer akephalen, patrilinearen „segmentären Gesellschaft". Berichtet wird von deren „antiherrschaftliche[m] Kampf [...] gegen eine Integration unter eine straff organisierte zentralistische Herrschaft" (Kegler 1980, 51). Die hierfür typischen Elemente einer freiwilligen Teilnahme der angesprochenen Stämme (Ri 5, 14-18) und der temporären charismatischen Führung (Ri 5, 7.12) werden geschildert. Die entscheidende Rolle spielt hier eine Frau: Deborah, die gemäß der parallelen Prosaerzählung (Ri 4, 4) bereits zuvor „Richterin" und Prophetin war.

Deborah ist eine „Propagandistin des Befreiungskampfes" (Schulte 1995, 96). Dieser Kampf hat starke Gender-Implikationen, insbesondere darin, dass der gegnerische Hauptmann Sisera von einer anderen Frau, der Keniterin Ja'el[16], getötet wird. „Eine Frau besingt die Tat einer anderen Frau als Heldentat, die selbst genug an Heldentum bewiesen hat [...]: Debora lenkt von sich und ihrem Tun weg auf die Tat einer anderen: nicht ich bin Vorbild, Ja'el hat noch aktiver gekämpft." (Kegler 1980, 56). Und Ja'el, so wäre hinzuzufügen, ist keine Israelitin, sondern Keniterin; d.h., in diesem ethnogenetischen Text par excellence wird verdeutlicht, daß nicht die ethnische Zugehörigkeit das Zentrale ist, sondern die Befreiungstat!

Die Sprache, die diese Tötung Siseras beschreibt, ist signifikant: Die hebräischen Verben in V.27 („niederfallen" usw.) bezeichnen auch eine Demutsgebärde; „Hinter der konkreten Bedeutung, daß Sisera mit zertrümmertem Schädel hinfällt, schimmert also auch dies durch: hier wird ein Mann gedemütigt, er fällt nieder vor einer Frau, wie vor einem Machthaber. [...] Die Rollen sind - endlich einmal - vertauscht." (Kegler 1980, 54f). (Daneben wird eine Geburtsszene evoziert, entsprechend dem Leitmotiv des Deborah-Lieds: der Mutter.) Aber was bedeutet dies für die

---

[16] Überdies wird Ri 5, 6 die Epoche nach einer Frau als die „Zeit Ja'els" bezeichnet (Kegler 1980, 44; Crüsemann 1978b, 80).

tatsächlichen Geschlechterverhältnisse? Hierfür wurden verschiedene Interpretationen vorgeschlagen:

- Harold Washington (1997: 360ff) erklärt die kämpfenden und tötenden Frauen des Richterbuchs *in toto* zu Ausnahmen, die die Regel bestätigen und die 1. sich der männlichen Kriegslogik beugen und 2. in der Erzählung als Instrument verschärfter Erniedrigung („ultimate humiliation", 362) der besiegten Feinde fungieren: von einer Frau besiegt worden zu sein. Das Lied passt insofern in die von ihm postulierte „rape culture".
- Rachel Rasmussen (1989) erwägt eine frühere kultische Variante des Deborah-Liedes, die der Verehrung der Göttinnen Anath und Ascherah durch israelitische Frauen entsprochen habe. Die Rolle der Kriegerin Deborah sei der Kriegsgöttin Anath analog gebildet. Sie rechnet mit einem weiblichen peripheren Kult gemäß der Theorie I.M. Lewis', dessen Protestcharakter u.a. in Elementen des „role reversal" zutage trete.
- Geoffrey Miller (1998) liest das Lied als „riposte form" im Rahmen einer „verbal feud": eine solche Propagandatechnik nimmt gegnerische abwertende Stereotypen teilweise auf, dreht ihre Bewertung auf der Ehre/Schande-Achse jedoch um, und wendet die Abwertung schließlich „mit Zinsen" gegen den ursprünglichen Verwender des Stereotyps. Im Deborah-Lied verdeutlicht Miller dies anhand der Topoi der bäuerlichen ‚Unkultiviertheit', der ‚naiven' Gastfreundschaft der Berglandbewohner und der ‚Maskulinität' ihrer Frauen. Millers Lesart passt in Meyers Argument einer Pioniergesellschaft, in der Frauen aus schierer Überlebensnotwendigkeit stark sind (vgl. unten 2.3).
- Athalya Brenner (1993) analysiert die komplementäre Struktur von Ri 4 und Ri 5 und entdeckt besonders in Kapitel 5 ein strukturell und bildsymbolisch (Wasser/Milch) gestütztes Plädoyer für Geschlechterkomplementarität.[17] – Jonneke Bekkenkamp und Fokkelien van Dijk (1993, 74-79) lesen das Lied als an ein weibliches Auditorium gerichtet, die Prosaerzählung Ri 4 hingegen als eine „Lektion für Männer" mit dem Thema des Ehrverlusts. Z.B. schlage das machtvolle Bild Ja'els, die den Vergewaltiger „vergewaltige", um in das Bild einer Verführerin, die den ahnungslosen Liebhaber im Schlaf töte (77).

Ohne hier abschließend entscheiden zu wollen, darf man doch damit rechnen, dass das Deborah-Lied die vorstaatliche Existenz wie auch immer gelagerter ideologischer Machtressourcen von Frauen belegt. Freilich hängt es als (Beinahe-) Solitär im Textkorpus gewissermaßen in der Luft.

---

[17] Nach Kim (2000, 276-281) ist Ri 4-5 ein Beispiel für „gender complementarity", und das Deborah-Lied bildet mit den Siegesliedern Moses und Miriams eine chiastische Struktur hinsichtlich der Initiative des jeweiligen Geschlechts (281).

2.2 Religiöse Spezialistinnen

Wir wenden uns deshalb jetzt Argumenten zu, die anthropologisch und/oder archäologisch fundiert sind und die Textebene eher ergänzend heranziehen. Schon Kegler (1980, 52) zitierte Sigrists Hinweis auf religiöse Spezialistenrollen bei den Tallensi, Amba, Kiga und Nuer. Ein weiterer theologischer Sigrist-Schüler, Rainer Neu, bringt die Häufung religiöser Prominentenrollen in der israelitischen Frühzeit mit W.E. Mühlmanns Beobachtung eines weiblichen Ursprungs des Schamanismus in Zusammenhang; Schamaninnen sind demnach auch in patrilinearen Kulturen älter als Schamanen. Auch in der Hebräischen Bibel fänden sich, so Neu, Hinweise auf religiös-kultische Handlungen von Frauen, die schamanistischen Praktiken ähneln. „Frauen haben visuelle und auditive Gotteserscheinungen (Gen 16,7ff; 21,17; Ri 13,3ff). Mädchen tanzen, musizieren (Pauken!)[18] und singen bei Festprozessionen (Ex 15,20; 1. Sam 18,6f.; Jer 31,4.13; Ps 68,26; Neh 7,67). Mehrfach treten im AT Prophetinnen auf; und 'Hexen', 'Totenbeschwörerinnen' und 'Zauberinnen' wohnen im Land verstreut (Ex 22,17; Lev 20,27; 1. Sam 28; Ez 13,17ff.)." Dies verweise auf bedeutsame religiöse, rituelle und kultische Funktionen von Frauen in Israel. „Keine Stelle legt es allerdings nahe, auch in Israel einen 'weiblichen Schamanismus' auszumachen. [...] Sozialgeschichtlich ergibt sich aus dem at.lichen Befund der Schluß, daß auch in patriarchalen Gesellschaften - trotz aller späteren Benachteiligung - in der Frühzeit Männer und Frauen einen annähernd gleichberechtigten und eher nach Funktion denn nach Rangordnung unterschiedenen Anteil an den religiösen Handlungen des gesellschaftlichen Lebens hatten."[19] (Neu 1992, 134f; wortgleich Neu 1990, 229f) Wenn aber die beschriebenen weiblichen Praktiken nicht auf schamanischen Ursprung schließen lassen, dann kann nicht, jedenfalls nicht mit Mühlmann, auf gleichberechtigten Zugang der Frauen zum Sakralen geschlossen werden. Hier wäre Bedarf für weitere Untersuchungen. Mühlmann selbst (1981, 70f), erwähnt im Hinblick auf das biblische Israel nur das personifizierte *ḥåkmåh*-Konzept, dessen Datierung aber hoch umstritten ist. Mühlmann betont den hellenistischen Einfluß, scheint aber auch die genuin hebräischen Anteile des Konzepts seiner universalisierenden Theorie weiblich-schamanistischer Ursprünge zu subsumieren. Rasmussens erwähnte Interpretation des Deborah-Lieds geht von einer schamanistischen weiblichen Subkultur aus; wenn die Kriegerin Deborah in dieser Erklärung allerdings für die Kriegsgöttin Anath stehen soll (86f), werden m.E. religionsgeschichtlich mehr Fragen aufgeworfen als beantwortet.

---

[18] Für die archäologisch ebensogut wie biblisch abgesicherte Praxis des weiblichen Handtrommelspiels vgl. Meyers 1991.

[19] Vgl. zu den weiblichen Trägern religiöser Rollen auch Bird o.J., 67ff.

2.3 Institutionen-Ensemble

Ganz im Gegensatz zu dem erwähnten Text von Crüsemann (vgl. oben 1.2) argumentiert Carol Meyers, dass die Erosion der segmentären Logik durch staatliche Institutionen den Status von Frauen dramatisch verschlechtere. Ihre Argumentation lässt sich ungefähr so zusammenfassen: 1. Je wichtiger die Bedeutung der Institution des Haushalts im Institutionengefüge ist, desto besser ist der Status der Frauen (Meyers 1988). In einer haushaltszentrierten Gesellschaft haben Frauen folgende wichtige Machtressourcen: einen erheblichen Anteil an der Produktion; die Umwandlung der Rohstoffe in Nahrung und daher Ressourcenallokation sowie ein Wissen über wichtige technologische Prozesse; eine entscheidende Rolle in der Erziehung (daher die weibliche Konnotation von „Weisheit" in Israel); eine unhintergehbare Rolle im Hauskult (infolge der Nahrungszubereitungs-Kompetenz) (Meyers 1988, 122-163; vgl. Meyers 1999b, 39; Bird 1997, 107). 2. Informelle Frauen-Netzwerke sind am wichtigsten in Subsistenzwirtschaften (Meyers 1999a, 175). Der strategische Vorteil von Frauen hinsichtlich solcher Netzwerke resultiert daraus, dass a) Frauen aufgrund der Patrilokalität Verbindungen zu *zwei* Verwandtschaftslinien unterhalten (Meyers 1999a, 171); b) die ökonomische Rollenteilung und die Siedlungsstruktur israelitischer Orte die Kooperation von Frauen mehr begünstigten als die von Männern (Meyers 1999a, 175f).[20] 3. Meyers (1999b, 37ff) bringt diese relativ günstige institutionelle Lage der frühisraelitischen Frauen in Zusammenhang mit a) der ökonomischen Situation einer „Pioniergesellschaft" im zentralen Hügelland Palästinas, die einen beträchtlichen Beitrag der Frauen zur ökonomischen Produktion (zusätzlich zu ihrer reproduktiven Rolle) erforderte, und b) mit der Abwesenheit politischer Zentralinstanzen, mit dem auch archäologisch nachweisbaren Egalitarismus: „the locus of power was at the bottom of the social structure" (39), dort, wo eben die Position der Frauen besonders stark war.

Im Zuge der Staatsentstehung bewegte sich dann dieser „locus of power" vom Haushalt mit seiner „gender parity" hin zur öffentlichen Welt männlicher Kontrolle (Meyers 1988, 190). Die Staatsentstehung implizierte die Bildung von staatlichen, militärischen und religiösen Bürokratien. In der sich herausdifferenzierenden öffentlichen Sphäre[21] angesiedelt, unterlagen

---

[20] Alice Bach (1999: xx) meint hingegen, aus den Erzählungen von Dinahs Vergewaltigung und der Opferung von Jephtas Tochter schließen zu können: „When women try to form communities, they do not fare well". – Exum 1993b glaubt, dass jedenfalls die *Erzählung* von dem jährlichen Ritual zur Erinnerung an Jephtas Tochter die patriarchale Ideologie stütze: die Preisung des Opfers könne genauso der Aufrechterhaltung der Täter-Opfer-Dichotomie dienen wie die Beschuldigung des Opfers.

[21] Die Unangemessenheit einer theoretischen Trennung von öffentlicher und privater Sphäre gerade für nichtstaatliche Gesellschaftstypen wird auch von feministischen Autorinnen gelegentlich übersehen; vgl. z.B. Bird 1997, 116.

sie typischerweise männlicher Kontrolle; „Whenever they become an important part of a society's organization, female prestige and power recede" (Meyers 1988, 190)[22]. Königliche Herrschaftsstrategie ist – nicht nur im Hinblick auf die Geschlechterverhältnisse – das administrative Aufbrechen von Verwandtschaftsstrukturen (Meyers 1988, 190). Die ökonomischen Verschiebungen, die mit Einführung der Monarchie beginnen (Steuern, Fron) und im 8. Jh. einen Höhepunkt erreichen, drängen zur Neudefinition des Familienbesitzes als Privatbesitz, und dann natürlich Besitz des Patriarchen. Schuldennot akzentuiert die Behandlung von Kindern und Gattinnen als Eigentum. Überdies fungiert, wie Erhard Gerstenberger (1981, 343f) argumentiert, die Schuldknechtschaft als *Modell* der Brutalisierung innerfamiliärer Beziehungen.

Mit der Erosion verwandtschaftlicher Solidarität zugunsten politischer und ökonomischer Abhängigkeitsverhältnisse ist vor allem mit einer bedeutenden Verschlechterung des Status der wichtigen sozialen Kategorie der *Witwen* zu rechnen, die „immer häufiger von der Sippe des Mannes rücksichtslos von ihrem Acker gedrängt" wurden und nun „völlig mittellos" dastanden (Albertz 1992: 343).

2.4 Archäologische Befunde

Carol Meyers gehört zu den ganz wenigen Forschern, die die Ergebnisse der Palästina-Archäologie systematisch zur Beantwortung der Gender-Fragen im biblischen Israel heranziehen (Müller-Clemm 2001, 36ff). Die Heranziehung gender-anthropologischer Modelle geschieht auf dem Hintergrund des Befundes der „New Archaeology", wonach die Siedlungs-struktur des palästinischen Berglandes in der EZ I wesentlich aus Neuansiedlungen (von „Pionieren") mit einer egalitären Siedlungsstruktur besteht. Für einen ungünstigeren Status jedenfalls eines Teils der Frauen im Zuge der Staatsbildung lässt sich ein weiteres archäologisches Argument heranziehen: In dem Maße, wie der Prozentsatz städtischer Bevölkerung wächst und in dem städtische Oberschichten entstehen, unterliegt ein größerer Anteil der weiblichen Bevölkerung den typischen Restriktionen des städtischen Lebens, insbesondere der Seklusion (Einschließung) der Frauen. Dieser Sachverhalt ist meines Wissens nicht an Wohnbauten selbst nach-gewiesen; aber C.H.J. de Geus (1992, 78f) hat darauf hingewiesen, in Tell es-Sa'idiyeh und in Hazor sei die Wasserversorgung durch architektonische Maßnahmen derart geregelt gewesen, dass die Brunnen keine Gelegenheit zu sozialen Kontakten boten. In Tell es-Sa'idiyeh war der Weg zum Brunnen mit einem Dach aus Zweigen und Lehm abgedeckt; je eine schmale Spur hin und zurück erschwerte das Verharren auf dem Weg. In Hazor war die

---

[22] Meyers bezieht sich hier auf den von Alice Schlegel herausgegebenen Band „Sexual Stratification: A Cross-Cultural View" von 1977. Andere anthropologische Bezugsautorinnen sind Michelle Z. Rosaldo, Louise Lamphere, Sherry Ortner und Susan Carol Rogers.

Wasserstelle ebenfalls so konstruiert, dass ein Verweilen erschwert war, während etwa im Stadttor Sitzbänke erhalten sind. Diese Maßnahmen architektonischer Kommunikationsverhinderung können als Verschlechterung der Position von Frauen im Zuge der Verstädterung gedeutet werden (vgl. die Brunnenszenen Gen 24 u.ö.)[23]. Mindestens das Beispiel Hazor verweist auf monarchischen Kontext.

Schluss

Die biblischen Schriften ergeben den scheinbar widersprüchlichen Befund, dass im Zuge der Etablierung der Monarchie tendenziell eine *juristische* Verbesserung der Stellung der Frauen ihrem (ebenfalls tendenziellen) Verstummen in der *Öffentlichkeit* gegenübersteht. Obwohl die komplizierte Kanonisierungsgeschichte der Hebräischen Bibel nicht nur von starken patriarchalischen (Zensur-) Tendenzen geprägt ist, sondern auch von mehreren Wellen der Ver- und Entstaatlichung, erscheint dieses Bild plausibel: Der juristische Schutz wurde durch die Zurückdrängung der Frauen im Alltag allererst nötig. Dabei ist aber auch das Verhältnis der Rechtssammlungen zur Rechtspraxis eine offene Frage.

Die Vorzüge feministischer Forschung liegen vor allem in einer sensibleren Textanalyse (z.B. durch die Methoden der „Narratologie"), deren Darstellung hier weitgehend ausgeblendet wurde. Autorinnen, die mit einer Verbesserung des Status von Frauen im Staat rechnen, verlassen sich aber tendenziell zu sehr auf den Text als Untersuchungsgegenstand. Die zusätzliche Heranziehung archäologischer und anthropologischer Ergebnisse begünstigt eher die zweite Position. Ein günstiger Status von Frauen in der herrschaftsfreien Epoche israelitischer Geschichte ist vor allem aufgrund ihrer Rolle als Expertinnen für Symbolizität zu vermuten, die sich aus der häuslichen Erziehungsfunktion (vgl. die weibliche Konzeption der „Weisheit") ebenso ergibt wie etwa aus ihren „öffentlichen" Gesangsdarbietungen.

Gemäß dem biblischen Bericht spricht im Übergang zum Staat die Frau Abigail im Rahmen einer rhetorischen Meisterleistung (1Sam 25, 23-31) „die entscheidenden Sätze" „zur Entfaltung der Königsideologie" (Schulte 1995, 109; vgl. Jahnow in dies. u.a. 1994, 38). Ihre Klugheit zeigt sich vor allem in ihrer Illoyalität gegenüber dem eigenen Ehemann, Nabal! Nach dessen Ableben wird sie Davids Gattin noch durch einen der wenigen erzählten Fälle, worin die Frau *gefragt* wird, ob sie die Ehe wünsche. Mit ihrem Eintritt in den königlichen Haushalt wird sie, die vorher so „hoch artikulierte", stumm (vgl. Bach 1994). Vielleicht können wir Abigails

---

[23] Wenig einleuchtend erscheint die Argumentation von Neu (1990, 232): „die schwere Arbeit am Brunnen" sei „Männerarbeit"; und dies trage zur patrilokalen/patrilinearen Struktur nomadischer Gesellschaften bei! Zum ‚nomadischen Bias' bei Neu vgl. Wacker 1991, 37n45.

Geschichte als paradigmatisch für die israelitischen Geschlechterverhältnisse im Übergang zum Staat sehen.

Literatur:

Albertz, Rainer:
  Religionsgeschichte Israels in alttestamentlicher Zeit. Göttingen: Vandenhoeck Ruprecht 1992 (ATD Ergänzungsreihe, Bd. 8).
Bach, Alice:
  The Pleasure of Her Text. In: Athalya Brenner (Hrsg.): A Feminist Companion to Samuel and Kings. Sheffield: Sheffield Academic Press 1994. S.106-128.
Bach, Alice:
  Introduction. Man's World, Women's Place. Sexual Politics in the Hebrew Bible. In: dies: (Hrsg.): Women in the Hebrew Bible. A Reader. New York/London: Routledge 1999. S.xiii-xxvi.
Bal, Mieke, Fokkelien van Dijk Hemmes und Grietje van Ginneken:
  Und Sara lachte ... Patriarchat und Widerstand in biblischen Geschichten. Münster: Morgana Frauenbuchverlag 1988.
Be'er, Ilana:
  Blood Discharge: On Female Im/Purity in the Priestly Code and in Biblical Narrative. In: Athalya Brenner (Hrsg.): A Feminist Companion to Exodus to Deuteronomy. Sheffield: Sheffield Academic Press 1994. S.152-164.
Bekkenkamp, Jonneke und Fokkelien van Dijk:
  The Canon of the Old Testament and Women's Cultural Traditions. In: Athalya Brenner (Hrsg.): A Feminist Companion to the Song of Songs. Sheffield: Sheffield Academic Press 1993. S.67-85.
Beyerle, Stefan:
  Feministische Theologie und alttestamentliche Exegese. Versuch einer Bestandsaufnahme zur Methodik. In: Biblische Notizen 59, 1991. S.7-11.
Bird, Phyllis:
  Images of Women in the Old Testament. In: Rosemary Radford Ruether (Hrsg.): Religion and Sexism. Images of Women in the Jewish and Christian Traditions. New York: Simon and Schuster o.J. [1974]. S.41-88.
Bird, Phyllis:
  Missing Persons ans Mistaken Identities. Women and Gender in Ancient Israel. Minneapolis 1997.

Braulik, Georg:
    Die Ablehnung der Göttin Aschera in Israel. War sie erst
    deuteronomistisch, diente sie der Unterdrückung der Frauen? In:
    Wacker/Zenger (Hrsg.) 1991. S.106-136.
Brenner, Athalya: A
    Triangle and a Rhombus in Narrative Structure: A Proposed
    Integrative Reading of Judges 4 and 5. In: dies. (Hrsg.): A Feminist
    Companion to the Book of Judges. Sheffield: Sheffield Academic
    Press 1993. S.98-109.
Coogan, Michael David:
    Canaanite Origins and Lineage: Reflections on the Religion of
    Ancient Israel. In: Patrick D. Miller (Hrsg.): Ancient Israelite
    Religion. Philadelphia 1987. S.115-124.
Crüsemann, Frank:
    Der Widerstand gegen das Königtum. Die antiköniglichen Texte des
    Alten Testamentes und der Kampf um den frühen israelitischen Staat.
    Neukirchen-Vluyn: Neukirchener Verlag 1978 (a) (Wissenschaftliche
    Monographien zum Alten und Neuen Testament, Bd.49).
Crüsemann, Frank:
    „... er aber soll dein Herr sein" (Genesis 3, 16). Die Frau in der
    patriarchalischen Welt des Alten Testaments. In: ders./Hartwig
    Thyen: Als Mann und Frau geschaffen. Exegetische Studien zur Rolle
    der Frau. Gelnhausen/Berlin/Stein (Mfr.): Burckhardhaus/Laetare
    1978 (b). S.13-106.
Dux, Günter:
    Die Spur der Macht im Verhältnis der Geschlechter. Über den
    Ursprung der Ungleichheit zwischen Frau und Mann. Frankfurt a.M.:
    Suhrkamp 1992.
Emmerson, Grace I.:
    Women in Ancient Israel. In: R.E. Clements (Hrsg.): The World of
    Ancient Israel: Sociological, anthropological, and Political
    Perspectives: Essays by Members of the Society for Old Testament
    Study. Cambridge: University Press 1991. S.371-394.
Engelken, Karen:
    Frauen im alten Israel. Eine begriffsgeschichtliche und
    sozialrechtliche Studie zur Stellung der Frau im Alten Testament.
    Stuttgart u.a.: Kohlhammer 1990 (BWANT, H.130 = Folge 7, H.10).
Erbele, Dorothea:
    Gender Trouble in the Old Testament. Three Models of the Relation
    Between Sex and Gender. In: Scandinavian Journal of the Old
    Testament 13, 1999. S.131-141.

Exum, J. Cheryl:
> On Judges 11. In: Athalya Brenner (Hrsg.): A Feminist Companion to
> the Book of Judges. Sheffield: Sheffield Academic Press 1993 (b).
> S.131-144.

Fontaine, Carole R.:
> A Heifer from Thy Stable. On Goddesses and the Status of Women in
> the Ancient Near East. In: Alice Bach (Hrsg.): Women in the Hebrew
> Bible. A Reader. New York/London: Routledge 1999. S.159-178.

Frymer-Kensky, Tikva:
> Gender and Law: An Introduction. In: V.H. Matthews u.a. (Hrsg.):
> Gender and Law in the Hebrew Bible and the Ancient Near East.
> Sheffield 1998 (JSOT Suppl. 262). S.17-24.

Gerstenberger, Erhard S.:
> Herrschen oder Lieben: Zum Verhältnis der Geschlechter im Alten
> Testament. In: Die Botschaft und die Boten. FS für Hans Walter
> Wolff zum 70. Geburtstag. Hrsg. Von Jörg Jeremias und Lothar
> Perlitt. Neukirchen-Vluyn: Neukirchener 1981. S.335-347.

de Geus, C.H.J.:
> The City of Women: Women's Places in Ancient Israelite Cities. In:
> J.A. Emerton (Hrsg.): Congress Volume: Paris 1992 (Vetus
> Testamentum Supplements 61). S.75-86.

Gössmann, Elisabeth:
> Eva – Gottes Meisterwerk. Wirkungsgeschichte der Eva-Traditionen
> in Mittelalter und Früher Neuzeit. In: Bibel und Kirche, Jg. 53, 1998.
> S.21-26.

Göttner-Abendroth, Heide:
> Die Göttin und ihr Heros. Die matriarchalen Religionen in Mythos,
> Märchen und Dichtung. Hamburg: Frauenoffensive [9]1990.

Haude, Rüdiger:
> Das richterzeitliche Israel: eine anarchistische Hochkultur. In:
> ders./Thomas Wagner: Herrschaftsfreie Institutionen. Studien zur
> Logik ihrer Symbolisierungen und zur Logik ihrer theoretischen
> Leugnung. Baden-Baden: Nomos 1999. S.143-166.

Höffken, Peter:
> Matriarchat – Patriarchat. Überlegungen zu einer Sonderrichtung im
> Feminismus unter besonderer Berücksichtigung des Alten
> Testaments. In: Eckhard Lade (Hrsg.): Christliches ABC heute und
> morgen. Handbuch für Lebensfragen und kirchliche Erwachse-
> nenbildung. Bad Homburg: DIE 1978ff (1994). Gruppe 4, S.143-154.

Jahnow, Hedwig, u.a.:
> Feministische Hermeneutik und Erstes Testament. Analysen und
> Interpretationen. Stuttgart/Berlin/Köln: W. Kohlhammer 1994.

Jaros, Karl:
    Wurzeln des Glaubens. Zur Entwicklung der Gottesvorstellungen von
    Juden Christen und Muslimen. Mainz: von Zabern 1995
    (Kulturgeschichte der antiken Welt, Bd.63).
Jüngling, Hans-Winfried:
    Bemerkungen zur Wechselwirkung zwischen den Auffassungen von
    der Frau und der Darstellung von Göttinnnen. In: Wacker/Zenger
    (Hrsg.) 1991. S.82-105.
Keel, Othmar:
    Jahwe in der Rolle der Muttergottheit. In: Orientierung, 53/8, 1989.
    S.89-92.
Keel, Othmar und Christoph Uehlinger:
    Göttinnen, Götter und Gottessymbole. Neue Erkenntnisse zur Reli-
    gionsgeschichte Kanaans und Israels aufgrund bislang
    unerschlossener ikonographischer Quellen. Freiburg u.a.: Herder
    1998[4] (Quaestiones Disputatae 134).
Kegler, Jürgen:
    Debora - Erwägungen zur politischen Funktion einer Frau in einer
    patriarchalischen Gesellschaft. In: Willy Schottroff und Wolfgang
    Stegemann (Hrsg.): Traditionen der Befreiung. Sozialgeschichtliche
    Bibelauslegungen. Bd.2: Frauen in der Bibel. München/Gelnhausen
    u.a.: Chr. Kaiser/Burckhardhaus-Laetare 1980. S.37-59
Kim, Hyun Chul Paul:
    Gender Complementarity in the Hebrew Bible. In: Womil Kim u.a.
    (Hrsg.): Reading the Hebrew Bible for a New Millennium. Form,
    Concept, and Theological Perspective. Vol. 1: Theological and
    Hermeneutical Studies. Harrisburg, PA: Trinity Press 2000. S. 263-
    291.
Knauf, Ernst Axel:
    „Als Mann und Frau schuf er sie": Ein biblischer Versuch zur
    Gleichstellung von Mann und Frau. In: Völger, Gisela (Hrsg.): Sie
    und Er. Frauenmacht und Männerherrschaft im Kulturvergleich. 2
    Bände. Köln: Rautenstrauch-Joest-Museum 1997. Band 1. S.173-178.
Lerner, Gerda:
    Die Entstehung des Patriarchats. Frankfurt a.M.: New York: Campus
    1995.
Meillassoux, Claude:
    "Die wilden Früchte der Frau". Über häusliche Produktion und
    kapitalistische Wirtschaft. Frankfurt a.M.: Suhrkamp 1983 (frz. zuerst
    1975)
Meyers, Carol L.:
    Discovering Eve. Ancient Israelite Women in Context. New
    York/Oxford: Oxford University Press 1988.

Meyers, Carol L.:
Of Drums and Damsels. Women's Performance in Ancient Israel. In: Biblical Archaeologist, Vol. 54 (1991). S.16-26.

Meyers, Carol L.:
Gender Roles and Genesis 3.16 Revisited. In: Athalya Brenner (Hrsg.): A Feminist Companion to Genesis. Sheffield: Sheffield Academic Press 1993. S.118-141.

Meyers, Carol L.:
Guilds and Gatherings: Women's Groups in Ancient Israel. In: Realia Dei. Essays in Archaeology and Biblical Interpretation in Honor of Edward F. Campbell, Jr. at His Retirement. Ed. P.H. Williams, Jr. and T. Hiebert. Atlanta, Ga.: Scholars Press, 1999 (a). S.154-184.

Meyers, Carol:
Women and the Domestic Economy of Early Israel. In: Alice Bach (Hrsg.): Women in the Hebrew Bible. A Reader. New York/London: Routledge 1999 (b). S.33-43.

Miller, Geoffrey P.:
A Riposte Form in the Song of Deborah. In: V.H. Matthews u.a. (Hrsg.): Gender and Law in the Hebrew Bible and the Ancient Near East. Sheffield 1998 (JSOT Suppl. 262). S.113-127.

Mühlmann, Wilhelm E.:
Die Metamorphose der Frau. Weiblicher Schamanismus und Dichtung. Berlin: Dietrich Reimer 1981.

Müller-Clemm, Julia:
Archäologische Genderforschung: (K)ein Thema für die Palästina-Archäologie? Ein Forschungsüberblick mit Beispielen zur ‚Archäologie des Todes'. In: lectio difficilior 2/2001. (http://www.lectio.unibe.ch/01_2/mc.htm)

Neu, Rainer:
Patrilokalität und Patrilinearität in Israel. Zur ethnosoziologischen Kritik der These vom Matriarchat. In: Biblische Zeitschrift, Neue Folge, Bd. 34 (1990). S.222-233.

Neu, Rainer:
Von der Anarchie zum Staat. Entwicklungsgeschichte Israels vom Nomadentum zur Monarchie im Spiegel der Ethnosoziologie. Neukirchen-Vluyn: Neukirchener 1992.

Otto, Eckart:
False Weights in the Scales of Biblical Justice? Different Views of Women from Patriarchal Hierarchy to Religious Equality in the Book of Deuteronomy. In: V.H. Matthews u.a. (Hrsg.): Gender and Law in the Hebrew Bible and the Ancient Near East. Sheffield 1998 (JSOT Suppl. 262). S.128-146.

Pagels, Elaine:
    Adam, Eva und die Schlange. Die Theologie der Sünde. Reinbek:
    Rowohlt 1991.
Rasmussen, Rachel C.:
    Deborah the Woman Warrior. In: Mieke Bal (Hrsg.): Anti-Covenant.
    Counter-Reading Women's Lives in the Hebrew Bible. Sheffield
    1989. S.79-93.
Schroer, Silvia:
    Auf dem Weg zu einer feministischen Rekonstruktion der Geschichte
    Israels. In: Luise Schottroff/Silvia Schroer/Marie-Theres Wacker:
    Feministische Exegese. Forschungserträge zur Bibel aus der
    Perspektive von Frauen. Darmstadt: Wissenschaftliche Buchgesell-
    schaft 1995. S.81-172.
Schulte, Hannelis:
    Dennoch gingen sie aufrecht. Frauengestalten im Alten Testament.
    Neukirchen-Vluyn: Neukirchener 1995.
Schüngel-Straumann, Helen:
    On the Creation of Man and Woman in Genesis 1-3: The History and
    Reception of the Texts Reconsidered. In: Athalya Brenner (Hrsg.): A
    Feminist Companion to Genesis. Sheffield: Sheffield Academic Press
    1993. S.53-76.
Sigrist, Christian:
    Regulierte Anarchie. Untersuchungen zum Fehlen und zur Entstehung
    politischer Herrschaft in segmentären Gesellschaften Afrikas.
    Hamburg: Europäische Verlagsanstalt [3]1994.
Stulman, Louis:
    Sex and Familial Crimes in the D Code: A Witness to Mores in
    Transition. In: Journal for the Study of the Old testament 53 (1992).
    S.47-63.
Teubal, Savina J.:
    Sarah and Hagar: Matriarchs and Visionaries. In: Athalya Brenner
    (Hrsg.): A Feminist Companion to Genesis. Sheffield: Sheffield
    Academic Press 1993. S.235-250.
Trible, Phyllis:
    Eve and Miriam: From the Margins to the Center. In: dies.
    u.a./Hershel Shanks (Moderation): Feminist Approaches to the Bible:
    Symposium at the Smithsonian Institution, September 24, 1994.
    Washington, DC: Biblical Archaeological Society 1995. S.5-24.
Wacker, Marie-Theres:
    Feministisch-theologische Blicke auf die neuere Monotheismus-
    Diskussion. Anstöße und Fragen. In: Wacker/Zenger (Hrsg.) 1991.
    S.17-48.

Washington, Harold C.:
  Violence and the Construction of Gender in the Hebrew Bible: A New Historicist Approach. In: Biblical Interpretation 5, 4. Leiden 1997. S.324-363.
Weems, Renita J.:
  The Hebrew Women Are Not Like the Egyptian Women: The Ideology of Race, Gender and Sexual Reproduction in Exodus 1. In: Semeia 59, 1992. S.25-34.
Weiler, Gerda:
  Das Matriarchat im Alten Israel. Stuttgart: Kohlhammer 1989.
Weippert, Helga und Manfred Weippert:
  Der Einzige und die anderen: Jahwes unaufhaltsamer Aufstieg. In: Völger, Gisela (Hrsg.): Sie und Er. Frauenmacht und Männerherrschaft im Kulturvergleich. 2 Bände. Köln: Rautenstrauch-Joest-Museum 1997. Band 1. S.167-172.
Winter, Urs:
  Frau und Göttin. Exegetische und ikonographische Studien zum weiblichen Gottesbild im Alten Israel und in dessen Umwelt. Freiburg (Schweiz)/Göttingen: Universitätsverlag/Vandenhoeck & Ruprecht 1983 (OBO 53).
Wohlrab-Sahr, Monika und Julika Rosenstock:
  Religion – soziale Ordnung – Geschlechterordnung. Zur Bedeutung der Unterscheidung von Reinheit und Unreinheit im religiösen Kontext. In: Ingrid Lukatis u.a. (Hrsg.): Religion und Geschlechterverhältnis. Opladen: Leske + Budrich 2000. S.279-298.

Von der feministischen Ethnologie zur Genderarchäologie: Herrschaft und Herrschaftslosigkeit.

Thomas Wagner

Stellen Sie sich die folgende Situation vor: In der Teamsitzung der wissenschaftlichen Projektgruppe irgendeines sozial- oder kulturwissenschaftlichen Faches wird darüber beraten, wie angesichts der näherrückenden *deadline* eines Begutachtungsverfahrens – nehmen wir einmal provisorisch an, es handele sich um einen Zwischen- oder Abschlussbericht – die Projektarbeit in ein möglichst gutes Licht gerückt werden kann. Plötzlich eine Idee: „Wir sollten das Geschlechterthema stärker fokussieren!" Ein Vorschlag, der dem gleichermaßen von fortschrittlichen Forschungsfragen wie von seinem eigenen demokratischen Führungsstil beeindruckten Projektleiter augenblicklich einleuchtet. Die bald einsetzende Entspannung ist jedoch nicht ungeteilt. Sabine S., frisch examinierte Mitarbeiterin und einzige Frau in der fünfköpfigen Arbeitsgruppe, fühlt sich unbehaglich. Die ihr bereits wie eine kleine Ewigkeit vorkommende Pause nach dem in hohem Masse innovativen Vorschlag findet ihr vorläufiges Ende in der Frage des „Profs": „Und wer kümmert sich darum?" Stille. Das hat Sabine befürchtet. Blinzelt ihr der gegenübersitzende und bereits promovierte Kollege nicht gerade aufmunternd zu? Um die Angelegenheit nicht schlimmer zu machen, sagt sie schließlich nachdrücklich: „Ich finde nicht, dass ich *als Frau* dazu prädestiniert bin, in diesem Projekt Geschlechterfragen zu bearbeiten!"

Verlassen wir die fiktive Szenerie. Ich habe Ähnliches erlebt und ich kann für die Konstruktion dieser idealtypischen Situation aus der alltäglichen Produktion wissenschaftlicher Erkenntnis immerhin aus einer Fülle von Erzählungen von Kolleginnen schöpfen. Der im Verhalten von Sabine sichtbare Abwehrreflex gegen die auch nur vermutete Zuweisung von Genderthemen ausgerechnet an eine Frau wurde in den durch feministische Fragestellungen inspirierten Wissenschaften vom Menschen auf einer allgemeineren Ebene diskutiert. Vor nicht allzu langer Zeit verwies die Archäologin Elizabeth M. Scott (1994: 11) auf das Problem, dass auch im wissenschaftlichen Diskurs Frauen in der Regel in einem größeren Umfang als Geschlechtswesen wahrgenommen werden als Männer. Sie werden häufig für kompetenter gehalten, Geschlechterfragen wissenschaftlich zu bearbeiten, gelten gleichsam als „natürliche" Expertinnen für ihr eigenes Geschlecht. Oft wird Wissenschaftlerinnen einfach unterstellt, dass sie ein größeres Interesse an Geschlechterthemen hätten als ihre männlichen Kollegen. Obwohl die auf den zwei Ebenen der Themenformulierung und der Zuschreibung von Bearbeitungskompetenz häufig zu beobachtende Reduktion der Geschlechterforschung auf Frauenangelegenheiten den Widerspruch jeden theoretisch reflektierten Denkens provozieren müsste, sind es nach wie vor allem engagierte Frauen, die sich dazu genötigt fühlen, immer wieder darauf hinzuweisen, dass Geschlechterforschung nicht bedeuten kann, nur die Frauen zu untersuchen (ebd.: 10). Feministische Archäologinnen forderten daher für ihre eigene Profession, dass die kulturelle Konstruktion von Geschlechterverhältnissen als fundamentale soziale Tatsache behandelt werden müsse. "Our goals will be partly realized when gender is considered not as an optional issue, but as another structuring principle fundamental to interpreting past societies." (Gilchrist 1998: 52) Dieses Postulat nach einer Integration geschlechtertheoretischer Fragestellungen in die archäologische Forschung entstand im Rahmen einer Theoriediskussion, für die Margaret W. Conkeys und Janet D. Spectors programmatischer Aufsatz *Archaeology and the Study of Gender* aus dem Jahre 1984[1] gemeinhin als Initialzündung gilt (Gilchrist 1998: 48). Spätestens mit einer 1988 von Joan M. Gero und Conkey in den USA organisierten Konferenz setzte auch in der Archäologie eine bis heute nicht abreißende Kette von internationalen Fachtagungen und Veröffentlichungen zu theoretischen und methodischen Grundlagenproblemen ein (Wylie 1998: 58)[2], die an Fragestellungen und Resultate der vor allem im Rahmen der ethnologischen Forschung formulierten Kritik an einer männerzentrierten Forschungspraxis produktiv anknüpft.[3]

---

[1] Der Aufsatz wurde in den neunziger Jahren neu gedruckt; vgl. Conkey/Spector 1998.

[2] Die aus der Konferenz hervorgegangene und von Gero und Conkey herausgegebene Anthologie *Engendering Archaeology* aus dem Jahr 1991 wurde mittlerweile zum Klassiker ihres Genres ausgerufen (Hays-Gilpin/Whitley 1998: 5f).

[3] Manche Autorinnen bemängelten zwar, dass die archäologische Genderforschung nach wie vor in den Kinderschuhen stecke (Pollock 1999: 223; Scott 1994: 5). Doch immerhin erscheint mir der Sachverhalt, dass die entsprechenden Publikationen in Berliner Bibliotheken ständig ausgeliehen sind, ein ebenso deutliches Indiz für das lebendige und wachsende Interesse an der Thematik zu sein wie die Beobachtung, dass sich trotz der anhaltenden Diskussion weder eine Übereinstimmung in methodischen Fragen noch im zugrundeliegenden theoretischen Ansatz hat finden lassen (Nelson 1999: 184). In der Einleitung einer aus der fünften *Gender and Archaeology Conference* (University of Wisconsin-Milwaukee, Oktober 1998) hervorgegangenen Anthologie sahen Nancy L. Wicker und Bettina Arnold (1999: 1) erste Fortschritte der Genderarchäologie darin, dass Fortschritte weg von einer

Ich werde daher im Rahmen dieses Aufsatzes insbesondere auf die Darstellung interdisziplinärer Gesichtspunkte der ethnologischen und archäologischen Thematisierung von *Herrschaft und Herrschaftslosigkeit in den Geschlechterbeziehungen* Wert legen. Die von der Ethnologie erarbeiteten machttheoretischen Einsichten können sich über die Archäologie hinaus für die historischen „Menschenwissenschaften" (Elias) als anregend erweisen.

Feministische Ethnologie und Genderarchäologie teilen eine nachdrückliche Kritik an männlichen Blickverengungen in Theorie und Forschungspraxis. Da dieser *male bias* bis heute fatale Auswirkungen auf unser Verständnis gesellschaftlicher Machtverhältnisse hat, werde ich diese Kritik im Rahmen einer Entwicklungsskizze der neueren Genderdiskussion in der Ethnologie und in der Archäologie zunächst wenigstens in ihren Grundzügen nachzeichnen (Teil 1). Mit einem Blick auf Erkenntnisse der ethnologischen Forschung über Phänomene wie *Geschlechtsrollenwechsel* und *Intersexualität* werde ich dann vorschlagen, die heute immer noch vorherrschenden naturalistischen Geschlechterkonzeptionen zugunsten einer radikal kulturtheoretischen Perspektive aufzugeben (Teil 2). Meine Erörterung des sozialanthropologischen Konzepts der geschlechtssymmetrischen Gesellschaft wird schließlich zeigen, inwiefern eine institutionentheoretisch orientierte Forschungsperspektive dazu geeignet ist, diesem theoretischen Anspruch zu genügen und zumindest einige der von feministischer Anthropologie und Genderarchäologie gestellten Aufgaben zu lösen (Teil 3).

1. Male bias oder die Kritik am hegemonialen Androzentrismus

Die unter der Überschrift der Kritik eines *male bias* versammelten Argumente interessieren mich zuallererst, weil sie das lange Zeit vorherrschende Bild einer bis in die Frühgeschichte zurückeichenden universalen Männerdominanz zu korrigieren helfen (Kent 1999: 30). Vor allem den frühen Ethnographien ist vielfach nachgewiesen worden, wie ein voreingenommener männlicher Blick die Durchführung von Feldforschungen und die theoriegeleitete Interpretation der dort gewonnenen Daten beeinträchtigte (Slocum 1975: 37). Stereotype Vorstellungen einer ubiquitären männlichen Dominanz oder einer allein den Männern eigenen kulturverändernden kreativ-technischen Kompetenz strukturierten allzu oft die Ergebnisse ethnologischer, historischer oder archäologischer Forschung (Conkey/Spector 1998: 19f; Wylie 1991: 33f). Die weit verbreiteten Hypothesen, nach denen prähistorische *Jäger als „die" Werkzeugerfinder* und *Ernährer* zu gelten hätten[4], legten nahe, die lange Zeit allein den

---

Archäologie der Frauen und hin zu einer „gendered archaeology" erreicht worden seien.
[4] Ernest Borneman (1984: 515) etwa hielt die Jagd für eine der besten Methoden zum Wissenserwerb.

Männern zugeschriebene Jagdtätigkeit als Ursprung und Kristallisations-
punkt menschlicher Kreativität anzusehen.[5] Die wissenschaftliche
Ignorierung weiblicher Tätigkeitsbereiche als potenzielle Machtquellen
wurde in der Auseinandersetzung um das in der gleichnamigen Publikation
aus dem Jahr 1968 von Richard B. Lee und Irven DeVore ausgebreitete
Man-the-Hunter Theorem unter dem Gegenslogan *Woman-the-Gatherer*
qualifiziert kritisiert (Nelson 1997: 72). Die Tendenz, die häufig
anzutreffende geschlechtliche Arbeitsteilung von „männlicher" Jagd und
„weiblichem" Sammeln zu einer Art Wesensbestimmung zu überziehen, hat
sich im Rahmen dieser Debatte als ebenso fragwürdig herausgestellt
(Dahlberg 1981)[6] wie die an diese falsche Verallgemeinerung anknüpfende
kulturelle Höherbewertung „männlicher" ökonomischer Betätigung. Denn
keineswegs ist es ausgemacht, dass die Sammeltätigkeit der Frauen einen
geringeren Subsistenzbeitrag einbrachte[7], in ihrer Bezugsgruppe kulturell
geringer bewertet wurde, ihnen Nachteile beim Wissenserwerb verschaffte
oder weniger kreative Energien freisetzte. Plausibler ist es, bei einer
ausgeprägten geschlechtlichen Arbeitsteilung zunächst einmal von partiellen
geschlechtsspezifischen Wissensbereichen auszugehen, die nicht hie-
rarchisch geordnet sein müssen. Die unreflektierte Zurechnung erfinde-
rischer Tätigkeit zum männlichen Geschlecht und eine daraus abgeleitete
männliche Dominanz ist ebenso spekulativ wie die ebenfalls einer
unzulässigen Ursprungslogik verhaftete Umkehrthese von *„den"*
Sammlerinnen als Werkzeugerfinderinnen.[8]

---

[5] Anlässlich einer Vorlesungsreihe „Indianer Nordamerikas", die vor wenigen
Jahren im Berliner Kennedy-Institut für Nordamerikastudien veranstaltet wurde,
konnte ich mich davon überzeugen, dass sich die Auffassung, es handele sich bei der
„männlichen" Jagd um eine ökonomisch bedeutendere und gewissermaßen
höherstehende Form des Subsistenzerwerbs, bis heute in manchem akademischen
Kopf erhalten konnte. Nachdem der vortragende Ökonom immer wieder „die Jagd"
als *die* grundlegende „indianische" Subsistenzform herausstellte, wandte ich ein,
dass sehr viele der betreffenden Gesellschaften umfangreichen Gartenbau betrieben
hätten. Keinesfalls irritiert erwiderte der Vortragende: „Aber das ist ja Frauenarbeit
gewesen". Solche Vorannahmen über die Gewichtung weiblicher und männlicher
Subsistenzbeiträge schneiden wichtige Fragen nach der geschlechtsspezifischen
Verteilung von Machtressourcen schon ab, bevor sie überhaupt gestellt werden
können.
[6] Die Ethnologie kennt eine Reihe von Gesellschaften, in denen Frauen jagen und
Steinwerkzeuge benutzen; darunter die Ainu in Japan und die Agta auf den
Philippinen (Mckell 1998: 109).
[7] Studien über rezente Wildbeutergesellschaften zeigen, dass durch die (nicht
ausschließlich) weibliche Sammeltätigkeit häufig der größere Teil des
Nahrungsvolumens erbracht wird. Vgl. für die Hadza: Woodburn (1968: 51); für die
!Kung: Draper (1975: 82).
[8] Diese These wurde prominent von Maria Mies (o.J.) vertreten

Vielleicht ist es eine überzogene Argumentation, wenn die radikalsten Vertreterinnen der Genderarchäologie bestreiten, dass es transkulturelle Erkenntnisse über männliche oder weibliche Erfahrungswelten überhaupt geben könne (Conkey/Gero 1991: 9). Eine Skepsis gegenüber vorschnellen Behauptungen geschlechtlicher Wesensbestimmungen ist jedoch allemal angebracht. Sie inspirierte feministische Ethnologinnen und Archäologinnen, die Fehlinterpretationen eines vorherrschenden Androzentrismus zurückzuweisen. Ihre Suche ging und geht bis heute nach Quellen und Äußerungsformen weiblicher Macht, die von ihren männlichen Kollegen oft einfach übersehen worden waren (Conkey/Gero 1991: 5). Wichtig für diesen Ansatz ist die Erkenntnis, dass das Geschlecht der Wissenschaftler bzw. der Wissenschaftlerin nicht selten von zentraler Bedeutung dafür ist, welche Informationen durch eine Feldforschung gewonnen werden können. Dieser Sachverhalt tritt um so deutlicher hervor, je mehr die zu untersuchende Gesellschaft eine strikte Sphärentrennung in ihrer symbolischen Geschlechterordnung kennt. Selbst wenn ein Forscher seine geschlechtsspezifische Voreingenommenheit vollständig zu eliminieren verstünde, bekäme er als *Mann* in vielen Gesellschaften ebenso wenig Zugang zum autonomen symbolischen Diskurs der Frauen wie die Männer der betreffenden Gruppe.[9]

Da die meisten ethnologischen, archäologischen und historischen Forschungen bis in die jüngste Zeit hinein kaum von gendertheoretischen Überlegungen getragen waren, müssen alle Annahmen und Gewissheiten über Gender-Ordnungen, - Rollen, -Aktivitäten und -Ideologien überprüft und bisher übersehene Tätigkeitsfelder und Machtressourcen von Männern und Frauen überhaupt erst sichtbar gemacht werden (Nelson 1997: 22; Gibbs 1998: 232). Es gilt eine dynamische Konzeption der Geschlechterverhältnisse zu entwickeln, die historische Veränderungen als Aushandlungsprozesse und Machtkämpfe zu begreifen erlaubt. Ethnologische Untersuchungen verdeutlichen, dass *a priori* angenommene Konstanten weder dem Ausmaß noch der Ausgestaltung der geschlechtlichen Arbeitsteilung gerecht werden können (Nelson 1997: 55). Das gilt *auch* für Annahmen über weibliche Reproduktionstätigkeiten. Schon scheinbar selbstevidente Aussagen, nach denen es sich bei Schwangerschaft, Geburt oder Stillen ausschließlich um Behinderungen handle und dass das Aufziehen von Kindern eine für Frauen reservierte Vollzeitbeschäftigung sei, sind in der Generalisierung falsch (Conkey/Spector 1998: 18). Ethnologische Forschungen haben Einsichten in Praktiken der Arbeitsteilung bei der Kinderaufzucht gebracht, die biologische Mütter in großem Masse entlasten. Maria Mies (o.J.: 64f) hat zudem darauf aufmerksam gemacht,

---

[9] Vgl. für differenzierte Darstellungen geschlechtsspezifischer Wahrnehmungsperspektiven in der Feldforschungspraxis: Colin M. Turnbull (1981: 205) und Diane Bell (1984: 26).

dass Gebären und Nähren nicht als rein biologische Funktionen gesehen
werden dürfen. Vielmehr haben Frauen die Veränderungen ihres Körpers
stets studiert, ein Erfahrungswissen über die Produktivkräfte ihres Körpers,
ihre Sexualität, Menstruationen, Schwangerschaft und Geburt kulturell
tradiert und Techniken entwickelt, die generativen Kräfte ihres Körpers zu
beeinflussen. Für die künftige Forschung ist wichtig, dass immer die
tatsächlich existierende kulturelle Vielfalt bei der Ausgestaltung der
Reproduktionsfunktionen im Auge behalten werden muss, wenn Hypothesen
und Aussagen über die Geschlechterordnungen vergangener Gesellschaften
versucht werden. Die *heutige* aus ihrer Gebärfähigkeit ideologisch
abgeleitete Unterordnung der Frauen darf nicht dazu führen, dass notwendig
mit hierarchischen Formen der geschlechtlichen Arbeitsteilung in frühen
Gesellschaften gerechnet wird. So wird der Ausschluss der Frauen von der
Jagd in rezenten Wildbeutergesellschaften durch institutionalisierte Verteilungsregeln zumeist wieder ausgeglichen. Während die Frauen autonom
über die Erträge ihrer eigenen Arbeit verfügen können, folgt die Verteilung
der Jagdbeute der Männer häufig strengen kulturellen Regeln, die von den
Frauen deshalb für kompensatorische Strategien genutzt werden können,
weil institutionalisierte Teilzwänge und internalisierte Gleichheitsnormen
hierfür die kulturellen Rahmenbedingungen stellen (Luig 1995: 107).

Auch „genderintern" muss stärker differenziert werden. In ökonomisch geschichteten und herrschaftlich überformten Gemeinwesen früher
Hochkulturen spielte etwa die Klassenzugehörigkeit der betreffenden Frauen
und Männer eine entscheidende Rolle für ihre Handlungsmächtigkeit
(Nelson 1997: 55).[10]

Wie wichtig die angemessene Analyse der geschlechtlichen Arbeitsteilung für die Identifizierung der unterschiedlichen Machtressourcen und
die Auslotung der jeweiligen Machtbalancen von Gendergruppen ist, darauf
werde ich detaillierter eingehen, wenn ich das ethnologische Modell der
geschlechtssymmetrischen Gesellschaft vorstelle (Teil 3). Bis dahin begnüge
ich mich mit der Anmerkung, dass die feministisch inspirierte Kritik am
Man-the-hunter Konzept als eine wichtige Voraussetzung für die
Entwicklung solcher Modelle angesehen werden muss.[11] Ein grundlegendes
Verständnis der historischen Verschiedenheit sozialer Konstrukte von
Geschlechterkategorien lässt sich durch die Heranziehung kulturver-
gleichender Daten befördern, wie sie die ethnologische Forschung in
Jahrzehnten zusammengetragen hat (Kent 1999: 31; Kehoe 1999: 25). Das

---

[10] Für das frühe Mesopotamien vgl. Pollock 1999: 221; dies. 1991: 369.

[11] Allerdings darf auch *Woman-the-gatherer* nicht einfach für die ganze Wahrheit
genommen werden, sonst besteht die Gefahr, dass das den herkömmlichen
Androzentrismus korrigierende Konzept mit seiner neuen Sicht auf weibliche
Subsistenzbeiträge ebenfalls der Gefahr des Essentialismus unterliegt und somit den
Blick auf die unterschiedlichen kulturellen Spielarten des Geschlechterverhältnisses
in frühen Gesellschaften zu verstellen droht (Nelson 1997: 72).

für die Archäologie wertvolle methodische Hilfsmittel der Analogiebildung kann sein Anregungspotenzial aber erst dann voll entfalten, wenn die zum Vergleich und zur Modellkonstruktion herangezogenen ethnologischen Quellen auf androzentrische Verzerrungen hin kritisch befragt werden (Conkey/Gero 1991: 13; Bernbeck 1997: 327). Bevorzugt sollten daher solche Ethnographien konsultiert werden, die den Androzentrismus der älteren ethnologischen Forschung bereits hinter sich gelassen haben (Conkey/Spector 1998: 23).

2. Gender-Klassifikationen in der ethnologischen Forschung

Die symbolische Dimension der Geschlechterverhältnisse nimmt in den *genderarchäologischen* Debatten einen breiten Raum ein. Conkey und Gero (1991: 20) forderten: „[...] we have to confront humans as symbolists as much as materialists". Mit der analytischen Unterscheidung von biologischem und kulturell formierten Geschlecht – *sex* und *gender* – liegt ein begriffliches Werkzeug vor, mit dem die feministisch orientierte Archäologie *gender* als ein fundamentales symbolisches Strukturierungsprinzip sozialer und politischer Beziehungen untersuchen kann (Conkey 1991: 71). Mit dem relationalen Begriffspaar *sex/gender* wird einerseits der fundamentalen Erkenntnis der *Philosophischen Anthropologie* Rechnung getragen, dass der Mensch eben „von Natur ein Kulturwesen" sei (Gehlen 1986: 80). Andererseits ist in ihm die Einsicht aufgehoben, dass Geschlechtszuschreibungen immer in irgendeiner Form auf biologische Sachverhalte bezogen bleiben (Nelson 1997: 15).[12] Der Begriff *gender* bezeichnet im Rahmen dieses Konzepts die historisch wandelbare Zuschreibung von bestimmten Verhaltensweisen, Aufgaben, materieller Kultur und Symbolen zu einem biologischen Korrelat (Bernbeck 1997: 327f). Die unterschiedlichen Formen der Teilnahme der Angehörigen einer Geschlechterkategorie an sozialen, ökonomischen, politischen und religiösen Institutionen in einem bestimmten kulturellen Zusammenhang werden durch den Begriff der *gender role* erfasst. „Gender roles describe what people do and what activities and behaviors are deemed appropriate for the gender category." (Conkey/Spector 1998: 24f) Der Terminus *gender identity* bezieht sich dagegen auf das Zugehörigkeitsgefühl eines Individuums. Das Phänomen der Transsexualität zeigt, dass die sozial zugeschriebene *gender role* und die selbst empfundene *gender identity* nicht übereinstimmen müssen (ebd.).

Indem die ethnologische Forschung das biologische Faktum des Körpers als eine notwendige, aber keineswegs hinreichende Bedingung zur

---

[12] Der von Judith Butler (1991) vorgeschlagene geschlechtskonstruktivistische Ansatz bestreitet selbst die Vorstellung, von einer der Kultur vorgängigen Natur überhaupt vernünftig sprechen zu können. Denn das sogenannte biologische Geschlecht erscheint in Butlers Perspektive *selbst* als ein in sozialen Bedeutungsakten hergestelltes Denkmuster (Roedig 1997: 49).

Definition des sozialen Geschlechts (*gender*) herausstellte (Trettin 1997: 41),
konnte sie die uns so geläufigen Wesensbestimmungen von „Männlichkeit"
und „Weiblichkeit" als historisch kontingente Konstrukte entlarven. Die
Archäologie weiß, „daß schon die Zuschreibung des biologischen
Geschlechts zu einem Skelett ein kultureller Akt ist, der von unserer eigenen
Vorstellungswelt beeinflußt wird." (Bernbeck 1997: 328) Nur durch multiple
Kriterien können einigermaßen sichere Ergebnisse bei der Bestimmung des
biologischen Geschlechts erreicht werden. Da die ausschließliche
Identifikation des Geschlechts etwa über die Beckenknochen methodisch
problematisch ist und häufig Indizien ein- und desselben Skeletts zum einen
Teil für ein weibliches, zum anderen für ein männliches Geschlecht
sprechen, wird die Entscheidung für das eine oder andere Geschlecht oft
durch die untersuchende Person mitbeeinflusst. Schwieriger noch verhält es
sich mit der Bestimmung des „sozialen" Geschlechts eines solchen Skeletts.
Dafür müsste die Archäologin oder der Archäologe nämlich die Vorstellung
hinter sich lassen, dass die Gesellschaft, aus der ein Skelettfund stammt,
über eine dualistische Geschlechterordnung verfügte, die mit ihrem oder
seinem persönlichen Erfahrungshintergrund als Frau *oder* Mann in Deckung
zu bringen ist. Die Ethnologie hat nämlich gezeigt, dass viele
außereuropäische Gesellschaften über andere Geschlechtergrenzen verfügen,
als sie aus der jüngeren europäischen Geschichte bekannt sind.

Verglichen mit den dichotomen Zuschreibungspraktiken vieler
westlich sozialisierter Forscher, erweisen sich die Genderklassifikationen
vieler indianischer Stammesgesellschaften als erstaunlich flexibel.
Individuen besetzten hier bestimmte, auf ihre Genderrolle zugeschnittene
rituelle oder „Berufs"-Rollen, zuweilen aber auch nicht.[13] Sie konnten im
Falle eines temporären oder dauerhaften Wechsels des sozialen Geschlechts
homosexuellen Neigungen[14] nachgehen, ohne dadurch Anstoß zu erregen.
Allerdings galten sexuelle Beziehungen sogenannter *Fraumänner* und
Mannfrauen zu Partnern und Partnerinnen des gleichen physischen
Geschlechts im häufigen Falle einer dualen geschlechtlichen Rollen- und
Arbeitsteilung nur dann als legitim, wenn diese einem anderen sozialen
Geschlecht angehörten als sie selbst. *Homo-gender* im Sinne der indigenen
Klassifikationen sind dagegen sexuelle Beziehungen zwischen zwei
Personen, die beide dem gleichen physischen (sex) und sozialen (gender)

---

[13] Die Geschlechterordnung der nordamerikanischen Chipewyan kennt neben den
Kategorien des Männlichen und des Weiblichen eine dritte Kategorie, in der
männlich und weiblich keine Rolle spielen. Diese dritte Kategorie ist nicht präzise
definiert. Jedoch umfasst sie alles, was in ihrem Denken nicht fest kategorisiert ist.
Erst aus dieser Kategorie entspringt das, was später männlich und weiblich genannt
wird (Albers 1989: 134f).
[14] Die entsprechenden Personen heirateten oder blieben allein. Die Lakota nannten
Frauen, die sich weigerten zu heiraten, koskalaka. Sie fanden in den männlichen
winkte ihre Entsprechung (Allen 1986: 258).

Geschlecht angehören. Solche *homo-gender* Beziehungen erhalten dann oftmals ähnlich negative Wertungen wie homosexuelle Beziehungen in der westlichen Kultur. In frühen ethnographischen Quellen spanischer Chronisten, Missionaren, Reisenden und Abenteurern wurde der Geschlechtsrollenwechsel meist mit Homosexualität gleichgesetzt und als sündhaft verurteilt. Seit den siebziger Jahren des 20. Jahrhunderts galt die Institution des *berdache* – eines Mannes in Frauenkleidern, der sexuelle Beziehungen zu Männern unterhielt – für homosexuelle Autoren als Beispiel für die Akzeptanz ihrer eigenen sexuellen Neigung in indianischen Gesellschaften. „Das geht bis hin zur Glorifizierung der indianischen Fraumänner als universal heilige und mit besonderen Kräften begabte, `schwule´ Menschen, eine Idealisierung, an der sich weiße und indianische AutorInnen gleichermaßen beteiligten." (Lang 1997: 145)

Das Bild einer gleichsam „demokratischen" Gender-Pluralität zeichnet sich nur dann ab, wenn wir eine Zusammenschau vieler verschiedener Gesellschaften vornehmen, die im Einzelfall jeweils nur bestimmte Institutionalisierungsformen der mehr oder weniger flexiblen und durchlässigen Gender-Grenzen zu ließen. Gleichwohl lassen sich für eine Reihe von Individuen vielfach höhere Freiheitsgrade sexueller und personaler Selbstbestimmung aufweisen, als wir es von modernen westlichen Gesellschaften her kennen. Dies gilt in mancher Hinsicht für die Institutionalisierung sozialer Geschlechtskategorien für *Hermaphroditen* oder *Intersexuelle*.

Clifford Geertz (1997: 271) machte darauf aufmerksam, das auch das biologische Geschlecht beim Menschen „keine vollkommen dichotomische, aber natürlich auch keine kontinuierliche Variable" darstellt. Die uns so vertraute duale Zuordnung erweist sich in vielen Einzelfällen als Legitimation für eine grausame Kultur-Praxis und unter heuristischen Gesichtspunkten als Sackgasse, indem sie die statistisch erfassbare biologische Mehrdeutigkeit bei geschätzten zwei bis vier Prozent aller Menschen[15] durch begrifflichen Zwang und medizinische Gewalt in eine bipolare Geschlechteropposition hinein „naturalisiert". Die unbestreitbaren biologischen Daten, nach denen die Natur nicht nur Mann und Frau sondern diverse weitere Formen ausbildet[16], scheinen dem *common sense* westlicher Gesellschaften noch "widernatürlicher" zu sein als die theologisch-moralischen und psychologischen Normalisierungsinterventionen zugängliche Homosexualität. Auf die nordamerikanische Situation bezogen konstatierte Geertz: „Außerhalb des Schaubudenmilieus gestehen wir dem

---

[15] „Diskrepanzen zwischen chromosomalem, gonadalen und/oder genitalem Geschlecht" machen sie zu `Intersexen´ oder `Hermaphroditen´." Hinzu kommt eine erheblich größere Anzahl von „Intersexuellen", „bei denen nur die sekundären Geschlechtsmerkmale betroffen sind (weiblich geformte Brüste beim Mann, Bartwuchs bei der Frau etc.)." (Röttger-Rössler 1997: 102)

[16] Vgl. Röttger-Rössler 1997: 103.

Dilemma der Intersexualität nur eine Lösung zu: die mit diesen Merkmalen behaftete Person wird zur Anpassung gezwungen, um die besonderen Empfindungen aller anderen nicht zu verletzen." (Geertz 1997: 273)

Dagegen kennen eine Reihe von nichtwestlichen Gesellschaften alternative Geschlechterkategorien und einen besonderen Status für Menschen mit Zwittermerkmalen. Hierhin gehören die *guevedoce* („Penis mit Zwölf") in der Dominikanischen Republik. Ein Defekt in der Testosteronsynthese verzögert die Entwicklung ihrer äußeren Genitalien. Da ihre Hodensäcke schamlippenähnlich erscheinen und der mangelhaft ausgebildete Penis einer Klitoris gleicht, werden sie bei der Geburt oft als Mädchen, manche aber gleich als *guevedoce* klassifiziert. Die mit der Pubertät einsetzende Maskulinisierung stellt für *diese* Personen kein Identitätsproblem dar, da sie auf diese Veränderung vorbereitet worden sind. Ihr Sonderstatus ermöglicht ihnen einen sozial akzeptierten Spielraum zwischen männlichen und weiblichen Verhaltensmustern (Röttger-Rössler 1997: 104f). Einen relativ großen Spielraum für die geschlechtliche Identitätsfindung von Hermaphroditen halten einige Gesellschaften bereit, die wie die muslimischen Makasser auf der indonesischen Insel Sulawesi oder einige nordamerikanische Indianergesellschaften der Vorreservatszeit (darunter die Navajo)[17] drei oder vier soziale Geschlechter institutionalisiert haben. Auf Sulawesi werden Individuen, deren physiologisches Geschlecht männlich ist, die aber die männliche Geschlechtsrolle nicht übernehmen wollen, als *kawe-kawe* bezeichnet. *Calabai* heißen dagegen physiologische Frauen, die sich dem weiblichen Rollenkomplex verschließen. „Hermaphroditen werden je nachdem, ob sie sich im Verhalten mehr dem männlichen oder dem weiblichen Bereich annähern, als *kawe-kawe* oder *calabai* klassifiziert" (ebd.: 106).[18] Je nachdem, ob sie sich eher an männlichen oder eher an weiblichen Verhaltensmustern und Tätigkeitsbereichen orientieren, können Hermaphroditen in diesen Gesellschaften den entsprechenden sozialen Geschlechtsstatus erlangen. Statuszuschreibungen für sogenannte *Mannfrauen* und *Fraumänner* in den um eine duale geschlechtliche Arbeitsteilung organisierten indianischen Gesellschaften Nord- und Südamerikas orientierten sich in erster Linie an einer festgestellten Neigung der betreffenden Individuen zu Tätigkeiten des „anderen" Geschlechts (Lang 1997: 146). In den meisten der über einhundert überlieferten Fälle[19] wurden entweder die Neigung eines Kindes zu

---

[17] Vgl. Lang 1997: 144.

[18] Vgl. für die ebenfalls auf der indonesischen Insel Sulawesi ansässige islamisierte Gesellschaft der Buginesen Christian Pelras (1997) Untersuchung zum hohen Status der *calabai*. Die egalitäre Genderordnung erstrecke sich dort auch auf männliche und weibliche „Transvestiten".

[19] Die Institutionalisierung des Übertritts von einer in die andere Genderkategorie ist für 113 indianische Gesellschaften dokumentiert. 33 davon kennen eine spezielle Statusposition für weibliche Geschlechtswechsler (Albers 1989: 135). In den

Tätigkeiten und Verhaltensweisen des anderen Geschlechts oder Träume und
Visionen eines Erwachsenen zum Anlass für eine *soziale* Geschlechts-
umwandlung. „Obwohl die Familie bisweilen solchen Tätigkeitspräferenzen
bei ihren Kindern zunächst entgegenzuwirken versuchte, erhielten die
Kinder im allgemeinen spätestens in der Pubertät ihren Willen. Insbesondere
in den visionsbetonten Gesellschaften der Prärien und Plains legitimierte ein
übernatürlich begründetes Visionserlebnis den Wunsch, Kleidung und
Tätigkeiten des `anderen´ Geschlechts anzunehmen." (Lang 1997: 147) Die
Mohave institutionalisierten eigens einen Test, der zeigen sollte, ob ein Kind
(meist ein Junge) mehr der männlichen oder mehr der weiblichen Sphäre
zuneigte. „Als erforderlich wurde der Test erachtet, sofern ein Junge mehr
Freude an typischen Mädchenspielen hatte, Interesse für weibliche Kleider
zeigte oder sich i.S. der üblichen Geschlechterstereotype generell zu
mädchenhaft benahm." (Bleibtreu-Ehrenberg 1984: 97).[20] Das biologische
Geschlecht ist in diesen Fällen keinesfalls bloßes Schicksal, sondern eine
unter mehreren Wahlmöglichkeiten geschlechtlicher Identifikation. In
manchen indianischen Gesellschaften hatten die Erwartungen von
Erwachsenen Einfluss auf den Geschlechtsrollenwechsel von Kindern. So
wurden bei den Kaska zuweilen Mädchen als Männer aufgezogen, wenn ihre
Väter keine Söhne hatten und die Lakota und die Piegan sozialisierten
Mädchen dann in männliche Rollenmuster, wenn sie das „bevorzugte Kind"
waren (Albers 1989: 135).[21]
    Nicht selten bot ein Geschlechtsrollenwechsel auch jenen Gesell-
schaftsmitgliedern die Chance des Prestigeerhalts (bzw. des Neuerwerbs in
einer anderen Rolle), welche den Anforderungen ihrer angestammten
Genderrolle nicht (mehr) gerecht werden konnten. Andererseits war dieser
Weg durch den Umstand belastet, dass die Aberkennung der alten
Genderrolle die sexuelle Rolle häufig mit einschloss. Das mag für Menschen
mit einer homosexuellen Orientierung zuweilen eine Verbesserung bedeutet
haben. Doch war die Einübung in die neue Geschlechterrolle vom Scheitern
bedroht. Ein nicht gelungener Geschlechtsrollenwechsel wurde von Pierre
Clastres (1984: 194) für die Guayaki (Aché) geschildert. Während einer der
betreffenden zwei Männer, die in die Frauenrolle wechselten, homosexuelle
Neigungen hatte und sich mit seinem neuen Status wohl zu fühlen schien,
hatte der andere Schwierigkeiten, seine neue Rolle zu akzeptieren. Er erfüllte
die mit dem weiblichen Rollenmuster verbundenen ökonomischen Aufgaben

---

Plateau-Gesellschaften konnten Frauen und Männer ihre Genderrollen wechseln
(Ackerman 1995: 88).

[20] Für weitere Beispiele bei den „Eskimos" sowie den Soconuco-Indianern vgl.
Bleibtreu-Ehrenberg 1984: 102-105.

[21] Vielleicht erklärt dies auch die weite Verbreitung der „manly-hearted women"
(ninauposkitzipxpe) bei den Piegan. Diese Frauen übernahmen männliche
Verhaltensweisen. 1939 wurde etwa ein Drittel aller älteren Piegan-Frauen, aber
auch einige junge, zu ihnen gerechnet (Kehoe 1995: 115f).

nur unzureichend und wurde für die anderen Gruppenangehörigen daher
zunehmend sozial unsichtbar.

Wir haben gesehen, dass in vielen nichtwestlichen Gesellschaften
weniger die körperlichen Geschlechtsmerkmale als vielmehr die ausgeübten
ökonomischen, sozialen oder erotischen Tätigkeiten und Verhaltensweisen
als entscheidend für die Zuordnung zu einer Genderrolle erscheinen
(Röttger-Rössler 1997: 106; Luig 1997[1]: 70).[22] Durch diese Erkenntnisse
sind naturalistische und biologistische Ansätze zur Untersuchung der
Geschlechterverhältnisse in den Sozial- und Kulturwissenschaften schon in
ihren essentialistischen Grundannahmen blamiert. Das betrifft übrigens auch
einen relevanten Teil der feministischen Literatur, die Machtdifferenzen
zwischen den Geschlechtern auf biologische „Tatsachen" zurückzuführen
versuchte. Noch die einflussreiche feministische Historikerin Gerda Lerner
(1997: 45) folgte einer von Sherry B. Ortner in ihrem 1974 erschienenen
Aufsatz vorgetragenen Argumentation, nach der „in allen bekannten
Gesellschaften über Frauen gesagt wird, sie seien der Natur näher als der
Kultur." Ortner, die wiederum von Simone de Beauvoirs These beeinflusst
war, dass die Frau mehr als der Mann in Abhängigkeit von der Art stehe und
die Welt immer den Männern gehört habe[23], zählte den sekundären Status
der Frau in der Gesellschaft zu den echten Universalien (Ortner 1993: 27).
Die ethnologische Forschung hat dagegen gezeigt, dass es mit der
Abhängigkeit der Frau von der Art nicht so weit her ist, wie in diesen
Argumentationen behauptet wird. Durch gesellschaftliche Verteilungsregeln
können, wie wir oben gesehen haben, in egalitären Gesellschaften aus
körperlichen Unterschieden resultierende ökonomische Unterschiede – auch
zwischen den Geschlechtern – sozial ausgeglichen werden. Die vielfältigen
kulturellen Umgangsweisen mit Geschlechtsrollenwechsel und Intersexualität zeigen zudem, dass Gesellschaften mit den unbestreitbaren
anthropologischen Ausgangsdaten so unterschiedlich verfahren, dass
„natürliche" Geschlechtsdifferenzen als „letzte" Determinanten des Sozialen
nicht taugen. Dieser Einsicht gilt es insbesondere dann im Gedächtnis zu
behalten, wenn der Dimension der Macht im Geschlechterverhältnis

---

[22] Ein Beispiel kennen wir aus dem Südirak. Mädchen und Frauen, die männliche
Kleidung tragen, männliche Tätigkeiten ausüben und gemeinhin als männlich
verstandene Verhaltensweisen zeigen, erhalten den Status eines *mustergil*. Sie
können aber auch in die Frauenrolle zurückkehren. Sobald sie dann jedoch heiraten
und Kinder bekommen, bleibt ihnen der Zugang in ein männliches Leben verwehrt.
In Oman sind die *xanit* als biologische Männer bekannt, die weibliche
Verhaltensweisen zeigen, sich geschlechtsindifferent kleiden und in der passiven
Rolle mit Männern sexuell verkehren. In Samoa wiederum wird unter der
Bezeichnung *fa'afafine* ('wie eine Frau') eine dritte Geschlechterkategorie für
anatomische Männer bereitgehalten, die einige weibliche Verhaltensweisen zeigen
und mit Männern sexuell verkehren.
[23] Vgl. Beauvoir 1997: 86: „Diese Welt hat immer den Männern gehört"...

nachgegangen werden soll. Das Modell der geschlechtssymmetrischen Gesellschaft, das matriarchatstheoretische Ansätze abzulösen begonnen hat, bietet dafür einen guten Ausgangspunkt.

3. Von der Matriarchatstheorie zum Modell der geschlechtssymmetrischen Gesellschaft

3.1 Matriarchatstheorien

Der Altertumsforscher Johann Jakob Bachofen hatte in seiner einflussreichen Studie zum „Mutterrecht" aus dem Jahr 1861 die Auffassung vertreten, dass dem „Patriarchat" eine historische Periode der Frauenherrschaft vorangegangen sei. Bachofen ließ sein universales Evolutionsstadium der „Gynaikokratie" auf ein männerdominiertes Jäger-Stadium folgen.

Die Vorstellung einer matriarchalischen Epoche der Menschheitsgeschichte (von Bachofen als ein zur Überwindung bestimmtes Übergangsstadium bewertet[24]) wurde im 20. Jahrhundert durch archäologische Untersuchungen von Marija Gimbuta und James Mellaart weiter genährt und beflügelte lange Zeit die Fantasie feministischer Diskurse. In jüngerer Zeit kam mit Heide Göttner-Abendroths (1995) „kritischer Matriarchatsforschung" eine Konzeption hinzu, die im Anschluss an begriffliche Unterscheidungen Christian Sigrists das „Matriarchat" nicht mehr als Epoche einer friedvollen Frauenherrschaft, sondern als herrschaftsfreie Gesellschaft[25] weiblicher Prägung vorzustellen versucht. Indem Göttner-Abendroth auf den vor dem Hintergrund der historischen und ethnographischen Überlieferung nur schwer zu erbringenden Nachweis einer Frauenherrschaft verzichtet, mit dem Begriff der herrschaftsfreien Gesellschaft der These einer universalen Männerherrschaft aber ein trennscharfes Analyseinstrument entgegenhält, hat sie Teil an den Erkenntnisfortschritten und Differenzierungsgewinnen einer feministischen Ethnologie, die den Begriff „Matriarchat" durch den der Geschlechteregalität und schließlich der geschlechtssymmetrischen Gesellschaft zu ersetzen

---

[24] Bachofens Entwicklungsgeschichte vom Mutterrecht zum Vaterrecht geht vom Vorhandensein eines jeweils für eine bestimmte Kulturepoche prägenden Lebensprinzips aus. Während die mutterrechtliche Periode das „stofflich-weibliche" Prinzip zur Geltung gebracht habe, stehe dem in der vaterrechtlichen Kulturperiode das „geistig-männliche" Prinzip gegenüber, das Bachofen zudem als Fortschritt wertet. Menschheitsgeschichte bedeutete ihm: „Entwicklung vom weiblichen zum männlichen Prinzip, vom Stoff zum Geist, von der Natur zur Kultur" (Röder u.a. 2001: 19).

[25] Unklar ist, warum für Göttner-Abendroth nicht nur viele Stammesgesellschaften, sondern auch matriarchale Stadt*staaten* (!) einen herrschaftsfreien Charakter aufweisen (Göttner-Abendroth 1995: 23; 54). Anscheinend ist sie gegen die gesamte Tradition der politische Theorie und Philosophie der Ansicht, dass es eine herrschaftsfreie Ausformung des Staates gegeben habe.

begonnen hat. Mit ihrer Vorstellung, dass bestimmte Gesellschaftstypen vorrangig von Vertretern oder Vertreterinnen eines Geschlechts „geschaffen" oder „geprägt" worden seien, kommt Göttner-Abendroth (1995: 9) allerdings einem für die Kulturwissenschaften unzulässigen Geschlechteressentialismus nahe, der für Bachofen und seine Adepten[26] zurecht bereits scharf kritisiert worden war. Selbst in eindeutig patriarchalischen Gesellschaften sind Frauen ja niemals zu völliger Passivität verurteilt gewesen, sondern haben aktiven und prägenden Einfluss – nicht zuletzt auf ihre eigene Unterdrückungssituation genommen. Die Konzeption des Menschen als handelndem Sozialwesen wird verfehlt, wenn eine Geschlechterkategorie vom Prozess der gesellschaftlichen Konstruktion der Wirklichkeit bereits definitorisch ausgegrenzt bleibt. Neben der essentialistischen Behauptung epochenbestimmender „männlicher" und „weiblicher" Prinzipien bzw. Kulturideen wurde an Bachofens Theorie vor allem die einseitige und methodisch fragwürdige Auswertung fast ausschließlich der griechischen Mythologie und Historiographie kritisiert. Schon zu Bachofens Zeit hatten ethnographische Berichte kaum Anhaltspunkte für eine universale gesellschaftliche Entwicklungsstufe des Mutterrechts gegeben, und sein „Matriarchat" konnte als „Mythos" entlarvt werden.[27]

Auch heutige Matriarchatsforscherinnen interpretieren Mythen zumeist als authentische Zeugnisse vergangener Gesellschaften und schlimmstenfalls dient ihnen ihre Intuition als Schlüssel zu einer Gesamtschau der Menschheitsgeschichte. Das ist nicht selten gepaart mit einer ausgeprägten Vernunftfeindlichkeit, „die sich konstant und konsequent gegen Fortschritt und Modernität richtet und in eine allgemeine Kultur- und Gegenwartskritik mündet" (Röder u.a. 2001: 107). Gegenüber den matriarchatstheoretischen Interpretationen des frühgeschichtlichen Areals ist Vorsicht insbesondere dann angebracht, wenn ganze Weltbilder und historische Lebensauffassungen aus isolierten archäologischen Befunden gewonnen werden, die beim jetzigen archäologischen Forschungsstand weder zu bestätigen noch zu widerlegen sind.[28] An den verschiedensten Fundorten gewonnene Objekte wie anthropomorphe Statuetten und diverse Symbole aus der Alt- und Jungsteinzeit sowie die jungsteinzeitliche Siedlung Çatal Hüyük in Anatolien und der bronzezeitliche „Palast" von Knossos auf Kreta dienten den Matriarchatsforscherinnen als hinreichende Beweise für die Existenz der matriarchalischen Frühzeitwelt.[29] Für die von ihnen immer wieder bemühten Figurinen, die als Göttinnen gedeutet wurden, sind jedoch ebenso schlüssige alternative Interpretationen vorgeschlagen worden.

---

[26] Stark beeindruckt von Bachofens Matriarchat war Erich Fromm (1994), der dessen abstrakte und abstruse Geschlechterstereotypen übernahm.

[27] Vgl. Uwe Wesel 1990.

[28] Für archäologische Kritik am Matriarchatsdiskurs vgl. Nelson 1997: 73 und Tringham 1991: 95ff.

[29] Vgl. zur Kritik an der Theorie der Göttin: Röder u.a. 2001: 184f; Hamilton 1997.

Demnach kann es sich statt um Darstellungen *der* Göttin um Porträts lebender Personen oder von Vorfahren handeln, um Initiationsfiguren, Glücksamulette, Puppen, Priesterinnen, Hexen, Figuren um Fremde zu erschrecken und vieles andere mehr (Russel 1998: 266f; Lerner 1997: 189f).[30]

Obgleich gegen die von Matriarchatsforscherinnen verbreitete Vorstellung einer durch die Religion der „Göttin" geeinten universalen frühzeitlichen Matriarchatskultur triftige Einwände gemacht wurden, nährte der Erfolg ihrer Behauptungen in der Frauenbewegung und in den Massenmedien die Einsicht, dass auch die Archäologie sich vom fortdauernden Interesse an der Beantwortung zentraler Menschheitsfragen in Anspruch nehmen lassen muss, wenn sie das Feld der öffentlichen Aufmerksamkeit nicht Fachfremden überlassen will (Nelson 1997: 23). Zu den von der Archäologie vernachlässigten Themen zählte das Herausgeber-Duo eines einschlägigen Sammelbandes zur Genderarchäologie Kelley Hays Gilpin und David S. Whitley (1998: 4) insbesondere auch die von den Matriarchatstheorien aufgeworfenen Fragen nach der Universalität bzw. Kontingenz der Männerherrschaft, nach ihren Ursprüngen und historischen Alternativen, sei es das „Matriarchat" oder die „geschlechtsegalitäre Gesellschaft". Da Konzepte wie das der geschlechtsegalitären und das der geschlechtssymmetrischen Gesellschaft, die im letzten Teil dieser Arbeit als heuristische Modelle für die archäologische und frühgeschichtliche Forschung vorgeschlagen werden sollen, jüngere machttheoretische Erkenntnisse der feministischen Ethnologie zur Voraussetzung haben, empfiehlt sich an dieser Stelle eine Erörterung der in den Kultur-wissenschaften bisher erlangten Forschritte in der Konzeptualisierung der Macht im Verhältnis der Geschlechter.

---

[30] Dass die unterschiedlichen Frauenfiguren auch eine Widerspiegelung unterschiedlicher Bedeutungen und somit Ausdruck sich getrennt entwickelnder Kulturen sind, wird etwa in Gimbutas Arbeit zu wenig in Betracht gezogen. „Sie berücksichtigt bei ihrer Sicht der Dinge weder die Entwicklungsgeschichte der zahlreichen und sehr verschiedenen neolithischen Kulturen, die auf einer Verbreitungskarte wie ein Flickenteppich erscheinen, noch ihre Ausbreitung, Konsolidierung, Regionalisierung und Zersplitterung im Lauf der Zeit." (Kunz 1997: 131)

3.2 Macht und Geschlechterverhältnis

Wer die sozialwissenschaftlichen Debatten um den Machtbegriff verfolgt, wird kaum überrascht sein, dass sich auch die theoretisch interessierte Archäologie bislang nicht auf ein grundlegendes Begriffsverständnis hat einigen können. Immerhin scheinen sich mittlerweile viele Autorinnen darin einig zu sein, Macht nicht als Eigenschaft von individuellen Handlungsträgern, sondern als prozessuales und relationales Phänomen sozialer Interaktion zu konzeptualisieren. Geschlechterverhältnisse werden als Machtverhältnisse sozial ausgehandelt, erkämpft und institutionalisiert. Dem entsprechend erteilte Sarah M. Nelson für die Genderarchäologie all jenen Konzepten eine Absage, die Macht (*power*) a priori auf bestimmte soziale Rollen festlegen. "An androcentric emphasis on power and prestige that assumes them to be permanent and inherent in roles or persons has obscured negotiated power and conditional prestige in past cultures." (Nelson 1997: 19) Für die Archäologie verlangte daher Liv Gibbs (1998: 249) eine größere Aufmerksamkeit dafür, dass sich auch Machtkämpfe und Aushandlungsprozesse zwischen Geschlechtergruppen im archäologischen Material abbilden. Während in dieser Frage zumindest in den Reihen der Genderarchäologie ein gemeinsames Grundverständnis vorliegt, scheiden sich jedoch die Geister an der Frage, ob „Macht" (*power*) immer ein hierarchisches Machtgefälle impliziere oder ob der Begriff auch zur Qualifizierung symmetrischer und egalitärer Ordnungsgefüge herangezogen werden solle. Im Grunde werden im machtheoretischen Diskurs der Archäologie die gleichen Fronten sichtbar, die auch für die Debatten in den Sozialwissenschaften markiert worden sind.[31] Susan Kent (1999: 33) neigt der ersten Ansicht zu, die „Macht" (*power*) als asymmetrische Beziehung konzeptualisiert. Die Autorin scheint darüber hinaus anzunehmen, dass Aushandlungsprozesse um Machtpositionen vor allem für Gesellschaften mit bereits institutionalisierter sozialer Ungleichheit charakteristisch sind. „In those societies where power influences interactions and relationships, unequal access to power often results in continuing negotiations." (Kent 1999: 33) Für die Analyse egalitärer Stammesgesellschaften sei „Macht" dagegen ein bedeutungsloses Konzept. "Macht" (*power*), formuliert sie analog zu einem paradoxen Diktum des Ethnologen Pierre Clastres, existiere dort nur in der Abwesenheit: „– there is no power present." (Kent 1999: 33)[32] Zurecht kritisiert Kent die Praxis vieler Ethnologen, die in vielen Gesellschaften institutionalisierten Unterschiede

---

[31] Für eine differenzierte Erörterung macht- und herrschaftstheoretischer Diskussionen in den Sozialwissenschaften vgl. Haude/Wagner (1999²) und dies. (1999³).

[32] In Clastres theoretischem Hauptwerk „Staatsfeinde" (1976) heißt es, dass mit der Macht in den primitiven Gesellschaften „vielleicht auf geheimnisvolle Weise, etwas in der Abwesenheit existiert" (Clastres 1976: 23). Vgl. Haude (1998) für eine differenzierte Analyse der Verwendung des Machtbegriffs bei Clastres.

zwischen den Geschlechtern von vorneherein als Ausdruck von Herrschaftsverhältnissen zu interpretieren. Doch ist ihr auf Herrschaft reduzierter
Machtbegriff defizitär. Kent beobachtet zwar, dass in egalitären
Gesellschaften aus situativer und temporärer individueller Autorität noch
keine Herrschaft entstehen muss (ebd.), hat aber kein begriffliches Werkzeug
parat, um zu erklären, wie dynamische Gleichgewichtszustände durch
soziales Zusammenhandeln immer wieder hergestellt werden. Die Weise in
der dies geschieht, kann für die von Kent richtig beschriebene große
Spannbreite mehr oder weniger stark egalitärer Gesellschaften jeweils ganz
unterschiedlich aussehen.[33]

Kents Position bleibt innerhalb des archäologischen Theorie-Diskurses
nicht ohne Gegenpart. Daniel Miller und Christopher Tilley haben schon
1984 ein Konzept vorgestellt, das die differenzierte Abwägung herr-
schaftsnaher und herrschaftsferner Dimensionen der Macht erlaubt. Sie
unterscheiden eine grundlegende „Macht zu" (*power to*), die alle Aspekte
des sozialen Lebens durchzieht, von einer hierachieaffinen Kontrollmacht
(*power over*) (Miller/Tilley 1984: 5).

Für die Auslotung der Aushandlungsdynamiken historischer Geschlechterverhältnisse stellt die Unterscheidung von „Macht" als einer
grundlegenden Kategorie sozialer Beziehungen und „Herrschaft" als einer
ihrer logisch nachgeordneten „Modi" einen unverzichtbaren Differen-
zierungsgewinn dar. Mit Suzanne M. Spencer-Wood stimme ich jedoch
darin überein, dass mit der Überwindung der einseitigen Fixierung auf einen
herrschaftsnahen Machtbegriff erst ein Anfang gemacht ist, um historischen
Machtbeziehungen mit einem realistischen Konzept begegnen zu können.
Die Autorin führt Millers und Tilleys Überlegungen weiter, indem sie den
Begriff der nicht zwangsförmigen Kollektivmacht (*powers with*) ergänzt.
Das zwanglose Zusammenhandeln von Menschen ist verbunden mit
„Mächten mit" wie Dialog, Zusammenschluss, Zusammenarbeit, Über-
zeugung, Inspiration, Verhandlung, Stärkung oder Ermächtigung, denen
gemeinsam ist, dass sie beeinflussen, ohne zu kontrollieren oder zu zwingen
(Spencer-Wood 1999: 179)[34] Zahlreiche ethnologische Untersuchungen
haben gezeigt, dass in den sozialen und politischen Institutionen egalitärer
Gesellschaften vor allem die von Spencer-Wood herausgearbeiteten Mächte
des herrschaftsfreien Zusammenhandelns ihre egalisierende Wirkung zeigen.

---

[33] Ich kann Kent darin folgen, von einer Spannbreite unterschiedlich egalitärer bzw.
hierarchischer Gesellschaften auszugehen: highly egalitarian, strongly egalitarian,
moderately egalitarian, moderately non-egalitarian, strongly non-egalitarian, highly
non-egalitarian (Kent 1999: 38ff).

[34] Spencer-Wood (1999: 179) führt zudem den Begriff der „Mächte unter" (*powers
under*) ein. Damit können widerständige oder unterwürfige und kollaborierender
Machtstrategien und Verhaltensweisen bezeichnet werden, die eine unterlegene
Gruppe im Rahmen eines institutionellen Herrschaftsgefüge zur Verfügung stehen
und ihren Anteil an der Stärkung oder Schwächung der Dominanzstrukturen haben.

Individuelle Unterschiede in Begabung, Geltungsdrang, individueller Stärke, politischem, spirituellen und ökonomischen Erfolg lassen immer wieder einzelne Personen zu „Autoritäten" werden, deren Einfluss begrenzt werden muss, soll daraus keine dauerhafte Machtasymmetrie werden, aus der schließlich Herrschaft werden kann.

Das oft beobachtete Konsensgebot im Falle verbindlicher Gruppen- entscheidungen, Teilzwänge, individuelle und kollektive Formen der Rüge usw. können als soziale Mechanismen beschrieben werden, mit deren Hilfe die kollektiven Handlungsmächte der Zusammenhandelnden (*powers with*) verhindern, dass aus der temporär immer möglichen Verdichtung indivi- dueller Macht Herrschaft von Menschen über Menschen (*power over*) wird.[35] Die in vielen egalitären Gesellschaften institutionalisierten Macht- balancen zwischen den Geschlechtern (Spencer-Wood 1999: 180) können in ihrer Dynamik nur dann adäquat verstanden werden, wenn sie als Äußerungen kollektiver Handlungsmacht, als soziale Kämpfe und Aushandlungsprozesse spannungsreich konkurrierender und kooperierender Individuen und Gruppen begriffen werden. Auch die in weiten Teilen überzeugenden ethnographischen Studien und Theorien akephaler und segmentärer Herrschaftsfreiheit weisen vor allem bezüglich des Ge- schlechterverhältnisses noch erhebliche Defizite auf.[36] Meist begnügten sich die Autoren mit dem Hinweis, dass in egalitären Gesellschaften die Stellung

---

[35] Studien zu herrschaftsverhindernden Mechanismen in staatslosen Gesellschaften liegen mittlerweile in großer Fülle vor. Neben den maßstabsetzenden Arbeiten von Sigrist (1994) und Clastres (1976) seien hier exemplarisch Haude/Wagner (1999[1]) und Wesel (1985) genannt.

[36] Das trifft auch auf Christian Sigrists Arbeiten zur Akephalie segmentärer Gesellschaften Afrikas zu. Das hängt einerseits mit der androzentrischen Perspektive der von ihm ausgewerteten ethnographischen Literatur zusammen. Andererseits handelt es sich durchweg um patrilineare Gesellschaften, wodurch die Einnahme einer „männlichen Perspektive" noch bestärkt wird. Immerhin kann Sigrist (1994) am ethnographischen Material doch zeigen, dass in verschiedenen patrilinearen segmentären Gesellschaften „Frauen [...] ein verhältnismäßig großes Maß an Selbstbestimmung" hatten. Leider zieht sich die Vernachlässigung des Geschlechterverhältnisses auch noch durch spätere Arbeiten, die produktiv an Sigrists Studien anzuknüpfen wussten. So beschränkt sich die ansonsten vorzügliche Feldforschung Volker Riehls (1993) zum aktuellen Stand der Gleichheit bei den schon von Sigrist berücksichtigen Tallensi Nord-Ghanas auf eine Fußnotenbemerkung, in der festgestellt wird, dass das Thema der weiblichen Anführerschaft in einer patrilinearen segmentär-akephalen Gesellschaft weiterer intensiver sozialwissenschaftlicher Nachforschungen bedürfe. Erst allmählich beginnt sich die Forschung eingehender für die Frauenmacht in traditionellen afrikanischen Gesellschaften zu interessieren. Dabei stellte sich heraus, dass weiblichen Propheten als Medien, Wahrsagerinnen und militärischen Führerinnen (vor allem gegen die Zentralregierungen) oftmals eine ebenso wichtige Rolle zukam wie ihren männlichen „Kollegen" (Luig 1997[2]: 80f).

der Frauen durchweg besser sei als in herrschaftlich überformten Vergleichsethnien. Genauere Analysen der Machtverhältnisse zwischen Gender-Gruppen, insbesondere aber *theoretische* Einsichten in das Geschlechterverhältnis blieben dagegen rar und beförderten auf diese Weise ungewollt pauschalierende Behauptungen einer pankulturellen Männerherrschaft. Mit der „geschlechtssymmetrischen Gesellschaft" liegt nun ein anspruchvolles analytisches Konzept vor, mit dessen Hilfe geprüft werden kann, ob die „Egalität" einer egalitären Gesellschaft das Geschlechterverhältnis umfasst oder nicht.

3.3 Das Konzept der geschlechtssymmetrischen Gesellschaft

Wichtige Vorarbeiten für das Konzept der geschlechtssymmetrischen Gesellschaft wurden in ethnologischen Studien geleistet, die den von der marxistischen Ethnologin Eleanor Leacock (1989: 32f) geprägten Begriff *„weiblicher Autonomie"* in die Geschlechtertheorie einbrachten. Alice Schlegel (1972: 23) verstand unter weiblicher Autonomie nicht die Gleichheit der Einflusschancen in allen gesellschaftlichen Bereichen zwischen Männern und Frauen, sondern vor allem die Unabhängigkeit der Verfügung über die eigene Person, selbstbestimmtes Handeln und ein Einbringen in die gesellschaftlichen Belange, das über Kinderaufzucht und Nahrungszubereitung hinausgeht. Ein wichtiger Indikator für solche Autonomie ist der gesellschaftliche Spielraum über die Verfügung der eigenen Sexualität und die damit verbundenen Partnerschafts- und Eheregeln.

Der Trugschluss einer generellen Unterordnung von Frauen lag bei manchen Beobachtern und Theoretikerinnen schon dadurch nahe, dass in den meisten Gesellschaften eine deutliche ökonomische und symbolische *Trennung* zwischen den Geschlechtern beobachtet wurde. Die Frage nach einer Gleichheit (im Sinne von Identität) zwischen den Geschlechtern lässt sich aufgrund der verschiedenen Tätigkeitsbereiche daher leicht verneinen. Anders verhält es sich jedoch mit Aussagen über eine etwaige Autonomie von Menschen in verschiedenen Genderrollen, ihre Gleich*wertigkeit* oder Gleich*berechtigung*. Zumindest in jenen zahlreichen matrilinearen Gesellschaften, die, wie die Stämme der verschiedenen Irokesenbünde Nordamerikas oder die immerhin 3,5 Millionen Menschen zählenden Minangkabau Westsumatras (Lenz 1995: 302, 323), auf die persönliche Autonomie ihrer Angehörigen einen ebenso großen Wert zu legen scheinen wie auf die strikte Trennung der geschlechtsspezifischen Aufgaben, wird die strikte symbolische Unterscheidung von geschlechtsspezifischen Handlungsfeldern zum notwendigen Ausgangspunkt *symmetrischer* Machtverhältnisse. Ilse Lenz und Ute Luig (1995) haben aus einer Reihe entsprechender Studien zu Gesellschaften, in denen weder Männer noch Frauen herrschen, einen brauchbaren Idealtypus geschlechtssymmetrischer Gesellschaften entwickelt. Eine besondere Bedeutung hat in diesem Modell der von Frauenkollektiven

kontrollierte Bereich des Haushalts.[37] Dass solche Hausmacht der Frauen in
der politischen Anthropologie lange Zeit als unpolitisch unterschätzt
wurde[38], mag auf das androzentrische Vorurteil zurückgeführt werden
können, das in Analogie zur kulturellen Erfahrung westlicher Gesellschaften
den Bereich des Politischen als besonders männlich konnotiert. Hinzu
kommt ein bemerkenswerter Mangel an Studien, die für herrschaftslose
Gesellschaften im Detail nachweisen, wie politische Entscheidungen in den
verschiedenen gesellschaftlichen Ebenen zustande kommen. Detailanalysen
des faktischen Zustandekommens politischer Entscheidungen hätten neben
den gegebenenfalls vorhandenen offiziellen „Ratsversammlungen" auch den
„Lobbyismus" der häufig frauendominierten Haushalte zu berücksichtigen.
Keinesfalls ist, wie Ortner (1993: 30) nahe legte, der Ausschluss von Frauen
aus „dem höchsten politischen Rat" alleine beweiskräftig für ihre politische
Nachrangigkeit. Denn dieser „Ausschluss" kann (bei den Irokesen oder den
Minangkabau) dadurch kompensiert werden, dass Entscheidungen vor allem
in vetoberechtigten gesellschaftlichen Basisstrukturen (etwa den Haus-
haltsgruppen und Clans) getroffen und im „höchsten Rat" nur noch bestätigt
werden. Zudem müsste vermieden werden, dass dort, wo geschlechtsspezifische Entscheidungssphären existieren, die den Frauen zugeordnete
Sphäre durch einen ungeklärten Politikbegriff a priori als „unpolitisch"
exkommuniziert wird.

Das Modell der geschlechtssymmetrischen Gesellschaft legt nun
keineswegs die spiegelbildliche Aufwertung der Haushaltsinstitution als
Machtressource nahe, lädt jedoch ein, in einer „transinstitutionellen
Perspektive" für jeden Einzelfall zu prüfen, ob er sich im Zusammenspiel
mit dem gesamten gesellschaftlichen Institutionengefüge als Stabilisator
eines Geschlechtergleichgewichts erweist. Im Rahmen des Konzepts kann
die Macht als polyzentrisch zwischen den Gendergruppen verteilt gedacht
werden. Durch das Zusammenfließen an ganz unterschiedlichen sozialen
Kontaktstellen kann sich eine Machtbalance ohne einseitiges Dominanz-
verhältnis herstellen (Lenz 1990: 56). Insbesondere Gesellschaften, die sich
sowohl durch eine ideologische Trennung als auch eine Verschiedenheit der
genderspezifischen Verhaltensweisen und Aktionsfelder auszeichnen, bieten

---

[37] Dichotome Unterscheidungen, die Frauen pauschal der häuslichen Privatsphäre-
und Männer der politischen Öffentlichkeit zurechnen, dürfen jedoch nicht als
universale Kategorien herangezogen werden (Scott 1994: 11). Weder ist es
ausgemacht, dass in nichtwestlichen Gesellschaften der Haushalt „unpolitisch"
konzipiert ist, noch dürfen wir generell von einer eindeutigen Zuordnung der
Geschlechter zu jeweils einem der beiden Bereich ausgehen.
[38] Die ethnologische Neubewertung des Haushalts als Ort politischer
Willensbildung-, Entscheidungen und Ressource weiblicher Macht könnte auch von
der Archäologie eine Umorientierung erfordern, weil sie sich bisher tendenziell zu
wenig für die häusliche Sphäre interessiert haben mag. Das jedenfalls ist die
Auffassung von Ruth E. Tringham (1991: 99f).

eine gute institutionelle Grundlage für eine symmetrische Machtbalance zwischen den Geschlechtern. Kriterien sind die genderspezifische Kontrolle über die Produktionsprozesse, der Besitz an Produktionsmitteln, die Verfügung über das Produkt, den eigenen Körper, die Reproduktion der Nachkommen sowie eigenständige sozial hochbewertete Positionen in den symbolischen Ordnungen von religiösem Ritus und Politik. Frauen oder Männer können das eine oder andere dieser Machtfelder stärker bestimmen, ohne dass dies notwendig zu einer Asymmetrie der gesamten Geschlechterordnung führt, da ein stärkeres Gewicht von Personen des jeweils anderen Geschlechts auf einem oder mehreren der übrigen Machtfelder ausgleichend wirken kann. Noch Gerda Lerners gegen die Vorstellung einer Geschlechtergleichheit in Stammesgesellschaften gerichtete Einschätzung, wonach Matrilinearität und Matrilokalität Frauen mit bestimmten Rechten und Privilegien ausstatteten, „die entscheidungsbestimmende Macht innerhalb der Stammesgemeinschaft" jedoch „bei den älteren Männern" bleibe (Lerner 1997: 51), unterschätzt die politische Bedeutung weiblich besetzter Machtfelder in geschlechtsymmetrischen Gesellschaften.

Der Begriff der „Institution" spielt in diesem Zusammenhang eine Schlüsselrolle, denn es kann nicht *a priori* vorentschieden werden, in welcher der verschiedenen Gesellschaftssphären die „Leitinstitutionen" im Einzelfall verortet werden müssen. Keineswegs müssen dies männlich dominierte Stammesräte sein. In Gesellschaften, in denen der Haushalt zu den zentralen Institutionen gehört und die über den Haushalt hinausgehende Organisation schwach oder dezentralisiert ist, haben Frauen vielmehr gute Aussichten auf eine starke oder gleiche Stimme in der Entscheidungsfindung.[39] Leitinstitutionen dürfen nicht isoliert voneinander betrachtet werden, denn die gleichen Akteure sind häufig in die Aktivitäten mehrerer einbezogen, so dass Prioritäten- und Zielkonflikte nicht selten sind (Schlegel 1977: 19). Die Zentralität jeder Institution muss mit den gesamtgesellschaftlichen Machtstrukturen relationiert werden, da sie eine zwingende Rolle in der Beeinflussung der Struktur und Werte anderer Institutionen spielen kann.

Vor dem Hintergrund dieser Überlegungen lassen sich im Anschluss an Ilse Lenz (1990: 59) drei Rahmenbedingungen dafür angeben, wie sich Geschlechtssymmetrie als Machtbalance zwischen den Geschlechtern herstellen kann: „1. Frauen und Männer haben entweder annähernd gleichen Zugang zu allen Machtfeldern (fehlende Differenzierung), oder sie verfügen über vorrangige Kontrolle unterschiedlicher Machtfelder (gegenseitige Abhängigkeit oder geschlechtlicher Parallelismus); [...]. 2. Aus einer

---

[39] Der Haushalt fungiert häufig dort als Leitinstitution, wo Subsistenzwirtschaft betrieben wird, nur geringer Produktentausch erfolgt, die Verteidigungs- oder Expansionsbedürfnisse eine männerzentrierte militärische Organisation nicht begünstigen und Bürokratien weltlicher oder religiöser Art fehlen (Schlegel 1977: 351).

unterschiedlichen Verfügung der Geschlechter in einzelnen Machtfeldern ergibt sich in den multifokalen Machtprozessen eine Balance, die eine einseitige Kontrolle ausschließt. Die stärkere repräsentative politische Rolle der Männer etwa kann durch ökonomische Verfügungsmacht der Frauen über die Ernte und die Speicher ˋaufgewogenˊ werden. 3. Frauen und Männer haben Zugang zu den zentralen Institutionen der Gesellschaft, die noch nicht in einem hierarchischen Verhältnis zueinander stehen. Die Kontrolle der Frauen über das Haus und ihre oft informelleren Treffen setzen Gegengewichte zu den politischen Versammlungen der Männer. Dies gilt umso mehr, wenn die Beteiligung der Geschlechter in diesen Institutionen sich überkreuzt, also Frauen in ˋmännlich getragenenˊ Institutionen mitwirken oder umgekehrt."

Das Modell der geschlechtssymmetrischen Gesellschaft ermöglicht die Analyse konkreter institutioneller Lösungen für Machtbalancen insbesondere dann, wenn die symbolische Dimension herrschaftsfreier Ordnungen genügend berücksichtigt wird. Die Existenz geschlechtsegalitärer Verhältnisse ist unabdingbar verknüpft mit symbolisch stabilisierten Werthaltungen und hierarchieabweisenden Weltbildern, die mit der Sphäre der ökonomischen Produktion notwendig verknüpft, nicht aber von ihr determiniert sind. Eigentumsverhältnisse an materiellen und ideellen Gütern werden ebenso institutionell auf Dauer gestellt wie die sie legitimierenden gemeinschaftlichen Weltanschauungen. Die regelmäßig anzutreffende Sphärentrennung von männlichen und weiblichen Tätigkeitsbereichen beruht in geschlechtssymmetrischen Gesellschaften auf institutionellen Stabilisierungs- und Selbststeigerungsleistungen, die Riten und Mythen funktionalisieren, in ihnen aber auch ihren symbolischen Ausdruck finden. Hier werden die Unterschiede zwischen den Geschlechtern besonders betont und zugleich ihre Ebenbürtigkeit hervorgehoben, der komplementäre männliche und weibliche Beitrag zum Gemeinschaftsleben jeweils symbolisch gewürdigt. Das gilt insbesondere für die vielerorts zu beobachtenden geschlechtsspezifischen Initiationsriten. Wie ein konkreter Komplex von Mythen und Riten jeweils funktioniert, ist jedoch immer im Einzelfall der institutionellen Analyse herauszuarbeiten.

Die Archäologinnen Brigitte Röder, Juliane Hummel und Brigitta Kunz haben das Konzept der „geschlechtssymmetrischen Gesellschaft" für ihre eigene Profession als veritable Alternative zu den überkommenen Matriarchatstheorien dargestellt, mit der „die spezifische Konstellation von Machtfeldern, aus denen Symmetrien – aber natürlich auch Asymmetrien entstehen können, untersucht werden" (Röder 2001: 365). Ich schließe mich diesem Urteil an.

Literatur:

Ackerman, Lilian A.:
Complementary but equal. Gender status in the Plateau, in: Klein, Laura F./Ackermann, Lilian A. (Hrsg.): Women and Power in Native North America. Norman/London 1995, 75-100.

Albers, Patricia C.:
From Illusion to Illumination. Anthropological Studies of American Indian Women, in: Morgan, Sandra (Hrsg.): Gender and Anthropology. Critical Reviews for Research and Teaching. Washington 1989, 132-170.

Allen, Paula Gunn:
Hwame, Koshkalaka, and the rest: lesbians in American Indian Culture, in: Allen, Paula Gunn: The sacred hoop. Recovering the feminine in American Indian tradition. Boston 1986, 245-261.

Bell, Diane:
Daughters of the Dreaming. Melbourne 1984.

Bernbeck, Reinhard:
Theorien in der Archäologie. Tübingen/Basel 1997.

Bleibtreu-Ehrenberg, Gisela:
Der Weibmann. Kultischer Geschlechtswechsel im Schamanismus. Eine Studie zur Transvestition und Transsexualität bei Naturvölkern. Frankfurt a.M.1984.

Borneman, Ernest:
Das Patriarchat. Ursprung und Zukunft unseres Gesellschaftssystems. Frankfurt a.M.: Fischer 1984.

Butler, Judith:
Das Unbehagen der Geschlechter. Frankfurt a.M. 1991.

Clastres, Pierre:
Chronik der Guayaki. Die sich selbst Aché nennen, nomadische Jäger in Paraguay. München 1984.

Clastres, Pierre:
Staatsfeinde. Studien zur politischen Anthropologie. Frankfurt a.M. 1976

Conkey, Margaret W./Gero, Joan M.:
Tensions, Pluralities, and Engendering Archaeology: An Introduction to Women and Prehistory, in: Gero, Joan M./Conkey, Margaret W. (Hrsg.): Engendering Archaeology. Women and Prehistory. Oxford 1991, 3-30.

Conkey, Margaret W.:
Contexts of Action, Contexts for Power: Material Culture and Gender in the Magdalenian, in: Gero, Joan M./Conkey, Margaret W. (Hrsg.): Engendering Archaeology. Women and Prehistory. Oxford 1991, 57-92.

Conkey, Margaret W./Spector, Janet D.:
    Archaeology and the Study of Gender, in: Hays-Gilpin, Kelley/Whitley S. (Hrsg.): Reader in Gender Archaeology. London/New York 1998, 11-45.

Dahlberg. Frances (Hrsg.):
    Woman the Gatherer. New Haven/London: Yale University Press 1981.

Draper, Patricia:
    !Kung Women: Contrasts in Sexual Egalitarianism in Foraging and Sedantary Contexts, in: Rayna R.Reiter (Hrsg.): Toward an Anthropology of Women. New York/London 1975, 77-109.

Fromm, Erich:
    Liebe, Sexualität und Matriarchat. Beiträge zur Geschlechterfrage. München 1994.

Geertz, Clifford:
    Dichte Beschreibung. Beiträge zum Verstehen kultureller Systeme. Franfurt a.M. 1997.

Gehlen, Arnold:
    Der Mensch. Seine Natur und seine Stellung in der Welt. Wiesbaden 1986.

Gibbs, Liv:
    Identifying Gender Representation in the Archaeological Record: A Contextual Study, in: Hays-Gilpin, Kelley/Whitley S. (Hrsg.): Reader in Gender Archaeology. London/New York 1998, 231-254.

Gilchrist, Roberta:
    Women´s Archaeology? Political Feminism, Gender Theory and Historical Revision, , in: Hays-Gilpin, Kelley/Whitley S. (Hrsg.): Reader in Gender Archaeology. London/New York 1998, 47-56.

Göttner-Abendroth, Heide:
    Das Matriarchat I. Geschichte seiner Erforschung. Stuttgart/ Berlin/Köln 1995

Hamilton, Naomi:
    Geschlechterbeziehungen in Catal Hüyük, in: Völger, Gisela (Hrsg.): Sie und Er. Frauenmacht und Männerherrschaft im Kulturvergleich. Bd. 1. (Ausstellungskatalog) Köln 1997, 133-138.

Haude, Rüdiger:
    Macht und Herrschaft bei Pierre Clastres, in: Peripherie 73/74, 1999, 184-199.

Haude, Rüdiger/Wagner, Thomas:
    Herrschaftsfreie Institutionen. Studien zur Logik ihrer Symbolisierungen und zur Logik ihrer theoretischen Leugnung. Baden-Baden 1999[1]

Haude, Rüdiger/Wagner, Thomas:
Herrschaftsfrohe Diskurse. Strategien und Tendenzen sozialwissen-
schaftlicher Anarchieverdrängung, in: dies.: Herrschaftsfreie
Institutionen. Studien zur Logik ihrer Symbolisierungen und zur
Logik ihrer theoretischen Leugnung. Baden-Baden 1999[2]

Haude, Rüdiger/Wagner, Thomas:
Von der Utopie zur Wissenschaft, in: dies.: Herrschaftsfreie
Institutionen. Studien zur Logik ihrer Symbolisierungen und zur
Logik ihrer theoretischen Leugnung. Baden-Baden 1999[3]

Hays-Gilpin, Kelley/Whitley, David S.:
Gendering the Past, in: Hays-Gilpin, Kelley/Whitley, David S.
(Hrsg.): Reader in Gender Archaeology. London/New York 1998, 3-
10.

Kehoe, Alice B.:
Blackfoot Persons, in: Klein, Laura F./Ackerman, Lilian A. (Hrsg.):
Women and Power in Native North America. Norman/London 1995,
113-125.

Kehoe, Alice B.:
A resort to subtler conrivances, in: Sweely, Tracy L. (Hrsg.):
Manifesting Power. Gender and the interpretation of power in
archaeology. London/New York 1999, 17-29.

Kent, Susan:
Egalitarianism, equality, and equitable power, in: Sweely, Tracy L.
(Hrsg.): Manifesting Power. Gender and the interpretation of power in
archaeology. London/New York 1999, 30-48.

Kryder-Reid, Elizabeth:
"With Manly Courage". Reading the Construction of Gender in a
Nineteenth-Century Religious Community, in: Scott, Elizabeth M.
(Hrsg.): Those of Little Note. Gender, Race and Class in Historical
Archaeology. Tucson & London 1994, 97-114.

Kunz, Brigitta:
Marija Gimbutas revisited: Eine archäologische Auseinandersetzung
mit Gimbutas' Matriarchatstheorie, in: Völger, Gisela (Hrsg.): Sie und
Er. Frauenmacht und Männerherrschaft im Kulturvergleich. Bd. 1.
(Ausstellungskatalog) Köln 1997, 127-132.

Lang, Sabine:
Geschlechtsrollenwechsel und kulturelle Konstruktionen von Hetero-
und Homosexualität in indigenen Kulturen Nordamerikas, in: Völger,
Gisela (Hrsg.): Sie und Er. Frauenmacht und Männerherrschaft im
Kulturvergleich. Bd. 2. (Ausstellungskatalog) Köln 1997, 143-148.

Leacock, Eleanor:
Der Status der Frauen in egalitären Gesellschaften: Implikationen für
die soziale Evolution, in: Arbeitsgruppe für Ethnologie, Wien (Hrsg.):

Von fremden Frauen. Frausein und Geschlechterbeziehungen in nichtindustriellen Gesellschaften. Frankfurt a.M. 1989, 29-67.

Lee, Richard B./DeVore, Irven (Hrsg.):
Man the Hunter. Chicago 1968.

Lenz, Ilse:
Geschlechtcrsymmctric als Gcflccht von Frauen- und Männermacht. Zu den Minangkabau in der vorkolonialen Epoche, in: Lenz, Ilse/Luig, Ute (Hrsg.): Frauenmacht ohne Herrschaft. Geschlechterverhältnisse in nichtpatriarchalischen Gesellschaften. Frankfurt a.M. 1995, 302-329.

Lenz, Ilse:
Geschlechtssymmetrische Gesellschaften. Neue Ansätze nach der Matriarchatsdebatte, in: Lenz, Ilse/Luig, Ute (Hrsg.): Frauenmacht ohne Herrschaft. Berlin 1990, 17-74.

Lerner, Gerda:
Die Entstehung des Patriarchats. München 1997

Luig, Ute:
Sind egalitäre Gesellschaften auch geschlechtsegalitär? Untersuchungen zur Geschlechterbeziehung in afrikanischen Wildbeutergesellschaften, in: Lenz, Ilse/Luig, Ute (Hrsg.): Frauenmacht ohne Herrschaft. Geschlechterverhältnisse in nichtpatriarchalischen Gesellschaften. Frankfurt a.M. 1995, 88-169.

Luig, Ute:
Verlorene Gewißheiten. Prozesse der Differenzierung des Begriffs Geschlecht und neue Formen seiner Repräsentation, in: Völger, Gisela (Hrsg.): Sie und Er. Frauenmacht und Männerherrschaft im Kulturvergleich. Bd. 1. (Ausstellungskatalog) Köln 1997[1], 69-76.

Luig, Ute:
Weibliche Prophetie und Besessenheit in afrikanischen Gesellschaften, in: Faber, Richard/Lanwerd, Susanne (Hrsg.): Kybele – Prophetin – Hexe. Religiöse Frauenbilder und Weiblichkeitskonzeptionen. Würzburg 1997[2]

McKell, Sheila M.:
An Axe to Grind: More Ripping Yarns form Australian Prehistory, in: Hays-Gilpin, Kelley/Whitley S. (Hrsg.): Reader in Gender Archaeology. London/New York 1998, 107-114.

Mies, Maria:
Gesellschaftliche Ursprünge der geschlechtlichen Arbeitsteilung, in: Beiträge zur feministischen Theorie und Praxis 3. Köln o.J., 61-78.

Miller, Daniel/Tilley, Christopher:
Ideology, power and prehistory: an introduction, in: Miller, Daniel/Tilley, Christopher (Hrsg.): Ideology, power and prehistory. Cambridge 1984, 1-15.

Nelson, Sarah Milledge:
Gender in Archaeology. Analyzing Power and Prestige. Walnut Creek/London/New Delhi 1997.

Nelson, Sarah Milledge:
Rethinking gender and power, in: Sweely, Tracy L. (Hrsg.): Manifesting Power. Gender and the interpretation of power in archaeology. London/New York 1999,184-189.

Ortner, Sherry B:
Verhält sich weiblich zu männlich wie Natur zu Kultur?, in: Rippl, Gabriele (Hrsg.): Unbeschreiblich weiblich. Texte zur feministischen Anthropologie. Frankfurt a.M 1993

Pelras, Christian:
Geschlechterrollen und Transvestiten bei den Buginesen in Südsulawesi, Indonesien, in: Völger, Gisela (Hrsg.): Sie und Er. Frauenmacht und Männerherrschaft im Kulturvergleich. Bd. 2. (Ausstellungskatalog) Köln 1997, 109-120.

Pollock, Susan:
Ancient Mesopotamia. Cambridge 1999.

Pollock, Susan:
Women in a Men's World: Images of Sumerian Women, in: Gero, Joan M./Conkey, Margaret W. (Hrsg.): Engendering Archaeology. Women and Prehistory. Oxford 1991, 366-387.

Pollock, Susan/Bernbeck Reinhard:
And They Said, Let Us Make Gods in Our Image. Gendered Ideologies in Ancient Mesopotamia, in: Rautman, Alison E. (Hrsg.): Reading the Body. Representations and Remains in the Archaeological Record. Philadelphia 2000, 150-164.

Riehl, Volker:
Natur und Gemeinschaft. Sozialanthropologische Untersuchungen zur Gleichheit bei den Tallensi in Nord-Ghana. Frankfurt a.M. u.a. 1993.

Roedig, Andrea:
Judith Butler – ein Sohn ihrer Zeit. Versuch über die Verwirrung der Geschlechter als Zeitphänomen, in: Völger, Gisela (Hrsg.): Sie und Er. Frauenmacht und Männerherrschaft im Kulturvergleich. Bd. 1. (Ausstellungskatalog) Köln 1997, 47-52.

Röder, Brigitte/Hummel, Juliane/Kunz, Brigitta:
Göttinnendämmerung. Das Matriarchat aus archäologischer Sicht. Klein Königsförde/Krummwisch 2001.

Röttger-Rössler, Birgit:
Männer, Frauen und andere Geschlechter. Zur Relativierung der Zweigeschlechtlichkeit in außereuropäischen Kulturen, in: Völger, Gisela (Hrsg.): Sie und Er. Frauenmacht und Männerherrschaft im Kulturvergleich. Bd. 2. (Ausstellungskatalog) Köln 1997, 101-108.

Russel, Pamela:
> The Palaeolithic Mother-Goddess: Fact od Fiction?, in: Hays-Gilpin, Kelley/Whitley S. (Hrsg.): Reader in Gender Archaeology. London/New York 1998, 261-268.

Savage, Stephen H.:
> The Status of Women in Predynastic Egypt als Revealed Through Mortuary Analysis, in: Rautman, Alison E. (Hrsg.): Reading the Body. Representations and Remains in the Archaeological Record. Philadelphia 2000, 77-92.

Scott, Elizabeth M.:
> Through the Lens of Gender. Archaeology, Inequality, and Those `of Little Note´, in: Scott, Elizabeth M. (Hrsg.): Those of Little Note. Gender, Race and Class in Historical Archaeology. Tucson & London 1994, 3-24.

Schlegel, Alice:
> Male Dominance and Female Autonomy. Domestic Authority in Matrilineal Societies. Hraf Press 1972.

Schlegel, Alice (Hrsg.):
> Sexual Stratification. A Cross Cultural View. New York 1977.

Sigrist, Christian:
> Regulierte Anarchie. Untersuchungen zum Fehlen und zur Entstehung politischer Herrschaft in segmentären Gesellschaften Afrikas. Frankfurt a.M.1994.

Slocum, Sally:
> Woman the Gatherer: Male Bias in Anthropolgy. In: Rayna R. Reiter (Hrsg.): Toward an Anthropology of Women. New York and London: Monthly Review Press 1975, 36-50.

Spencer-Wood, Suzanne M.:
> Gendering power, in: Sweely, Tracy L. (Hrsg.): Manifesting Power. Gender and the interpretation of power in archaeology. London/New York 1999, 175-183.

Trettin, Käthe:
> Probleme des Geschlechtskonstruktivismus, in: Völger, Gisela (Hrsg.): Sie und Er. Frauenmacht und Männerherrschaft im Kulturvergleich. Bd. 1. (Ausstellungskatalog) Köln 1997, 41-46.

Tringham, Ruth E.:
> Households with Faces: the Challenge of Gender in Prehistoric Architectural Remains, in: Gero, Joan M./Conkey, Margaret W. (Hrsg.): Engendering Archaeology. Women and Prehistory. Oxford 1991, 93-131.

Turnbull, Colin M.:
> Mbuti Womanhood, in: Frances Dahlberg (Hrsg.): Woman the Gatherer. New Haven/London 1981.

Wesel, Uwe:
Der Mythos vom Matriarchat. Über Bachofens Mutterrecht und die Stellung von Frauen in frühen Gesellschaften. Frankfurt a.M. 1990.

Wesel, Uwe:
Frühformen des Rechts in vorstaatlichen Gesellschaften. Frankfurt a.M. 1985.

Wicker, Nancy L./Arnold, Bettina:
Introduction, in: Wicker/Nancy L./Arnold, Bettina: From the Ground Up: Beyond Gender Theory in Archaeology. Oxford 1999, 1-4.

Woodburn, James:
An Introduction to Hadza Ecology, in: R.B.Lee, I.DeVore (Hrsg.): Man the Hunter. New York 1968, 49-55.

Wylie, Alison:
Gender Theory and the Archaeological Record: Why Is There No Archaeology of Gender? , in: Gero, Joan M./Conkey, Margaret W. (Hrsg.): Engendering Archaeology. Women and Prehistory. Oxford 1991, 31-54.

Wylie, Alison:
The Interplay of Evidential Constraints and Political Interests: Recent Archaeological Research on Gender, in: Hays-Gilpin, Kelley/Whitley S. (Hrsg.): Reader in Gender Archaeology. London/New York 1998, 57-84.

Heer und Herrschaft:
Die Rolle des Militärs bei den Usurpationen in Israel
in der Eisenzeit II B (926-722 v. Chr.)

Rüdiger Schmitt

1. Problemstellung: Usurpationen im Nordreich

Im Gegensatz zum Staat Juda, wo sich nach der Reichsteilung die davi-
dische Dynastie dauerhaft etabliert hat, kommt es im Nordreich zu einer Reihe
von Usurpationen. Ein großer Teil der Usurpatoren entstammt nach dem Zeugnis des Alten Testaments aus dem Militär. Diese auffallende Tatsache wirft die
Frage nach der Machtgrundlage dieser Usurpatoren und den spezifischen Strategien ihrer Legitimierung auf.

Der zur Reichstrennung führende Aufstand des Jerobeam in 1 Kön 12
hatte bekanntermaßen keinen militärischen Hintergrund, sondern wird in der
Forschung heute überwiegend im Kontext bestehender Antagonismen zwischen
dem Norden und dem Süden gesehen. Das in diesem Kontext vielfach kolpor-
tierte Paradigma vom im Norden vorherrschenden Ideal des charismatischen
Führertums und der damit verbundenen Ablehnung des dynastischen Königtums
sowie der daraus resultierenden Schwäche des dynastischen Prinzips[1] greift
jedoch sicherlich zu kurz. Die Diskussion berührt damit indes einen entscheidenden Punkt der Fragestellung, nämlich der Grundlage der Legitimierung des

---

[1] Das von Alt, (Königtum; Stadtstaat) formulierte Paradigma findet sich nahezu
unverändert in den neueren Geschichten Israels (u.a. Donner, Geschichte II, 235f.,
258; Soggin, Geschichte, 131) und der Kommentarliteratur (u.a. Fritz, ZBK 10.1,
133). Würthwein, ATD 11.1, 193 stellt demgegenüber richtig fest, daß die Belege alle
dtr Herkunft und ohne Beweiskraft für die historischen Vorgänge sind. Würthwein
selbst sieht den Grund für die häufigen Dynastiewechsel zum einen im Fehlen eines
anerkannten Zentrums und Gegensätzen innerhalb der Nordstämme (ebd. 193). Eine
andere Interpretation des „Antagonismus" zwischen Israel und Judah im Kontext
unterschiedlicher sozio-ökonomischer *longue durée*-Entwicklungen liefert
Thompson, Early Israel, 401ff., die jedoch im Hinblick auf die gemeinsame materielle
Kultur in der EZ II nicht überzeugen kann. Zum vermuteten Gegensatz zwischen
kanaanäischen und israelitischen Bevölkerungselementen vgl. Ahlström, History,
550.

Königtums. Daß die Legitimität des monarchischen Königtums im Norden grundsätzlich weniger gefestigt war als im Süden, läßt sich m.E. aus den Quellen nicht erheben. Jerobeam wurde schließlich nicht zum auf seine Person bezogenen Amt des charismatischen Führers berufen, sondern zum dynastischen Königtum. Die Geschichte der weiteren Thronfolge von Jerobeams Sohn Nadab (1 Kön 14,20; 15,25) und die Thronfolge des ihm folgenden Usurpators Bascha auf seinen Sohn Ela (1 Kön 16,8) verlief offensichtlich reibungslos und läßt keine grundsätzliche Infragestellung des dynastischen Königtums im Norden erkennen. Bezeichnend ist jedoch, daß die paradigmatische Usurpation des Jerobeam durch einen wichtigen Funktionsträger, den „Beamten"[2] (ʿebed–1 Kön 11,26) in der Funktion des Aufsehers über die Fronarbeiten (sēbel –1 Kön 11,28) des Hauses Josefs, geschah. Als Chef der Corvée des Hauses Josef hatte Jerobeam eine solide Machtgrundlage, eine eigene Dynastiebildung erfolgreich scheinen zu lassen, zumal er im Hinblick auf die Erhöhung der Frondienste durch Rehabeam der kompetente Mann war.[3] Die Legitimierung Jerobeams durch die Volksversammlung in 1 Kön 12,20 beruhte somit auf seiner Autorität und seinem Einfluß aus seinem Amt unter Salomo. Daß die nachträgliche religiöse Legitimierung durch den Propheten Ahija von Schilo unhistorisch sein dürfte, ist heute im wesentlichen Konsens und einer prophetisch orientierten deuteronomistischen Redaktion zuzuschreiben.[4] Die Usurpation Jerobeams kann somit zugespitzt als die Staatsgründung durch eine „*pressure group*" – hier die zur Fronarbeit verpflichtete Bevölkerung – bezeichnet werden, die einen kompetenten „Fachmann" aus dem monarchischen Herrschaftsapparat zur Königsherrschaft bestimmt.[5] Eine solche sozio-ökonomische Erklärung scheint m.E. tragfähiger zu sein, als die Theorie eines grundsätzlichen Gegensatzes zwischen Israel und Juda. Auch die späteren Usurpationen im Nordreich könnten sich auf eine solche *pressure-group* gestützt bzw. von dieser betrieben worden sein: dem Militär. Dies gilt es im folgenden zu überprüfen.

1.1. Die Bascha-Verschwörung

Jerobeams Sohn Nadab wurde nach 1 Kön 15,25-32 von einem gewissen Bascha, dem Sohn des Ahija gestürzt. Die näheren Umstände des Putsches liegen im Dunkeln, lassen jedoch einige weitergehende Vermutungen zu: Zum

---

[2] Zu Titel und Amt des Corvée-Aufsehers siehe: Avishur/Heltzer, Administration, 74f. zu šr ʾl ḥms. Zu ʿbd als Bezeichnung höherer Funktionäre: Niemann, Herrschaft, 45f., zu Jerobeams Amt ebd. 56; Avishur/Heltzer, Administration, 96ff.

[3] So auch Hentschel, NEB 10, 83.

[4] Vgl. hierzu H. Weippert, Ätiologie, mit einer ausführlichen Diskussion. Vgl. auch Würthwein, ATD 11.1, 143f; Fritz, ZBK 10.1, 128f.

[5] Auch Würthwein, ATD 11.1, 153ff, hält die Fronlast für den historischen Hintergrund der Trennung.

einen ist von einer Verschwörung (*qšr*) Baschas die Rede und zum anderen tötet Bascha Nadab während der Belagerung von Gibbeton. Dies läßt den Schluß zu, daß Bascha zum engeren Umfeld des Königs gehörte, der Ort der Usurpation läßt weiter schließen, daß es sich bei Bascha um einen Angehörigen des Militärs gehandelt haben muß, zumal über etwaige Widerstände gegen die Usurpation und die Ausrottung des Königshauses nichts berichtet wird. Dies erscheint nur mit Unterstützung des Militärs als Machtbasis des Usurpators möglich.[6]

1.2 Der Simri-Putsch

Gegen König Ela, den Sohn des Bascha, putschte in 1 Kön 16,8-14 Simri, der Befehlshaber der Hälfte der Streitwagen *(śar maḥăṣît hārākeb)*. Als Kommandeur eines Teils der wichtigsten Waffengattung hatte er ohne Frage eine Schlüsselposition inne, die den Erfolg eines solchen Unternehmens wahrscheinlich machen konnte.[7] Offensichtlich handelte es sich bei diesem Putsch um eine typische Palastverschwörung, denn der König befand sich im Haus des Palastvorstehers Arza und war alkoholbedingt außer Gefecht gesetzt. Von einer göttlichen Designation wird in diesem Falle nichts berichtet. Die Nennung der Funktion Simris legt die Vermutung nahe, daß dieser sich bei seiner Usurpation auf seine Truppenkontingente stützen konnte. Zumindest gelingt es ihm, die Familie Elas ausrotten und sich in der Hauptstadt Tirza festzusetzen, was ohne militärische Unterstützung nicht möglich gewesen wäre. Es gelingt ihm jedoch nicht, seine Anerkennung in ganz Israel durchzusetzen.

1.3 Die Omri-Usurpation und der Gegenkönig Tibni

Nach sieben Tagen Regierungszeit wird der im Feld stehende Befehlshaber des Heeres *(śar ṣābā')* Omri von „ganz Israel" zum König ausgerufen. Seinem Titel nach muß es sich bei Omri um den Vorgesetzten Simris gehandelt haben. Die Bemerkung, daß dies im Felde geschah, läßt vermuten, daß Omri von seinen Truppen zum König ausgerufen wurde bzw. seine Ausrufung von den Truppen unterstützt wurde. Das *kāl yiśrā'el* dürfte hier synonym mit dem Heerbann stehen, von dem die Initiative ausgeht.[8] Nach der Tötung der Angehörigen der regierenden Dynastie scheint der Oberbefehlshaber die einzige geeignete Person zur Nachfolge auf den Thron zu sein. Omri gelingt es schließlich

---

[6] So auch Hentschel, NEB 10, 99; Fritz, ZBK 10.1, 154f.

[7] So auch Würthwein, ATD 11.1, 195; Fritz, ZBK 10.1, 157. Die Vermutung Hentschels, NEB 10, 100f., Simri sei (als Kommandant der Streitwagen) ein Exponent kanaanäischer Interessen gewesen, ist ohne Anhalt am Text.

[8] So auch Donner Geschichte I, 259; Würthwein, ATD 11.1, 197. Fritz, ZBK 10.1, 158, läßt die Beantwortung der Frage offen, ob hier das Berufsheer oder der ganze Heerbann gemeint sind. Die Formulierung *kāl yiśrā'el* spricht indes für letzteres.

mit dem Heerbann, die Hauptstadt einzunehmen und der unterlegene Simri fand durch eigene Hand den Tod im Feuer.

Omris Usurpation war nach 1 Kön 16,21-25 jedoch nicht unbestritten. Eine Partei des Volkes machte Tibni ben Gimat zum König, es entbrannte ein Bürgerkrieg, in dem Omri sich – wohl mit Hilfe seiner Truppen – nach vier Jahren schließlich durchsetzen konnte. Die Frage, wie es zu diesem Bürgerkrieg kam, ist umstritten: Diskutiert werden u.a. Spannungen zwischen der Volksversammlung und dem Heer,[9] Spannungen zwischen kanaanäischen und israelitischen Bevölkerungselementen[10] oder die vermutete fremde Herkunft Omris.[11] Eine Spannung zwischen Volksversammlung und Heer ist jedoch aus den Quellen nicht zu erheben, beide Parteien werden recht unspezifisch mit *hā'ām* bezeichnet; ebensowenig die arabische oder kanaanäische Herkunft Omris. Mir erscheint es daher wahrscheinlicher, daß *hā'ām* hier wie das *kāl yiśrā'el* in 16,16 u. 17 vielmehr den Heerbann beider Gegner bezeichnet.[12] Es kann daher vermutet werden, daß entweder die Truppen des toten Simri unter Tibni weitergekämpft haben oder daß ein Teil der vorher noch loyal zu Omri stehenden Truppenteile sich von diesem lossagten und einen anderen Prätendenten unterstützten, was jedoch wenig wahrscheinlich ist.

1.4 Der Jehu-Putsch

Die von Omri begründete Dynastie wird schließlich von Jehu aus dem Kreis der Befehlshaber des Heeres (*śarê haḥayil*) gestürzt (1 Kön 9). Jehu gehört somit zu den höchsten militärischen Würdenträgern, ohne daß etwas über seine Position in dieser Gruppe ausgesagt wird.[13] Entscheidend ist jedoch, daß Jehu nach seiner Designation von seinen Offizierskameraden gehuldigt wird und diese ihn öffentlich zum König akklamieren. Dies und die Rede von einer Verschwörung (9,14) hat Zweifel an der religiösen Legitimierung Jehus durch den Prophetenjünger geweckt.[14] Die Annahme der Unterstützung durch prophe

---

[9] So Donner, Geschichte I, 259. Fritz, ZBK 10.1, 159, meldet zwar Zweifel an dem Bürgerkriegscharakter dieser Geschehnisse an. Die Schilderung der Spaltung des Volkes läßt m.E. jedoch keinen anderen Schluß zu, obwohl mit Fritz (ebd.) festzustellen ist, daß es nicht mehr möglich ist, regionale oder soziale Parteiungen zu eruieren.

[10] So u.a. Gray, I. Kings, 365 in der Nachfolge Alts, Samaria.

[11] So Noth, Personennamen, 63; ders., Geschichte, 210. Ihm folgt Würthwein, ATD 11.1, 197.

[12] So auch Würthwein, ATD 11.1, 196. Anders Hentschel, NEB 10, 102.

[13] So auch Fritz, ZBK 10.2, 50.

[14] So auch Würthwein, ATD 11.2, 329f.; ähnlich Gray, II Kings, 537ff. Auch Hentschel, NEB 11, 41 zweifelt an den religiösen Gründen für den Putsch. Von einer historischen Verbindung Jehus mit Elischa bzw. prophetischen Oppositionsgruppen

tische Oppositionsgruppen und deren Verbindung zu den Aramäern dürfte jedoch kaum konstruiert sein.[15] Die breite Diskussion zu diesem Problem kann an dieser Stelle nicht aufgegriffen werden.[16] Ob Jehu jedoch seinen Militärputsch von langer Hand vorbereitet und in direkter Verbindung mit Hasael durchgeführt hat, wie u.a. Kottsieper vermutet,[17] läßt sich nicht mehr sicher eruieren. M.E. hat Jehu die kritische Situation der Verwundung des Königs ausnutzen können, um die Herrschaft an sich zu reißen und konnte sich offensichtlich auf die breite Unterstützung militärischer Kreise und auch prophetischer Gruppen stützen. Das Offizierskorps akklamiert in dieser Notsituation Jehu, der als geeigneter Führer den Kampf gegen die Aramäer weiterführte. Eine direkte Mitwirkung Hasaels an der Verschwörung und die Einsetzung Jehus durch den Aramäerkönig[18] ist hinsichtlich der Fortsetzung dieses Krieges in Z. 13 der Tel-Dan-Stele und der weiteren Auseinandersetzungen mit den Aramäern in 2 Kön 10,32 eher unwahrscheinlich.

1.5 Schallum und Menahem

Gegen den letzten König der Jehu-Dynastie putschte erfolgreich Schallum ben Jabesch, um daraufhin selbst von Menahem ben Gadis vom Thron vertrieben zu werden (2 Kön 15,8-22). Obwohl nichts über die Funktionen von Schallum ausgesagt wird, setzt 2 Kön 15,10 voraus, daß dieser militärisch gegen den legitimen König vorgegangen ist und ihm bei Jibleam eine Niederlage beibrachte. Auch Schallums Herrschaft bleibt nicht unbestritten: Menahem zog von Tirza nach Samaria, beseitigte den Usurpator und wurde an seiner Stelle König.[19] Der Ausgangspunkt für Menahems Feldzug gegen Schallum, die alte

---

gehen dennoch die meisten neueren Arbeiten aus, so z.B. Albertz, Religionsgeschichte I, 233ff; Kottsieper, Inschrift, 491. Otto, Jehu, 248, vertritt zwar die Position, das DtrG habe anhand des Jehu-Putsches die Geschichtsmächtigkeit des durch Elischa ergangenen Jahwe-Wortes erweisen wollen, zweifelt aber nicht an der Historizität und dem Alter (Jehu-Dynastie) dieser Verbindung. Ahlström, History, 591ff., sieht Jehu eher als Protagonisten einer pro-assyrischen Partei, ja vermutet sogar eine direkte Involvierung Salmanasser III. in den Putsch. Ob das Erscheinen Jehus auf dem Schwarzen Obelisken ein hinreichendes Argument hierfür ist, darf jedoch bezweifelt werden.

[15] So u.a. Albertz, Religionsgeschichte I, 229ff. in Abgrenzung zum Paradigma Alts von der dualistischen Religionspolitik der Omriden (ders., Königtum 124f.; Samaria, insbes. 262; 278). Zur Kritik am Altschen Modell vgl. Timm, Omri, 270ff.

[16] Vgl. hierzu Otto, Jehu, insbes. 41ff.

[17] Vgl. hierzu Kottsieper, Inschrift, 488ff.

[18] So die Rekonstruktion durch Kottsieper, Inschrift, 495f.

[19] Auch Fritz, ZBK 10.2, 84f. stellt fest, daß eine Eroberung der Hauptstadt nicht ohne militärische Unterstützung von statten gegangen sein kann.

Hauptstadt Tirza, könnte ein Hinweis darauf sein, daß Schallum sich bereits militärisch in Besitz des Ortes gesetzt hatte bzw. selbst der Kommandant dort stationierter Einheiten gewesen ist.[20] Die Auseinandersetzung Schallums und Menahems können schwerlich anders als durch eine Spaltung der Truppen erklärt werden, die ihren je eigenen Thronprätendenten zur Königsherrschaft verhelfen wollten.[21] Daß derartige Vorgänge nicht ohne Parallele sind, hat bereits der Omri-Putsch und die Auseinandersetzung mit Tibni und Simri gezeigt.

1.6 Der Pekach-Putsch

Menahems Sohn Pekachja wiederum wurde von dem Offizier Pekach getötet, der den Thron usurpierte (2 Kön 15,23-26). Der Rang Pekachs wird als šālîš („Dritter") bezeichnet: Nach 2 Kön 7,2 ist dies ein Offizier, „auf dessen Arm sich der König stützt" und die Übersetzungen geben ihn daher zumeist mit „Adjutant" wieder. Obwohl über die genaue Funktion des šālîš schwerlich etwas ausgesagt werden kann,[22] war er doch in der unmittelbaren Umgebung des Königs tätig und daher ein wichtiger Funktionsträger.[23] Ort und Umstände des Putsches sind in diesem Fall besonders aufschlußreich: Der wiederum als „Verschwörung" bezeichnete Putsch fand im Königspalast statt und der šālîš setzt hierfür eine Truppe von 50 Gileaditern ein, möglicherweise eine Elitetruppe.[24] Die Gründe des Putsches, möglicherweise die assurfreundliche Politik Menahems und Pekachjas, lassen sich kaum mehr sicher eruieren.[25]

---

[20] Ähnlich auch Gray, II Kings, 622.

[21] So auch Fritz, ZBK 10.2, 84f. Würthwein, ATD 11,2, 378, interpretiert das Patronym Menahems hinsichtlich der Gaditer im Ostjordanland und deutet dies hinsichtlich einer aramäerfeindlichen Orientierung der ostjordanischen Landesteile.

[22] Ursprünglich handelte es sich wohl um den dritten Mann auf dem Streitwagen, den Schildträger. Zur Diskussion über die Funktion des šālîš vgl. Mastin, šālîš. Mastin deutet den Titel im Sinne eines Offiziers „of the third rank" nach dem König und den Generälen. Fritz, ZBK 10.2, 40, hält ihn für einen „Verbindungsoffizier".

[23] So auch Mastin, šālîš, 154.

[24] Die Vermutung von Fritz, ZBK 10.2, 87, es habe sich bei den Gileaditern um eine assurfeindliche Gruppe gehandelt, hat keinen wirklichen Anhalt in den Quellen: Der spätere Sturz des Königs durch Tiglatpileser III. heißt nicht automatisch, dieser habe über seine ganze Regierungszeit (nach 2 Kön 15, 27 immerhin 20 Jahre), ständig eine assurfeindliche Politik gepflegt oder daß er durch eine assurfeindliche Position an die Macht gelangt wäre.

[25] Vgl. hierzu auch Hentschel, NEB 11, 71; Würthwein, ATD 11.2, 383f.

1.7 Der Hosea-„Putsch"

Auch der letzte König des Nordreichs kam nach 2 Kön 15,27-31 durch eine Verschwörung gegen Pekach an die Macht. Obwohl der Text den Feldzug Tiglatpileser III. erwähnt, wird kein Zusammenhang mit der Usurpation des Thrones durch Hosea hergestellt. Die assyrischen Quellen liefern ein etwas anderes Bild: Nach der „kleineren Inschrift I" Tiglatpileser III. töteten bzw. stürzten die Samarier selbst ihren König und Hosea sei von ihm zum König an seiner statt eingesetzt worden.[26] Die Gründe der Verschwörung Hoseas in den katastrophalen Gebietsverlusten zu suchen,[27] klingt wenig wahrscheinlich, ist er doch selbst zu hohen Abgaben gegen die Assyrer verpflichtet. Auch hier wird über die ursprüngliche Funktion Hoseas nichts gesagt. Wenn man der Notiz in 2 Kön 15,30, daß er Pekach schlug, Glauben schenken möchte, liegt ein militärisches Vorgehen nahe.

1.8 Zwischenergebnis zu den Usurpationen im Nordreich

Von den Usurpatoren des Nordreichs gehören sicher Simri, Omri, Jehu und Pekach zum Militär, durchweg in Positionen mit der Befehlsgewalt über größere bzw. wichtige Truppenkontingente oder mit Funktionen in der unmittelbaren Umgebung des Königs. Bei den übrigen Usurpatoren liegen genügend Evidenzen vor, auch diese zum Kreis höherer militärischer Kader zu rechnen. Die auffällige Tatsache, daß vermutlich alle Usurpatoren des Nordreiches aus dem Militär stammen bzw. bei ihrer Usurpation wesentlich auf Unterstützung des Militärs angewiesen sind, legt die Frage nach der politischen, sozialen und wirtschaftlichen Bedeutung der Armee nahe. Um dieser Frage nachzugehen, dürfte es erfolgversprechend sein, die biblischen und außerbiblischen Quellen zum israelitischen Heerwesen sowie die relevanten archäologischen Befunde hierzu zu befragen.

2. Die Truppenstärke nach den biblischen Quellen

Die Aussagen über die Truppenstärke des Nordreiches im AT sind mehr als spärlich: Für den hier betrachteten Zeitraum bieten einzig die Notizen über die Truppenstärke Ahabs in 1 Kön 20,15 und des Joahas in 2 Kön 13,7 nach der Beinahe-Niederlage gegen Hasael verwertbare Angaben. Gegen Hadadeser konnte Ahab demnach 232 Mann aus den Truppen der Provinzstatthalter *(naʽārê śārê hammᵉdînôt)* sowie 7000 Mann weiteres Kriegsvolk *(kāl-hāʽām kālbenê yiśrāʼēl)* führen, wobei erstere vermutlich Berufssoldaten, letztere hingegen wahrscheinlich den Heerbann meinen.[28] Streitwagen werden überraschenderweise nicht erwähnt. Joahas verfügte nach 2 Kön 13,7 noch über 50 Kavalleri-

---

[26] Vgl. TUAT I, 374.

[27] So Würthwein, ATD 11.2 384.

[28] So auch Hentschel, NEB 10.1, 123; Würthwein, ATD 11.2, 239.

sten bzw. Wagenkämpfer, 10 Wagen und 10.000 Mann Fußtruppen. Weitere biblische Vergleichszahlen für das Nordreich fehlen. Über die Stärke der Wagentruppen Salomos wird in 1 Kön 10, 26 ausgesagt, dieser hätte über 1400 Wagen (*rekeb*) und 12.000 Mann *pārāšīm* („Reitende' – hier wohl Besatzung der Wagen) verfügt. Die Verläßlichkeit der letzteren Angabe ist in Zweifel zu ziehen, da 1400 Wagen schwerlich 12.000 Mann Besatzung benötigen. Da die Angaben in 1 Kön 10,26 auch hinsichtlich ihrer Historizität in Frage stehen[29], kann eine Klärung der Angaben für die Zeit des Joahas erst nach einer Untersuchung der außerbiblischen Quellen geleistet werden.

3.1 Die Truppenstärken nach assyrischen und aramäischen Quellen
3.1 Assyrische Quellen

Die wichtigste assyrische Quelle, die ausführlich auf die Truppenstärke eines israelitischen Königs eingeht, ist die Monolithinschrift Salmanasser III.,[30] mit der Schilderung der Schlacht bei Qarqar in Jahre 6 seiner Regierung (853 v. Chr.). Die antiassyrische Koalition um Hadadeser von Damaskus umfaßte nach der Monolithinschrift folgende Kontingente:

	Infanterie	Streitwagen	Reiter
Hadadeser	20.000 Mann	1200	1200
Irchuleni von Hamat	10.000 Mann	700	700
Ahab von Israel	10.000 Mann	2000	
Byblos	500 Mann		
Ägypten	1000 Mann		
Irqata	10.000 Mann	10	
Matinuba'li von Arwad	200 Mann		
Usanat	200 Mann		
Adunuba'li von Schianu	10.000 Mann	30	
Gindibu' der Araber			1000 Kamele

---

[29] Vgl. hierzu Würthwein, ATD 11.1, 127f. gegen Gray, I Kings, 268, mit der Argumentation, die Zahl beinhalte auch Reserven und Troß.

[30] Vgl. TUAT I, 360ff. Vgl. hierzu Timm, Omri, 181ff.

Baësa von Ammon	X000 Mann		

Von dieser Heeresmacht schließlich vermeldet Salmanasser 14.000 als „von seinen Waffen niedergestreckt". Die Beute wird nur sehr summarisch beschrieben: „Im Laufe jener Schlacht nahm ich ihnen ihre Streitwagen, ihre Reitpferde und ihre Zugpferde weg."[31] Auf dem Schwarzen Obelisken wird über dasselbe Ereignis nur lapidar ausgesagt: „Ihre Streitwagen, ihre Reitpferde und ihr Kriegsmaterial nahm ich ihnen weg. 20.500 ihrer Krieger erschlug ich mit den Waffen..."[32] Die Stierinschrift schließlich spricht von 25.000 gefallenen Kriegern.[33] Die Basaltstatue des Königs hingegen spricht von 29.000 gefallenen „mutigen Kriegern."[34] In einem weiteren Feldzug offensichtlich gegen dieselbe Koalition werden neben der stereotypen Beuteformel 10.000 Gefallene erwähnt.[35]

Die einzige wirklich verwertbare Angabe bleibt die über das Heer Ahabs, dessen Stärke mit 2000 Streitwagen und 10.000 Mann angegeben wird. Meyer geht davon aus, daß es sich entweder um geschätzte (und wohl aufgerundete Zahlen) handelt, oder auf schriftlichen Unterlagen der Gegner beruht.[36] Fraglich bleibt jedoch, wie die Angabe zu interpretieren ist: 2000 Streitwagen (mit Besatzung) plus 10.000 Mann oder 10.000 Mann inklusive 2000 Streitwagen? Bei der ersten Möglichkeit kämen wir somit auf 4000 Mann Wagentruppen und 10.000 Infanteristen inklusive Troß. Bei der zweiten Möglichkeit hätte Ahab 4000 Mann auf Streitwagen und 6000 Infanteristen ins Feld bringen können. Nach Meyer schließt die Zählung der Menschen Streitwagenbesatzungen, Reiter und Infanterie mit ein. Demnach könnte es sich tatsächlich um rund 4000 Wagenkämpfer plus 6000 Infanteristen gehandelt haben. Im Lichte dieser Angaben erscheinen die in 2 Kön 13,7 genannten Zahlen für die durch den Aramäerkrieg geschwächten Truppen des Joram (50 Kavalleristen, 10 Streitwagen, 10.000 Mann Fußtruppen) durchaus realistisch, wenn man davon ausgeht, daß die Streitwagen die Hauptlast des Kampfes trugen und somit auch am stärksten von Verlusten betroffen waren. Schwierigkeiten macht hier jedoch die Zahl der Truppen Ahabs in 1 Kön 20,15 mit 232 Berufssoldaten und 7000 Mann Heerbann ohne Streitwagen. Hier scheint bewußt tief gestapelt zu sein, um den in 20,29 geschilderten Sieg um so wunderbarer erscheinen zu lassen.

---

[31] TUAT I, 362.

[32] TUAT I, 362f, Z .65f.

[33] TUAT I, 364, Z. 73.

[34] TUAT I, 365, Z. 16f.

[35] TUAT I, 364, Z. 94.

[36] Vgl. Meyer, Kriegskunst, 47f.

Auch das Fehlen der Streitwagen findet so eine befriedigende Erklärung,[37] konnte Israel doch mit der Unterstützung Jahwes wie in Davids Zeiten den Gegner mit 100.000 (!) Mann ohne die wichtigste Waffe bezwingen. Als historische Angabe sind die Zahlen in 1 Kön 20,15 somit nicht zu werten. Aufgrund der im großen und ganzen vergleichbaren Zahlen in den biblischen und assyrischen Quellen dürften diese *grosso modo* als zuverlässig angesehen werden. Für eine einigermaßen realistische Einschätzung der Truppenstärke Ahabs in Qarqar sprechen auch die demographischen Annahmen für die EZ II: Finkelstein nimmt für diese Periode in Israel eine Gesamtbevölkerung von ca. 350.000 Individuen an.[38] Dies hieße, daß Ahab für den Krieg gegen Assur ca. 2,8-3,5 % der Gesamtbevölkerung aufgeboten hätte, was durchaus realistisch erscheint.

Weitere Nachrichten über israelitische Truppen stammen aus der Zeit Sargon II. Im Annalentext und im Kalah-Prisma werden die Deportierung von 27.280 Einwohnern erwähnt.[39] Die große Prunkinschrift hingegen erwähnt 27.290 Deportierte. Aus der Anzahl der Deportierten werden sodann Streitwagentruppen ausgehoben. In der Anzahl der Streitwagen differieren jedoch die Texte stärker. Im Annalentext heißt es: „50 Streitwagen für mein stehendes Heer [hob ich] unter ihnen [aus...]"[40] Im Kalah-Prisma hingegen: „200 Streitwagen für mein königliches Heer hob ich unter ihnen aus..."[41] Die Große Prunkinschrift wiederum spricht von 50 Streitwagen.[42] Prozentual verhält sich das Verhältnis der ausgehobenen Streitwagen (50-200) bei einer Anzahl von ca. 27.000 Personen durchaus vergleichbar zu den Zahlen Ahabs im Verhältnis zur vermuteten Gesamtbevölkerung.

3.2 Die Truppenstärken nach der Tel-Dan-Stele

Die Fragmente der Tel-Dan Stele sind ein ebenso bedeutendes wie umstrittenes Dokument[43] und neben den assyrischen Texten die bisher wichtigste außerbiblische Quelle zuz Truppenstärke. Die entscheidende Passage lautet:

---

[37] Ähnlich auch Fritz, ZBK 10.1, 184; Würthwein, ATD 11.2, 239. Kottsieper, Inschrift, 493 erklärt die Differenzen mit der gewachsenen Stärke der Truppen nach zwanzig Jahren erfolgreicher Regierung Ahabs.

[38] Broshi/Finkelstein, Environmental Archaeology, 58.

[39] TUAT I, 379, Z. 15; 382, Z. 31.

[40] TUAT I, 383, Z. 23f.

[41] TUAT I, 382, Z. 33f.

[42] TUAT I, 383, Z. 24.

[43] Zur Diskussion und historischen Einordnung vgl. Kottsieper, Inschrift.

Ich tötete [sieb]zig Kö[nige] (und) führte 2[000 Streitwa]gen und 2000 Pferde fort.[44]

Problematisch hierbei ist insbesondere die Erwähnung der 70 Könige. Die Zahl erscheint sehr hoch, selbst wenn sie die möglichen Verbündeten Jorams meint. Entweder handelt es sich um eine Übertreibung oder die Zahl meint schlicht die Anführer der Truppenkontingente. Die Zahl von 2000 Wagen im Kontingent Israels (und möglicher nicht genannter Bundesgenossen) deckt sich jedoch gut mit den Angaben aus den biblischen und assyrischen Quellen und dürfte, wenn auch aufgerundet, ebenso halbwegs realistisch sein.

3.3 Zwischenergebnis zur Truppenstärke

Aufgrund der vorhandenen Quellen, deren Zahlenangaben aufgrund ihrer relativen Übereinstimmung im wesentlichen als zutreffend gelten dürften, kann davon ausgegangen werden, daß die Streitwagentruppe des Nordreiches zur Zeit der Omriden/Jehudiden eine Stärke von etwa 2000 Wagen umfasste, die – jeweils mit 2-3 Mann besetzt – etwa 4000-6000 Wagenkämpfer, also Berufssoldaten, umfaßte. Die Infanterie in Kriegszeiten dürfte bis zu 10.000 Mann stark gewesen sein, wobei jedoch nicht mehr zu eruieren ist, wie groß innerhalb dieses Kontigents die Anzahl von Berufssoldaten und des zum Zwecke des Feldzugs ausgehobenen Heerbanns war. Die Unterhaltung eines Berufsheeres mit ca. 2000 Streitwagen, eines Stammes von berufsmäßigen Infanteristen sowie die Unterhaltung der zugehörigen Infrastruktur muß für einen verhältnismäßig kleinen Staat wie das Nordreich mit einer Bevölkerungszahl von ca. 350.000 Einwohnern und begrenzten Ressourcen mit einem erheblichen Kostenaufwand verbunden gewesen sein. Die Bindung derartiger ökonomischer Kapazitäten unterstreicht die Bedeutung der Truppen im Nordreich.

4. Archäologische Zeugnisse
4.1 Ikonographische Zeugnisse

Ich habe bereits an anderer Stelle dargelegt, daß die bildhafte Herrschaftsrepräsentation in Israel (und ebenso in Juda) Symbole militärischer Macht in der Außendarstellung bevorzugte und daß das Selbstverständnis der Könige des Nordreichs im wesentlichen ein militärisches gewesen sein dürfte.[45] Hierzu gehört eine Bulle aus der Gegend von Samaria mit der Legende *lśr* – dem Kommandanten gehörig (Abb. 1)[46]– und eine weitere Bulle unbekannter

---

[44] Übersetzung nach Kottsieper, Inschrift, 478, Z. 6f.

[45] Schmitt, Herrschaftsrepräsentation, 95ff.

[46] Avigad/Sass, Corpus, Nr. 401. Umzeichnung: Sass, Hebrew Seals, 145.

Herkunft mit der Legende *lmlk* – dem König gehörig (Abb. 2).[47] Beide Bullen zeigen schemenhaft eine Figur mit erhobener Waffe, entweder einen Krieger oder den König/Kommandanten selbst, der einen gefesselten Gefangenen vor sich hertreibt. Ein verwandtes Motiv sind die Darstellungen des Königs den Feind schlagend auf Elfenbeinarbeiten aus Samaria (Abb. 3).[48]

Insgesamt ein Abdruck und zwei Siegel bilden die wichtigste Waffe der Zeit, den Streitwagen ab: Ein Abdruck auf einem Krughenkel aus Hazor (*Tell Waqqāṣ*) zeigt einen Streitwagen mit einem Mann Besatzung (Abb. 4).[49] Ein Siegel vom Tel Dan (*Tell el-Qādī*) bildet einen Streitwagen mit drei Mann Besatzung in Fahrt ab (Abb. 5).[50] Ein weiteres Siegel aus Gezer zeigt eine fast identische Darstellung eines Streitwagens mit drei Mann Besatzung (Abb. 6).[51] Die genannten Motivgruppen symbolisieren sowohl die militärische Stärke des Königtums als auch der dargestellten Waffengattung. Symbolisch wird die Stärke des Herrschers ebenso durch die Löwendarstellungen im Palast von Samaria und in der Glyptik repräsentiert, wie auf dem Siegel des *šmʿ ʿbd yrbʿm* aus Megiddo/*Tell el-Mutesellim* (Abb. 7).[52] Die Betonung des militärisch-kämpferischen Aspektes in der bildhaften Herrschaftsrepräsentation des Nordreichs kann als Zeugnis für das militärische Selbstverständnis seiner Herrscher gewertet werden.

4.2 Architektonische Zeugnisse

Die architektonischen Befunde der EZ II B aus Samaria, Jezreel, Megiddo und Hazor zeigen sehr deutlich die Konturen der monumentalen Herrschaftsrepräsentation insbesondere der omridischen Dynastie und deren bauliche Tätigkeit zur militärischen Sicherung des Staates.[53] Die Monumentalität der omridischen Anlagen symbolisiert den Machtanspruch der Omridendynastie nach innen und nach außen durch Fortifikationen und Repräsentationsbauten bisher unbekannter Größe, insbesondere in Jezreel.[54] Von besonderem Interesse ist hier Megiddo, das in der EZ II B keine Wohnstatt mehr darstellt, sondern ein administrativ/ militärisches Zentrum, in dem die offiziellen Gebäude dominie-

---

[47]Avigad/Sass, Corpus, Nr. 400.

[48] Crowfoot/Crowfoot, Early Ivories, Pl. XIV, 1.

[49]Yadin u.a., Hazor III-IV, Pl. CXCVI, 27.

[50] Biran, Tel Dan, Pl. 37c, ders, Biblical Dan, Fig. 210.

[51] Macalister, Gezer III, Pl. CCIX, 12.

[52] Avigad/Sass, Corpus, Nr. 2 .

[53] Vgl. hierzu ausführlich Schmitt, Herrschaftsrepräsentation, 139ff.

[54] Zu einem ähnlichen Ergebnis kommen Herzog, Archaeology, 221ff.;Niemann, Herrschaft, 132ff.; Finkelstein, Omride Architecture, bei ihrer Bestandsaufnahme königlicher Funktionalorte (jedoch noch ohne die Befunde von Jezreel bei Niemann)

ren: Gegenüber dem Vorgängerstratum V A-IVB nehmen die offiziellen Gebäude in Str. IV A (Abb. 8)[55] fast 80 % der Gesamtfläche ein. Im Nordwesten des
Tells schloß sich direkt an den Palast ein aus drei Blöcken bestehender Baukom-
plex aus 12 *pillared buildings* an.[56] Der Südosten des Tells wird von einem
weiteren Komplex aus fünf *pillared buildings* dominiert, an die sich nach
Norden hin ein quadratischer Hof mit einem zentralen Becken und zwei ein-
schiffigen Hallen im Westen anschließen. Die Gesamtanlage mißt 64 x 65 m.
Obwohl die Funktion der *pillared buildings* in der Forschung heftig umstritten
ist,[57] erscheint eine militärische Nutzung am wahrscheinlichsten. Die aus
„Palast"-Anlagen bzw. Verwaltungsgebäuden und Gruppen von Hallenbauten
zusammengesetzten Baukomplexe dienten wahrscheinlich der Unterbringung
und Bevorratung der Truppen.[58] Komplexe mit Hallenbauten der EZ II B sind
im Nordreich ebenso in Hazor belegt, dessen militärische Bedeutung aufgrund
seiner starken Zitadelle außer Frage steht,[59] sowie in Taanach. Die vermutlich
überwiegend militärisch genutzte Stadtanlage von Megiddo in der EZ II B kann
mit guten Argumenten ebenso als infrastrukturelles Zeugnis für die ökonomische und politische Bedeutung des Militärs gewertet werden.[60] Eine entsprechende Interpretation der Anlage von Jezreel in diesem Sinne liegt zwar
nahe, kann aber aufgrund der eher spärlichen Befunde innerhalb des *casemate
compound* selbst leider nicht erwiesen werden.[61] Die Befestigungsanlagen mit
Kasemattenmauer, Glacis und breiten Graben (Abb. 9),[62] die in dieser Monumentalität sonst in Israel nicht belegt sind, sprechen jedoch für eine (auch)
militärische Nutzung. Eine militärische Nutzung liegt auch bei den Befunden
vom *Tell el-'Orēme* (Kinneret)[63] Str. 2 nahe: Die außergewöhnliche Stärke der
Befestigungen der mit ca 1 ha recht kleinen Anlage mit vier massiven Türmen
und Massivmauer (Abb. 10) ist kaum anders zu erklären.[64]

---

[55] Plan nach Herzog, Settlement, 254, Fig.16.

[56] Vgl. Lamon/Shipton, Megiddo I, 41ff. u. Fig. 49. Zur Diskussion um deren
Funktion vgl. Weippert, HdA, 521ff.; Herzog, Administrative Structures, 223ff. mit
Lit.

[57] Zur Diskussion vgl. Schmitt, Herrschaftsrepräsentation, 145.

[58] So auch Fritz, Einführung, 153f.; ders., Stadt, 77.

[59] Vgl. Yadin, Hazor II, Pl. I; IV, V.

[60] So auch Niemann, Herrschaft, 137.

[61] Vgl. hierzu Ussishkin/Woodhead, Tel Jezreel 1992-1993; 1994-1996.

[62] Ussishkin/Woodhead, Tel Jezreel 1994-96, Fig. 4.

[63] Vgl. hierzu Fritz, Kinneret. Abb. Fritz, Stadt, Fig. 29.

[64] So auch Niemann, Herrschaft 134. Fritz, Stadt, 68 spricht vorsichtiger von
administrativen Aufgaben.

Der gezielte Ausbau befestigter Städte mit vorwiegend militärischer Nutzung (Megiddo, Hazor, Kinneret) und von stark befestigten Residenzen mit zumindest partieller militärischer Funktion (Samaria und Jezreel) durch die Omriden unterstreicht die Bedeutung des Militärs in dieser aus dem Heer hervorgegangenen Dynastie. Im Licht der archäologischen Quellen dürfte somit die Notiz über den Ausbau der Städte durch Ahab in 1 Kön 22,39 historisch zutreffend sein.[65] Auf den Ausbau von Funktionsstädten in Transjordanien durch Omri und Ahab rekurriert auch die Meša-Stele, die vom Ausbau von Atharot und Jahaz berichtet.[66] Die Funktionalorte des Nordreiches werden durch den gezielten militärischen Ausbau unter den Omriden zu einem „*container of power*" (Herzog),[67] nicht nur für das Königtum selbst, sondern auch für seine militärische Eliten.

5. Zusammenfassung und Ergebnisse

Die Untersuchung der alttestamentlichen und außerbiblischen Quellen zu den Usurpationen im Nordreich und zur Truppenstärke, die glyptischen Zeugnisse von Herrschaftsrepräsentation aus dem militärischen Kontext und die mit großer Wahrscheinlichkeit als militärische Strukturen zu interpretierende architektonische Hinterlassenschaft (insbesondere in Megiddo) zeigen, daß das Militär und hier insbesondere die Streitwagentruppe im Nordreich seit der ersten militärischen Usurpation durch Omri einen entscheidenden sozio-ökonomischen und politischen Machtfaktor bildete. Die Usurpatoren Simri, Omri, Jehu und Pekach waren hohe Militärs, bei den übrigen Usurpatoren ist es ebenso wahrscheinlich, daß sie aus diesem Kreis hervorgingen. Die Initiative der Usurpationen wird in den Quellen zwar auf einzelne militärische Würdenträger bzw. eine Verschwörung zurückgeführt, es steht aber zu vermuten, daß breite Kreise des Militärs, d.h. das Offizierskorps, Teile der Streitkräfte oder diese gar in ihrer Gesamtheit als *pressure group* auftraten und ihre sozio-ökonomische Machstellung auch politisch zu nutzen verstanden.

Die strukturelle Schwäche des Nordreiches war somit nicht nur durch die Schwäche des dynastischen Systems aufgrund von Antagoismen innerhalb der Bevölkerung bzw. von Gruppen innerhalb der Bevölkerung, die das monarchische System in Frage stellten oder durch Gegensätze zwischen Stämmen oder anderen Bevölkerungsanteilen des Nordreiches begründet,[68] sondern das Militär und seine Kader, die aufgrund ihrer – nicht nur militärischen – Macht ihren

---

[65] So auch Weippert, HdA, 518ff.; Mazar, Archaeology, 406ff.; Niemann, Herrschaft, 144ff.; Herzog, Archaeology, 234.

[66] Vgl. TUAT I, 648f.

[67] Herzog, Archaeology, 235.

[68] So Würthwein, ATD 11.1, 193.

Anspruch auf Herrschaft durch geeignete Personen aus ihrem Kreis immer wieder durchsetzen konnten, bildeten eine wesentliche strukturelle Bedingung für die Labilität des dynastischen Prinzips. Obwohl hierüber für die Zeit nach der Reichsteilung nichts verlautet, kann vermutet werden, daß das System der Belehnung hoher Offiziere mit Ländereien, wie in 1 Sam 8,12.14 und 1 Sam 22,7 bezeugt, auch in der EZ II betrieben worden ist, um die Subsistenz sowohl der kommandierenden Chargen als auch der Truppen zu sichern. Es ist hierbei davon auszugehen, daß sich im Verlauf der Geschichte des Nordreiches eine Dynamik der Macht entwickelte, die es militärischen Kadern ermöglichte, immer wieder und mit guter Aussicht auf Erfolg die Herrschaft aus ihrem Kreis heraus zu usurpieren, da diese die sozio-ökonomischen Machtzentren kontrollierten. Die Geschichte des Nordreichs kann somit als die Geschichte der Monopolisierung der Herrschaft durch die militärische Elite verstanden werden, gegen die ein rein dynastisches Königtum keinen Bestand hatte: Der militärisch-ökonomische Komplex hat damit dynastische – und wie der ikonographische Befund mit seiner Dominanz militärischer Machtsymbole zeigt, auch religiöse – Legitimationsstrategien obsolet werden lassen.[69] Der in diesem Beitrag vernachlässigte Aspekt der jeweiligen Motivation der einzelnen Usurpatoren müsste freilich jedoch noch einmal gesondert beleuchtet werden.

Abb. 1

Abb. 2

Abb. 3

Abb. 4

[69] Vgl. hierzu auch den Beitrag von G.J. Selz in diesem Band, S. 177.

Abb. 5   Abb. 6   Abb. 7

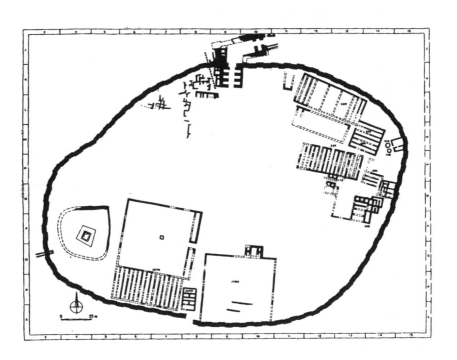

Abb. 8

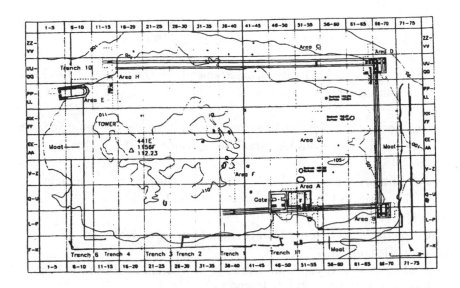

Abb. 9

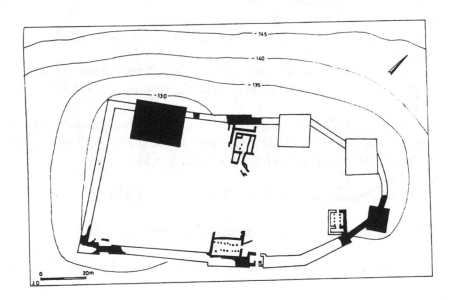

Abb. 10

Literatur:

Ahlström, G.W.,
   The History of Ancient Palestine from the Paleolithic Period to Alexander's Conquest, JSOT Suppl. 146, Sheffield 1993

Albertz, R.,
   Religionsgeschichte Israels in alttestamentlicher Zeit, Bd. 1-2, GAT 8, 1-2, Göttingen 1992

Alt, A.,
   Das Königtum in den Reichen Israel und Juda, in: ders., Kleine Schriften zur Geschichte des Volkes Israel Bd. 2, München 1953, 116-134

Alt, A.,
   Der Stadtstaat Samaria, in: ders., Kleine Schriften zur Geschichte des Volkes Israel Bd. 3, München 1959, 258-302

Avigad, N. / Sass, B.,
   Corpus of West Semitic Stamp Seals, Jerusalem 1997

Avishur, Y./Heltzer, M.,
   Studies on the Royal Administration in Ancient Israel in the Light of Epigraphic Sources, Tel Aviv 2000

Biran, A.,
   Tel Dan (Notes and News) in: IEJ 27 (1977), 242-246

Biran, A.,
   Biblical Dan, Jerusalem 1994

Crowfoot, J.W / Crowfoot, G.M.,
   Early Ivories from Samaria, Samaria-Sebaste II, London 1938

Donner, H.,
   Geschichte des Volkes Israel und seiner Nachbarn in Grundzügen Bd.I und II, ATD Ergänzungsreihe 4/1 und 4/2, Göttingen 1984 / 86

Finkelstein, I.,
   Environmental Archaeology and Social History: Demographic and Economic Aspects of the Monarchic Period, in: Biran, A. / Aviram, A. (ed.), Biblical Archaeology Today 1990, Jerusalem 1993, 56-65

Finkelstein, I.,
   Omride Architecture, in: ZDPV 116 (2000), 114-138

Fritz, V.,
   Einführung in die biblische Archäologie, Darmstadt 1985

Fritz, V.,
   Die Stadt im Alten Israel, Beck's Archäologische Bibliothek, München 1990

Fritz, V.,
   Kinneret: Excavations at Tell el `Oreimeh (Tel Kinrot) 1982-1985 Seasons, in: TA 20 (1993), 187-215

Fritz, V.
Das erste Buch der Könige, ZBK.AT 10.1, Zürich 1996
Fritz, V.,
Das zweite Buch der Könige, ZBK.AT 10.2, Zürich 1998
Gray, J,
I & II Kings: A Commentary, OTL, London 1977[3]
Herzog, Z.,
Settlement and Fortification Planning in the Iron Age, in: Kempinski / Reich (eds.), The Architecture of Ancient Israel, Jerusalem 1992, 231-274
Herzog, Z.,
Archaeology of the City: Urban Planning in Ancient Israel and its Social Implications, Jerusalem 1997
Hentschel, G.,
1/2 Könige, NEB 10-11, Würzburg 1984-1985
Kaiser, O. (Hrsg.),
Texte aus der Umwelt des Alten Testaments (TUAT), Gütersloh 1982ff.
Kottsieper, I.,
Die Inschrift vom Tel Dan und die politischen Beziehungen zwischen Aram-Damaskus und Israel in der 2. Hälfte des 1. Jahrtausends vor Christus, in: Dietrich, M. / ders., (Hrsg.), „Und Moses schrieb dieses Lied auf ...“ FS O. Loretz, AOAT 250, Münster 1998, 475-500
Lamon, R.S. / Shipton, G.M.,
Megiddo I, Seasons of 1925-34, OIP XLII, Chicago 1939
Mayer, W.,
Politik und Kriegskunst der Assyrer, ALASP 9, Münster 1995
Mazar, A.,
Archaeology of the Land of the Bible 10.000-586 B.C.E., ABRL, New York u.a. 1990
Mastin, B.A.,
Was the *šāliš* the Third Man in the Chariot?, in: J.A. Emerton (ed.), Studies in the Historical Books of the Old Testament, VT.S. 30, Leiden 1979, 125-154
Niemann, H. M.,
Herrschaft, Königtum und Staat: Skizzen zur sozio-kulturellen Entwicklung im monarchischen Israel, FAT 6, Tübingen 1993
Noth, M.,
Die israelitischen Personennamen, BWANT III.10 (1928)
Noth, M.,
Geschichte Israels, Göttingen 1966[6]

Otto, S.,
    Jehu, Elia und Elisa: Die Erzählung von der Jehu-Revolution und die
    Komposition der Elia-Elisa-Erzählungen, WMANT 152, Stutt-
    gart/Berlin/Köln 2001
Schmitt, R.,
    Bildhafte Herrschaftsrepräsentation im eisenzeitlichen Israel, AOAT 283,
    Münster 2001
Timm, S.,
    Die Dynastie Omri: Quellen und Untersuchungen zur Geschichte Israels
    im 9. Jh. v. Chr., FRLANT 124, Göttingen 1982
Ussishkin, D. / Woodhead, J.,
    Excavations at Tel Jezreel 1992-1993, in: Levant 26 (1994), 1-48
Ussishkin, D. / Woodhead, J.,
    Excavations at Tel Jezreel 1994-1996, in: TA 24 (1997), 6-72
Weippert, H.,
    Die Ätiologie des Nordreiches und seines Königshauses (I Reg 11,29-40),
    in: ZAW 95 (1983), 344-375
Weippert, H.,
    Palästina in vorhellenistischer Zeit, Handbuch der Archäologie, Vorder-
    asien II. Bd.1, München 1988
Würthwein, E.,
    Die Bücher der Könige, ATD 11, 1-2, Göttingen 1984
Yadin, Y. u.a.,
    Hazor I-IV, Jerusalem 1958-1961

Gezer in der Spätbronzezeit IIB:
direct rule oder *elite emulation*?

Simon D. Schweitzer

Möchte man sich näher mit einer Stadt Palästinas zur Spätbronzezeit IIB[1] beschäftigen, sind zunächst zwei Aspekte zu beachten, die ich als ein mikroskopisches und als ein makroskopisches Phänomen bezeichnen möchte. Bekanntlich stellt sich das zu dieser Zeit verfügbare Material aus einer Perspektive, die den gesamten Raum umfassen möchte, disparater dar, als einem lieb ist. So scheinen z.B. die autochthonen Züge der Artefakte aus Hazor[2] von den ägyptischen/ägyptisierenden Objekten aus Lachisch[3] getrennt betrachtet werden zu müssen. Die Schwierigkeit, die Befunde in einem homogenen Bild zusammenzufassen resp. zusammenfassen zu wollen, erkennt man schon in der Vorgehensweise von KEEL und UEHLINGER in ihrem Buch „Göttinnen, Götter und Gottessymbole. Neue Erkenntnisse zur Religionsgeschichte Kanaans und Israels aufgrund bislang unerschlossener ikonographischer Quellen"[4]. Während die anderen Kapitel zu den übrigen Zeiten sich in Unterpunkte mit Hilfe einzelner Aspekte und Motive aufgliedern, finden sich nur in der Spätbronzezeit die Unterteilungen nach den Fundorten. Inwieweit es dann überhaupt möglich ist, von einem spätbronzezeitlichen Symbolsystem für Palästina sprechen zu können,[5] bleibt m.E. zumindest fraglich. Schwerer wiegt dabei aber, daß wegen des (bisherigen) Fehlens eines einheitlichen Symbolsystems auch die Interpretation des Befundes einer Stadt erschwert wird, da die Möglichkeiten, vergleichbare Objekte heranzuziehen, eingeschränkt ist. Mikroskopisch möchte ich deshalb dieses Problem nennen, da die Uneinheitlichkeit des spätbronzezeitlichen Palästina eine Zusammenfassung des Materials im ersten Arbeitsschritt verhindert.

Makroskopisch hingegen soll das Problem genannt sein, das die Rahmenbedingungen behandelt. In den letzten Jahren ist die Untersuchung der

---

[1] Nach der Chronologie von KEEL&UEHLINGER (1998: 17).
[2] BIENKOWSKI (1987).
[3] Für einen Überblick vgl. USSISHKIN (1993: 901-904).
[4] KEEL&UEHLINGER (1998).
[5] So jedoch KEEL&UEHLINGER (1998: 108).

politischen Situation Palästinas zur Ramessidenzeit/Spätbronzezeit IIB verstärkt in den Blickwinkel der Forschung geraten. Dabei stehen sich zwei
verschiedene Erklärungsmodelle gegenüber, die einander ausschließen:

Traditionell wird die Ansicht vertreten, daß zu ramessidischer Zeit eine
große Präsenz von Ägyptern in Garnisonen die militärische Oberhoheit ab-
gesichert habe.[6] James M. WEINSTEIN hat im Jahre 1981 den damaligen
Wissensstand um die textlichen und archäologischen Quellen zusammengefaßt und kam zu dem Schluß, daß „[...] Egyptian military and administrative personnel moved into the region in large numbers"[7] und daß „[...]
in the 13th and early 12th centuries B.C. the Egyptians stayed in Palestine in
much larger numbers than ever before"[8]. In diesem Sinne äußert sich auch
Michael G. HASEL in seiner Untersuchung zu den militärischen Aktionen
der Ramessiden: „All these factors [scil. hieratic inscripitons, the high oc-
curence of stelae, plaques, and monumental inscriptions claiming military
victory and domination over specific sites, the alabaster evidence] seem to
favor a much stronger Egyptian presence in the southern Levant during the
XIXth Dynasty."[9]

Demgegenüber wird aber auch die Meinung vertreten, daß man nicht
von einer direkten Herrschaft der Ägypter in Palästina zur Ramessidenzeit
ausgehen könne. Carolyn R. HIGGINBOTHAM sah in ihrer Studie „Egyptianization and Elite Emulation in Ramesside Palestine. Governance and Accomodation on the Imperial Periphery"[10] die Artefakte, die im Gefolge von
WEINSTEIN als ägyptische angesprochen worden sind, als ägyptisierende
Objekte einer lokalen Elite an, die sich aus Prestigegründen an der Kultur
Ägyptens orientierte.

Die verschiedenen Möglichkeiten, wie die politischen Rahmenbedingungen zu interpretieren sind, bedingen natürlich auch die Deutung der
Artefakte einer einzelnen Stadt. Nach dem Modell der direkten Herrschaft
sind die *prima facie* ägyptisch wirkenden Objekte auch wirklich als ägyptisch anzusprechen, während hingegen diese Objekte bei der Annahme, lokale Eliten seien die politische und kulturelle Trägerschicht im Palästina der
Ramessidenzeit gewesen, als ägyptisierende anzusehen sind. Verlangt das
mikroskopische Problem eine Schärfung des Bewußtseins, nicht vorschnell
Objekte aus anderen Städten oder ein Modell von diesen als Vergleiche
heranzuziehen, so nötigt das makroskopische Problem einen zu einer Auseinandersetzung mit dem Modell der direkten Herrschaft und dem der lokalen

---

[6] Vgl. WEINSTEIN (1981: 18): „Evidence for this impressive Egyptian presence in
Palestine is now available from a variety of archaeological and inscriptional sources
in Palestine itself."
[7] WEINSTEIN (1981: 17).
[8] WEINSTEIN (1981: 18).
[9] HASEL (1998: 116).
[10] HIGGINBOTHAM (2000).

Eliten und zu einer Entscheidung zwischen diesen. Wenn im folgenden Gezer zur Zeit der Ramessiden untersucht werden soll, so treten neben dem Aspekt der Regionalgeschichte vor allem zwei Fragen hervor: 1) Wie können Vergleiche zu zeitgleichen Städten aus Palästina, welche aber nicht ein „gesamtpalästinisches" Symbolsystem aufweisen, gezogen werden? 2) Ist zu einer adäquaten Beschreibung von Gezer eines der beiden aktuell in der Diskussion stehenden Erklärungsmodelle der politischen Situation der Spätbronzezeit IIB zu bevorzugen? Sind Modifikationen notwendig?

Vorab ist es aber notwendig, einen zeitlichen Rahmen für die Befunde aus Gezer zu geben. Die Bezeichnung „Third Semitic" des Ausgräbers MACALISTER[11] umfaßt die gesamte Spätbronzezeit.[12] Jedoch ist eine genauere Datierung erforderlich, um die gesellschaftspolitische Situation in Gezer in der Spätbronzezeit IIB zu fassen, welche sich sowohl nach dem *direct-rule-* als auch nach dem *elite-emulation*-Modell von der der vorhergehenden Zeiten unterscheidet, sei es, daß mehr Ägypter in Palästina waren, sei es, daß die lokalen Eliten sich mehr ägyptisiert hatten. Die Publikationslage erlaubt aber nur in einem Teilbereich eine genauere Datierung, da in vielen Fällen die Fundumstände und -zusammenhänge nicht beschrieben sind. Deswegen beschränke ich mich in dieser Feingliederung nur auf die Gräber aus der Spätbronzezeit. In der Aufstellung von SEGER (1988: Fig. 1) gehören folgende Gräber in die „Third Semitic Period", welche der Spätbronzezeit entspricht: 1, 7, 30, 56, 58, 59, 84, 85, 143, 252, 15.II und 15.IV.[13] Außerdem ist nach Ansicht seines Ausgräbers das Grab 10A ebenfalls in diese Zeit zu setzen.[14]

Grab 10A: Dieses im Jahre 1968 entdeckte Grab ist in die Endphase der Spätbronzezeit I und in den Beginn der Spätbronzezeit IIA zu datieren,[15] wie aus der im Grab befindlich Keramik zu schließen ist.[16]

Grab 1: Es ist mir nicht erklärlich, warum SEGER (1988: Fig. 1) dieses Grab in die Spätbronzezeit datieren möchte. MACALISTER (1912: I, 301) sah es als „Second Semitic" an. Auch ich denke, daß es in die Mittelbronzezeit gehört. Schon MACALISTER (1912: I, 302) wies auf den *button-foot* dreier

---

[11] Zur chronologischen Terminologie vgl. MACALISTER (1912: I, 55-57).

[12] Vgl. SEGER (1988: Fig. 1).

[13] Behelfsweise habe ich die Höhlen 15.II und 15.IV hier subsumiert. Inwieweit sie zum funerären Kontext gehören, ist fraglich, worauf z.B. KEEL&UEHLINGER (1998: 113, Anm. 59) hinweisen. Wie weiter unten deutlich wird, sind sie im Gegensatz zu den außerhalb der Stadt liegenden Gräbern als eine getrennte Gruppe zu betrachten.

[14] SEGER (1972).

[15] SEGER (1972:6).

[16] SEGER (1972: fig. 13) zeigt LBI-Keramik; die Base-Ring-II-Keramik, z.B. Typ IX.B.1.a.α' nach GITTLEN (1977: 202-203), den SEGER (1972: Pl. 14II) belegt, deutet auf die Spätbronzezeit IIA hin. Die Ansetzung von GITTLEN (1977: 17) in die Spätbronzezeit IIA ist demnach zu kurz.

Kannen[17] hin, welcher in die Mittelbronzezeit weist.[18] Ferner ist ein Skarabäus[19] sicherlich hyksoszeitlich.[20]

Grab 7: Über die Datierung dieses Grabes herrscht in der Literatur
keine Einigkeit. MACALISTER (1912: I, 305) datierte die ägyptischen/ ägyptisierenden Alabastergefäße dieses Grabes in die 18. Dynastie, WEIPPERT
(1977: 269, Anm. 6) meint, daß dieses Grab während der gesamten Spätbronzezeit II belegt worden sei, da Material sowohl aus IIA als auch aus IIB
stamme. GITTLEN (1977: 17) zufolge ist dieses Grab in die Spätbronzezeit
IIA zu datieren, CLAMER (1976: 86) setzt es in die zweite Hälfte des 14.
Jahrhunderts oder etwas später.

Zunächst ist festzustellen, daß MACALISTERs Einschätzung der zeitlichen Einordnung der Alabastergefäße nicht mehr gefolgt werden kann. Das
auf Tafel LXIV:19 dargestellte Gefäß gehört zu dem von CLAMER (1976:
83-85) als M1c[21] bezeichneten Typ, dessen Laufzeit von Thutmosis III. bis
zum Beginn der 21. Dynastie anzusetzen ist.[22] Die einheimische Keramik ist
wohl Spätbronze-IIA-zeitlich.[23] Die mykenische Keramik wird von
LEONARD (1994: 17 und 34-35) ebenfalls in diese Zeit gesetzt.[24] Unter den
zypriotischen Gefäßen findet sich auch Base-Ring-I-Keramik[25], welche in

---

[17] MACALISTER (1912: III, LX:7, LX:9 und LXI:32).

[18] Vgl. AMIRAN (1969: 111 fig. 15 und 16).

[19] MACALISTER (1912: III, LXIII:80).

[20] Dieser Skarabäus weist den Rückentyp 78 auf, der nach ROWE (1936: Pl. XXXIV)
in die 12.-15. Dynastie zu datieren ist. Die Dekoration ist mit anderen Stücken aus
der Hyksoszeit zu vergleichen (GIVEON (1985: 112-113)).

[21] Globular body, wide neck, ledge rim, high pedestal base, worked separately, small.

[22] CLAMER (1976: 86).

[23] Relativ eindeutig erkennbar ist dies an den Pilgerflaschen (MACALISTER (1912: III,
LXV:23; LXVI:43; LXV:46)) und am *Canaanite jar* (MACALISTER (1912: III,
LXIV:13)).

[24] MACALISTER (1912: III, LXVI:53) ist LH III A:2, und MACALISTER (1912: III,
LXVI:44) ist LH III A.

[25] MACALISTER (1912: III, LXIV:1) gehört nach GITTLEN (1977: 190) zur Base-
Ring-I-Keramik des Typs IX.a. MACALISTER (1912: III, LXVIII Fig. 1:4) gehört
nach GITTLEN (1977: 198) zur Base-Ring-II-Keramik des Typs I.F.m. MACALISTER
(1912: III, LXV:31) gehört nach GITTLEN (1977: 201) zur Base-Ring-II-Keramik des
Typs IX.A.1.d. MACALISTER (1912: III, LXV:26, LXV:27, LXV:28, LXV:29,
LXVII Fig. 1:1 oben, 1:5 oben, 1:1 unten, 1:4 unten, 1:7 unten und 1:8 unten) gehö-
ren nach GITTLEN (1977: 208 und 209) zur Base-Ring-II-Keramik des Typs
IX.B.1.b. MACALISTER (1912: III, LXVI:49) gehört nach GITTLEN (1977: 212) zur
Base-Ring-II-Keramik des Typs IX.B.1.c. MACALISTER (1912: III, LXIV:16 und
LXVII Fig. 1:3 oben) gehören nach GITTLEN (1977: 217-218) zur Base-Ring-II-
Keramik des Typs IX.B.1.d. MACALISTER (1912: III, LXIV:2 und 3) gehören nach
GITTLEN (1977: 234) zur Base-Ring-II-Keramik des Typs XIII.a. MACALISTER
(1912: I, 305 Fig. 161 und III, CXXVI:23) gehören nach GITTLEN (1977: 236) zur
Base-Ring-II-Keramik des Typs XVI.b. MACALISTER (1912: III, LXIV:4, LXIV:5,

die Spätbronzezeit I und IIA datiert wird.[26] Deswegen möchte ich mich GITTLENs Meinung[27] anschließen und das Grab 7 in die Spätbronzezeit IIA datieren. Eine Datierung in die Spätbronzezeit IIB erschließt sich mir nicht.

Grab 9: CLAMER (1976: 84) datiert das Inventar dieses Grabes in die Zeit von der Spätbronzezeit II bis in die Eisenzeit I und später, GITTLEN (1977: 18?) setzt es in die Spätbronzezeit IIB[28] und SEGER (1988: Fig. 1) sieht es als eisenzeitlich an. Ich folge dem Ansatz einer längeren Verwendungsphase: Die mykenische Keramik[29] ist Spätbronze-IIA-zeitlich.[30] Die Pilgerflaschen[31] sind in die Spätbronzezeit IIB zu datieren. Eine Schale[32] ist eisenzeitlicher Keramik zuzurechnen.

Grab 30: Die Keramik dieses Grabes erscheint in weiten Teilen wie ein Ausschnitt derjenigen aus Grab 7. Deswegen möchte ich es wie das Grab 7 in die Spätbronzezeit IIA datieren.

Grab 56: Zwar zeigen die Königsnamen auf einigen Skarabäen[33], daß sie nicht früher als die Spätbronzezeit sein können, doch die Keramik weist in die frühe Bronzezeit.[34] Die Skarabäen scheinen also intrusiv zu sein.

Grab 58: Auch dieses Grab beinhaltet Artefakte aus verschiedenen Epochen.[35] Viele sind als intrusiv zu betrachten.[36] Man beachte z.B. die makkabäische Lampe, die in diesem Grab gefunden wurde. Neben diesen späten Objekten finden sich dort auch Gefäße aus der Spätbronzezeit II.[37]

LXVIII Fig. 3:5-8) gehören nach GITTLEN (1977: 361) zur White-Shaved-Keramik des Typs I.a. MACALISTER (1912: III, LXVI:40) gehört nach GITTLEN (1977: 460) zur White-Slip-II-Keramik des Typs I.1.A.γ'.

[26] Vgl. AMIRAN (1969: 173) und GITTLEN (1977: 129).

[27] GITTLEN (1977: 17).

28 Es findet sich ausschließlich Base-Ring-II-Keramik des Typs IX.B.1.d. nach GITTLEN (1977: 218) unter den zypriotischen Gefäßen: MACALISTER (1912: III, LXX:3, LXX:5, LXX:10 und LXX:12).

[29] MACALISTER (1912: III, LXX:25 und LXXI:17).

[30] LEONARD (1994: 48 und 59).

[31] MACALISTER (1912: III, LXX:7 und LXX:9).

[32] MACALISTER (1912: III, LXX:13).

33 Den Namen von Thutmosis III. trägt MACALISTER (1912: III, LXXX:26), ferner vielleicht MACALISTER (1912: III, LXXX:20), den Namen von Thutmosis IV. tragen MACALISTER (1912: III, LXXX:22 und LXXX:25), den Namen von Amenhotep III. tragen MACALISTER (1912: III, LXXX:21 und LXXX:24).

34 Besonders charakteristisch ist die Positionierung der Henkel beim Amphoriskos (MACALISTER (1912: III, LXXX:3). Vgl. AMIRAN (1969: 45 fig. 19 und 51 fig. 16).

35 CLAMER (1976: 26): „Burial cave with mixed contents from Late Bronze Age to Arabic times."

[36] MACALISTER (1912: I, 324).

37 Die mykenischen Gefäße stammen aus LH III A:2 (MACALISTER (1912: III, LXXXII:5), vgl. LEONARD (1994: 39) und aus LH III B (MACALISTER (1912: III, LXXXI:9), vgl. LEONARD (1994: 41)).

Grab 59: Die Funde sprechen für eine Belegung nicht vor der Spätbronzezeit IIB: Der Chalice[38], die Pilgerflasche[39] und die Dekoration[40] sind in diese Zeit zu datieren.

Gräber 84&85: CLAMER (1976: 31) datiert das Inventar des Grabes 85, welches mit Grab 84 zusammenhängt, von der Spätbronzezeit bis in die Eisenzeit I. Eine Datierung bis in die Eisenzeit I erschließt sich mir nicht. Ihr ist aber darin zu folgen, daß sich Material aus der gesamten Spätbronzezeit II findet: Das Alabastergefäß[41] ist dem Typ L2e[42] zuzurechnen, welcher in die Spätbronzezeit IIA zu datieren ist.[43] Die zypriotische Base-Ring-I-Keramik[44] ist nicht später als die Spätbronzezeit IIA.[45] Die Pilgerflaschen[46] und der Chalice[47] stammen aus der Spätbronzezeit IIB.

Grab 143: CLAMER (1976: 31) datiert dieses Grab in das 14. Jahrhundert. Dem möchte ich mich anschließen, da die mykenische Keramik[48] von LEONARD (1994: 43) als LH III A:2 angesehen wird und das Alabastergefäß[49] dem Typ L2e[50] angehört, welcher in die Spätbronzezeit IIA zu datieren ist.[51]

Grab 252: In diesem Grab, welches MACALISTER (1912: II, 308) einem Ägypter zuschreibt, finden sich Objekte aus der gesamten Spätbronzezeit II: Die Base-Ring-I-Keramik[52] und die Pilgerflasche[53] sind in die

---

[38] MACALISTER (1912: III, LXXXIV:7), vgl. AMIRAN (1969: 131, fig. 14 und 15).

[39] MACALISTER (1912: III, LXXXIV:12 und LXXXIV:14).

[40] MACALISTER (1912: III, LXXXV:17), vgl. AMIRAN (1969: 150, fig. 10).

[41] MACALISTER (1912: III, LXXXIX:13).

[42] Shallow to deep cylindrical bowl with high foot and ring base, bowl and foot worked separately.

[43] CLAMER (1976: 32-33).

[44] MACALISTER (1912: III, LXXXVIII:7) gehört nach GITTLEN (1977: 187) zur Base-Ring-II-Keramik des Typs VII.B.1.d.α'. Daneben sind zwei Gefäße der Base-Ring-II-Keramik zuzuordnen: MACALISTER (1912: III, LXXXVII:19) gehört nach GITTLEN (1977: 196) zum Typ I.F.b., und MACALISTER (1912: III, LXXXVII:3) gehört nach GITTLEN (1977: 225) zum Typ IX.B.1.e.

[45] Vgl. AMIRAN (1969: 173) und GITTLEN (1977: 129).

[46] MACALISTER (1912: III, LXXXVII:6 und LXXXVIII:5).

[47] MACALISTER (1912: III, LXXXVIII:1).

[48] MACALISTER (1912: III, CVI:5).

[49] MACALISTER (1912: III, CVI:4).

[50] Shallow to deep cylindrical bowl with high foot and ring base, bowl and foot worked separately.

[51] CLAMER (1976: 32-33).

[52] MACALISTER (1912: III, CXXII:4) gehört nach GITTLEN (1977: 167) zur Base-Ring-I-Keramik des Typs VI.D.1.a.α'. MACALISTER (1912: III, CXXII:1) gehört nach GITTLEN (1977:167) zur Base-Ring-I-Keramik des Typs VI.D.1.b.θ'. MACALISTER (1912: III, CXXII:3) gehört nach GITTLEN (1977: 167) zur Base-Ring-I-Keramik des Typs VI.D.1.c.α'. MACALISTER (1912: III, CXXII:22) gehört nach

Spätbronzezeit IIA zu datieren, der Stempelsiegel[54] trägt den Namen Ramses' III. und gehört somit zu Spätbronzezeit IIB.

Höhle 15.II: Schon MACALISTER (1912: I, 94) datiert die Objekte aus dieser Höhle in die 19. Dynastie. Das Alabastergefäß mit der Kartusche Ramses' II.[55] bietet einen terminus ante quem non und die mykenische Keramik[56] wird von LEONARD (1994: 124) als LH III B angesehen.

Höhle 15.IV: Hier finden sich Objekte aus verschiedenen Epochen: Skarabäen[57] und Keramik[58] aus der Mittelbronzezeit, eine Astarteplakette[59] und mykenische Keramik[60] aus der Spätbronzezeit. Eine genauere Einordnung schient nicht möglich.

Somit ergibt sich folgendes relativ-chronologische Bild für die Gräber der Spätbronzezeit aus Gezer:[61]

Spätbronzezeit I	Spätbronzezeit IIA	Spätbronzezeit IIB
10A; 15.IV;	10A; 7; 9; 30; 58; 84&85; 143; 252; 15.IV;	9; 58; 59; 84&85; 252; 15.II; 15.IV;

Anhand dieses chronologisch eingeordneten funerären Befundes ist es nun möglich, nach Diskontinuitäten im ramessidischen Gezer Ausschau zu halten. Diskontinuitäten werden zwar explizit weder von dem *direct-rule*-Modell noch vom *elite-emulation*-Modell gefordert, sind aber in beiden Fällen m.E. ein wesentlicher Baustein. WEINSTEIN (1981: 17-18) nimmt an, daß die Anzahl der in Palästina befindlichen Ägypter höher gewesen sei als zu früheren Zeiten, und er untermauert dies mit Hilfe archäologischer Daten, die seiner Meinung nach als ägyptisch anzusprechen seien.[62] Dies bedeutet im Umkehrschluß, daß in der Spätbronzezeit IIA weniger ägyptisch anzuse-

---

GITTLEN (1977: 192) zur Base-Ring-I-Keramik des Typs X.a. Zur Base-Ring-II-Keramik des Typs IX.B.1.d sind nach GITTLEN (1977: 218) MACALISTER (1912: III, CXXII:5 und 6) zu zählen.

[53] MACALISTER (1912: III, CXXII:11).

[54] MACALISTER (1912: III, CXXI:20).

[55] MACALISTER (1912: III, XXIV:1).

[56] MACALISTER (1912: III, XXIV:12).

[57] MACALISTER (1912: III, XXVI:9 und 10).

[58] MACALISTER (1912: III, XXVI:7) wird von WILLIAMS (1975: 1073) als MB III B1 datiert.

[59] MACALISTER (1912: III, XXVI:8). Zu den Astarteplaketten vgl. KEEL&UEHLINGER (1998: 110-122).

[60] MACALISTER (1912: III, XXVI:21) wird von LEONARD (1994: 22) als LH III A-B datiert.

[61] Dabei werden Gräber, die entweder nicht genau einer Epoche zugeordnet werden können oder die einen über eine Epoche hinausgehenden Belegungszeitraum besitzen, mehrfach aufgelistet.

[62] WEINSTEIN (1981: 18-22).

hende Artefakte in Palästina aufgetreten sein müßten. Das *elite-emulation*-Modell interpretiert die Objekte als Indizien für einen Ägyptisierungsprozeß der lokalen Elite in der Spätbronzezeit IIB. Dieser Prozeß ergibt nur dann Sinn, wenn vorher die Ägyptisierung nicht in diesem Maße stattgefunden hat und dementsprechend die Indizien, d.h. die ägyptisierenden Artefakte, nicht so häufig auftreten wie in der Ramessidenzeit. Das bedeutet, daß in beiden Modellen implizit ein Moment der Diskontinuität vorhanden ist. Nach beiden Modellen ist ein Zuwachs des ägyptischen bzw. ägyptisierenden Materials zu erwarten. Deswegen sollen im Folgenden diejenigen Objekte aus Gezer vorgestellt werden, die – je nach Modell – als ägyptisch bzw. ägyptisierend angesehen werden können. Dazu sollen diese nicht wie bei der Zusammenstellung bei HIGGINBOTHAM (2000: 145-262) nach einzelnen Objektgruppen aufgelistet werden, sie sollen vielmehr nach dem Fundzusammenhang geordnet erscheinen. Dabei möchte ich zwischen einem funerären, einem nicht-funerären und einem leider nicht mehr eruierbaren Kontext trennen. Zunächst sollen die jeweiligen Objekte aus den Gräbern aufgelistet werden, da diese sich wegen ihrer oben vorgenommenen chronologischen Einsortierung für einen diachronen Vergleich am besten eignen.

Gräber der Spätbronzezeit I/IIA:

    Grab 10A: Aegyptiaca bzw. ägyptisierende Objekte dieses Grabes sind ein Kohl-Gefäß[63], ein Alabastergefäß[64] des von CLAMER (1976: 18) als L1e[65] bezeichneten Typs, eine Vase aus Glas[66], Skarabäen[67] und Siegel[68].

    Grab 7: Dieses Grab beinhaltet zwei Alabastergefäße, die als ägyptisch bzw. ägyptisierend angesprochen werden können: ein *lotiform chalice*[69] und ein *long-necked globular jar*[70]. HIGGINBOTHAM (2000: 191) datierte sie in die Ramessidenzeit. Da aber die Laufzeit des Typs M1c, der das zweite Gefäß zuzurechnen ist, nicht auf die Ramessidenzeit beschränkt ist[71], der *long-necked globular jar* in Ägypten nur in der frühen 18. Dynastie vorkommt[72] und die übrigen Objekte in die Spätbronzezeit IIA weisen, dürfen sie nicht als ägyptisierende Objekte der Spätbronzezeit IIB herhalten.

---

[63] SEGER (1972: fig. 15).
[64] SEGER (1972: fig. 12). Vgl. zu diesem Stück ferner CLAMER (1988).
[65] Shallow cylindrical bowl with high foot and ring base, bowl and foot worked in two separate pieces.
[66] SEGER (1972: fig. 18).
[67] SEGER (1972: fig. 28-31).
[68] SEGER (1972: fig. 26-27).
[69] MACALISTER (1912: III, LXIV 18).
[70] MACALISTER (1912: III, LXIV 19).
[71] CLAMER (1976: 86) nimmt die Zeit von Thutmosis III. bis zum Beginn der 21. Dynastie an. Auch HIGGINBOTHAM (2000: 191) gibt diese Zeitspanne an.
[72] GREENE (1989: 370).

Grab 9: Wie im Grab 7 befindet sich hier ein *long-necked globular jar* Alabastergefäß[73]. Weil dort das Gefäß in die Spätbronzezeit IIA zu datieren ist, vermute ich, daß dieses parallele Stück ebenfalls in diese Zeit zu setzen ist und nicht zeitgleich mit anderen Objekten aus diesem Grab ist, welche aus der Spätbronzezeit IIB und der frühen Eisenzeit stammen.

Grab 84&85: Das Alabastergefäß, eine *tazze with tenon or rounded base*[74], welches HIGGINBOTHAM (2000: 188) als ramessidisch ansehen möchte, ist dem Typ L2e[75] zuzurechnen, den CLAMER (1976: 32-33) in die Spätbronzezeit IIA datiert.

Grab 143: Dieses Grab beinhaltet wie Grab 84&85 ein *tazze with tenon or rounded base*[76].

Gräber der Spätbronzezeit IIB:

Grab 58: Neben einem *flat-based tazze* Alabastergefäß[77] sind in diesem Grab zwei *Saucer bowls*[78] gefunden worden. Beide sind wohl in die Spätbronzezeit IIB zu datieren.[79]

Grab 59: Als Aegyptiaca sind die Darstellung des Bes[80] und ein Kamm[81] anzusehen.

Grab 84&85: Hier findet sich ein *tall-necked Canaanite jar*[82], der zu den Gefäßen aus der Spätbronzezeit IIB gehört.

Grab 252: Als Aegyptiaca kann man in diesem Grab Skarabäen[83], ein *curved bowl with disc base and curved-out rim* Bronzegefäß[84], einen Ring[85] und ein Stempelsiegel[86] ansehen.

Höhle 15.II: Ein Alabastergefäß trägt die Kartusche Ramses' II.[87]

Höhle 15.IV: Hier ist m.E. nichts Ägyptisches bzw. Ägyptisierendes aus der Spätbronzezeit zu finden. HIGGINBOTHAM (2000: 197) führt zwar

---

[73] MACALISTER (1912: III, LXXI 18).

[74] MACALISTER (1912: III, LXXXIX 13).

[75] Shallow to deep cylindrical bowl with high foot and ring base, bowl and foot worked separately.

[76] MACALISTER (1912: III, CVI 4).

[77] MACALISTER (1912: III, LXXXIII 27).

[78] MACALISTER (1912: III, LXXXI 3 und LXXXI 7).

[79] Das Alabastergefäß gehört zu dem Typ L2d, den CLAMER (1976: 28) in diese Zeit datiert. Die Saucer bowls sind typisch für ägyptische Keramik in Palästina zu dieser Zeit (vgl. HIGGINBOTHAM (2000: 149)).

[80] MACALISTER (1912: III, LXXIV 30).

[81] MACALISTER (1912: III, LXXXIV 24).

[82] MACALISTER (1912: III, LXXXVII 17).

[83] MACALISTER (1912: III, CXXI 15-18).

[84] MACALISTER (1912: III, CXXI 23).

[85] MACALISTER (1912: III, CXXI 19).

[86] MACALISTER (1912: III, CXXI 20).

[87] MACALISTER (1912: III, XXIV:1).

einen *bag-shaped jar*[88] auf, welcher aber bei CLAMER (1976) nicht erscheint. Es handelt sich wohl um ein Gefäß aus der Mittelbronzezeit, welches mit den *baggy-shaped vases* von BEN-DOR (1945: 101-102) zu vergleichen ist.

Wir können also festhalten, daß manche Objektgruppen in ihrem Auftreten in der Spätbronzezeit I/IIA und in der Spätbronzezeit IIB eine Kontinuität zeigen.[89] Meiner Meinung nach ist daraus zu schließen, daß nur das
Auftreten dieser Objektgruppen, nämlich Alabastergefäße und Skarabäen,
allein weder als ein Kriterium für eine Zunahme der ägyptischen Bevölkerung noch zu einer verstärkten Ägyptisierung der lokalen Eliten in der Spätbronzezeit IIB gelten kann. Auch können die sowohl in der Spätbronzezeit
I/IIA als auch in der Spätbronzezeit IIB in ungefähr gleicher Verteilung auftretenden Objektgruppen nicht als ein Ausdruck kontinuierlicher ägyptischer
Präsenz in Gezer gelten, da die Amarnabriefe von einem eigenständigen
Machtzentrum sprechen.[90] Vielmehr sind die besagten Alabastergefäße als
Prestigegüter zu werten, die als Luxuswaren und nicht als Ausdruck eines
Versuches einer verstärkten Anpassung an Ägypten anzusprechen sind. Dies
wird besonders deutlich an der unterschiedlichen Distribution mykenischer
Objekte in Ägypten und Palästina. Warum nicht-ägyptische Artefakte als
Belege für Ägyptisierung angesprochen werden können, bedarf einer Erläuterung: Denkt man das *elite-emulation*-Modell konsequent weiter, so müssen
auch mykenische Objekte als Indizien für eine Ägyptisierung bedeutsam
sein. Denn bei einem solchen Prozeß geht es um eine Anpassung der Peripherie an die zentrale Kultur. In diesem Zentrum fanden aber neben den
einheimischen Objekten auch viele ausländische Verwendung.[91] Deshalb
gehört zu einer Ägyptisierung nicht nur die Anpassung daran, wie in dem
Zentrum Aegyptiaca verwendet worden sind, sondern auch die Anpassung
an die Verwendung der nicht-ägyptischen Objekte. Wir haben nach dem
elite-emulation-Modell für die mykenischen Objekte analog zu den ägyptischen Objekten zweierlei zu erwarten. Zum einen ist von einer im Vergleich
zu Ägypten eingeschränkten Typenvielfalt auszugehen, zum anderen sollte
es mehr Prestigegüter als Gebrauchsgüter[92] mykenischer Provenienz geben.[93] Falls nun in Palästina mehr mykenische Prestigegüter bzw. -typen als

---

[88] MACALISTER (1912: III, XXVI:3).

[89] Das Alabastergefäß aus Höhle 15.II hebt sich von den übrigen ägyptischen bzw.
ägyptisierenden Objekten aus den Gräbern ab. Darauf wird weiter unten eingegangen.

[90] Vgl. ROSS (1967).

[91] Noch immer grundlegend HELCK (1971).

[92] Auszunehmen sind dabei Gefäße, die nur dem Transport von Handelswaren dienten. Zu einer Unterscheidung zwischen Luxusgefäßen und Handelsgefäßen vgl.
LEONARD (1981).

[93] HIGGINBOTHAM (2000: 15).

in Ägypten auftreten, ist zu untersuchen, wie das Bild in der Spätbronzezeit IIA aussieht. Nimmt die Zahl der mykenischen Prestigegüter im Laufe der Zeit ab, läßt sich dies als ein Verdrängungsprozeß ansprechen, der durch die Ägyptisierung ausgelöst worden ist. Ein Gleichbleiben der Anzahl ließe sich ebenfalls im Rahmen eines *elite-emulation*-Modells deuten. Denn dann liegt eine Kontinuität zur Spätbronzezeit IIA vor, welche unabhängig von der Ägyptisierung ist, die die übrigen Bereiche der Gesellschaft erfaßt. Nur eine Zunahme mykenischer Prestigegüter würde Schwierigkeiten bereiten. Warum sollte sich denn ein ägyptisierendes Palästina so stark mykenisieren, wenn es Ägypten nicht tut?

Auch für das *direct-rule*-Modell sind nicht-ägyptische Artefakte von Bedeutung. Nach dieser Theorie dürften sich die Befunde in Palästina und in Ägypten nicht wesentlich unterscheiden.[94] Sicherlich ist der Einwand von HASEL (1998: 109) zu beachten: „Why would the Egyptians insist on using only Egyptian-type-pottery?" Daß für die alltäglichen Belange hauptsächlich die regionalen Gegebenheiten ausschlaggebend waren, seien es Ägypter oder seien es einheimische Eliten gewesen, ist nicht zu leugnen. Doch im Gegensatz zu der Gebrauchskeramik dürften Ägypter bei Prestigegütern nicht mit einheimischen Gegenständen zufrieden gewesen sein. Nach dem *direct-rule*-Modell ist davon auszugehen, daß die in Ägypten in der Spätbronzezeit IIB als Prestigegüter angesehenen Objekte in einer gleichen Verteilung auch in Palästina zu finden sind. Sind darunter auch nicht-ägyptische Objekte, ist ebenfalls zu erwarten, daß sie in der Peripherie gleich verteilt auftreten. Eine im Vergleich zu Ägypten verstärkte Verwendung mykenischen Materials als Prestigegüter ist nach dem *direct-rule*-Modell nicht zu deuten.

Untersuchungen zum Verwendungszweck mykenischer Keramik in Palästina und Ägypten haben Unterschiede ergeben: HELCK (1995: 68-76) konnte zeigen, daß die mykenischen Gefäße deswegen nach Ägypten gekommen sind, weil man deren Inhalt importierte. Ästhetische Gründe sind also nicht ausschlaggebend, Prestigegüter sind sie in Ägypten nicht. Sie fungierten also nur als Verpackungsmaterial. Eine andere Situation liegt in Palästina vor: LEONARD (1981) unterschied zwischen offenen und geschlossenen Gefäßen. Während die geschlossenen wie in Ägypten bloße Verpackungen von Handelswaren darstellen, kann in den offenen nichts transportiert worden sein. Man muß sie als Importe um ihrer selbst willen ansehen. Verwendung fanden sie als Tafelgeschirr. WEIPPERT (1988: 319) sieht Parallelen zu heutigem Meißner Porzellan. Auch in Gezer finden sich offene und geschlossene Gefäße.[95] 20 Gefäßen des geschlossenen Typs stehen fünf offene gegenüber.[96] Bemerkenswert ist der Umstand, daß die spät-

---

[94] Pointiert bei HIGGINBOTHAM (2000: 14) zusammengefaßt.

[95] LEONARD (1994).

[96] Bei vier Gefäßen kann keine Zuordnung erzielt werden.

bronzezeitlichen Gräber, die außerhalb der Stadtmauer liegen, nur geschlossene Formen aufweisen, während die offenen Gefäße nur in den Keramik-übersichtstabellen, welche keinen Fundkontext ersichtlich werden lassen,[97] und aus der Höhle 15.II[98] stammen. Demnach hatte das mykenische Tafelgeschirr in dem funerären Kontext der Gräber, die außerhalb der Stadt liegen, keinen Platz. Dort ging es um den Inhalt der Gefäße. Ferner ist zu bemerken, daß die Verwendung der offenen Gefäße in der Spätbronzezeit IIB zunahm: Drei Gefäßen[99] aus LH III B steht nur eines[100] aus LH III A:2 gegenüber. Dieser Befund widerspricht sowohl dem *direct-rule-* als auch dem *elite-emulation*-Modell, da nicht in Ägypten verwendete Prestigegüter in Gezer auftreten und deren Verwendung in der Ramessidenzeit noch anstieg. Der funeräre Kontext deutet auf eine nicht-ägyptische Belegung hin, ohne daß dort eine exklusive Ägyptisierung angestrebt worden ist.

Wenden wir uns nun den Objekten zu, die aus nicht-funerärem und aus nicht mehr eruirbarem Kontext stammen.

In nicht-funerärem Kontext fanden sich folgende Aegyptiaca:

Bereich IV.3

Hier wurde ein *drop-shaped jar* Alabastergefäß[101] gefunden.

Bereich IV.10

Aus diesem Bereich stammt ein Kohl-Gefäß[102].

Bereich IV.13

Ein *duck spoon* aus Elfenbein[103] fand sich hier.

Bereich IV.19

Es sind zwei Objekte als ägyptisch anzusprechen: ein *handled globular jar* aus Alabaster[104] und ein Ptahamulett[105].

Bereich IV.29

Hier wurde ein wḏꜣ.t-Auge[106] gefunden.

Südliches Ende von Bereich 29:

Eine dort entdeckte Fayencescherbe[107] trägt den Namen Ramses' III:

Feld I:

Vom Feld I stammen zwei *Saucerbowls*.[108]

---

[97] MACALISTER (1912: III, CLI:4, CLI:11 und CLIX:13).

[98] MACALISTER (1912: III, XXIV:12).

[99] MACALISTER (1912: III, XXIV:12, CLI:4 und CLIX:13).

[100] MACALISTER (1912: III, CLI:11).

[101] MACALISTER (1912: III, CCXII 3).

[102] MACALISTER (1912: III, CCXII).

[103] MACALISTER (1912: II, 118 und Abb. 293:1).

[104] MACALISTER (1912: III, CCXII 9).

[105] MACALISTER (1912: III, CCX 19).

[106] MACALISTER (1912: III, CCX 28).

[107] MACALISTER (1912: II, 235, Fig. 338).

[108] DEVER&LANCE&WRIGHT (1970: Pl. 28:13 und 19).

Feld II:
Hier sind drei *Saucerbowls*[109], und ein *Cup-and-saucer*[110] als ägyptisch anzusprechen.

Feld VI:
Es wurden vier *Saucerbowls*[111], zwei *Cup-and-saucer*[112], ein Alabstron[113], zwei *Rounded-Bowls*-Fayencegefäße[114], eine Besfigur[115], ein wḏ3.t-Auge[116], sechs Skarabäen[117], drei Skaraboide[118] und ein Siegelabdruck[119] gefunden.

Zisterne:
Aus der Zisterne stammt ein Fragment eines *flat-based tazze* Alabastergefäßes[120].

Im Norden vom „High Place":
Dort wurde eine Besfigur[121] gefunden.

„Sonnenuhrbereich":
Ebenfalls als ein ägyptisches Objekt ist die Sonnenuhr mit der Kartusche Merenptahs anzusprechen. Der genaue Fundort ist mir aus den Angaben MACALISTERs (1912: II, 331) nicht ersichtlich. Ich möchte dieses Stück aber nicht mit den übrigen Objekten, deren genaue Herkunft nicht mehr lokalisierbar ist, aufführen, da es nicht isoliert erscheint. In seiner Umgebung wurde nämlich auch ein ägyptisches *lotiform chalice* Alabastergefäß[122] gefunden.

Aus den Angaben von MACALISTER geht leider nicht hervor, wo er folgende ägyptische Objekte gefunden hat: Ein Alabastergefäß[123], ein *ovoid jar* aus Fayence[124], zwei Besdarstellungen[125], ein „Sphinx"[126], ein Skara-

---

[109] DEVER (1974: Pl. 24:31, 25:23 und 26:23).

[110] DEVER (1974: Pl. 27:18).

[111] DEVER (1986: Pl. 14:5, 16:9, 18:18 und 21:5).

[112] DEVER (1986: Pl. 20:20 und 20:21).

[113] DEVER (1986: Pl. 55:1).

[114] DEVER (1986: Pl. 55:14 und 58:7).

[115] DEVER (1986: Pl. 53:10).

[116] DEVER (1986: Pl. 56:1).

[117] DEVER (1986: Pl. I:4 = Fig. 1:4, Pl. I:6 = Fig. 1:6, Pl. II:1 = Fig. 2:1, Pl. II:2 = Fig. 2:2, Fig. 2:4 und Pl. II:5 = Fig. 2:5). Vgl. dazu BRANDL (1986).

[118] DEVER (1986: Pl. 52:2, 53:7 und 56:6).

[119] DEVER (1986: Pl. 55:15) bezeichnet dies als einen Siegelabdruck. Ob es nicht vielleicht auch ein Model sein kann, ist nicht ersichtlich.

[120] MACALISTER (1912: III, CCIX 98).

[121] MACALISTER (1912: III, CCX 1).

[122] MACALISTER (1912: III, CCXII 20).

[123] MACALISTER (1912: III, CCXII 5).

[124] MACALISTER (1912: III, CCXI 26).

[125] MACALISTER (1912: III, CCX 6 und 10).

[126] MACALISTER (1912: III, CCX 15).

bäusamulett[127] und 54 Skarabäen[128]. Ferner sind noch die Skarabäen hinzu-
zurechnen, die GIVEON (1985: 122-131) auflistet. Auch für sie ist kein
Fundzusammenhang bekannt.

Der Befund ähnelt dem des funerären Kontextes. Auffallend an diesen
Objekten ist vor allem die Sonnenuhr.[129] Sie ist das erste ägyptische Exemplar, welches die Zeit mit Hilfe der Änderung der Schattenrichtung mißt.[130]
Es ist zu beachten, daß dieses Stück in zweierlei Hinsicht singulär ist: Es ist
nicht nur das erste, sondern auch das einzige Exemplar aus dem Neuen
Reich und wurde in Palästina und nicht in Ägypten gefunden. Wie ist ein
solch außergewöhnliches Stück zu beurteilen? Ist es ein Luxusgut, ein Pres-
tigeobjekt, ein Gebrauchsgegenstand einer technischen Elite? Zu einer Interpretation ist ein Blick auf ein anderes singuläres Stück aus Gezer hilf-
reich.

Ein schon oben erwähntes Steingefäß[131] aus Höhle 15.II trägt die Kartusche Ramses' II. Mit Königsnamen beschriebene Steingefäße findet man
im syrischen Raum in ramessidischer Zeit häufig.[132] Dort sind sie als presti-
geträchtige königliche Geschenke anzusprechen.[133] Aus Palästina stammt
aber nur das Objekt aus Gezer. Vielmehr scheint eine Differenzierung zwischen „normalen" Handelsgütern und königlichen Geschenken notwendig.[134]
Man hat nämlich mit einer eingeschränkteren Distribution der letzteren zu
rechnen, wie die Auflistung der Fundorte mit Königsnamen beschrifteter
ramessidischer Steingefäße bei SPARKS (2000) zeigt. Vergleichbar ist der
Austausch von Spezialisten, der nur im „Club of the Great Powers"[135] oder
in großen Handelszentren wie Ugarit stattfand.[136] Palästina fungiert wohl
deshalb nicht als Empfänger von königlichen Geschenken dieser Güte, weil
die spätbronzezeitlichen Zentren Palästinas als Handelspartner nicht der
gleichen Kategorie anzugehören schienen. Die Singularität des mit dem
Königsnamen beschrifteten Steingefäßes widerspricht also einer Annahme,

---

[127] MACALISTER (1912: III, CCX 76).

[128] MACALISTER (1912: II, 322-325 Nr. 225-230; 232-237; 243-244; 247-260; 262-
287).

[129] NB! MACALISTER (1912:II, 331, fig. 456) und HIGGINBOTHAM (2000: 247) führen
sie als eine Plakette auf. Jedoch ist sicher davon auszugehen, daß hier eine Sonnenuhr vorliegt, wie als erster MÖLLER (1920) erkannt hat.

[130] Vgl. BORCHARDT (1920: 48).

[131] MACALISTER (1912: III, XXIV:1).

[132] SPARKS (2000: fig. 2).

[133] SPARKS (2000).

[134] Vgl. die Unterscheidung von *use value vs. exchange value of gift-items* bei
ZACCAGNINI (1987: 58-60).

[135] TADMOR (1979: 3).

[136] Belege bei ZACCAGNINI (1983: 250-251).

es handle sich um ein Prestigegut im palästinischen Raum, weil sonst weitere Exemplare zu erwarten wären.[137]

Aus dem gleichen Grund sind deshalb auch die Fayencescherbe[138] mit dem Namen Ramses' III. und die Sonnenuhr nicht als Prestigeobjekte anzusprechen. Bemerkenswert ist hierbei ferner, daß eine Sonnenuhr auch nicht als ein königliches Geschenk belegt ist. Es spricht nichts dagegen, sie als einen Gegenstand anzusehen, der primär der Funktion der Zeitmessung diente. Wer diese Uhr aber verwendete, wird bei einer Betrachtung der Architektur und deren Teile in Gezer deutlich.

Die Frage, inwieweit bestimmte Gebäude in Gezer als ägyptische Residenzen aufzufassen sind, wird kontrovers diskutiert. OREN (1984) hat sieben spätbronzezeitliche Städte ausgewertet und dort Gebäude als ägyptische Residenzen identifiziert. Als Kriterien gelten die quadratische Form, das Fehlen von Fundamenten aus Stein, der Eingang an einer Ecke oder in der zentralen Achse und der zentrale Raum (oder ein Innenhof), der von kleineren Räumen umgeben ist.[139] SINGER (1986-1987) hat diese Liste um das „Canaanite Castle"[140] aus Gezer erweitert. Dies blieb vor allem wegen der unsicheren Datierung des Gebäudes umstritten. MAEIR (1988-1989) möchte es in die frühe oder mittlere Bronzezeit datieren, da die aus der Mittelbronzezeit stammende innere Mauer später als das Gebäude sei.[141] Auch BUNIMOVITZ (1988-1989) hält eine Datierung in die Spätbronzezeit für nicht stichhaltig. Er möchte stattdessen ein anderes Gebäude[142] für die ägyptische Residenz ansehen. HIGGINBOTHAM (2000: 281) widerspricht dieser Zuordnung, da dem Gebäude ein entscheidendes Kriterium, nämlich das des zentralen Raums, fehle. Das „Canaanite Castle" schließt auch sie als eine mögliche ägyptische Residenz aus, weil dieses Gebäude ebenfalls keinen zentralen Raum besitze, der denen der ägyptischen Residenzen vergleichbar wäre, und weil die Datierung unsicher sei.[143] Nach dem momentanen Wissensstand ist m.E. eine Beurteilung, ob das „Canaanite Castle" eine ägyptische Residenz ist oder nicht, nicht möglich.[144]

Es kann also nicht ein bestimmtes Gebäude als ägyptisch oder ägyptisch beeinflußt klassifiziert werden, aber dennoch ist sicher davon auszuge-

---

[137] Es ist nochmals auf die Besonderheit der Höhle 15.II hinzuweisen, welche nicht den übrigen Gräbern zuzurechnen ist. Vgl. KEEL&UEHLINGER (1998: 113, Anm. 59).
[138] MACALISTER (1912: II, 235, Fig. 338).
[139] OREN (1984: 52).
[140] MACALISTER (1912: I, 192-194).
[141] MAEIR (1988-1989: 65).
[142] MACALISTER (1912: I, Fig. 58).
[143] HIGGINBOTHAM (2000: 279).
[144] Ich schließe mich der Ansicht von SINGER (1986-1987: 30) und MAEIR (1988-1989: 66) an, daß zur zeitlichen Verortung des „Canaanite Castle" eine archäologische Untersuchung vonnöten sei.

hen, daß es in Gezer mindestens ein ägyptisches Gebäude gegeben haben muß. Denn ein drei Fuß, sieben Inch langer, ein Fuß, zehn Inch breiter und vier Fuß, fünf Inch tiefer Steinblock mit einer Goldhieroglyphe[145] kann nur als ein Architekturteil eines ägyptischen Gebäudes angesprochen werden, welches eine monumentale Inschrift trug. Einen Import dieses Stückes schloß MACALISTER (1908: 202) aus, von einer ägyptisierenden Inschrift lokaler Eliten zu sprechen, halte ich für nicht wahrscheinlich. Leider konnte kein weiteres beschriftetes Fragment dieses Gebäudes gefunden werden, so daß eine gesicherte Rekonstruktion der Inschrift nicht möglich ist. Man kann aber davon ausgehen, daß die Kolumne mit dem Goldzeichen endete, da unter ihm ein größerer Freiraum vorhanden ist.[146] Als letztes Zeichen eines Textes oder einer Kolumne findet man die Goldhieroglyphe vor allem als ein Element, das unterhalb der Kartusche steht.[147] Dies paßt sehr gut zu dem waagerechten Strich oberhalb des Goldzeichens, welches als Abschluß einer Kartusche angesehen werden kann. Da auch ein Türsturz aus Beth-Shean[148] diese Verwendung für Palästina belegt, könnte man mit allem Vorbehalt vermuten, daß auch hier oberhalb der Goldhieroglyphe eine Kartusche stand.

Wann wurde dieses ägyptische Gebäude errichtet? In der Umgebung dieses Fragmentes fand MACALISTER (1908: 200-201) Objekte aus der 19. Dynastie, so daß eine Datierung dieses Gebäudes in diese Zeit plausibel erscheint. Dies kann auf die Zeit ab einschließlich Merenptah eingeschränkt werden, da aus seiner Zeit militärische Aktivitäten in Südpalästina bekannt sind.[149] Das genaue Ausmaß der Historizität der Israelstele[150] ist zwar umstritten[151], doch ist HASEL (1998: 189) darin zu folgen, daß Merenptah in Palästina und speziell in Gezer militärisch agierte. Die Aussage von der Eroberung Gezers[152] entspricht dem archäologischen Befund einer teilweisen Zerstörung dieser Stadt[153]. Ähnlichkeiten im textlichen und archäologischen Material sind sicherlich nicht als ein Beweis zu werten, daß Merenptah für die Zerstörungen im Abschnitt II Stratum 13 verantwortlich ist. Aber

---

[145] MACALISTER (1908: 201). Vgl. auch MACALISTER (1912: II, 307-308). HIGGINBOTHAM (2000) erwähnt dieses Stück nicht.

[146] Die Inschrift wird nicht in Zeilen verfaßt worden sein, da der waagerechte Strich über dem Goldzeichen nicht sinnvoll allein stehen kann und für ein größeres Zeichen über dem nwb eine zu große Höhe für die Inschriftenzeile entstünde.

[147] Vgl. dazu zuletzt SPIESER (2000: 48-51).

[148] Rockefeller Museum, Jerusalem PAM I.9695, vgl. BUDKA (2001: 214-215) mit Angabe weiterer Literatur.

[149] HASEL (1998: 178-193).

[150] KRI IV: 12-19.

[151] Vgl. HASEL (1998: 179, Anm. 39).

[152] KRI IV: 19,5.

[153] Vgl. zusammenfassend HASEL (1998: 186-187).

als ein stützendes Indiz für die ägyptische Präsenz in Gezer unter Merenptah ist die schon erwähnte Sonnenuhr anzusehen. MÖLLER (1920) und PILCHER (1923) möchten dieses tragbare Zeitmessungsgerät als ein Reiseutensil ansprechen. Dies scheint mir eine zu moderne Sichtweise zu sein. Eine Zeitmessung für den privaten Gebrauch auf die Stunde genau ist ein Phänomen, welches erst ab dem späten Mittelalter denkbar ist.[154] Einen Einsatz dieses Gerätes bei ägyptischen Militäraktionen scheint mir die einzig sinnvolle Interpretation zu sein. Zwar sind die Erwägungen über den Verwendungszweck der Sonnenuhr, über das Ausmaß der Feldzüge Merenptahs und über die Ergänzung der Inschrift nicht über jeden Zweifel erhaben, aber die ägyptische Präsenz in Gezer, die die monumentale Inschrift belegt, ist nicht zu leugnen. Dies scheint aber dem Ergebnis zu widersprechen, das das funeräre Material liefert. Dort ließen sich nur lokale Eliten fassen. Wie ist dieses Bild in Einklang zu bringen? Bei Beachtung der mikroskopischen Problems bietet ein Vergleich einzelner Städte eine Anregung für eine Erklärung. WEINSTEIN (1981: 19) zählt fünf Städte auf, die auf ägyptische Präsenz deutende Architekturfragmente aufweisen: Ashdod, Gaza, Gezer, Jaffa und Beth Shean. Beth Shean fällt als nördlicher Vorposten der Ägypter aus dem Rahmen und braucht uns hier nicht weiter zu interessieren. Die anderen Städte befinden sich im Einflußgebiet der Küstenstraße. Leider sind Gaza und Jaffa[155] noch nicht hinreichend archäologisch erschlossen. In Ashdod begegnet uns aber wieder die Diskrepanz zwischen einem Beleg ägyptischer Präsenz durch ein architektonisches Element[156] und einem Objektbefund, der eher auf lokale Eliten hindeutet[157]. Man könnte vermuten, daß die Ägypter nur kurz in diesen Städten geblieben sind und somit kaum Spuren hinterlassen konnten. Doch in Gezer gab es noch zur Zeit Ramses' III. Ägypter, wie die mit seinem Namen beschriftete Fayencescherbe[158] zeigt. M.E. ist diese Fayencescherbe als Indiz für die ägyptische Präsenz auswertbar, da sie nicht als ein Prestigegut zu sehen ist, welches die lokalen Eliten verwendeten. Dies ist möglicherweise aber der Fall bei dem Skarabäus, welcher den Namen Ramses' VIII. trägt,[159] so daß die Annahme einer ägyptischen Anwesenheit in Gezer noch in dieser späten Ramessidenzeit daraus nicht abzuleiten ist. So wenig Ägypter zu finden sind, obwohl Ägypter in diesen Orten gewesen sein müssen, ist m.E. ein methodisches Problem. Wir haben oben gesehen, daß die Grabinhaber nicht als Ägypter anzusprechen sind. Deswegen dürfen wir das funeräre, ägyptisch aussehende Material auch nicht als ein Indiz für Ägypter werten, wenn es im Stadtgebiet gefunden worden ist.

---

[154] Vgl. DOHRN-VAN ROSSUM (1995).
[155] Nach HIGGINBOTHAM (2000: 107) überwiegen bei der Keramik lokale Typen.
[156] DOTHAN&PORATH (1993: 218-219, Fig. 37; 290, Pl. 47:1).
[157] HIGGINBOTHAM (2000: 86-87).
[158] MACALISTER (1912: II, 235, Fig. 388).
[159] MACALISTER (1912: III, CCVIII:2).

Dies bedeutet aber keineswegs, daß es keine Ägypter gewesen seien, die die Objekte in Gezer verwendet haben. Es ist uns aber aus methodischen Gesichtspunkten nicht möglich, dies Material sicher zuzuweisen. Aus diesen nicht-entscheidbaren Fällen wird es gewiß einige geben, die Ägyptern gehört haben, jedoch ist ein Beweis nicht möglich. Einige sichere Belege, das Architekturfragment, die Scherbe mit dem Namen Ramses' II., die Scherbe mit dem Namen Ramses' III. und die Sonnenuhr, besitzen wir. Doch ihre geringe Anzahl läßt es wegen der nicht-entscheidbaren Fälle nicht zu, ein Verhältnis zwischen der Anzahl der Ägypter und der lokalen Eliten zu geben.

Abschließend ergibt sich demnach zweierlei:

1) Zur Interpretation der gesellschaftlichen Situation: Weder das *direct-rule-* noch das *elite-emulation*-Modell können den funerären Befund in ihrem Sinne deuten, weil für Gezer eine Kontinuität zur vorhergehenden Zeit feststellbar ist und weil sich das Prestigegütersystem von dem Ägyptens unterscheidet. Diesen dort anzutreffenden lokalen Eliten stehen Ägypter gegenüber, die vor allem durch den beschrifteten Block anzunehmen sind. Die politische Macht wird in Gezer vorrangig bei ihnen zu suchen sein, jedoch kann eine Untersuchung des archäologischen Materials hier die gegenseitige Beziehung nicht aufdecken.

2) Zur Methode dieser Interpretation: Es reicht für eine Beurteilung der gesellschaftlichen Lage nicht hin, die Artefakte aus Gezer nach ägyptischen bzw. ägyptisierenden Objekten aus der Spätbronzezeit IIB hin zu durchsuchen. Weitet man nämlich die Untersuchung aus, indem man mit der vorhergehenden Zeit und mit der Verwendung anderer fremder Objekte vergleicht, ergibt sich, daß keines der beiden Modelle eine „dichte Beschreibung"[160] liefern kann. Eine Komplexisierung des Verfahrens ist deswegen notwendig: Unterscheidung zwischen funerärem und nicht-funerärem Kontext, Differenzierung der einzelnen Prestigegüter. Ferner ist die unterschiedliche Aussagekraft der Artefakte zu beachten. Es konnte gezeigt werden, daß manche Objekte sichere Zuweisungen erlauben, während andere als nicht-entscheidbar eingestuft werden müssen.

---

[160] GEERTZ (1983).

Literatur:

Amiran, Ruth. 1969.
  Ancient Pottery from the Holy Land. From its Beginnings in the Neo-
  lithic Period to the End of the Iron Age.
Bienkowski, Piotr. 1987.
  The Role of Hazor in the Late Bronze Age, in: PEQ 119, 50-61.
Borchardt, Ludwig. 1920.
  Die altägyptische Zeitmessung.
Brandl, Baruch. 1986.
  Appendix B: The Scarabs from Field VI at Gezer, in: Dever (1986: 247-
  252).
Budka, Julia. 2001.
  Der König an der Haustür. Die Rolle des ägyptischen Herrschers an de-
  korierten Türgewänden von Beamten im Neuen Reich.
Bunimovitz, Shlomo. 1988-1989.
  An Egyptian „Governor's Residency" at Gezer? – Another Suggestion,
  in: Tel Aviv 15-16, 68-76.
Clamer, Christa. 1976.
  Late Bronze Age Alabaster Vessels found in Palestinian contexts with
  an emphasis on calcite and gypsum tazze.
Clamer, Christa. 1988.
  Alabaster Vessels, in: Seger (1988: 108-111).
Cross, F. M. 1979.
  Symposia Celebrating the Seventy-fifth Anniversary of the Founding of
  the American Schools of Oriental Research (1900-1975).
Dever, William G. 1974.
  Gezer II: Report of the 1967-70 Seasons in Fields I and II.
Dever, William G. 1986.
  Gezer IV: The 1969-71 Seasons in Field VI, the „Acropolis".
Dever, William G. & H. Darrell Lance & G. Ernest Wright. 1970.
  Gezer I: Preliminary Report of the 1964-1966 Seasons.
Dohrn-van Rossum, Gerhard. 1995.
  Die Geschichte der Stunde: Uhren und moderne Zeitordnung.
Dothan, Moshe & Yehoshua Porath. 1993.
  Ashdod V. Excavation of Area G: The Fourth and Sixth Seasons of Ex-
  cavations 1968-1970.
Geertz, Clifford. 1983.
  Dichte Beschreibung. Beiträge zum Verstehen kultureller Systeme.
Gittlen, Barry M. 1977. Studies in the Late Cypriote Pottery Found in Pales-
  tine.

Giveon, Raphael. 1985.
　　Egyptian Scarabs from Western Asia from the Collection of the British
　　Museum (= OBOSA 3).
Greene, Barbara A. 1989.
　　Ancient Egyptian Stone Vessels: Materials and Forms.
Hasel, Michael G. 1998.
　　Domination and Resitance. Egyptian Military Activity in the Southern
　　Levant, ca. 1300-1185 B.C (= PÄ 11).
Helck, Wolfgang. 1971.
　　Die Beziehungen Ägyptens zu Vorderasien im 3. und 2. Jahrtausend
　　v.Chr. (= ÄA 5). 2., verbesserte Auflage.
Helck, Wolfgang. 1995.
　　Die Beziehungen Ägyptens und Vorderasiens zur Ägäis bis ins 7. Jahr-
　　hundert v. Chr. 2., von Rosemarie Drenkhahn durchgesehene und bear-
　　beitete Neuauflage.
Higginbotham, Carolyn. 2000.
　　Egyptianization and Elite Emulation in Ramesside Palestine. Govern-
　　ance and Accomodation on the Imperial Periphery.
Keel, Othmar & Christoph Uehlinger. 1998.
　　Göttinnen, Götter und Gottessymbole. Neue Erkenntnisse zur Religi-
　　onsgeschichte Kanaans und Israels aufgrund bislang unerschlossener i-
　　konographischer Quellen. 4. erweiterte Auflage.
Leonard, Albert Jr. 1981.
　　Considerations of Morphological Variation in the Mycenaean Pottery
　　from the South-eastern Mediterranean, in: BASOR 241, 87-101.
Leonard, Albert Jr. 1994.
　　An Index to the Late Bronze Age Aegean Pottery from Syria-Palestine.
Macalister, R. A. Stewart. 1908.
　　Eighteenth Quarterly Report on the Excavation of Gezer, in: Palestine
　　Exploration Fund Quarterly Statement 200-218.
Macalister, R. A. Stewart. 1912.
　　The Excavation of Gezer.
Maeir, Aren. M. 1988-1989.
　　Remarks on a Supposed „Egyptian Residency" at Gezer, in: Tel Aviv
　　15-16, 65-67.
Möller, Georg. 1920.
　　Eine Sonnenuhr aus der Zeit Meneptahs, in: ZÄS 56, 101-102.
Oren, Eliezer. 1984.
　　Governors' Residences in Canaan under the New Kingdom: A Case
　　Study of Egyptian Administration, in: JSSEA 14, 37-56.
Pilcher, E. J. 1923.
　　Portable Sundial from Gezer, in: Palestine Exploration Fund Quarterly
　　Statement 55, 85-89.

Ross, James F. 1967.
  Gezer in the Tell el-Amarna Letters, in: The Biblical Archaeologist 30,
  62-70.
Rowe, Alan. 1936.
  A Catalogue of Egyptian Scarabs, Scaraboids, Seals and Amulets in the
  Palestine Archaeological Museum.
Rowlands, Michael & Morgens Larsen & Kristian Kristiansen. 1987.
  Centre and Periphery in the Ancient World.
Seger, Joe D. 1972.
  Tomb offerings from Gezer.
Seger, Joe D. 1988.
  Gezer V: The Field I Caves.
Singer, Itamar. 1986-1987.
  An Egyptian „Governor's Residency" at Gezer?, in: Tel Aviv 13, 26-31.
Sparks, Rachel. 2000.
  Inscribed Stone Vessels. Vortrag auf der Konferenz „Encounters with
  Ancient Egypt" des Institute of Archaeology, University College Lon-
  don,   16.12.2000-18.12.2000.   Internetversion   unter: http:
  //www.ucl.ac.uk/archaeology/events/conferences/enco/Ancient/SPARK
  S.htm (11.12.2000).
Spieser, Cathie. 2000.
  Les noms du Pharaon comme êtres autonomes au Nouvel Empire (=
  OBO 174).
Stern, Ephraim. 1993.
  The New Encyclopedia of Archaeological Excavations in the Holy
  Land.
Tadmor, Hayim. 1979.
  The Decline of Empires in Western Asia ca. 1200 B.C.E., in: Cross
  (1979: 1-14).
Ussishkin, David. 1993.
  Lachish, in: Stern (1993: 897-911).
Weinstein, James M. 1981.
  The Egyptian Empire in Palestine: A Reassessment, in: BASOR 241, 1-
  28.
Weippert, Helga. 1988.
  Palästina in vorhellenistischer Zeit.
Weippert, Manfred. 1977.
  Kanaanäische „Gravidenflaschen". Zur Geschichte einer ägyptischen
  Gefäßgattung in der asiatischen „Provinz", in: ZDPV 93, 268-282.
Williams, Bruce. 1975.
  Archaeology and Historical Problems of the Second Intermediate Pe-
  riod.

Zaccagnini, Carlo. 1983.
    Patterns of Mobility among Ancient Near Eastern Craftsmen, in: JNES 42, 245-264.
Zaccagnini, Carlo. 1987.
    Aspects of ceremonial exchange in the Near East during the late second millennium BC, in: Rowlands&Larsen&Kristiansen (1987: 57-65).

„Wer sah je eine königliche Dynastie (für immer) in Führung!"[1]
Thronwechsel und gesellschaftlicher Wandel im frühen Mesopotamien als Nahtstelle von *microstoria* und *longue durée*.

Gebhard J. Selz

Vorbemerkung.

Gegenstand dieses Beitrags ist der langfristige Wandel des Herrschaftsparadigmas im frühen Mesopotamien, den ich versuche, anhand ausgewählter Einzelbeispiele zu illustrieren. Auch unter Rückgriff auf neuere Forschungsergebnisse kann eine solch komplexe Themenstellung im gegebenen Rahmen nicht erschöpfend behandelt werden. Somit handelt es sich um einen Versuch, mikrohistorische Beobachtungen einer längerfristigen Perspektive zu unterwerfen. Die Problematik ist evident; der Versuch sei dennoch gestattet, weil das Einzelne immer in ein Ganzes eingebettet ist. Statt einer Zusammenfassung sei hier auf die im Anhang gegebene Skizze des Argumentationsverlaufes verwiesen. Den einzelnen Kapiteln dieses Beitrages sind jeweils mir besonders aussagekräftig erscheinende Originalzitate beigesellt. Zur zeitlichen Orientierung ist außerdem eine Zeittafel und eine Auswahlbibliographie im Anhang beigefügt.

Der Ausgangspunkt.

[0] Als Ausgangspunkt meiner Überlegungen zu Thronwechsel und gesellschaftlichem Wandel sei hier die folgende Passage aus dem Proömium der Etana-Erzählung bemüht:

---

[1] Schriftliche Fassung eines am 2. Juni 2001 vor dem SFB 493 auf Einladung von Prof. Dr. R. Albertz gehaltenen Vortrags. Das Zitat stammt aus der Klage über die Zerstörung von Sumer und Ur (Michalowski 1989: 58f.) Z. 368; für Hilfe bei den Korrekturen danke ich herzlich Dr. B. Scheffenegger und M. Bilek.
Bei Originalbelegen werden die in der Altorientalistik üblichen Standard-Abkürzungen verwendet; andere Zitate werden aufgelöst, wobei auf die in den Literaturhinweisen des Anhangs aufgeführten Werke in der Form <Autor Jahr: pagina> verwiesen wird.

„Sie entwarfen die Stadt...“[2]
„Die großen Anuna-Götter, die Entscheider des Schicksals, saßen und berieten einen Plan für das Land,“ ....
„einen König setzten sie aber nicht über die zahlreichen Menschen“
„Zepter, Turban, Krone und (Hirten-)Stab waren vor Anu im Himmel gelegen.“

Thema und Methode.
[1] Die Frage nach „Thronwechsel und Usurpation“ weist in das Zentrum jedes geschichtlichen Denkens, das als Voraussetzung Veränderung, ja Wandel postuliert. Üblicherweise attestieren wir bestimmten Phänomenen, etwa dem Aufkommen von Vorratswirtschaft und Spezialisierung während der sog. neolithischen Revolution, später dann der Entstehung von Schrift, der Herausbildung von Recht als einem selbstreferentiellen System, oder gar dem Aufkommen von marktorientierten Produktionsweisen ein Wandlungspotential, das weite Bereiche der Gesellschaft erfaßt und das – zumindest teilweise – zu irreversiblen Veränderungen zu führen scheint. Im Bereich der politischen Geschichte besteht nun die wohlbegründete Erwartung, daß sich bei „irregulären“ Machtwechseln nicht nur kleinräumige Veränderungen erkennen lassen, sondern daß auch langfristige Wandlungstendenzen am ehesten manifest werden. Die Mechanismen der Macht, die – implizite – Verfassung von Herrschaft, wie auch antagonistische gesellschaftliche Kräfte, dürften hier am ehesten Spuren hinterlassen. Thronwechsel oder Dynastiewechsel ist immer – und sei es auch nur ein minimaler – Systemwechsel, den man phänomenologisch aufzuspüren hoffen darf. Weniger individuelle Motivationen stehen also zur Debatte, sondern mögliche dahinter liegende Beweggründe in sozio-ökonomischen und / oder weltanschaulich-religiösen Kontexten. Der eklatanteste Fall eines irregulären Thronwechsels ist natürlich der Dynastiewechsel. So ist es nicht nur die Quellenlage des frühen Mesopotamien, die dessen besonderen Platz in den nachfolgenden Ausführungen begründet.
[2] Die Zuspitzung des Themas auf den Thron- und Dynastiewechsel versucht dabei offenkundig – und wie ich meine zu Recht – sich dem Mythos einer Geschichte ohne Handelnde zu entziehen. Neben den langfristigen Veränderungen kommt also auch die Mikrohistorie in den Blick, kleinräumige Abläufe, Interessen, Emotionen. In der hier behandelten Periode sind die Quellen dafür allerdings eher spärlich; zu vieles bleibt reine Konjektur.
[3] Ein mikrohistorischer Ansatz darf allerdings auch nicht auf jenes alte und obsolete Paradigma der *res gestae*, der „Helden der Geschichte“, hereinfallen. Handlungsmöglichkeiten sind nämlich nicht beliebig; sie sind

---

[2] So der Anfang der ninevitischen Rezension; die Übersetzung der nachfolgenden Zeiten beruht auf der altbabylonischen Fassung des Etana-Epos; s. G.J. Selz, *Acta Sumerologica* 20 (1998) 162f.

selbstverständlich begrenzt durch den natürlichen, kulturellen und weltanschaulichen Rahmen, in dem sich die Akteure bewegen. Dennoch ist nachfolgender Beitrag – trotz seines Untertitels – nicht ohne – allerdings hoffent-
lich reflektierte – Naivität verfaßt. Er greift zwar zurück auf theoretische
Ansätze der Geschichtswissenschaften, er diskutiert aber nicht deren Einzel-
begründungen. [3]

Lebenswelt und Geschichtsinteresse.

[4] Die als Thema gewählte rhetorische Frage aus der 'Klage über die
Zerstörung von Ur' am Ende der Ur III-Zeit enthält, von der Erfahrung der
Endlichkeit jeweiliger Herrschaft ausgehend, implizit auch die Frage nach
dem Wie und Warum dieser Veränderungen. Nach Ansicht der alten Meso-
potamier liegt dies im Ratschluß der Götter begründet. Aber dieser
Ratschluß war für sie nicht unerforschlich. Darauf konzentrierten sich alle
Aktivitäten der „Fachwisser des Göttlichen". Hier liegt nun ein andauerndes
Problem auch der mesopotamischen Herrscher. Die Dichotomie von Weisheit – oder Expertentum – und Macht nimmt historisch von da ihren Ausgang. Man bedurfte der Deutung der Wirklichkeit, auch der Vorzeichen und
Träume, die kategorial unter den emischen Empiriebegriff Mesopotamiens
subsummiert sind. Aufgabe der 'Weisheit' war es, diese Wirklichkeit zu verstehen, zu deuten. So sagt denn auch der Herrscher des Staates Lagaš, Gudea: „Sein (=des Traumes) Inneres/Sinn hast Du (=die Gottheit) mir nicht
bekannt gemacht."[4] Es ist bezeichnend, daß Gudea in seinen Inschriften
schließlich behauptet, eine (andere) Gottheit (die Göttin Nanše) hätte selbst
ihm die Träume gedeutet.

[5] Aus dem emischen Bewußtsein über den Wandel in Mesopotamien
ergeben sich zwei Probleme für die moderne Historiographie. Denn zwei
Thesen, die unsere Geschichtsschreibung explizit oder auch nur implizit
bestimmen, passen nicht dazu und können, wenn sie als klassifikatorischer
Rahmen Anwendung finden, leicht falsche geschichtliche Rekonstruktionen
bewirken: Die erste Unterscheidung ist jene in die zyklische Zeit auf der
einen und die lineare Zeit auf der anderen Seite. Zwar ist es unbestreitbar,
daß die an der Natur beobachteten zyklischen Abläufe auch das historische
Bewußtsein der Mesopotamier entscheidend prägten, jedoch schloß die Idee
von der ewigen Wiederkehr ein Bewußtsein dauerhaften Wandels keines-

---

[3] Interessierte Leser seien verwiesen auf den Überblick von Ch. Simon, Historiographie, Stuttgart 1996; G.G. Iggers, Geschichtswissenschaft im 20. Jahrhundert. Ein
kritischer Überblick im internationalen Vergleich. Göttingen [2]1996; engl.: Historiography in the Twentieth Century. From Scientific Objectivity to the Postmodern
Challenge., Hanover und London 1997 und P. Burke, New Perspectives on Historical Writing. Cambridge [2]2001.
[4] šag$_4$-bi nu-mu-ù-da-zu, Gudea Zyl. A 8:22 (Edzard 1997: 74).; vgl. z.B. auch
Dumuzi's Traum und Tod Z.20-25 (B. Alster, *Mesopotamia* 1, 54f.). Inhalt oder Sinn
läßt sich auch verstehen als Entfaltung des Bestimmten, des Schicksals.

wegs aus:[5] Ob jene bis *nach* der Urbanisierung anhaltende 'königslose' Zeit der mesopotamischen 'Mythologie' für die mesopotamischen Menschen von anderer empirischer Qualität war, als andere Nachrichten über die Vergangenheit, ist zu bezweifeln.[6] Daß die Stadt uranfänglich existierte – nach manchen Schöpfungsmythen sogar vor der Erschaffung der Menschheit –, begründet sich durchaus durch Empirie und folgt im Übrigen dem bekannten Verdikt Huizingas: „History is the intellectual form in which a civilization renders account to itself of its past." Die Stadt und ihr Weichbild, ihre bestimmende Lebensform, sind gegenwärtig. Städte müssen nur gegründet, besiedelt oder neu besiedelt und belebt werden; mit anderen Worten das Konzept der Stadt aktualisiert sich lediglich in der Zeit. Auch das Phänomen von Herrschaft, der Führung von Menschen durch andere, existiert und manifestiert sich bevor es in einer historischen Situation als 'Königtum' sich ausformt.

[6] Mehr als problematisch ist auch jene in neueren Arbeiten mehrfach aufgestellte These, die Mesopotamier seien zukunftsabgewandt, das heißt der Vergangenheit zugewandt. Dabei sei nicht bestritten, daß sich – allzumal in der Spätzeit, etwa unter Nabonid, wie Hanspeter Schaudig unlängst sehr schön zeigen konnte – eine Vergangenheitsverliebtheit beobachten läßt, die sich sogar vor einer systematischen Umschreibung der Geschichte nicht scheute.[7] Verwandte Phänomene finden sich bereits Jahrtausende früher. Aber auch das antiquarische Interesse selbst der neubabylonischen Zeit ist noch immer zweckorientiert – es dient der Rechtfertigung des Hier und Heute. Insgesamt möchte ich behaupten, daß Mesopotamien – und dies gilt für alle drei Jahrtausende der Überlieferung – die Beschäftigung mit Vergangenheit unter einer spezifischen empirischen Prämisse betrieb, entweder zur Rechtfertigung der Gegenwart oder – und das ist mindestens so wichtig – zur Gestaltung des auf die Zukunft gerichteten Handelns.[8] Augenfälligstes Beispiel für den kontinuierlichen Zeitbegriff, in der das 'Jetzt' der individualistischen Schärfe weitgehend ermangelte, sind die sogenannten 'historischen Omina'.

'Empirie' in den historischen Omina.

[7] Einige Beispiele dafür, die auf die nachfolgend zu behandelnden Epochen Bezug nehmen, seien hier gegeben: Die altakkadischen Herrscher

---

[5] Dieses Problem ist auch Gegenstand der Arbeit von Wilcke 1999; vgl. dazu meine Rez. in Wiener Zeitschrift für die Kunde des Morgenlandes 89 (1999) 350-352.

[6] Namen, auch bei 'mythischen' Herrschern; vgl. auch G.J. Selz. Babilismus und die Gottheit Ningar, in: Ex Mesopotamia et Syria Lux, Fs. M. Dietrich (Alter Orient und Altes Testament 281), Münster 2002, 647-684.

[7] H.-P. Schaudig, Nabonid - Der Archäologe auf dem Königsthron. In: FS Kienast.

[8] Vgl. dazu ausführlich meinen Beitrag Vom 'vergangenen Geschehen' zur 'Zukunftsbewältigung' in: Munuscula Mesopotamica, Fs. Johannes Renger (*Alter Orient und Altes Testament* 269), Münster 1999, pp. 465-512.

Rīmuš und Maništūsu sind nach den Mitteilungen der 'historischen Omina' von ihren Höflingen umgebracht worden. Während der erste mit Siegeln erschlagen worden sei, heißt es beim zweiten:

> šumma libbum ki-ma iški im-me-ri-a a-mu-ut Ma-ni-iš-ti-šu ša e-ka-lu-šu [i-]du-ku-šu
> „Wenn das 'Herz' wie Schafshoden ist, dann ist es ein Omen des Maništūsu, den seine Palastangehörigen töteten."[9]

Vom neusumerischen König Amar-Su'ena berichten Omina, daß er vom Biß eines Schuhs, d.h. offensichtlich an einer Fußinfektion, gestorben sei. Vom letzten Herrscher der Dynastie von Ur III, Ibbi-Sîn, schließlich wird berichtet ša ma-tum ip-hu-ru-nim „daß sich das Land gegen ihn vereinigt" habe. Weitere Omina assoziieren diesen Herrscher mit Untergang, Desaster und Vernichtung. Dagegen wird sein Gegenspieler Išbi-Erra, mit dem nach moderner Geschichtsschreibung die frühaltbabylonische Zeit beginnt, ex post positiv bewertet:

> „Ist eine 'große Waffe' zur Rechten und sitzt auf der Gallenblase, dann bedeutet das die Waffe Išbi-Erras, der Elam unterwarf."[10]

[8] Die Bewertung dieser Omen-Nachrichten durch moderne Historiker ist unterschiedlich.[11] Daß die Omenwissenschaft jedoch im Zentrum allen empirischen Bemühens im alten Mesopotamien stand, in Sonderheit, wenn es sich um die Voraussetzung für die 'Zukunftsbewältigung' handelt, sollte unstrittig sein. Hier stellt sich nun die grundsätzliche Frage, inwieweit die mesopotamische Empirie nicht doch auf einem im wesentlichen zyklischen Zeitbegriff beruht. Das mesopotamische Weltbild ist ein wesentlich geschlossenes. Aus dieser allenthalben festzustellenden Grundüberzeugung folgt auch die Auffassung, daß es wirklich Neues unter der Sonne nicht gäbe. Wie aber läßt sich dies vereinbaren mit der im einleitenden Zitat aus der Etana-Erzählung geschilderten mesopotamischen Selbstvergewisserung von einer vor-urbanen, königslosen Zeit, ja von einer Zeit vor den Kulturerrungenschaften?

---

[9] YBT X 9 21ff., vgl. A. Goetze, *Journal of Cuneiform Studies* 1 (1947) 257.

[10] YBT X 46 5:4ff.; s. A. Goetze, *Journal of Cuneiform Studies* 1 (1947) 262f..

[11] S. z.B. J.J. Finkelstein, Mesopotamian Historiography, *Proceedings of the American Philosophical Society* 107, 461-472; J.S. Cooper, Apodotic Death and the Historiocity of 'Historical Omens', in: *Death in Mesopotamia* (B. Alster ed.), CRRAI 26, 99-106 und den Überblick bei G. Jonker, The Topography of Rememberance,, Leiden 1995:55ff.

Veränderung als Entwicklung oder Entfaltung.

[9] „Nachdem die Flut alles niedergewalzt hatte, als das Königtum
vom Himmel herabkam, war das Königtum (in) Kiš"[12]

Nach dieser Passage, die den Text der Sumerischen Königsliste in zwei wesentlich verschiedene Teile trennt, hat die Flut alles zerstört; die nachfolgende Herabkunft des Königtums ist nur ein wiederholter Vorgang. Hat sich
also nichts geändert? Mit anderen Worten, läßt sich dieser axiomatische
Holismus überhaupt mit evolutiven Konzepten verbinden? Und nicht weniger wichtig - sind diese Fragen unserem Forschungsgegenstand überhaupt
angemessen? Unser modernes Paradigma der *rerum novarum* ist wesentlich
bestimmt von einem offenen Entwicklungskonzept, das – unter welchen
Mühen auch immer – das Konzept des wirklich Neuen, des Unvorstellbaren
internalisiert hat. In dieser Hinsicht ist der Entwicklungsgedanke Mesopotamien in der Tat fremd. Das mesopotamische Konzept von Entwicklung ist
ein Konzept der Entfaltung.[13] Trotz der großen geistesgeschichtlichen Konsequenzen läßt sich dies kaum besser verständlich machen als mit dem Begriff von 'Konzept' oder 'Idee'. Die Idee von Herrschaft, die Idee der Stadt,
die Idee von Ordnung und Gleichgewicht, sind nach mesopotamischer Vorstellung außerhalb der Zeit, ewig. Zumindest im 3. Jts. handelt es sich dabei
aber nicht nur um geistige 'Schatten', ihnen entspricht auch ein substanzhaf-
tes Korrelat: Krone, Herrschergewand, Ring (Meßleine) und Stab symbolisieren nicht nur, sie inkorporieren Herrschaft. Ich werde auf dieses substanz-
logische Konzept nochmals zurückkommen [15].

Pristine Herrschaftsformen.

[10] Ohne Konzept oder Theorie, das die Einzelfälle vergleichbar und
Veränderungen – Wandel – erst diskursfähig macht, gibt es keine Geschichtsschreibung. Theorie bedarf aber auch der *microstoria*, und das „Vetorecht der Quellen" bleibt unverzichtbar. So wurde in den historischen Wissenschaften manches zu Recht, manches vorschnell *ad acta* gelegt. So besitzen auch alte, lange Zeit wirkmächtige Konzepte zur Beschreibung (früher)
mesopotamischer Herrschaftsformen immer noch Bedeutung: Unter religi-
onswissenschaftlicher Orientierung firmierten sie unter dem Begriff „sakra-

---

[12] Aus der Sumerischen Königsliste, Jacobsen 1939: 76f.

[13] Das Faktum konstatieren in einer ansonsten merkwürdigen Miszelle auch K. Butz
und W. Wenning, ŠÀ und die eingefaltete Ordnung, *Heidelberger Studien zum Alten
Orient* 2, 179-180. - Dieses hermeneutische Prinzip Mesopotamiens läßt sich wohl
am besten am Beispiel des in Schrift und Sprache allgegenwärtigen mesopotamischen 'Babilismus' aufzeigen; vgl. G.J. Selz, 'Babilismus' und die Gottheit Nindagar,
in: Ex Mesopotamia et Syria Lux, Fs. M. Dietrich (Alter Orient und Altes Testament
281), Münster 2002, 647-684.

les Königtum",[14] und unter wirtschaftssoziologischen Gesichtspunkten in der Nachfolge von Max Weber als „hierokratische und bürokratische Herrschaftsform" .

[11] Als Grundlage meiner nachfolgenden Ausführungen ist deshalb eine kurze Skizze über das einigermaßen gesicherte Wissen über jene frühen Epochen notwendig: Innerhalb einer sehr komplexen Gesellschaft war auch die politische Struktur während dieser Zeitspanne keineswegs monolithisch. Neben vornehmlich hierokratisch-bürokratisch begründeten Herrschaftsinstitutionen gab es, wie vor allem die Berufs- und Ämterlisten der Uruk-Zeit deutlich machen, eine Fülle von weiteren Ämtern; ich nenne hier nur: **namešda** „Chef der Zwangsmittel", **kiĝgal** „Arbeitsmanager", **gal:sukkal**, „Verwaltungschef", **gal-tùr** „Viehzuchtminister ", **gal-niĝir** „Polizeihauptmann", oder aus einer anderen Liste (der Liste der 'Offiziellen'), **uĝkiĝ** „(Leiter der) Arbeiterversammlungen", **gal₅-lá** „Ober-Gendarm", **NÁM.URU** „Leiter der städtischen Angelegenheiten".[15] Detailbeobachtungen, etwa Berechnungen zum Arbeitsaufwand für öffentliche Arbeiten,[16] weisen darauf hin, daß innerhalb der gesellschaftlichen Strukturen dem Sektor des zentralen Arbeitsmanagements und der Arbeitertrupps eine vorzügliche Bedeutung zukam. Von besonderer Bedeutung sind dabei zunächst vor allen Dingen die eine physische Macht darstellenden Milizionäre.[17] Diese werden denn auch – wie wir noch sehen werden – für lange Zeit einer der bedeutendsten Machtfaktoren innerhalb der mesopotamischen Gesellschaft.

[12] Es liegt nahe, daß unter den geschilderten Verhältnissen die *Familienstrukturen* in weiten Teilen der Gesellschaft wohl keine hervorragende Rolle gespielt haben können.[18] Nicht auszuschließen aber, und als Tendenz jedenfalls zu vermuten, ist allerdings, daß sich in bestimmten Gruppen *oder* Familien eine Tendenz zur permanenten Aneignung von Funktionen entwi-

---

[14] Natürlich bleibt eine Terminologie wie „göttliches Königsamt" (so W. Sallaberger) genau so unscharf, ändert an den Implikationen wenig und bedarf genauso der 'Leistung des Begriffs'.

[15] Vgl. zu diesen Berufen ausführlich Selz 1998: 294- 305.

[16] Auf ein besonders eindrückliches Beispiel hat Nissen 1983: 104 hingewiesen: Die Aufschüttung der riesigen Tempelterrasse, die am Ausgang der Spät-Uruk-Zeit im Westen des heiligen Bezirkes on E'ana aufgeschichtet wurde, hätte, bei 10 Stunden täglicher Arbeitszeit über 5 Jahre 1500 Leute beschäftig. Inwieweit bei solchen Arbeitsmaßnahmen etwa auch körperliche Zwangsmaßnahmen eine Rolle gespielt haben, läßt sich nicht sicher feststellen.

[17] Das ist eine Art Arbeiter-Soldaten.

[18] Nissen 1983: 102: „Die Annahme liegt nahe, daß Großfamilien oder Clans keine bestimmende Rolle mehr gespielt haben". Diese These - so naheliegend sie scheint - ist allerdings nicht allgemein akzeptiert; vgl. etwa die Diskussion bei Charvát 1993:279.

ckelte.[19] Von einem dynastischen Konzept sind wir dabei aber noch weit
entfernt.

Herrschaft als sakralisiertes Amt.

[13] „Uruk wurde mit der Waffe geschlagen, sein Königtum wurde
nach Ur weggebracht."[20] Damit kennzeichnet die Sumerische Königsliste
einen dynastischen Wechsel. Befördert wurde ein solcher nicht nur durch
außenpolitische Ursachen, sondern mit Sicherheit auch durch die inneren
Widersprüche der Gesellschaft. Auch wenn wir über die Befugnisse der verschiedenen Ämter und Funktionen kaum etwas wissen, so waren sie doch
Träger bestimmter Interessen, sicher auch Repräsentanten von Interessens-
gegensätzen. Damit erweist sich jedoch das verbreitete Postulat einer ursprünglich autokratischen Regierungsform zur Uruk-Zeit als höchst zweifel-
haft. Ganz in Übereinstimmung mit diesem Befund – darauf verweist ja bereits das Zitat im Titel dieses Beitrages – steht auch der zentrale mesopotamische (sumerische) Begriff für Dynastie, Regierungszeit und Regierung,
bala, im Akkadischen als Lehnwort *palû(m)*. Das Wort bedeutet eigentlich
„Übertragenes", bezeichnet also nicht nur den äußeren Ursprung, sondern
auch die innere Begrenzung einer Funktion: Eine übertragene Aufgabe muß
keinesfalls eine lebenslange oder ewige sein, und sie begründet schon gar
kein vererbbares Recht. Dies muß keineswegs im Widerspruch stehen zum
Begriff vom 'sakralen Königtum' oder gar der bürokratischen Regierungsform.[21] Zumindest in der Frühzeit – aber auch noch lange danach – bleibt
z.B. die Auswahl des Herrschers durch die Götter, die religiöse Berufung,
legitimatorisch die wesentliche.[22] Daß hierbei Priestern, oder vielleicht besser verschiedenen Tempelgremien, eine bedeutende Rolle zukam, liegt auf
der Hand. 'Priester' sind nach allen unseren Nachrichten im 3. Jts. von Anfang an zentrale Figuren in Religion, Regierung, Verwaltung und Wirtschaft.
Obwohl auch hier sich die Anzeichen der Spezialisierung allenthalben finden
lassen, so sind doch diese Sektoren noch teilweise ungeschieden. Wie bereits

---

[19] Vgl. aber die 'mikrohistorische' Diskussion bei Cohen 2001, der kaum Argumente
dafür findet.

[20] Nach der Sumerischen Königsliste, s. Jacobsen, 1939: 92f.

[21] Auch ein etwas allgemeinerer Begriff, nämlich jener von einer hierokratischen
Regierungsform, sieht sich allsogleich konfrontiert mit dem Begriff der bürokratischen Regierungsform, wobei, soweit ich sehe, diese beiden Beschreibungen Akzen-
tuierungen der modernen Historiographen darstellen, ohne daß sich über das Verhältnis zueinander sinnvolle Aussagen finden lassen

[22] Dabei ist eine Form von Herrschaft gemeint, die ihre letztendliche Legitimation
nicht nur auf die Götter zurückführt, sondern die herrscherliches Handeln dem Stellvertreter - Paradigma unterwirft. Ich gestehe, daß ich mit H. Frankforts wesentlich
ahistorischer und induktiver Beschreibung des mesopotamischen Königtums nicht
allzuviel anfangen kann.

bemerkt, scheint der physische Erzwingungsapparat der erste gewesen zu sein, der in größerem Umfange als selbständiges System fungierte.

[14] Evolutive Konzepte unterstellen oft einen quasi-natürlichenÜbergang von Großfamilien zu pristinen Staaten, eine These, die nach den Quellen des Alten Orients so nicht zu halten ist.[23] Damit sei nicht bestritten, daß familiäre Strukturen und damit auch die 'Legitimation des Blutes' ideologische Bedeutung besessen haben, wohl aber, daß die Vererbbarkeit von Herrschaft im Legitimationskonzept eine gewichtige oder gar die zentrale Rolle gespielt hat, und zwar aus dem einfachen Grunde, weil die entsprechenden Rechtskonzepte noch nicht ausgeformt waren. Damit bestehen aber grundsätzliche Zweifel an der Berechtigung jenes Paradigmas, das in das Zentrum der Erforschung der antiken Geschichte immer wieder die Frage nach dem dynastischen Königtum, allgemeiner gesprochen, nach der Rolle der verwandtschaftlichen Beziehungen zur Begründung und Sicherung der Herrschaft stellt.

Herrschaftskonzepte und mentale Objekte.

[15] Am Anfang der Ausformung mesopotamischer Herrschaftskonzepte stand nach meiner Auffassung der Prozeß der 'Objektivierung', der maßgeblich die zunehmende Herausbildung gesellschaftlicher Subsysteme beförderte. Solche Objektivierungstendenzen wurzeln dabei in der Vorgeschichte. Prestige-Güter, Denkmale und anderes mehr seien hier in nur pauschaler Weise beispielhaft genannt. Solche Symbolsysteme und dann insbesondere die Erfindung der Schrift waren für die gesellschaftlichen Verhältnisse von großer Bedeutung. Ein Verständnis der wirkenden Mechanismen bei Usurpation und Thronfolge ist m.E. ohne Einbeziehung dieser Prozesse nicht möglich. Unbeschadet des Bewußtseins nämlich, das die Mesopotamier des 3. Jts. von der Endlichkeit der Dynastien oder von der Sterblichkeit der Herrscher hatten, läßt sich aufzeigen, daß eine Tendenz zur Sanktifizierung von Herrschaft sich mühte, eben diese Grenzen zu sprengen.[24] Das 'Königtum' etwa, dessen dynastisches Konzept sich wohl erst in der 2. Hälf-

---

[23] Im Material der Uruk-Zeit gibt es hierfür keinerlei Hinweise, und auch die zeitgenössische Nachrichten des frühen 3. Jt. vermitteln nicht den Eindruck, daß der dynastischen Erbfolge der Herrschaft, eine besondere Bedeutung beigemessen wurde. Im Gegenteil, selbst in den entsprechenden Nachrichten der Sumerischen Königsliste fehlen in den frühen sogenannten Dynastien auffallend häufig klare Filiationsangaben. Dies ist besonders bemerkenswert, weil die dynastische Legitimität gerade den Herrschern von Ur III, die diese Liste in der uns überkommenen Form kompilierten, ein besonderes Anliegen war.

[24] Das hier skizzierte Phänomen scheint ähnlich jenem, das Cohen in einer bemerkenswerten Arbeit 2001 als „dehistoricizing strategies" bestimmte. Ganz ohne Zweifel hat die 'Mythologisierung von Macht' im Alten Mesopotamien eine hervorragende Rolle besessen, allerdings, wie mir scheint, in zweierlei Richtungen: nicht nur zur Sicherung ihrer Permanenz sondern auch zur Reduktion ihrer praktischen Relevanz.

te des 3. Jahrtausends ausbildete, galt, wie oben [9] erwähnt, zunächst seiner
'Idee' nach als ewig. Diese war aber – selbstverständlich – *materialiter* repräsentiert, etwa in der 'Krone' und dem 'Hirtenstab', die von Anbeginn der
Zeit im Himmel vorhanden waren. Dabei ist Materialität für den mesopotamischen Begriff von Konzept oder Idee konstitutiv, nicht akzidentiell. Ent-
sprechendes läßt sich für alle wichtigen Funktionen und Konzepte nachweisen – der emische Begriff Mesopotamiens hierfür lautet ME. Dies übersetzt
die Altorientalistik üblicher Weise wenig glücklich mit „Göttliche Kräfte".

[16] Als solche ME gelten – um nur einige Beispiele zu nennen: **nam-
en** „Amt des En" ; **nam-diĝir** „Funktion (eines) Gottes" ; **nam-lugal** „Königtum", **nam-ab-ba** „Amt/Funktion eines Ältesten"; **nam-sipa** „Hirten-
tum"; **agà-zi-maḫ** „die erhabene Krone"; **túg-maḫ** „das erhabene Gewand";
(ĝiš)gu-za-nam-lugal „Thron des Königtums"; **ĝidri- maḫ** „das erhabene
Zepter"; **šibír eškiri** „Ochsenziemer[25] (und) Nasenseil" u.a.m.

Viele dieser ME entsprechen ganz oder teilweise frühen Götternamen[26]:

Götter	'Me'
^d**men**_x „Krone"	**aga-zi-maḫ** „rechte erhabene Krone"
^d**ḫendur-saĝ** „Der Stab (des(?)) Ersten"	**ĝidri-maḫ** „erhabenes Zepter"
^d**šu-nir** „Standarte"	**(ĝiš)šu-nir** „Standarte"
^d**samàn** „Leitseil"	**šibir eškiri** „Stab (Ochsenziemer) (und) Nasenseil"

[17] Für die sogenannte 'Vergöttlichung' der Funktionen, die letztlich aus
den genannten Objektivierungsprozessen herrührt, die ihnen Essenzialität
und Substanzialität gleichermaßen zuschreibt, ist in unserem Zusammenhang
besonders interessant, daß unter den ME nicht nur Gegenstände und Pries-
terberufe sondern alle möglichen sozialen (z.B. Plünderung, Lügen, Entscheiden, Richten, Feindschaft, Familienversammlung) und zivilisatorischen
(z.B. Feueranzünden und -löschen, Handwerks- und Schmiedekünste,
Schreiben) Phänomene gelistet sind. Wie die Gegenstände verdanken auch
scheinbare Naturphänomene ihre Eingliederung unter die ME offensichtlich
ihrer sozialen Funktion.[27] Damit ist aber die Liste der ME der Ausdruck eines Wissens um die soziale Konstruktion der Wirklichkeit. Diese erfolgt

---

[25] Ursprünglich ein Ochsenziemer, wie er vielleicht auf frühen 'Kudurrus' abgebildet
wurde? Vgl. den phallusförmigen Gegenstand auf dem Blauschen Stein; W, Orth-
mann, Der Alte Orient. *Propyläen Kunstgeschichte* 18, Abb. 74a.
[26] S. dazu Selz 1997: 191f.
[27] Flut, Geschlechtsverkehr und Küssen werden hier offenkundig als sozial bedeutsame Ereignisse, nicht einfach als reine 'Naturphänomene' begriffen.

durch Symbole, die gleichermaßen mental und material vorgestellt sind. Anthropomorphisierung läßt sich von daher beschreiben als ein Sonderfall der Objektivierung, der – so scheint es – historisch an Bedeutung gewinnt, aber andere Objektivierungsmechanismen nie völlig verdrängt. Die 'vergöttlichten' Funktionen ^{d}**GAL:ÙG̃**[28] „der göttliche Aufseher/ Kommandant der Arbeitstrupps", ^{d}**maš-maš-zi** „der göttliche legitime Exorzist" ^{d}**ugula-unug** „der göttliche Aufseher/Kommandant (der Stadt) Uruk" in den frühesten Listen sind gute Beispiele für diesen Prozeß.

[18] Der für diese Phänomene regelmäßig angewandte Begriff der 'Vergöttlichung' scheint aber nicht besonders erhellend.[29] Das Konzept dieser mentalen Objekte – um den mißverständlichen Begriff 'Idee' inskünftig zu vermeiden –, wie auch ihrer realen Repräsentationen einschließlich der machthaltigen Symbole, ist jedoch für die 'geistige', wenn man will 'theologische' Konzeption von Herrschaft von entscheidender Bedeutung: Die einzelnen Herrscher verstanden sich und wurden ihrer *Funktion* nach verstanden *als zeitliche Inkarnationen in eine ewige Funktion*. Modern gesprochen handelt es sich beim Herrschen demnach um das Ausüben einer *Rolle*. Die sogenannte Göttlichkeit dieser Herrscher und Priester war demnach eine funktionale, keine individuelle oder personale, wie ein allerdings vordergründiges und gewiß falsches modernes Verständnis oft unterstellt.

Objektivierungstendenzen in Wirtschaft und Recht.

[19] Die Objektivierungstendenzen, zumal der Schrift, sind auch im Bereich von Wirtschaft und Recht von großer Bedeutung. Für die zunehmende Individualisierung oder Privatisierung der Kontroll- und Verfügungsrechte sind die frühesten rechtsrelevanten Dokumente – sie firmieren unter der Bezeichnung Landkaufverträge – sehr informativ. In ihnen wird deutlich, daß auf Verkäuferseite meist eine Vielzahl von Personen nur einem Käufer gegenüberstanden. Das Phänomen des sog. geteilten Kaufpreises weist zudem darauf hin, daß die Rechte an solchem Besitz in vielfältiger Hinsicht kompensiert werden mußten. Es handelte sich also nicht um die Übertragungen eines individuellen und exklusiven Eigentumsrechtes. Solche Landkaufverträge, wie immer die durch sie transferierten Rechte auch genauer zu fassen sein mögen, verweisen zudem auf das Aufkommen eines auf Grundbesitz basierenden Machtfaktors in der frühdynastischen Zeit.[30]

---

[28] In Verf.: 1997:171 als ^{d}**gal-kalam** verstanden; beachte ebd. 191 Anm. 86; ferner Verf., *Freiburger Altorientalische Studien* 15/2-2, 99 mit Anm. 9.

[29] Ähnliche Prozesse werden in der modernen Soziologie als „Reifizierung" bezeichnet; der Begriff „Objektivierung" oder „Verdinglichung" scheint mir allerdings besser - und er hat eine einschlägige geistesgeschichtliche Tradition

[30] Das Thema habe ich ausführlicher behandelt 1999/2000 [32]-[33] und in: „Streit herrscht, Gewalt droht", in: Wiener Zeitschrift für die Kunde des Morgenlandes 92 (2002), 155-203; vgl. besonders die Tabelle.

[20] „Stelle keinen Bürgen (**šu-dù**, Adab: **šu-du$_8$-a**), jener wird dich 'packen'."[31] Für die Individualisierung wirtschaftlicher Vorgänge signifikant ist das Aufkommen des Bürgschaftswesens.[32] Zu nennen sind hier die 'Verpflichtungsscheine', die das Bestehen eines Guthabens verzeichnen, ohne daß im Einzelfall der geschäftliche oder rechtliche Hintergrund ausgeführt wird.[33] Bereits in einer altsumerischen Darlehensnotiz aus Girsu ist denn auch erstmals die Stellung eines Bürgens bezeugt.[34] Diese Dokumente sind Beispiele für das Entstehen von komplexen Schuld-verhältnissen, die sich durch Individualisierung aus den alten gruppenspezifischen Lieferungsverhältnissen des redistributiven Sektors entwickelten.[35]

Zu den Ursprüngen herrscherlicher Legitimation.

[21] Es stellt sich nun die Frage aus welcher sozialen Schicht oder Gruppe die Träger dieser Funktionen kommen, für die sie aus den verschiedensten Gründen der Effizienz, des Charismas oder der Herkunft geeignet sein mochten. Bis in die Mitte des 3. Jts. zurück reicht die Aussage eines sumerischen Sprichwortes „Autorität (**NIR-g̃ál**), Besitz (**níg-du$_{10}$-du$_{10}$** // **níg-tuk-tuk**) und Stärke (**gaba-g̃ál**) sind (nur Abu-Ṣalābīḫ) die Wesenseigenschaften der Aristokratie (**me-nam-nun-kam$_4$**)".[36,37] Auch wenn nicht

---

[31] Abu-Ṣalābīḫ-Version II 7 = Adab-Version II 2 = altbabylonische Version 19; Vgl.a. Codex Ešnuna § 18.

[32] Hinweise finden sich bereits in den „Anweisungen des Šuruppak"; vgl. B. Alster, The Instructions of Šuruppak. A Sumerian Proverb Collection. *Mesopotamia* 1. Copenhagen 1974.

[33] Vgl. z.B. OIP 14, 129 (= D.O. Edzard, Sumerische Rechtsurkunden 72) und BIN 8,21 (= D.O. Edzard, Sumerische Rechtsurkunden 73) sowie *Materials for the Assyrian Dictionary* 4, 68 (AO 11307) = J.Krecher, *Zeitschrift für Assyriologie* 63 (1973) 254f. Ob es sich be PBS 9, 33 (= D.O. Edzard, Sumerische Rechtsurkunden 67), der „Darwägung von Metall vor Zeugen", um ein Darlehen oder dessen Rückzahlung handelt, bleibt, da der Grund nicht genannt wird, undeutlich.

[34] CT 50, 31 2':4. vgl. aus der Akkade-Zeit die Texte aus TMHNF 5, 48 (= D.O. Edzard, Sumerische Rechtsurkunden 69) und TMHNF 5, 216 (= D.O. Edzard, Sumerische Rechtsurkunden 70) und AO 11274 (=MAD 4, 36) und s. dazu J. Krecher 1973: 252-254 und vgl. BIN 8, 162 (= D.O. Edzard, Sumerische Rechtsurkunden 71).

[35] Vgl. hierzu meine Untersuchung 1999-2000.

[36] So die Deutung nach der Abu-Ṣalābīḫ -Version; die altbabylonische Version reiht parataktisch: „Autorität (und) Besitz, Stärke (und) Wesenseigenschaften (me) der Fürstlichkeit".

Zum Begriff me vgl. G. Farber 1987-1990, hier vor allen Dingen ihre sich an A. Cavigneaux *Journal of Cuneiform Studies* 30 (1978) 177ff. anlehnende Erörterung einer ursprünglichen Bedeutungsgleichheit von **ní** und **me**, 'selbst' und 'übernatürlicher Kraft' (Farber 1987-1990: 612); s. ferner Wilcke 1974: 204 mit Anm. 3.

ausgeschlossen werden kann, daß das Verständnis dieser Zeilen sich gegen Ende des 3. Jahrtausends wandelte, so benennt es doch die auch historisch aufzufindenden Legitimationswurzeln völlig korrekt: „Autorität, Besitz und Stärke".

[22] Dabei mag sich hinter dem Begriff Autorität (**NIR-g̃ál**) das weltanschauliche Legitimationsverfahren verbergen, ein Hinweis auf die Abstammung scheint jedoch zu fehlen. Aus der Mitte des 3. Jts kennen wir ein Wort, das möglicherweise „Verwandtschaft", vielleicht genauer „Familie" oder „Clan" bezeichnet: **IM-ru**. Da es gleichzeitig auch das von einer sozialen Gruppe besiedelte Gebiet oder den Distrikt zu bezeichnen scheint, bildet es kaum eine innere Hierarchisierung ab. Aber auch wenn sich über das Verhältnis von Segmentierung in 'Großfamilien' zur Hierarchisierung in der frühdynastischen Zeit noch keine abschließende Aussage machen läßt, so kann man doch für das altsumerische Lagaš die Stratifizierung der altmesopotamischen Gesellschaft bereits vor Sargon deutlicher beschreiben. Hier nur ein paar Beispiele aus der Führungsschicht: Die **lú.IGI.NIGÍN(-gal-gal** „Leute von Ansehen",[38] – eine im einzelnen ungeklärte Bezeichnung – ist vielleicht mit Notabeln oder gar Aristokraten wiederzugeben. Eine zweite Gruppe bilden die **ušùr** „Nachbarn" der Herrscher*gemahlin*,[39] bzw. **ušùr-é-mí** „Nachbarn (des) Frauenhauses"[40] bzw. die **ušùr-nam-dumu** „Nachbarn (des Anwesens der) Kindschaft".[41] Eine dritte Gruppe ist in unserem Zusammenhang von besonderem Interesse. Deren Angehörige werden als **lú-su-a** bezeichnet, ein Terminus der üblicherweise mit „Bekannten" bzw. „vertraute Leute" wiedergegeben wird.[42] Da sich unter den so bezeichneten Personen eine Anzahl von Blutsverwandten, etwa die Mutter und die Schwester der Stadtfürstin bzw. Kinder des Stadtfürstenpaares nachweisen lassen, steht zu erwägen ob dieses **su** nicht mit **SU.SA** bzw. **[su-ú]SU** = *nišūtu(m)* „(natürliche und angeheiratete) Familie", *agnati* und *cognati*, verbunden werden

---

[37] IV 4-6 = aB 207-210; vgl. Wilcke 1978: 209, der übersetzt: „Der Erwerb von Ansehen und Eigentum bedeutet eine Brustwehr für die **me** des Fürstentums" und den Kommentar a.a.O. 227

[38] J. Bauer, Nouvelles Assyriologiques Brèves et Utilitaires 2003:38, hat – auch aufgrund des bekannten |n| -Auslautes – jetzt eine Bezeichnung als „Leute, die ihre Augen umherschweifen lassen „ > „Aufseher" vorgeschlagen. Sie werden nicht selten neben den **RU-lugal** genannt; teilweise mögen sich diese Bezeichnungen sogar überschneiden.

[39] DP 124 und DP 125

[40] DP 126 und DP 161

[41] DP 128 und DP 129.

[42] Fö 106, DP 161, Altsumerische Wirtschaftsurkunden aus Berlin Nr. 41 (= VAT 4431) und 42 (= VAT 4479). Vgl. die Diskussionen bei J. Bauer, Altsumerische Wirtschaftstexte aus Lagaš, Rom 1972, p. 343 und G.J. Selz, **lú-su-a** versus **LÚ.SU.A**: Eine Nachbemerkung, *Nouvelles Assyriologiques Brèves et Utilitaires* 1989:94, p. 67f.

darf.[43] Sollte sich dieser Vorschlag bewähren, so hätten wir einen ersten Beweis für den Einfluß der Familie und eines damit verbundenen „Inneren Zirkels", kurz vor Beginn der altakkadischen Zeit.[44]

Von besonderem Interesse ist eine aus der Regierungszeit des Uru'inimgina stammende Totenopfer-Urkunde, DP 224. Sie verzeichnet zweimal Speiseopfer für **ab-ba-ensí(-ka), ama-ensí, ab-ba-munus** und **nin-munus**. „den Vater (des) Stadtfürsten, die Mutter (des) Stadtfürsten, die Mutter der 'Frau' (=Herrschergemahlin) und die Schwester(?) (der) 'Frau'".[45] Leider ist es nicht ganz sicher, wer hier mit Stadtfürst gemeint ist, kaum jedoch einer der beiden Vorgänger von Uru'inimgina, Lugalanda oder Enentarzi, da diese unter ihren eigenen Namen in der Liste Opfer erhalten. Möglicherweise versuchte hier Uru'inimgina (bzw. seine Frau Šaša) seinen Eltern und / oder der Verwandtschaft seiner Frau einen Platz im staatlichen Totenkult zu sichern.[46]

[23] Eine Reihe von Texten spricht nun von Aufwendungen – gewissermaßen Apanagen – für eine Personengruppe, wozu unter anderem die 'Mutter des Stadtfürsten', 'Schwestern des Stadtfürsten' u.ä.m. gerechnet werden; vgl. unten Text VAT 4735 mit Kommentar. Bei dem beschriebenen Personenkreis aus den Verwaltungsurkunden der Zeit Uru'inimgina's handelt es sich zum einen deutlich um Angehörige der Familie von Uru'inimgina's Vorgänger; zum anderen scheint mir – einen endgültigen Beweis kann ich noch nicht führen –, daß es sich auch um Verwandte seiner Gemahlin Šaša handelt. Von ihrer Seite käme demnach vielleicht die 'dynastische' Legitimation, und der einstige Hauptmann Uru'inimgina wäre nur ein eingeheirateter Herrscher. Für diesen Vorgang haben wir im Übrigen mehrere unzweifelhafte Parallelen. Gišša-kidu von Umma etwa scheint durch seine Heirat mit der Stadtfürstentochter Bara-irnun legitimiert zu sein,[47] und auf die Rolle der Töchter Ur-Baba's zur Gudea-Zeit werde ich unten noch eingehen.[48]

---

[43] Etymologisch gesehen sollte **SU** allerdings lediglich die cognati bezeichnen!
[44] Vgl. A. Westenholz, The Old Akkadian Empire in Contemporary Opinion, in: Power and Propaganda (M.T. Larsen ed.) *Mesopotamia* 7, 111 und 122 Anm.23, vgl. ders. The World View of Sargonic Officials, in: M. Liverani (ed.) Akkad. The First World Empire, bes. 161,.
[45] Der Name der Stadtfürstenmutter war vielleicht g̃iš-ri; vgl. Fö 164 4:2-3. Beachte, daß in diesem Text auch eine **nin-ensí-ka** „Schwester (?) des Stadtfürsten" namens **gan-ᵈba-ba₆** eine Kleiderspende erhält.
[46] Vgl. mit ähnlicher Auffassung Cohen 2001: 104f. - Auffällig bleibt, daß nicht etwa die Mutter, sondern die Schwester der 'Frau' genannt wird. Möglicherweise war diese verstorben, die Mutter der Šaša aber noch am Leben. Die Geschwister der Šaša hatten anscheinend auch sonst einen beträchtlichen Einfluß; gl. meine Miszelle **me-an-né-si šeš-munus** (FS Pettinato, im Druck).
[47] Vgl.bereits W.W. Hallo, Women of Sumer, *Bibliotheca Mesopotamica* 4, 27f.
[48] S. dazu unten [51f.] und vgl.a. [24f.].

[24] In diesen Zusammenhang dürfte auch ein weiterer Befund gehören: Die Wohnungen von Herrscher und Herrschergemahlin scheinen im altsumerischen Lagaš räumlich getrennt gewesen zu sein.[49] Dabei hieß der Ort der Herrscherin im 'Palast' **ki-munus**,[50] der des Stadtfürsten im 'Frauenhaus' vermutlich **ki-ensí-ka**.[51] Nur am Rande sei hier bemerkt, daß sich aus dieser kleinen Beobachtung weitreichende wirtschaftsgeschichtliche Folgerungen ergeben. Der Begriff der Wirtschaftsinstitution wird in der assyriologischen Literatur ganz selbstverständlich nahezu synonym mit 'Haushalt' verwendet.[52] Dabei steht im Hintergrund immer das Bild einer patrimonialen Oikos-Wirtschaft, das für diese Periode der mesopotamischen Geschichte – wie Hans Neumann schlüssig zeigen konnte – völlig unangebracht ist.[53] Der nachgewiesenen institutionellen Trennung der Wirtschaftseinheiten von 'Palast' und 'Frauenhaus' haben also auch unterschiedliche Räumlichkeiten entsprochen.[54] Eine genauere Beurteilung scheint allerdings derzeit nicht möglich. Archäologische Befunde aus Südmesopotamien fehlen und über das in Fara bezeugte **é-gemé** „Mägdehaus" oder „Haus der Sklavinnen"[55] oder das **é-dam** „Haus (der) Gemahlin/ (des) Gemahls"[56] und die damit verbundenen Strukturen wissen wir bislang zu wenig.[57] Gleiches gilt für das **é-uru**, das „Haus (der) Stadt". Die Quellen-Basis reicht hier jedenfalls für eine Postulie-

---

[49] Vgl. unten Anm. 54

[50] Vgl. DP 319 4:1-3 und s.a. Altsumerische Wirtschaftsurkunden aus Berlin zu Nr. 106 9:2.

[51] VS 27,84 (VAT 4871) 9:2; vgl. dazu demnächst den Kommentar in Altsumerische Wirtschaftsurkunden aus Berlin Nr. 106 9:2.

[52] Die damit zusammenhängende Oikos-Theorie hat H. Neumann (und J. Marzahn) in einem Vortrag im Juni 2000 in Berlin überzeugend widersprochen. Mit einer gewissen Skepsis verwendet den Begriff Haushalt z.B. auch Magid 2001.

[53] Dieser Begriff 'Haushalt' impliziert immer, daß eine Familie, das sind Gatte und Gattin nebst Kindern und anderen Haushaltsmitgliedern, unter einem „Dach" wohnte. Dies ist zumindest für die Herrscher des frühdynastischen Lagaš aber ganz unsicher. Die soziale Organisation des **é-mí/é-ᵈba-ba₆** ist denn auch Gegenstand einer – auch für die Theoriebildung – wichtigen mikrohistorischen Studie von Magid 2001.

[54] Es ist das Verdienst von J.-J. Glassner 1989: 86f., diese Möglichkeit erwogen zu haben; Er macht zudem auf einen im gälischen Nordirland (Isle of Tory) noch heute existierenden analogen Brauch aufmerksam.

[55] Von Visicsato - unter funktionalen Gesichtspunkten - bestimmt als „probably the operational office of the highest authority of the state, namely, of the ensí. (Visicato 1995: 112).

[56] Vgl. Glassner 1989; Selz 1995: 116f. hat gezeigt, daß es in Lagaš mehrere Institutionen oder Gebäude dieses Namens gegeben hat. Deshalb wird der Terminus auf eine spezifische Gebäudefunktion verweisen. Auch in PN ist er bezeugt: vgl. **é-dam(-si), gemé-é-dam, nin-é-dam** und **ur-é-dam**; vgl. ferner auch **é-ad-da** „Haus des Vaters".

[57] Man könnte allenfalls darauf hinweisen, daß die altmesopotamischen Städte in aller Regel Doppelstädte gewesen sind, deren eine eine männliche, und deren andere ein weibliche Hauptgottheit besaß.

rung einer eigenständigen kommunalen Institution nicht aus.[58] Der Trennung in 'Palast' und 'Frauenhaus' entspricht auch die weitgehend selbständige Verwaltungs-Struktur der dazugehörenden Haushalte oder besser Wirtschaftseinheiten.[59] Die sicherlich ebenfalls bereits existierende Koresidenz war in dieser Zeit jedenfalls kaum die einzig mögliche Form des Zusammenlebens der Geschlechter.[60] Im übrigen ist hier wohl auf eine interessante kulttopographische Parallele hinzuweisen, in der diese Strukturen noch lange überdauert haben dürften. So wird etwa Enlil in Nippur, seine Gemahlin Ninlil hingegen vor allem im außerhalb aber nahegelegenen Tummal-Heiligtum verehrt, wohin am Akiti-Fest eine Besuchsfahrt unternommen wird.[61] Ähnliche Verhältnisse dürften auch bei den kultischen Beziehungen von Nanna-r in Ur und Ningal in Ga'eš anzunehmen sein.[62] In Lagaš deuten nicht nur Hinweise der altsumerischen Kulttopographie sondern auch die Quellen aus der Gudea-Zeit in ähnliche Richtung. Unklar bleibt, ob es sich bei diesen Strukturen (nur noch) um eine Spezialität des Herrscherhauses handelt, bzw. inwieweit diese weiter verbreitet waren. Eine vollständige Prosopographie der Tausenden von Personennamen aus den Verwaltungstexten mag eventuell zu einer Klärung dieser Frage beitragen und überhaupt verdeutlichen, welche Bedeutung etwa den mutmaßlichen Clanstrukturen zukam.

---

[58] Vgl. I.M. Diakonoff, Extended Family Housholds in Mesopotamia (III-II Millennia B.C.) *CRRAI* 40 (1996), 56, der annimmt, die Fara-Dokumente unterschieden zwischen „the property of the state and/or temple" (**šà-é-gal**) und „the property of the community" (**šà-uru**). Zum **é-uru** s. Visicato 19995:113-129, dessen Darlegungen mir allerdings in vielem unklar bleiben. Für die von ihm rekonstruierten Beziehungen der einzelnen „Büros" s. die Tafel 1 ibid. 138.

[59] Ich lasse hier einmal die Frage außer Acht, welche Verhältnisse zwischen den Wirtschaftseinheiten von Stadtfürsten und Gemahlin und denen der Kinder bestanden haben könnten. Zum einen weisen die Quellen daraufhin, daß die Institutionen der Kinder verwaltungsmäßig eng mit dem Anwesen der 'Frau' gekoppelt waren (vgl. dazu G.J. Selz 1995: 53ff. 279), zum anderen überstand ein solches Anwesen in zumindest einem Falle zwei Regierungswechsel; vgl. G.J. Selz, Kontinuität und Diskontinuität im altsumerischen Lagaš, oder zu Leben und Sterben des Ursila(sirsir(a)), des Sohnes des En-entarzi und Bruder des Lugalanda. *Nouvelles Assyriologiques Brèves et Utilitaires* 1995: 16.

[60] Auf einem mikrohistorischen Level diskutierte diese Problem Magid. 2001. - Für die 'Mittelschicht' der Ur III-Zeit hat H. Waetzoldt, Privathäuser. Ihre Größe, Einrichtung und die Zahl ihrer Bewohner. CRRAI 40 (1996), 145-152 die einschlägigen Daten zusammengestellt. Hier ist das 'bürgerliche' Zusammenleben der (Klein-)Familien sicherlich die Regel, wenngleich wir „keinerlei Informationen über die Wohnverhältnisse der untersten Bevölkerungsschicht, z.B. Weberinnen, Müllerinnen, Tagelöhner oder Halbfreie" besitzen (Waetzoldt, a.a.O. 145).

[61] Vgl. Sallaberger 1993: 131ff.

[62] Siehe Sallaberger 1993: 170ff.

[25] Als Hypothese könnten wir hier zusammenfassend formulieren, daß die dynastische Legitimation auch matrilinear möglich war. Damit wird es wahrscheinlich, daß es sich bei diesem Aspekt der Legitimation der Thronfolge um eine materiell vorgestellte „Legitimation des Blutes", nicht um eine erbrechtliche Legitimation gehandelt hat. Mit anderen Worten, die Familienzugehörigkeit und die damit einhergehenden Aufgaben bestimmten sich zunächst wesentlich durch die unbezweifelbare Mutterschaft; erst nach und nach werden sie im sich entwickelnden System des Rechtes durch patrilinear bestimmten Rechtetransfer ergänzt und schließlich ersetzt. Aus beidem resultieren ganz unterschiedliche ideologische Legitimations-strategien, auf die ich unten [37]ff. näher eingehen werde.

Herrschaft als selbstreferentielles System.
[26] „Ich bin ein König, der sein Land nicht schützen kann, ein Hirte, der sein Volk nicht behüten kann ... Was kann ich nur tun, um mich aus den Problemen zu befreien?"[63] Diese Aussage verweist, jenseits der Legitimation von Herrschaft, auch auf ihre Legitimität. Die Nichterfüllung der herrscherlichen Aufgaben, die mangelnde Effizienz, macht Herrschaft illegitim. Hintergrund ist dabei natürlich, daß sich Herrschaft als reflexives oder selbstreferentielles System herausgebildet hat. Herrschaft verweist hier etwa auf eine 'Idee' der Herrschaft, sie kann sich dann auch auf vergangene Herrschaft(sformen) u.ä. beziehen. Auch wenn das Zitat aus einer späteren Epoche stammt, so ist dieses Prinzip doch bereits zur frühdynastischen Zeit voll ausgebildet. Denn jede Herrschaft, die sich z.B. geschichtlich legitimiert, besitzt damit Merkmale der Reflexivität. In gleicher Weise werden etwa Normen oder Rechtsentscheidungen selbst Referenzpunkte für neue Rechtsprobleme. Die oft fiktiven Rechtsbezüge etwa der kassitischen Kudurrus sind dafür ein Beispiel. Die Selbstreferenz der Herrschaft wird an zwei Beispielen augenfällig:
1. Der Herrscherkult etwa – die Verehrung von Statuen oder von zu Statuen gewordenen Toten – läßt sich am besten begreifen mit dem Kantorowicz-schen Exempel des mittelalterlichen „doppelten Königtums". Der aktuelle Herrscher, das jeweilige „es lebe der König", verweist nur auf eine neue Inkarnation dieser Rolle. Somit begrenzt es auch in einschneidender Weise die individuellen Handlungsmöglichkeiten der jeweils Herrschenden. Zwischen dem König als Amtsinhaber und dem König als individueller Person besteht nur noch bedingte Identität.[64]

---

[63] Kutha-Legende des Narām-Sîn, Text 20A iii 155; vgl. Text 22 Z. 91-93; vgl. Westenholz 1997: 272ff. und 318f.
[64] Ähnlich der Ansatz von Cohen 2001: 100; neu ist Cohens Hinweis auf die Bedeutung, die der Anbindung an die Natur bei der Sanktifizierung des Königtums zukommt. Der Vergleich mit den frühen Götternamen und der Liste der **me**, lehrt uns, daß dies aber unter dem Thema der sozialen Bedeutung der Naturereignisse geschah.

2. Der individuelle Amtsträger unterlag der Verpflichtung, seine Rolle zu erfüllen; sie war der Maßstab seiner Beurteilung. Dies verweist zugleich auf die prinzipielle Möglichkeit der Herrschaftskritik. Mangelnde Effizienz, die Nichterfüllung seiner Aufgabe, konnte Legitimität und Legitimation von Herrschaft ernsthaft in Frage stellen. Im Extremfall resultierte daraus sogar ein Widerstandsrecht, was aufgrund des offiziellen Charakters der uns überkommenen Quellen eines näheren Hinsehens bedarf.

Herrschaftskritik.
[27] Das Verhältnis von Herrschaftsrollen und Legitimität illustriert folgende Passage: Der frühdynastische Herrscher En-metena droht seinem Gegner im Falle der Vertragsverletzung an: „Wenn daraufhin (in Folge des Vertragsbruchs) die Bevölkerung seiner (=des vertragsbrüchigen Herrschers) Stadt die Hand gegen ihn (diesen Herrscher) erhebt, möge sie ihn inmitten seiner Stadt töten."[65] Ähnliche Aussagen finden sich mehrfach; sie konfrontieren allerdings immer einen Gegner mit einem ihm unterstellten Rollenverständnis. Man hat solche Aussagen als rein propagandistisch betrachtet, und zu einem Gutteil waren sie es gewiß. Allerdings sollte nicht völlig außer Acht bleiben, daß sie sich in gewissem Umfange auch auf ein allgemein vorausgesetztes und gefordertes Verhalten beziehen, im gegebenen Fall die Vertragstreue. Der Aufruf von En-metena zum Herrschermord bei Vertragsbruch zeigt exemplarisch, daß durch den Verstoß gegen das göttliche Recht alle Legitimität verloren ging.
[28] Hierher gehört auch der Versuch des Uru'inimgina, neuerdings oft Iri-kagina gelesen, sich bei seiner Niederlage gegen Lugalzagesi durch Berufung auf die göttliche Gerechtigkeit dem Vorwurf des inkorrekten Handelns zu entziehen. „(Lugalzagesi,) der Mann von Umma hat, als er Lagaš zerstörte, eine Missetat gegenüber (dem Stadtgott) Nin-Ĝirsu begangen; die Hand, die er an ihn gelegt hat, wird ihm abgehackt werden. Eine Verfehlung des Uru'inimgina, des Königs von Girsu, gibt es nicht. Die Familiengottheit des Lugalzagesi, des Stadtfürsten von Umma, möge diese Verfehlung ihm auf seinen Nacken legen."[66] Der einzelne Herrscher mußte also seiner Funktion, seiner Rolle, dem Herrscherbild, entsprechen – und auch dem Bilde, das er schuf.[67]
[29] Über die innergesellschaftliche Herrschaftskritik wissen wir nur wenig. Fälle von Machtmißbrauch beziehen sich nie auf den Herrscher direkt. Nur mittelbar auf unsere Frage nach der Herrschaftskritik übertragen können wir somit z.B. die folgende Regelung aus dem Restaurationsedikt des frühdynastischen Herrschers Uru'inimgina: „Wenn (ein königlicher Dienstmann ihm (= dem Höheren/Adeligen)) sagt, zahle mir Silber, bis mein

---

[65] Ent. 28 6:26-29 // 29 6:37-40; vgl. Steible 1982: 244f.; vgl. a. Ean 1 8:1-3.
[66] Ukg. 16 7:10-9:3; vgl. Steible 1982: 337
[67] Eine Studie hierzu bietet Selz 2001.

Herz zufrieden ist, ... (der andere aber dann) nicht kaufen will, darf der Höhere / Adelige den 'königlichen Dienstmann' in seinem Zorn nicht schlagen."[68]

[30] Herrschaftskritik zeigt sich nach unseren Quellen meist aus der Beurteilung von Herrschaft *ex post*, wozu die bekannten Beurteilungen von Narām-Sîn, oder Amar-Suena in der mesopotamischen Historiographie gehören; vgl. unten [47], [71]. Sprichwörter allerdings machen eine weitverbreitete Herrschaftskritik deutlich, ohne daß sie sich jedoch zeitlich verorten ließen. Vgl. z.B. folgendes:

„Im Palast gibt es viele Dummköpfe"[69]

„Der Palast verneigt sich vor sich selbst! "[70]

„Der Palast ist ein Ochse, ergreif ihn beim Schwanz! Auf (den Sonnengott) Utu, den (wahren) König, richte Deinen Blick. "[71]

„Ein Palast ist ein schlüpfriger Platz, der die packt, die ihn (nicht) kennen!"[72]

„Der Schnelle entkommt, der Starke haut ab, der Schwätzer geht zum Palast!"[73]

Herrschaftskrise als Wirtschaftskrise.

[31] Es ist an dieser Stelle für den Verlauf der Argumentation wichtig, knapp die Thesen eines an anderer Stelle veröffentlichten Beitrags zusammenzufassen[74]: In der ausgehenden frühdynastischen Zeit resultierte der Konflikt zwischen funktionalen und privaten Verfügungsrechten und darauf aufbauenden unterschiedlichen Gesellschaftssystemen in einer krisenhaften Zuspitzung der politischen Lage. Der Antagonismus zwischen Nord- und Südbabylonien, der schon einige Jahrhunderte die makropolitische Lage bestimmte und den wir mikrohistorisch aus den Quellen der im Brennpunkte liegenden Staaten von Umma-Gišša und Lagaš-Girsu rekonstruieren können, führt zu einer für die ganze mesopotamische Geschichte höchst folgenreichen Staatskrise. Bei diesem Antagonismus handelt es sich letztlich um eine Konkurrenz zwischen politisch-sozialen, wirtschaftlichen und weltanschaulichen Systemen, die nur zu einem geringen Teil auf sogenannten ethnischen Auseinandersetzungen beruhte, auch wenn der zunehmende Einfluß der Akkader bzw. der Wari und ihren expandierenden Kleinkönigtümern in Rech-

---

[68] Ukg. 4: 111-38-12:11; vgl. ähnlich 4 11:27; vgl. Steible 1982: 306ff.; Selz 1999/2000: 19.

[69] Alster 1997: SP 9 A 9.

[70] Alster 1997: SP 11.56.

[71] Alster 1997: SP 14.21. vgl. 6.1.

[72] Alster 1997: SP 6.4, 25.7.

[73] Alster 1997: SP 18.8; UET 6/2, 286

[74] Siehe Selz 1999/2000; auch sonst muß nachfolgend mehrfach auf dort vorgetragene Argumente rekurriert werden.

nung gestellt werden muß. Die bei modernen Historikern beliebte Verdinglichung ethnischer Fragen, die Reifizierung der Ethnie, die auch den modernen politischen Diskurs unterschiedlichster Couleur zu beherrschen scheint, hat in Mesopotamien wohl nie die ihr zugeschriebene politische Sprengkraft erreicht. Insbesondere hat sie vor dem Untergang des altakkadischen Reiches keinerlei nachweisbare Spur hinterlassen.

[32] Entscheidend war die wirtschaftliche Situation: Die staatliche Verwaltung der südbabylonischen Wirtschaft, die in einem erheblichen Ausmaße redistributiv organisiert war – wobei gewiß Belohnungen wie auch Produktionsbeteiligungen einen nicht zu vernachlässigenden Faktor darstellten –, tendierte in externen und internen Krisensituationen dazu, die Lieferungsverpflichtungen zu erhöhen. Modern gesprochen, die Abgaben- und Steuerschraube wurde angezogen. Dazu kam in rechtlicher Hinsicht eine Tendenz zu einer Differenzierung zwischen temporär übertragenen Nießbrauchrechten und dem Konzept eines zunehmend exklusiven Privateigentums. Es war ein – nunmehr erbliches – Privateigentum im Entstehen, das in dieser Form dem traditionellen südbabylonischen Institutionalismus fremd war.

[33] Im Falle des Staates Lagaš läßt sich nun der Verlauf der Krise unter den letzten Lokalherrschern Lugalanda und Uru'inimgina an Hunderten von Verwaltungsdokumenten[75] mikrohistorisch rekonstruieren: Der Rückgang und letztendliche Zusammenbruch der auswärtigen Handelsbeziehungen, die zunehmende außenpolitische Bedrohung mit fortwährenden Scharmützeln und Kriegen an vielerlei Fronten, der Rückgang der Lebensgrundlage – der Löhne – der abhängig Beschäftigten, jener sogenannter Tempelsklaven, der zunehmende Einfluß des privatwirtschaftlichen Faktors und das Entstehen einer Verschuldungskrise führten auch deshalb zu einem Legitimationsverlust, weil das Gemeinwohl und die „übertragenen" Funktionen den Interessen von Herrschern und Oligarchen nachgeordnet wurden. All dies läßt sich in den Dokumenten minutiös aufzeigen. Auch die Gegenmaßnahmen, die der letzte Herrscher Uru'inimgina zu treffen versuchte, in dem er vorgeblich eine alte göttergewollte Ordnung restaurierte, läßt sich *en détail*, manchmal von Monat zu Monat, nachvollziehen.[76] An dieser Stelle mögen ein paar Stichworte genügen: Mit der Verminderung von Gebühren und Steuern, mit dem Versuch den Einfluß der Oligarchen und ihrer auf privater wirtschaftlicher Macht beruhenden Rolle im Staate zurückzuschrauben und das alte auf übertragenen Funktionen beruhende Herrschaftskonzept zu revitalisieren, geriet Uru'inimgina fast zwangsläufig in eine aussichtslose Lage. Wir können zwar vermuten, daß er mit seinem Regierungsprogramm zunächst die Unterstützung weiter Teile der rechtsärmeren Gesellschaftsschichten gewinnen konnte. Die Durchführung des Programms konnte je-

---

[75] Vgl. zuletzt z.B. Selz 1995: 49-96; Magid 2001 (jeweils mit älterer Literatur).
[76] Vgl. z.B. Selz 1995, besonders 100f.

doch nicht gelingen, weil er nicht nur außenpolitisch isoliert war, sondern weil eine vielfältige militärische Bedrohung ihn letztlich zu vermehrten staatlichen Aufwendungen zwang. Die Krise manifestiert sich denn auch im Rückgang bei den Löhnen für die Arbeitskräfte. Da sein Regierungs- programm somit undurchführbar wurde, drohte dem Herrscher letztlich der Legitimationsverlust durch Mangel an Effizienz, d.h. durch eine scheinbar unabwendbare Verschlechterung der ökonomischen und politischen Lage. Daß er wohl in gewisser Realitätsferne dennoch an seinem Plan der Schul- denerlässe festhielt, läßt sich verstehen als erstes historisches Beispiel dafür, wie die politische Wirksamkeit einer Ideologie letztlich ihr Scheitern hervor- ruft.

[34] Es ist weitgehend unbestritten, daß sich spätestens unter seinem Vorgänger Lugal-anda und dessen Gemahlin Bara-namtara der Staat von Lagaš in hohem Maße ähnlich verwaltet zeigt, wie die Latifundien eines Großgrundbesitzers. Dies ist jedoch nur symptomatisch und keinesfalls auf den Herrscher und seine Familie allein beschränkt. Auch in Bereichen, die nicht unmittelbar unter der Regierungsverantwortung des Herrschers gestan- den haben, war ähnliches möglich.

[35] Eine Urkunde aus dem 1. Regierungsjahr des Lugal-anda ver- zeichnet die Einschüttung von rund 1300 hl Gerste im „Anwesen des Ur- Antasura, des Kommandanten". Mit diesem Lagerungsort scheinen wir uns in einer Sphäre zu befinden, die nicht unmittelbar dem Zugriff der (staatli- chen) Institution unterstand. Verbinden wir diesen Sachverhalt mit der Tat- sache, daß der Herrscher Uru'inimgina selbst vor seiner Machtübernahme ebenfalls als „Kommandant" belegt ist,[77,78] so wird deutlich, welche Gefahr dem Staate durch die Vermengung von institutionellen und privaten Verfü- gungsrechten drohte. Es ist also nicht allein der zunehmende Einfluß von privaten Wirtschaftsweisen, sondern die Herausbildung eines militärisch- ökonomischen Komplexes, der alte funktional basierte Legitimationsstrate- gien zunehmend obsolet machte.

[36] Ich versuchte zu skizzieren, daß mit dem Konzept des vererbba- ren Eigentums an Grund und Boden und der Herausbildung von damit ver- bundenen Exklusivrechten eine gesellschaftliche Neuerung heraufdämmerte. Es bildeten sich auf Besitz und Eigentum fußende Machtzentren, die Aus- beutungsverhältnisse ermöglichten, die letztlich nicht nur die Staatsverfas- sung, sondern sogar die veritable Existenz des Staates von Lagaš bedrohten.

Unterschiedliche ideologische Legitimationsstrategien.

[37] Auch wenn wir gelegentlich die Chance besitzen, entscheidende historische Veränderungen an einem bestimmten Punkte schlaglichtartig zu erfassen, so ist der Wandel doch meist ein längerer Prozeß. Die Herausbil-

---

[77] Selz 1992: 44.
[78] Vgl. dazu und zur Berufsbezeichnung Selz 1998: 318. 325 und s.a. Selz 1992: 44.

dung von Individualrechten und deren Erblichkeit ist dafür ein eindrucksvolles Beispiel. Innerhalb der Herrscherlegitimation beginnt die *Vererbung* der Herrschaft erst nach und nach eine Rolle zu spielen. Zwar gehört in der ältesten, durch zeitgenössische Inschriften gut dokumentierten Dynastie, jener des Ur-Nanše von Lagaš, der Verweis auf die patrilineare Abstammung zum Standard-Formular in den Weih- oder Königsinschriften, und der legitimatorische Bezug dieser Aussagen ist evident.[79] Diese Form eines 'weltlichen' Legitimationskonzeptes der Erbfolge ist allerdings noch überlagert durch religiöse Legitimationsstrategien, unter denen die zahlreichen Hinweise auf die göttliche Abstammung der Herrscher einen besonderen Platz einnehmen. Vermutlich in Form von elaborierten und komplexen Inthronisationsritualen erfolgte unter anderem eine Ankindung[80] an die Staatsgötter, allen voran an die Staatsgöttin. „Einen Vater habe ich nicht, mein Vater sei Du; eine Mutter habe ich nicht, meine Mutter sei Du!"

[38] Die patrilineare Vererbung von Herrschaft war aber noch lange nicht die hervorragende Form ihrer Legitimation. Uru'inimgina z.B. besaß keine patrilineare Abstammung von seinen Vorgängern. Er war aber wohl nicht – wie man gemeinhin lesen kann – ein Usurpator. Bei einem Usurpator stünde doch zu erwarten, daß er nicht nur eine institutionelle Reform durchführte, sondern daß sich dies auch im Verhältnis zu seinen Vorgängern widerspiegelt. Aber weder lassen sich beim staatlich betriebenen Ahnenkult noch in der Behandlung seines Vorgängers Lugal-anda[81] und dessen Gemahlin Bara-namtara Hinweise dafür finden. Im Gegenteil, als die letztere in 2. Königsjahr des Uru'inimgina stirbt, erhält sie ein Staatsbegräbnis. Und obwohl in den letzten Monaten der nominellen Regierung des Lugalanda Uru'inimgina bereits Funktionen seines Vorgängers – eigentlich herrscherliche Funktionen – übernommen hatte, fehlt jedes Anzeichen für dessen Degradierung, sei es, daß er es nicht konnte – oder nicht wollte. Auf die Möglichkeit, daß Uru'inimgina seine Legitimation durch Einheirat in die Herrscherfamilie erwarb, habe ich bereits hingewiesen [23]. In diesem Zusammenhang ist auf einen bislang kaum erklärten Befund hinzuweisen: Seit der Uruk-Zeit läßt sich auf zahlreichen Monumenten beobachten, daß Frauen in

---

[79] Es läßt sich darüber hinaus erweisen, daß die Staatsbildung des Kleinstaates wohl unter diesem Herrscher erfolgte. Die Herrscher standen an der Spitze von Arbeitsmanagement und Milizen. Ihre Verantwortung umfasste Verwaltung, Krieg und Kult; in der letzteren Funktion waren sie Stellvertreter der Stadtgötter, sie spielten gewissermaßen deren Rolle.

[80] Beachte, daß bereits M. David, Die Adoption im altbabylonischen Recht. *Leipziger rechtswissenschaftliche Studien* 23, Leipzig 1923, 19f. 87ff. 89 darauf hingewiesen hat, daß *adoptio sensu stricto* mit voller Erbberechtigung des Adoptierten noch in den altbabylonischen Urkundenmaterial auf Nordbabylonien beschränkt scheint, während es sich im Süden (zunächst) überwiegend um Aufzuchtverträge handelt.

[81] Vgl. hierzu G.J. Selz, Wann starb Lugalanda? *Nouvelles Assyriologiques Brèves et Utilitaires*, 1993 : 107.

bevorzugter Position dargestellt werden. Auch auf den sogenannten Famili-
enreliefs des bereits genannten Herrschers Ur-Nanše, nimmt in der Darstellung seine Tochter im Vergleich mit seinen Söhnen eine nach Position und
Bedeutungsmaßstab hervorgehobene Stellung ein.[82] Weitere Darstellungen
der frühdynastischen Zeit ergeben einen ähnlichen Befund.[83] Unbestritten ist
auch, daß im religiösen Legitimationsverfahren der sumerischen Herrscher
dem wie immer gearteten Ritual der *Heiligen Hochzeit* eine besondere Bedeutung zukam. Dabei ist keinerlei Zusammenhang mit der später so ge-
wichtigen dynastischen – patrilinearen – Erbfolge erkennbar. Auch wenn die
Vorstellungen von der Durchführung des Rituals unterschiedlich sind und
auch wenn es vermutlich zu den verschiedenen Zeiten auch unterschiedlich
ablief, für unsere Beobachtungen scheint eine neue Interpretation möglich:
Eine herrscherliche Legitimationsquelle war ein Ritual, das anscheinend alte,
matrilokale, hypogame Traditionen bewahrte. Ihre auffällige und andauernde
Bedeutung in der religiösen Sphäre ist vielleicht geradezu das Ergebnis ihrer
schwindenden praktischen Relevanz.[84] Hierher gehört dann z.B. auch der
mythische Wettstreit zwischen den Herrschern Enmerkar von Uruk und En-
suhkešdana aus dem ostiranischen Bergland Aratta um die Gunst der Göttin
Inana, genauer um das Recht in der Heiligen Hochzeit ihr Gemahl zu werden.[85]

[39] Mit dem Sieg des Lugalzagesi, der seine Karriere in Umma begann, über Uru'inimgina endet die Frühdynastische Epoche, auch wenn dieser noch einige Jahre als Duodezfürst weiterregierte. Über die Art des Arrangements und mit wem er es traf, haben wir bislang keine deutlichen Nachrichten. Im übrigen entstammte auch Lugalzagesi nicht einer dynastischen
ummäischen Linie. P. Steinkeller hat neuerdings Ereš als den Ort seiner und
seiner Familie Herkunft zu bestimmen versucht. Auch hier könnte eine Einheirat die Legitimation des Herrschers begründet haben; vgl. oben [23] und
unten [52].

---

[82] Es scheint mir problematisch zu sein, die Rolle der Frau in der FD in der Form mit
dem der „institutionalized accession by right of birth" zu verbinden, wie dies z.B.
W.W. Hallo, Women of Sumer, *Bibliotheca Mesopotamica* 4, 27f. getan hat. Eher
das Gegenteil scheint der Fall zu sein.
[83] Vgl. z.B. Frauen in Symposiumszenen; Siegel der Frau des Mesanepada, Ninban-
da und weitere Befunde aus dem Königsfriedhof in Ur; s.a. bereits die Darstellung
der Uruk-Vase.
[84] Mit anderen Worten, die Sanktifizierung der Rolle des Weiblichen mag durchaus
verbunden sein mit einem Verlust an praktischer Bedeutung. In Religion und Politik
werden die Frauen zunehmend auf Ehrenposten 'hochgelobt'. Mythologisierende
(dehistoricizing) Strategien sind janusköpfig; vgl. anders Cohen 2001.
[85] Wie einflußreich diese Vorstellungen waren und wie sie propagandistisch eingesetzt wurden, ist Gegenstand meiner Untersuchung 2001a.

Veränderungen im Herrschaftsparadigma im Reich von Akkade.

[40] Der Beginn der Karriere Sargons, der Lugalzagesi schließlich besiegte und ihn im Halsstock bezeichnenderweise dem Gotte Enlil im alten Kultzentrum Nippur 'übergab', liegt im Dunkeln. Spätere Tradition berichtet, daß sein Vater unbekannt, seine Mutter jedoch eine En-Priesterin gewesen sei. Ebenso verankert diese Überlieferung seine Ursprünge im nordbabylonischen Kiš. Ob wir in diesen Nachrichten nur den Reflex eines alten Legitimationsparadigmas vor uns haben, oder ob es mit realen Vorgängen zu verbinden ist, bleibt unsicher. Jedenfalls scheint, während Sargon langsam aber konsequent seine Macht in Nordbabylonien ausbaute, der Süden noch unter der Herrschaft des Lugalzagesi gestanden zu haben.

[41] Obwohl die Karriere Sargons offenkundig außerhalb der traditionellen südbabylonischen Tempel-Institutionen verlief, ist die Tatsache, daß er eine seiner Töchter als Hohepriesterin des Mondgottes Nanna-r in Ur, eine zweite wahrscheinlich als Hohepriesterin Enlils in Nippur, installierte, symptomatisch. Sie zeigt deutlich Sargons Vorsicht in ideologisch-weltanschaulicher Hinsicht. Allzumal die propagandistische Aufgabe seiner Tochter Enḫeduana ist durch die zahlreichen ihr zugeschriebenen bzw. von ihr kompilierten Literaturwerke bestens bekannt. Durch Parallelisierung und Versöhnung sumerischer südbabylonischer und semitisch-akkadischer religiöser Traditionen versuchte sie, den ideologischen oder theologischen Überbau für das altakkadische Reich bereitzustellen.[86] Ihre Gleichsetzung, etwa der sumerischen Venusgöttin Inana mit der für die altakkadische Dynastie so wichtigen Ištar, oder ihre Vereinerleiung des sumerischen Mondgottes Nanna-r mit dem akkadischen Su'in oder Sîn, war so erfolgreich, daß sich noch die heutigen Wissenschaftler mit zweifelhaftem Erfolg mühen, beide zu unterscheiden.

[42] Dies ging Hand in Hand mit dem Bemühen, die ökonomischen Kontrolle über das Reich zu bekommen, etwa durch die Umleitung der Schiffe von Meluḫḫa (an der Nordostseite des persischen Golfes), aus Makan (dem heutigen Oman) und aus Tilmun (Bahrain) an den „Kai von Akkade". Mit dem Titel **lugal-kiš**, der nun eine Bedeutungserweiterung in Richtung „König der Gesamtheit" erfuhr, stellten sich die altakkadischen Herrscher nicht nur rhetorisch in die Tradition der nordbabylonischen Herrschaftskonzepte. Ganz ohne Zweifel wußten sie sich auch das Konzept des nordbabylonischen Großgrundbesitzes zu Nutze zu machen, bildete dies doch einen bedeutenden Gegenentwurf zu dem im Süden noch immer einflußreichen Konzept der Tempel-Institutionen. In welchem Umfange auch immer, es scheint als hätten die sich entwickelten Landdomänen eine *ökonomische* Aristokratie befördert, die wohl zunächst ihre Interessen im

---

[86] Vgl. hierzu nunmehr auch Selz 2001.

altakkadischen Staatskonzept bestens vertreten sah.[87] Wie dem auch sei, die altakkadischen Herrscher benutzten diese ökonomische Entwicklung zur Festigung ihrer Macht. Wenn Maništūsu also im Bereich von vier mittelbabylonischen Städten riesige Ländereien erwarb,[88] so geschah das ohne Zweifel auch in der Absicht, die wirtschaftliche Basis seiner Macht zu erweitern.[89] Außerhalb und neben den traditionellen südbabylonischen Haushalten entstanden so Machtbasen, die die Herrscher mit loyalem Personal und loyalen Truppen bevölkern konnten. Die Verleihung entsprechender königlicher Lehen an Gefolgsleute sollte die Loyalität des gewaltigen akkadischen Militärapparates sicherstellen. Daß diese Politik zahlreiche Konflikte schuf und insbesondere den Widerstand Südbabyloniens hervorrief, dessen wirtschaftliche Basis in Frage gestellt war, liegt auf der Hand.

[43] Das Bemühen um die ideologische Einheit des Reiches steht deutlich auch hinter einer Fluchformel des Narām-Sîn, in der demjenigen, der an seiner Statue frevelt, angedroht wird: „Das Zepter für Enlil soll er nicht halten, das Königtum für Ištar soll er nicht inne haben."[90] Mit Enlil und Ištar werden hier zwei Götter genannt, die stellvertretend für die unterschiedlichen religiösen und sozio-ökonomischen Systeme von Süd- und Nordbabylonien stehen. Auch andere zeitgenössischen Quellen lassen deutlich erkennen, daß sich Sargon und seine Nachfolger ideologisch zum einen in die Tradition der alten nordbabylonischen Stadt Kiš begaben, daß sie zum anderen aber auch die unterschiedlichsten Versuche unternahmen, Südbabylonien dauerhaft in ihren Machtbereich zu integrieren. Neu erscheinen uns im wesentlichen die folgenden Punkte:

1. Ein aktiver betriebener machtpolitischer Zentralismus, der mit friedlichen (ideologischen) und militärischen Mitteln durchgesetzt werden sollte.

---

[87] Monokausale Erklärungen sind für eine systemische Beschreibung der Prozesse natürlich untauglich. Ein etwas differenziertes Modell habe ich in meinem Beitrag 1999/2000 entworfen.

[88] Gelb et al. 1991: 118 Figure 12; vgl. Westenholz 1999: 44-46 und 49-51.

[89] Die Schaffung königlicher Domänen (Gelb et al. „crown land") gilt als Neuerung der altakkadischen Zeit. Neben dem Maništūsu-Obelisken, mit Feldern aus dem Gebiet von vier mittelbabylonischen Städten, (vgl. zuletzt A. Westenholz 1999:44ff.) ist auf die „Stela of Victory" (Narām-Sîn-zeitlich) mit einer riesigen Landfläche von ca 40 km^2 im Gebiet Lagaš- G̃irsu mit 17 'Städten' und 8 größeren Siedlungen (vgl. Gelb et al. 1991: 88ff.; n. 24) zu verweisen. Bei den Empfängern der verzeichneten Landzuteilungen handelt es sich, mit Gelb et al. 1991: 90 gewiß um Mitglieder des altakkadischen 'Hofes', wobei der **ugula-MAR.TU-ne** „Obmann (= Hauptmann) der Amoriter" besonders bemerkenswert ist; vgl. dazu meine Überlegungen in 1998: 323. Einer der bedeutendsten Land-'Besitzer' war E̩ṭib-Mer, der Leiter der königlichen Domänen in Umma und Girsu (vgl. B. Foster, Administration and the Use of Institutional Land in Sargonic Sumer, *Mesopotamia* 9 (1982) 35f.); eine der größten Domänen war die des **me-sàg** (Foster, a.a.O. 52ff.) .

[90] Kienast 1994: 382: Narām-Sîn C 30: 100-106.

2. Eine Zurückdrängung der bürokratisch-funktionalistischen Staatskon-
zeption zu Gunsten eines auf die individuellen Handlungsmöglichkeiten
der Herrscher und ihrer Familien zugeschnittenen individualistischen
Konzeptes.
3. Eine weitgehende Modifikation bzw. Änderung der staatlichen Verfassung sowie eine Betonung persönlicher Loyalität und des auf Erbfolge
beruhenden dynastischen Prinzips.

[44] Mit der Erhebung von Akkade zur Hauptstadt stellten sich die
Akkade-Herrscher allerdings von Anfang an und sicher bewußt außerhalb
der traditionellen städtischen und städtebündischen Strukturen Südbabyloniens. Durch den Ausbau der militärischen Macht und das Prinzip persönlicher Loyalität und Verantwortung erzielten sie eine große Dynamik; allerdings wird auch bereits die Schwäche dieser Verfassung erkennbar: Die
Söhne Sargons, Maništūsu und sein ihm nachfolgender Bruder Rîmuš,
scheinen Opfer interner Loyalitätskonflikte geworden zu sein.[90a] Möglicherweise handelt es sich hier um die ersten historisch belegten Königsmorde.

Die Verrechtlichung der Königsideologie.

[45] Nicht nur in ihren Königsinschriften, sondern auch in den im
Umkreise der Sargon-Tochter Enḫeduana entstandenen literarischen Werke,
läßt sich eine zunehmende Verrechtlichung der Legitimationsproblematik
erkennen.[91] Sargons Enkel und Maništūsus Sohn Narām-Sîn bezeichnet seine Berufung durch die Götter als *dīnum* „richterliche Entscheidung", „Urteil", und dies bezieht sich in diesem Kontext auf einen durch Orakelanfrage
übermittelten göttlichen Bescheid.[92] Der in den literarischen Werken mytho-
logisierte Konflikt zwischen den altakkadischen Herrschern und den aufständischen Tempeln und Städten des Südens wird gleichfalls als Rechtsfall
beschrieben, und die Niederschlagung der Revolten erfolgte aufgrund göttlichen Urteils. Die Bedeutung der Erbfolge wird denn auch in den Königsinschriften an einem bezeichnenden Punkte konkretisiert: Dem Frevler, der
dem Andenken des Herrschers und seiner Taten Schaden zufügt, wird mit
dem Fluche „mögen Enlil und Šamaš und Ištar seine Wurzeln ausreißen und

---

[90a] Die von P. Steinkeller, Literatur, Politik und Recht in Mesopotamien (FS Wilcke,
eds. W. Sallaberger, K.Volk, A. Zgoll), 267-292 edierte (ältere) „Ur III Sumerian
King List" etabliert entgegen der späteren Tradition und bisheriger assyriologischer
Auffassung eine Herrschaftsfolge Maništūsu > Rîmuš!
[91] S. hierzu z.B. A. Zgoll, Der Rechtsfall der En-hedu-Ana im Lied nin-mešara. *Alter
Orient und Altes Testament* 246, Münster 1997; ferner Selz 2001.
[92] In Ean. 1 6:22-7:12 finden sich Bruchstücke eines oneiromantischen Berichtes, in
dem dem Herrscher die Unterstützung des Sonnengottes, des Gottes der Gerechtigkeit, für seine kriegerische Auseinandersetzung mit Umma-Ĝiš(š)a zugesichert wird;
bei Gudea (Cyl. A 1:12ff. und 7:9ff) beziehen sich die Träume auf den Tempelbau
des Herrschers.

seinen Samen aufpicken[93]" die Auslöschung seiner Familie angedroht: „Nin-
hursaḡa und Nintu sollen einen Sohn und Erben ihm nicht geben[94]". Im
Schlechten aber auch gewiß im Guten wird Herrschaft hier zur Familiensa-
che.

Konfliktlösung durch Herrschervergöttlichung.
[46] Südbabylonien und seine Tempel wußten sich jedoch zu wehren.
So kam es denn immer wieder zu heftigen und großen Aufständen, die überraschenderweise zum Teil auch nordbabylonische – also eigentlich der akkadischen Einflußsphäre zuzurechnende – Gebiete umfaßte. Unter Narām-Sîn
erscheint etwa Kiš, die alte nordbabylonische Königsstadt, sogar als Ausgangspunkt einer dieser Revolten, der sogenannten 'Großen Revolte'. Die
Niederschlagung dieses Aufstandes aller „vier Weltgegenden" gibt denn
auch den Hintergrund für eine der folgenreichsten Maßnahmen auf der ideologischen Ebene, der Vergöttlichung des Herrschers Narām-Sîn.[95] Das alte
Konzept der 'göttlichen Rolle' des Herrschers aufgreifend, ließ er sich von
den Ältesten verschiedener Städte zum 'Dank' für die Niederschlagung der
großen Revolte vergöttlichen. Hier handelt es sich erstmals um die Vergöttlichung eines Individuums; das Konzept der Göttlichkeit der früheren Herrscher war völlig anders. Narām-Sîn ist nunmehr als Person und als Narām-
Sîn ein lebender Gott; ihm, nicht seiner Funktion oder Rolle, gebührt nunmehr die göttliche Verehrung. Die staatsrechtlichen Konsequenzen sind eindeutig und Burkhart Kienast hat sie bereits in den siebziger Jahren namhaft
gemacht: Der Herrscher als göttliches Individuum besitzt auch exklusive
Eigentumsrechte, welche bislang den Göttern zugesprochen waren. Praktisch
resultiert dies in der Ausschaltung traditioneller Hierokratien: Der göttliche
Herrscher ist naturgemäß allen religiösen Funktionsträgern vorgeordnet.
Interessant ist, daß die Niederschlagung der Großen Revolte nicht allein auf
der geradezu göttlichen Tüchtigkeit des Narām-Sîn beruht; der Auftrag erfolgte in typisch altakkadischer Auffassung „aufgrund der Entscheidung/ des
Urteils der (Göttin) Aštar-Annunītum".[96]
[47] Deutlich auf Sargons Politik zurück greift Narām-Sîn, wenn er
drei seiner vier namentlich bekannten Töchter als Hohepriesterinnen in Nippur, Ur und Sippar installiert. Dies ist auch in den späteren Perioden ein
beliebtes Verfahren, in den Tempeln Einfluß zu gewinnen. Insgesamt scheint
Narām-Sîn jedoch kein ideologischer Erfolg beschieden gewesen zu sein.
Weite Bereiche der späteren Tradition stempeln ihn zum Unheilsherrscher.

---

[93] Vgl. die Belege bei Kienast 1994: 216f., 234f., 254f., 319.
[94] Kienast 1994: 382: Narāmsîn C 30: 107-113.
[95] Kaum beachtet ist eine Inschrift, die eine (postume) Vergöttlichung des Maništūsu
bezeugt: s. Frayne 1993: 83 Nr. 2003.
[96] in **DI.KU₅ ᵈINANNA**-*an-nu-ni-tum*; vgl. Gelb und Kienast 1990, 228, vgl. 230.
233 Narāmsîn C 1 Z. 82; vgl. Z. 147. 273..

Der berühmte Text „Fluch über Akkade" wirft ihm Hybris gegenüber Enlil und Vernachlässigung seiner Stadt Nippur vor. Insbesondere habe er sich dem durch Vorzeichen mitgeteilten Willen des Gottes Enlil widersetzt. Die Kutha-Legende beschreibt seine Hybris so:[97] „Welcher Löwe konsultierte je Wahrzeichen, hat ein Wolf jemals einen Traumdeuter befragt?" Aus dieser Perspektive scheint der Untergang des Reiches von Akkade als gerechte, gottgewollte Strafe.

Šarkališarri und der Untergang der Dynastie.

[48] Als Šarkališarri im Jahre 2217 (bis 2192, nach Brinkman) den Thron bestieg, übernahm er in ziviler wie in militärischer Hinsicht die Probleme seines Vaters Narām-Sîn. Ein (früher) Jahresname, der berichtet, der Herrscher sei „nach Sumer hinunter gezogen", mag anspielen auf seine Approbation durch die immer nach Unabhängigkeit strebenden Stadtfürsten des Südens oder auch auf eine traditionelle Verleihung des Königtums im alten sumerischen Kultzentrum Nippur.[98] Nicht unmöglich aber ist es auch, daß sich hinter dieser Aussage eine der zahlreichen allfälligen Revolten des Südens verbirgt; genaueres läßt sich derzeit noch nicht festmachen. Jedenfalls setzte der Herrscher die Arbeiten am Ekur des Enlil in Nippur fort, ja ein Jahresname berichtet sogar, daß er diesen Tempel gegründet habe (**ki-gar**). Die Tatsache, daß er mit der Beaufsichtigung des Baues den (**šakkana / šagina**) Puzur-Aštar betraute, eine Berufsbezeichnung, die z.B. Frayne mit Militärgouverneur („military governor") wiedergibt, zeigt beispielhaft, wie sich in ganz traditioneller Weise die Arbeitsverpflichtung der „Soldaten" nicht nur auf militärische Unternehmungen, sondern auch auf in unseren Augen zivile Projekte erstreckte. Westenholz hat argumentiert, daß ein Teil der in Nippur gefundenen Urkunden sich mit den Aufwendungen für die bei diesen Bauarbeiten beschäftigten Truppen befaßt.[99]

[49] Auch Šarkališarri erwähnt in einer Inschrift, daß „die vier Weltgegenden" gegen ihn rebellierten. Wir wissen aus den Texten, daß ihn amorritische Stämme aus dem Ğebel Bišíri, Elam im Nordosten sowie die Gutäer aus dem Zagros schwer bedrängten

Zerfall und Anarchie.

[50] „Stadt kämpft mit Stadt, Haus mit Haus, der Vater mit dem Sohn, und Bruder gegen Bruder ‚Jüngling mit Jüngling (und) der Freund mit dem

---

[97] Kutha-Legende des Narām-Sîn, Text 22, Z.80f.; vgl. Westenholz 1997: 316f.
[98] Diese Annahme scheint bestätigt durch Urkunden über Aufwendungen für die Reise des Königs aus Umma, die aus seinem 1. Regierungsjahr (**mu-iti**, also nicht unbedingt 1. Regierungsjahr im ganzen Land!) datieren. B. Foster, Notes on Sargonic Progress, *Journal of the Ancient Near Eastern Society* 12 (1980), 36-42; vgl. P. Steinkeller, Legal and Administrative Texts in the Iraq Museum, 56-57.
[99] Old Sumerian and Old Akkadian Text in Philadelphia 2,: The 'Akkadian' Texts, the Enlilemaba Texts, and the Onion Archive. Copenhagen 1987, 24-29.

Nachbarn: Wahres reden sie nicht miteinander."[100] Mit diesem Zitat, ebenfalls aus der Kutha-Legende des Narām-Sîn, dürften die anhaltenden Wirren
nach Šarkali-šarri recht treffend gekennzeichnet sein. Wie Maništūsu und
Rīmuš scheint der Herrscher offensichtlich den *Tod durch eine Palastrevolu-
tion* gefunden zu haben. Diesmal konnten die inneren Systemschwächen
jedoch nicht mehr kompensiert werden. Es fand sich weder eine Persönlichkeit noch ein Konzept, den Untergang des Reiches angesichts der verstärkten
innen- und außenpolitischen Bedrohung zu verhindern. Im Gegenteil, es hat
den Anschein, als hätten die Partikularinteressen der Städte und Tempel,
aber auch der weitgehend selbständigen nordbabylonischen Großfamilien[101]
jegliches Interesse an der Aufrechterhaltung der Reichseinheit verloren. Die
Stimmung mag jener entsprochen haben, die die Kutha-Legende dem resig-
nierenden Narām-Sîn unterstellt: „Es ist mir wurscht, was der Gott sagt, ich
kümmere mich um das Meinige."[102]

Die Gudea Zeit und die Restauration der Königstheologie.

[51] Als Gudea als Nachfolger Ur-Baba's den Wirren ein erstes Ende
setzte, waren kaum mehr als 40 Jahre vergangen.[103] Der Synchronismus von
Gudea mit Ur-Namma von Ur gilt heute als sicher. P. Steinkeller sah in Gudea einen Zeitgenossen Ur-Nammas,[104] F. Carroué hinwiederum argumentierte für einen Ansatz der Regierungszeit Gudeas vor Ur-Namma.[105] Zu
verweisen ist noch immer auf die Argumente von A. Falkenstein,[106] wonach
ein Vergleich der Bautätigkeiten von Gudea und Ur-Namma „ein Nebeneinander ... ausgeschlossen" erscheinen läßt.[107] Die nachfolgende Herrscherrei-

---

[100] Kutha-Legende des Narām-Sîn, Text 22, Z. 138-141; vgl. Westenholz 1997:
324f.

[101] Es ist bezeichnend, daß in Dokumenten aus Nordbabylonien bereits früh komple-
xe Filiationsangaben belegt sind; vgl. I.J. Gelb, Household and Family in Early
Mesopotamia, in: E. Lipinski (ed.), State and Temple Economy in the Ancient Near
East, *Orientalia Lovaniensia Analecta* 5, Leiden 1979, 30ff.

[102] Kutha-Legende des Narām-Sîn, Text 22, Z. 83, vgl. Westenholz 1997: 316ff. mit
Anm. zur Zeile; Westenholz versteht *jâti* als selbständiges Personalpronomen.

[103] Vgl. Suter 2000: 16f. mit Anm 89-91 (Lit.).

[104] *Journal of Cuneiform Studies* 40 (1988) 47ff.

[105] *Acta Sumerologica* 16 (1994) 47-75.

[106] Der von A. Falkenstein, *Analecta Orientalia* 30, 13 festgelegte Synchronismus
Nammaḫani 2 = Urnamma 2 = Utuheǧal 7 ist so aber nicht haltbar. Entgegen seiner
Annahme bezieht sich die Nennung Nammaḫanis im Codex Urnamma anscheinend
auf seine Ernennung zum Stadtfürsten von Lagaš (nicht auf seine Tötung!). Umstritten ist zudem, ob der sog. Codex Urnamma nicht von Šulgi-r verfaßt wurde, was,
selbst wenn es sich bei dem hier genannten Nammaḫani um den Schwiegersohn des
Ur-Baba gehandelt haben sollte, für Gudea noch eine Regierung unter Ur-Namma
wahrscheinlich sein läßt.

[107] *Analecta Orientalia* 30, 14.

henfolge entspricht den Überlegungen vom T. Maeda:[108] Die Namen dieser
sog. II. Dynastie von Lagaš sind: **Ur-Ningirsu Pirig-me Lu-Baba, Lugula,
Kaku, Ur-Baba, Gudea, Ur-Ningirsu II., Ur-ĞAR, Ur-a'aba, Ur-Mama,
Nammaḫani.** Bemerkenswert ist das Fehlen dieser Dynastie in der Sumerischen Königsliste, obwohl – auch unter Berücksichtigung der Überliefe-
rungsproblematik – ihre Bedeutung mit absoluter Sicherheit die mancher
dort aufgenommener Dynastien übertrifft. Gudea z.B. war nicht einfach ir-
gendein „Kleinfürst", sondern hat sicher in Südmesopotamien einen bedeutenden Namen besessen. Offensichtlich erfolgte hier ein absichtsvoller ma-
nipulativer Eingriff in die Schreibung der mesopotamischen Geschichte.

[52] Gudea's Vorgänger, Ur-Baba, mußte zumindest Einfluß, wenn
nicht politische Oberhoheit in Ur genossen haben, wo seine Tochter **en-an-
né-pà-da** als En-Priesterin fungierte. Gudea heiratete eine andere Tochter
Ur-Baba's mit Namen Ninalla.[109] Bemerkenswert ist, daß eine weitere Tochter, deren Namen nicht überliefert ist, Gemahlin eines Nachfolgers von Gudea mit Namen Ur-ĞAR war, eine vierte mit dem Namen Ninḫedu ist sogar
als Gemahlin des letzten gesicherten Herrschers dieser Dynastie, Nammaḫani, bezeugt. Erneut stoßen wir hier auf eine Herrschaftsnachfolge über die
weibliche Linie. Daß dieser Herrschernachfolge ein nicht matrilineares Legi-
timationssystem zu Grunde lag, kann wohl nicht mehr bezweifelt werden.[110]

[53] Im übrigen betont Gudea einmal mehr seine Gotteskindschaft:

„Eine Mutter habe ich nicht, meine Mutter sei Du!
Einen Vater habe ich nicht, mein Vater sei Du!
Meinen Samen hast Du (die Göttin) im Leibe empfangen, im Gemach
hast Du mich geboren."[111]

Dabei hat man keinesfalls den Eindruck, daß der Herrscher seine Herkunft
aus der Namenlosigkeit als Manko empfand. In der Tat ist es das altüber-

---

[108] *Acta Sumerlogica* 10 (1985) 19-35.

[109] Wie auch später bei Ur-ĞAR mit Nin-inim-gi-na ist von Gudea noch eine zweite
Gemahlin mit dem Namen Gemé-^{d}šul-pa-è bekannt. Ob diese unter der Vorausset-
zung, daß eine monogame Ehe vorlag, Nin-alla folgte, wie A. Falkenstein *Analecta
Orientalia* 30, 6 mit Anm. 1, angenommen hat, läßt sich derzeit nicht erweisen. Die
Herrscher von Ur III jedenfalls scheinen mehrere Frauen zur gleichen Zeit gehabt zu
haben.

[110] Siehe in diesem Sinne auch C. Suter, 2000: 15.

[111] Gudea Zyl. A 3:6-8; Edzard 1997: 70. - Die Passage besagt nicht notwendiger
Weise, daß Gudea seine Eltern nicht gekannt habe, sondern daß die natürliche Verwandtschaft durch eine mystische ersetzt wird; interessant ist ein Vergleich mit der
zur aB Zeit belegten Aussage **nu ad-da-ǧu₁₀ nu ama-ǧu₁₀** *ul abi attā ul ummī atti*
„du bist nicht mein Vater, du bist nicht meine Mutter", eine „Umschreibung für das
einseitige Aufsagen verwandtschaftlicher Beziehungen" M. David (wie Anm 80),
91f.

kommene Thema der Gotteskindschaft, das hier aufscheint, die Selbst-Ankindung des Herrschers an die Götter seines Staates, allzumal an die Göttin Gatumdu-g, die alte Muttergöttin der Stadt Lagaš.[112] Im übrigen sind fast alle Nachrichten aus den Gudea-Texten religiös-politischen Inhalts und, obwohl allein die Ausdehnung seiner Herrschaft und das Einlangen von Waren aus fernen Ländern es unwahrscheinlich macht, daß der Herrscher auf Zwangsmittel vollkommen verzichten konnte, findet sich – ganz im Unterschied zu den Herrschern der altakkadischen Zeit – bei Gudea nur einmal eine Andeutung über eine kriegerische Unternehmung: Er habe das iranische Elam mit Waffen geschlagen.[113]

[54] Erstmals deutlich ausformuliert finden wir unter Gudea das Konzept des Herrschers als Hirte; die Ur III Könige verwenden es dann in grossem Umfange weiter. Dabei ist dieses Konzept so wenig neu wie der nun immer häufiger sich findende Rekurs auf die herrscherliche Weisheit als Legitimationsgrund. Weisheit ist dabei im ganzen Alten Orient, nicht nur in Mesopotamien, ungeschieden: der Begriff umfaßt Technisches wie Mantisches, Normenverständnis ebenso wie Denkvermögen. Bei Gudea ist die Weisheit des Hirten aufs engste verbunden mit seiner Tätigkeit als Tempelbauer, bei Šulgi -r dann liegt die Betonung auf seiner Verantwortung für die Gerechtigkeit. Jedoch steht auch hinter dem Konzept des Hirten, der seine Völker wie die Schafe auf der Weide in Frieden ruhen läßt, von Anfang an die Androhung von Zwangsmitteln, das Idyll verweist, wenn man so will, auf einen auf staatlicher Autorität und staatlichen Zwangsmitteln beruhenden Frieden. Daß sich Gudea in seinen Inschriften sonst geradezu als Friedensfürst gibt, steht also im Verdacht, zu einem Gutteil ideologische Ursachen zu haben. Ich glaube, daß wir – wie generell, wenn wir den offiziellen Inschriften der mesopotamischen und insbesondere der sumerischen Herrscher vertrauen – Gefahr laufen, in unseren geschichtlichen Rekonstruktionen der antiken Propaganda zu verfallen.

[55] Mit der allfälligen Betonung der Pietät des Herrschers weist Gudea auf eine Wiederbelebung der alten funktionalistischen Herrschaftskonzeption hin. Der Herrscher zeichnet sich ganz als Diener der Götter, die selbstherrliche Deifizierung der Akkade-Herrscher ist unter Gudea undenkbar. Allerdings wurde er nach seinem Tode – wie zahlreiche Verwaltungsurkunden beweisen – als Gott auch zum Empfänger regelmäßiger Opfergaben. Wir haben Weihesiegel verschiedener Personen und Opferlisten, in denen er

---

[112] Gudea Zyl. A 3:3; Edzard 1997: 70; vgl. Selz 1995: 134ff.

[113] In Stat. B 6:64-69 berichtete er, daß er Anšan und Elam mit der Waffe geschlagen habe und die Kriegsbeute dem Ningirsu ins Eninnu gebracht habe. Im Unterschied zu A. Falkenstein, *Analecta Orientalia* 30, 46, vgl.a. 49 mit Anm 4, bin ich allerdings der Auffassung, daß auch das „Öffnen der Wege vom Oberen bis zum Unteren Meer" durchaus auf gewalthaltige Durchsetzung von Gudeas Interessen hinweisen wird. Es handelt sich hier ganz offensichtlich um die Öffnung und das Offenhalten von Handelswegen.

als ᵈgù-dé-a genannt wird. Geschah dies nun wirklich erst nach seinem Tode, und weshalb nennen diese Urkunden ihn dann als „Gott Gudea" (ᵈgù-dé-
a)? Einen Schlüssel zur Beantwortung dieser Frage sehe ich in der Tatsache,
daß die Statue B des Herrschers zu dessen Lebzeiten im Eninnu am „Wassertrinkort" aufgestellt wurde. Wir wissen, daß die Verehrung der Verstor-
benen eben an einer „Wassertrinkort" genannten Kultstätte stattfinden konnte. Ich habe verschiedentlich zu zeigen versucht, daß der Kult der vergöttlichten Herrscher zunächst und vor allem ein Statuenkult gewesen ist. Gudea
Statue B schlägt nun mit der Nennung des Wassertrinkortes die erforderliche
Brücke. Die Statuen galten auch als Adressaten des Totenkultes. Sie wurden
als lebendige individuelle Entitäten vorgestellt und gehörten damit zum Teil
der göttlichen Welt zu. Regelmäßige Aufwendungen aus den Tempelhaus-
halten für diese Statuen sind bestens bezeugt.

Utu-ḫeg̃al und die Grundlegung der neusumerischen Restauration.
    [56] „So brachte er das Königtum nach Sumer zurück".[114] Damit wird
auch Utu-ḫeg̃al die Befriedung des Chaos der Nach-Akkade-Zeit zugeschrieben. In einer langen Inschrift erzählt er[115], daß Enlil ihn beauftragt
habe Gutium, „die Schlange des Gebirges", die Böses im Lande verbreitet
habe, Ehefrauen und Kinder gestohlen habe, zu vertreiben. Er geht Iš-
tar/Inana, die Kriegsgöttin, um Hilfe an und rüstet sich zum Kampf gegen
Tirigan am Tigris. Er wirft diesem vor, nicht nur Land besetzt zu halten,
sondern auch die Straßen (= den Handel) zu blockieren und den Süden des
Wassers beraubt zu haben. Interessant ist die Erwähnung des vergöttlichten
Gilgameš, der Utu-ḫeg̃al den Dumuzi-d/Ama'ušumgalana als **maškim** bei-
gegeben habe. Ganz Uruk-Kulaba unterstützt den Herrscher, der über Nag̃šu
am Iturungal über Karkar nach Adab zieht. Dort versuchte Tirigan zu flie-
hen, jedoch nahm Utu-ḫeg̃al ihn und seine Familie in Dabrum gefangen: "So
brachte er das Königtum nach Sumer zurück" (**nam-lugal-ki-en-gi-ra šu-ba
im-mi-gi₄**). Weiter behauptet er, daß er Lagaš gegen die Ansprüche eines
namentlich nicht genannten „Mannes von Ur" verteidigt habe. Von
Selbstbewußtsein zeugt der von ihm oft verwendete Titel **lugal-an-ub-da-
limmu-ba** „König der vier Weltgegenden" und es ist immerhin wahrscheinlich, daß er in der Tat die Unterstützung der Enlilpriesterschaft von Nippur
gewinnen konnte. Allerdings war Utu-ḫeg̃als Regierung nur von kurzer Dauer; nach nur 7 Jahren wurde er von seinem früheren *General* Ur-Namma
entmachtet.

---

[114] Frayne 1993: 287, Utu-ḫeg̃al E2.13.6.4: Z.129.
[115] Frayne, 1993: 283ff. Utu-ḫeg̃al E2.13.6.4 (nur in einer aB Abschrift bekannt
geworden).

Tradition und Wandel im Königtum von Ur III.

[57] Obwohl scheinbar auf Dauer angelegt, so zeigt doch die historische Reflexion in der Klage über die Zerstörung von Sumer und Ur, daß auch das Reich von Ur III nur eine weltgeschichtliche Episode darstellen konnte:

> „Ur ward das Königtum gegeben; eine ewige Regierungszeit ward ihm nicht gegeben! ...
> Wer sah jemals solch eine überragende Regierungszeit eines Königtums? Sein Königtum und seine Regierungszeit dauerten lang, (aber) sie sind nun am Ende!"[116]

[58] Unter Gudea und seiner 'Dynastie' haben wir eine ideologische oder theologische Renaissance der alten auf Funktion beruhenden Legitimationsstrategien beobachten können. Über seine Behandlung der gewiß andauernden ökonomischen Widersprüche informieren uns auch die Verwaltungsurkunden nicht. Die Verhältnisse dürften sich aber insgesamt nicht wesentlich von dem Bilde unterscheiden, das aufgrund des nach zigtausend Urkunden zählenden Materials der neusumerischen Epoche entworfen wurde. Auch hier kann ich im vorgegebenen Rahmen nur einzelne Punkte herausgreifen. Zu verweisen ist dabei zuerst auf die neusumerischen Gerichtsurkunden, deren dreibändige Bearbeitung wohl als das Meisterwerk Adam Falkenstein gelten darf. Sie zeigen ein vollentwickeltes ausdifferenziertes Rechtssystem, das sich nach unseren Kategorien in die Bereiche Personen- und Familienrecht, Schuldrecht, Strafrecht und Verwaltungsrecht gliedern läßt. Spruchkörper, königliche Gerichtsbarkeit, Beweisverfahren, all diese Bereiche unterliegen rechtlichen Regelungen. In unserem Zusammenhang ist das weit entwickelte Vermögens- und Erbrecht von besonderer Bedeutung, ergibt sich doch aus den einschlägigen Dokumenten, daß die Entwicklung von Individualrechten weitgehend ausgebildet war. Wenn wir also die These von den zentralen Strukturen der neusumerischen Wirtschaftsorganisation betrachten, so müssen wir mit einbeziehen, daß das Konzept privater Verfügungsrechte durchaus vorhanden war. Mit anderen Worten, Entwicklungen, die die ökonomische Krise der ausgehenden frühdynastischen Zeit und die Dynamik des altakkadischen Staates förderten, sind aus der Staatsverfassung der Ur III - Zeit nicht mehr wegzudenken, auch wenn uns die überwiegende Anzahl der Quellen das Bild einer staatsdominierten Wirtschaft zeigt. [117] Inzwischen steht jedoch die Bedeutung der Existenz von „privaten Feldpachtverträgen" außer Zweifel. Als Problem erweist sich in unserem Zusammenhang nur, daß sich die Urkunden oft auf die Verpachtung von „Ver-

---

[116] Klage über die Zerstörung von Sumer und Ur Z 366-369; vgl. Michalowski 1989: 58f.
[117] Vgl. ausführlicher Selz 1999/2000: 22ff.

sorgungsland" beziehen, also auf Boden, der nominell als institutionelles Eigentum zu betrachten ist.

Der Ur III-Staat als Eigentümer.

[59] Während die Bedeutung des Ur III Staates als Eigentümer also unstrittig sein dürfte, bleibt die Abschätzung des Umfangs, den der 'private Sektor' zumal im Hinblick auf Grund und Boden spielte, noch immer kontrovers.[118] Die einzigen Dokumente der Ur III-Zeit, die archäologisch nachweisbar aus privatem Kontext stammen, sind in der Zahl jedenfalls vergleichsweise gering und auf Nippur beschränkt.[119]

[60] Wie ist nun dieser Befund mit der allgemein akzeptierten Hypothese zu vereinbaren, daß der Ur III-Staat hochbürokratisiert und zentralisiert gewesen sei, ja, daß dies erheblich zu seinem Untergange beigetragen habe?[120] Manches weist darauf hin, daß der Staat quasi als vor- und übergeordneter Eigentümer fungiert hat. Es scheint in erheblichem Umfange zu einer funktionellen Verstaatlichung auch der Tempeldomänen gekommen zu sein. Nach meiner Auffassung verbinden sich in dieser Form des staatlich-bürokratischen Wirtschaftens die beiden überkommenen Konzepte. Der alte funktionsgebundene Herrschaftsbegriff wird nunmehr auf sämtliche politisch-ökonomischen Strukturen ausgedehnt. Im Unterschied zu den persönlich, familiär und individuell basierten Eigentumskonzeptionen der altakkadischen Zeit erhält der Staat als eine quasi juristische Persönlichkeit die Ei-

---

[118] Nachdem I.J. Gelb, On the Alleged Temple and State Economies in Ancient Mesopotamia. Fs. Edoardo Volterra, Milano 1969, 137-154. die Bedeutung des privaten Land-Besitzes aufzeigen konnte, gehen die Einschätzungen seither auseinander. Vgl. Renger 1987: 50f., der mit Verweis auf die Amar-Sîn-zeitliche Urkunde RTC 407 mit einer jährlich bebauten Feldfläche in Lagaš von 270km² (ohne Brache) argumentiert; der „enorme Umfang institutionell bewirtschafteter Feldflur [ließe kaum Raum] für individuelles oder kollektives Eigentum." Auch nach Steinkeller 1987: 27 spielte es „no significant role in the economy". Dagegen wendet sich ausdrücklich R.L. Zettler, The Ur III Temple of Inanna at Nippur. *Berliner Beiträge zum Vorderen Orient 11*, 235f, der eine beträchtliche Bedeutung des privaten Sektors nachzuweisen versucht.

[119] Vgl. Zettler, a.a.O. 236.

[120] Diese Feststellung scheint die *opinio cummunis* innerhalb der Assyriologie darzustellen. Als weiterer Faktor wwird – ähnlich dem angenommenen Untergang des altakkadischen Reiches durch die Gutäer –, die Auseindersetzung mit nicht-seßhaften amoritischen Stämmen namhaft gemacht.; vgl. die Diskussion bei N. Yoffee, The Collapse of Ancient Mesopotamian States and Civilizations, in (N. Yoffee and G.L. Cowgill (eds.) *The Collapse of Ancient States and Civilizations*, 51f. Es erschiene reizvoll auf die Verhältnisse der Ur III-Zeit etwa die systemtheoretischen Erwägungen der *maladaptation* anzuwenden, wie sie R. Rappaport, Maladaption in Social Systems, in J. Friedman, M. Rowlands (eds.), The Evolution of Social Systems, 49-73 im Jahre 1977 entwickelt hat. Dies führte jedoch über das Thema und den Rahmen dieser Darlegungen weit hinaus; vgl. ferner N. Yoffee, a.a.O. 10.

gentumsrechte. Die Unterscheidung zwischen der individuellen Persönlichkeit eines Herrschers und dem Herrscher als juristischer Fiktion wird zugunsten des letzteren entschieden.

[61] Diese Vergottung des Staates der Ur III-Zeit hat auf der anderen Seite eine veränderte Sanktifizierung des Königtums zur Folge. Die Vergöttlichung der Ur III-Könige nach Šulgi-r scheint mir weniger auf die Würdigung außerordentlicher persönlicher Verdienste wie bei Narām-Sîn zurückzuführen zu sein. Sie ist vielmehr Ausfluß einer sich verstärkenden Göttlichkeit des Amtes. Und die Legitimität des Herrschers beruht zu einem Großteil darauf, daß er von diesem Amt weitgehend ununterscheidbar ist. Das Amt des Königs ist nicht länger mehr eine lediglich übertragene Funktion.[121] Narām-Sîn nämlich, so könnte man formulieren, hat den Staat mit sich identifiziert; die Ur III-Könige dagegen identifizieren sich selbst ideologisch mit dem Staat.

Zum Dynastiegründer Ur-Namma.

[62] Die Herkunft des ersten Herrschers der Dynastie von Ur III, Ur-Namma, bleibt unklar. Wilcke hat vermutet, er sei ein Bruder Utu-ḫeg̃als gewesen.[122] Seine Karriere begann er jedenfalls als **šagina**, „Militärgouverneur", des Utu-ḫeg̃al von Uruk, und die Herkunft aus Uruk spielt in der Königsideologie der Herrscher von Ur III – etwa in der göttlichen Abstammung von Gilgameš und Ninsun(a) – eine hervorragende Rolle.

[63] „Ich, Ur-Namma, der König von Ur, (bin) die Schutzgottheit (ᵈ**lamma**) meiner Stadt."[123] „Gerechtigkeit machte ich deutlich; Übel verfolgte ich."[124] Dieses Zitat, das die Errichtung von Gerechtigkeit als programmatisches Ziel des Herrschers benennt, steht wohl im Zusammenhang mit der Promulgation des berühmten Codex Ur-Namma. Der Text des CU lehnt sich in vielen Einzelheiten an die Restaurationsedikte des Uru'inimgina an. Damit erweist sich, daß die ökonomische Lage der Bevölkerung, und insbesondere die Gefahr von wirtschaftlicher Abhängigkeit und Ausbeutung auch unter den Herrschern von Ur III als stabilitätsgefährdend erkannt war.

[64] In ihrer Einbindung der Familie und insbesondere in ihrer Heiratspolitik greifen die Ur III-Herrscher auf jenes Element der persönlichen Loyalität bis hin zum Nepotismus zurück, das in der altakkadischen Zeit eine so hervorragende Rolle spielte.

---

[121] Darauf hat bereits A. Westenholz, The World View of Sargonic Officials, in: M. Liverani (ed.) Akkad. The First World Empire,.164 hingewiesen.

[122] Vgl. Wilcke 1974: 192f.; dem folgt z.B. auch Sallaberger 1999: 132.

[123] **ur-ᵈnamma lugal-urì**ki**-ma ᵈlamma-uru- g̃á-me-en**: Urnamma Hymne C Z. 31; vgl. .E. Flückiger-Hawker, Urnamma of Ur in Sumerian Literary Tradition, Fribourg und Göttingen 1999, 210.

[124] **níg̃ -si-sá pa-è bí-ak níg̃ -erím sá bí-du₁₁**. aus Urnamma-Hymne C Z. 38; vgl. E.Flückiger-Hawker, a.a.O. 212f..

Legitimationsstrategien Šulgi-rs.

[65] „Rechter Mann, dem der Sonnengott Utu Gerechtigkeit[125] ge-
schenkt hat, ungestümer Panther(?), mit rechter Milch genährt, angriffslusti-
ger Stier, geboren um ein großer 'Löwe' zu sein" Šulgi-r D Z. 5-6.

[66] Als nach dem vorzeitigen Tod Ur-Nammas auf dem Schlachtfeld
sein Sohn Šulgi-r die Regierung übernahm, begann mit seiner etwa 48-
jährigen Regentschaft eine der glänzendsten Epochen mesopotamischer Geschichte. Bemerkenswert ist nicht allein die Anbindung Šulgi-rs an das U-
ruk-Pantheon, sondern auch seine Krönung in mindestens drei Hauptkult-
städten des Landes, in Nippur, Ur und Uruk. Obwohl der Herrscher sich als
Sohn Ur-Nammas auf die dynastische Erbfolge berufen kann, wird in keiner
seiner Originalinschriften darauf verwiesen. Die einzige Weihinschrift, in
der er als „Sohn des Ur-Namma" bezeichnet wird, ist die altbabylonische
Kopie einer Statueninschrift, wobei der Text bemerkens-werter Weise nicht
in der normalen Orthographie sondern nur in syllabischem Sumerisch und in
Akkadisch überliefert ist.[126] Auch in der Fluchformel fehlt die altakkadische
Verfluchung der Nachkommenschaft des Übeltäters vollständig. Betont wird
statt dessen das bereits aus der altsumerischen und der Gudea-Zeit gut bekannte Paradigma der 'Gotteskindschaft'. M.E. besteht kein Zweifel, daß die
gegenüber der altakkadischen Zeit geänderte Legitimationsstrategie Šulgi-rs
mit dem geänderten staatsrechtlichen Konzept zu verbinden ist. Obgleich wir
dabei – wie auch bei dem nunmehr (wieder) zentralen Ritual der 'Heiligen
Hochzeit' – Modifikationen gegenüber den altsumerischen Verhältnissen in
Rechnung stellen müssen, wird hier doch eine implizite Zurückweisung der
akkadischen Staatsideologie deutlich.

[67] Die Original-Inschriften selbst geben kaum einen Hinweis auf die
politische Chronologie, und wie bei Narām-Sîn sind es vor allem die Schreibungen mit oder ohne Gottesdeterminativ, die für eine grobe Ordnung der
Quellen herangezogen werden. Heute scheint es, als habe man im Jahre Š 12
die Schreibung mit Determinativ adaptiert. Spätestens mit dem Jahre Š 27
hat der König dann seiner Titulatur das Epitheton „König der vier Weltgegenden" hinzugefügt.

[68] Der Herkunftsort der Dynastie, Uruk, zeigt sich auch in der Tat-
sache, daß drei Söhne Šulgi-rs (Šū-Enlil, Ur-Su'en(a) und Šarrum-ilī) als
Militärgouverneure (**šagina**) bzw. Stadtfürsten in Uruk eingesetzt waren.[127]
Ergänzt werden solche Maßnahmen durch eine überaus aktive Heirats-

---

[125] **níg-si-sá** akzentuiert das Verfahren, durch das Gerechtigkeit erzielt wird. Diese
ist letztlich seit den Uranfängen unveränderlich ((**níg)-gi-na**). Zu den Begriffen vgl.
meinen Aufsatz: „Streit herrscht, Gewalt droht", in: Wiener Zeitschrift für die Kunde des Morgenlandes 92 (2002), 155-203
[126] S. bei Frayne 1997: 144ff.: Šulgi E3/2.1.2.38.
[127] Vgl. P. Michalowski, *Mesopotamia* 12 (1977) 83-96; Sallaberger 1999: 192.

politik.[128] Drei seiner Töchter verheiratete Šulgi-r mit Herrschern im Südosten des Reiches.[129] Eine gewisse Tarām-Uriâm, die Schwiegertochter Ur-Nammas, vermutlich eine Frau seines Sohnes Šulgi-r und Mutter von Amar-Su'ena stammte aus Mari, die letzte Hauptfrau Šulgi-rs, Šulgi-r-simtum aus Ešnuna an der Diyala. Andere Heiratsverbindungen weisen nach Ninive, und so weiter. Als Gründe für die Ur III-Heiratspolitik lassen sich Stabilitätssicherung ebenso wie imperialistische Motive vermuten. Für letzteres spricht, daß oft kurz nach diesen Heiraten Militärkampagnen in die entsprechenden Regionen erfolgten.[130]

[69] Aus den zahlreichen Nachrichten über die Tätigkeiten Šulgi-rs seien hier nur genannt:

1. Bei der Einsetzung von verschiedenen Priestern und Priesterinnen wird die uns bereits vertraute religionspolitische Absicht unmittelbar deutlich.

2. Weitreichende Maßnahmen in der Organisation von Verwaltung, Militär und Recht. Hier von besonderer Bedeutung ist der Bau von Puzriš-Dagan, dem bedeutenden Wirtschaftszentrum (Viehhof) von Ur, als redistributives Zentrum der Abgaben und Tribute aus den Provinzen des Landes wie auch seiner Randgebiete.

3. Seine Bautätigkeit ist für fast alle Gegenden des Landes bezeugt, und der Bau der **bàd-ma-da** „die Mauer des Landes" in seinem 37. Regierungsjahr verweist exemplarisch auf die zunehmende Gefährdung des Reiches durch die Tidnu(m)-Nomaden, einem amorritischen Stamm, gegen deren Attacken sich Šulgi-r wiederholt wehren mußte.

Der Tod Šulgi-rs und der Höhepunkt altmesopotamischer Herrschervergöttlichung.

[70] Am 2. xi des Jahres Šulgi-r 48 war der Herrscher tot. Vielleicht wurden sogar seine Gemahlin Šulgi-r-simti (und Geme-Ninlila) mit ihm beerdigt.[131] Einen Tag später beginnen die Opfer für den (vergöttlichten) Thron des Herrschers. Solche Opfer für die Throne der Ur III-Könige wurden erst nach ihrem Tode gemacht. Eine bemerkenswerte Urkunde bezeugt die Himmelfahrt des Šulgi-r; inhaltlich ist dies so zu verstehen, daß Šulgi-r nach seinem Tode unter die *di superi* gerechnet wird. Er wird zum Stern,[132]

---

[128] Siehe W. Röllig, *Reallexikon der Assyriologie* 4, 283; Sallaberger 1999: 159ff. mit Hinweis auf weitere Quellen in Anm. 125.

[129] Z.B. Marhaši, Anšan und Mašime; vgl. Sallaberger 1999: 160f.; Heirat: Liwwir-mittašu, die Königstochter wurde zum Königtum von Marhaši erhoben. (vgl. a. Tabur-hattum, die **é-gi₄-a** „Schwiegertochter" des Herrschers von Hamazi vermutlich ebenfalls eine Ur III-Prinzessin; eine dritte Šuddabani von Pašime und eine weitere Tochter Š. heiratete einen Stadtfürsten von Anšan.

[130] Sallaberger 1999: 159ff.

[131] Vgl. P. Michalowski, *Orientalia Nova Series* 46 (1977) 220-225.

[132] Ein Stern des Šulgi-r ist in Hh (*Materialien zum Sumerischen Lexikon*) 11, 133 8:41 belegt; vgl. auch **mul-an-né-eš(?) bí-gùn(?)** in RIME 3/2 Nr. 54 p. 157; vgl.

und sein Schicksal nach dem Tode unterscheidet sich grundsätzlich von dem
der anderen Sterblichen. Aus dem Gottkönigtum ist hier die letzte Konsequenz gezogen, und auch wenn die damit zusammenhängenden Vorstellungen letztlich, wie ich vermute, auf Narâm-Sîn zurückgehen, so ist ein ähnlicher Vorgang in Mesopotamien nur noch unter Išbi-Erra bezeugt. Das göttliche Wesen Šulgi-rs scheint geglaubt worden zu sein. Die nahezu 200 Höf-
lingsnamen mit dem Namen des Herrschers als theophorem Element, die ich
bislang gesammelt habe, sind vielleicht doch mehr als unterwürfige Spei-
chelleckerei.

Die Gottkönige Amar-Su'en(a) und Šū-Su'en.

[71] Amar-Suena, das Kind von Šulgi-r[133] und seiner ersten Frau
Tarâm-Urâm, der Tochter des Herrschers Apil-kîn von Mari, bestieg den
Thron am 2. xi des Jahres Šulgi-r 48[134] und regierte 9 Jahre. Es scheint nicht
ausgeschlossen, daß in seinem achten Jahr sein Sohn Šū-Su'en bereits zum
Mit-Regenten wurde.[135] Es gibt einige Hinweise, dass die spätere Tradition
ihn als Unheilsherrscher erinnerte. Altbabylonische literarische Texte beschreiben des Königs vergeblichen Versuch, günstige Omina für den Bau
des Enki-Tempels in Eridu zu erhalten. Jüngere Omina führen, wie erwähnt,
seinen frühzeitigen Tod auf eine Fußinfektion zurück. Auch über eine Revolte unter seiner Regierung wissen wir nur aus späteren Quellen. Er installierte
vier, bzw. sogar fünf (zwei für Nannar-Karzida in Ur) Hohepriesterinnen
(en).[136]

[72] In unserem Zusammenhang bemerkenswert ist die Tatsache, daß
Amar-Su'ena sich ganz in der Nachfolge seines Vaters vergöttlichen ließ.
Allerdings geschah dies bereits mit Regierungsantritt. Später führt er sogar

---

ferner G.J. Selz, Der sogenannte 'geflügelte Tempel' und die 'Himmelfahrt' der Herrscher. Spekulationen über ein ungelöstes Problem der altakkadischen Glyptik und
dessen möglichen rituellen Hintergrund. GS Cagni (S. Graziani ed.) 961-983.

[133] S. nunmehr auch D. Owen, On the Patronymy of Šū-Suen, *Nouvelles Assyriologiques Brèves et Utilitaires* 2001: 17 und H. Waetzoldt, König Šusuen, der Sohn
Šulgis, *Nouvelles Assyriologiques Brèves et Utilitaires* 2001: 45..

[134] Dabei schenkte er 22 Minen Gold für Enlil, Ninlil und Ninurta in Nippur. (daher
das neue Epitheton **sag-ús-é-^{d}en-líl-ka**) Er baute auch das É-kur-igi-gál für Enlil
(unter Šulgi-r keine Bautätigkeiten).

[135] Skeptisch bis ablehnend hierzu Sallaberger 1999: 166.

[136] **En gal-an-na** wurde als En-Priesterin des Nannar eingesetzt.(4); im Jahre (5)
wurde **En-unu$_6$-gal-an-na-^{d}inana** als En-Priesterin In Uruk installiert.; im Jahre (8)
wurde **En-nune-Amar-Suènra-kiag̃** als En in Eridu installiert; im Jahre (9) wurde
En-Nannar-Amar-Suenra-ki kiag̃ als En-Priester des Nannar von Karzida installiert; dies ist offensichtlich der zweite En für diesen unter Amar-Su'en.

ein spezielles Amar-Su'ena-Fest ein, und er läßt sich Tempel in Umma und Girsu errichten.[137]

[73] Nach heutiger Auffassung regiert Šū-Su'en, der Sohn – früher der Bruder – des Amar-Su'ena 9 Jahre. Es gibt Hinweise dafür, das Šū-Su'en zwar den Toten-Kult seines Urgroßvaters und Großvaters förderte, nicht aber den seines Vaters; die Gründe dafür bleiben unklar.[138] Jedenfalls zeigt sich nun das Konzept des Gottkönigtums voll entfaltet. Bereits zu Beginn seiner Regierungszeit ließ Šū-Su'en überall im Kernland des Reiches Statuen von sich aufstellen.

[74] Der Druck der amoritischen Stämme machte Šū-Su'en schwer zu schaffen, so führte er Krieg gegen die amoritischen Länder Tidnum und Iama'adī'um = Iamḫad (ein frühaltbabylonischer Staat), und ließ die Mauer *murīq-Tidnim* „Die die Tidnum zurückhält" erbauen. (Literarisch überlieferte) Briefe bezeugen, daß er bereits während des Baues diese dauernd gegen Übergriffe der Nomaden verteidigen mußte.

Ibbi-Sîns krisengeschüttelte Herrschaft.

[75] Ibbi-Sîn ist der letzte der Ur III - Herrscher. Er regierte wohl 24 Jahre. Verwaltungstexte erlauben uns seine Krönungsprozedur zu rekonstruieren: Verschiedene Opfer erfolgen beim Eintritt des Königs in den Tempel von Enlil und Ninlil in Nippur – er war zu Schiff angelangt – wofür detaillierte Aufwendungen verzeichnet sind. Dabei hat er auf dem Hinweg (?) die Reise in Uruk unterbrochen, und es scheint möglich, daß er sich dort der Approbation durch Inana und ihre Priesterschaft versicherte.[139] Ihren Abschluß, wiederum mit Opfern, fanden die Krönungsfeierlichkeiten dann in der Residenzstadt Ur. Das Prärogativ der königlichen Installation von Hohepriesterinnen in den verschiedenen Städten nahm auch Ibbi-Sîn wahr.[140]

---

[137] Sallaberger 1999: 166. Bereits Ur-Namma mit seinem Ziqqurat-Bauprogramm (vgl. den Wiener Vortrag von H. Nissen vom 22. Juni 2001: Die Ziqqurat von Ur-Namma. Beispiel einer Architektur der Macht) aber auch die dann von Šū-Su'en überall errichtet Statuen gehören in dieselbe Entwicklungslinie der verdinglichten Repräsentationen des 'Staatsvergottung' der Ur III-Zeit.

[138] Vgl. Sallaberger 1999: 167.

[139] Zum Zeitpunkt der Krönungsfeierlichkeiten Ibbi-Sîns in Nippur und in Uruk vgl. Sallaberger 1993: 112f. + Anm. 509.

[140] Eine gewisse Arazu-Ibbi-Sîn-ka-e-pada wurde, wohl im Jahre (1), als En-Priesterin in Ur installiert (Die Dame hieß ursprünglich NIN.LIL$_2$-tumzinušu!). In diesem Falle können wir sogar näheres über die Installationsfeierlichkeiten ausmachen. Im Jahre 2 hat Ibbi-Sîn En-amgal-anna als En-Priesterin der Inana berufen, sie wurde erst im Jahre 4 installiert. Vielleicht zur selben Zeit wurde auch eine En des Nannar in Urum ins Amt eingeführt. Das 3. Jahr des Königs berichtet über eine Kampagne nach Simurrum. Im 5. Jahr wird von einer Heirat der Tochter Tukīn-ḫatti-migriša mit dem Gouverneur (ensí) von Zabshali berichtet. In den folgenden 3 Jahren scheint vor allem Dingen der Bau von Mauern um Ur und Nippur von Bedeutung gewesen sein, sicherlich zurecht zu verstehen als ein Zeichen der Bedrohung

[76] „Der Starke nimmt's aus jeglicher Hand."[141] Kriegskampagnen Ibbi-Sîns lassen die zunehmende Bedrohung erkennen: Im Jahre (14) behauptete er noch, wie ein Sturm gegen Susa, Adamdun und Awan gewütet zu haben, im Jahre (17) die Amoriter an der „Südlichen Grenze" besiegt zu haben. Ein Bericht über die „Flut", die Ur und URUxUD zerstört habe, verdeckt wahrscheinlich eine Niederlage gegen die Amoriter (22), die er jedoch noch einmal vertreiben konnte.

[77] Ibbi-Sîns **šagina** „Militärgouverneur" Išbi-Erra – er wird später als „dummer Affe des Berglandes" bezeichnet – hat dann im Jahre (23) zumindest Teile des Reiches des Ibbi-Sîn unter seine Kontrolle gebracht. Bereits Jacobsen hatte darauf aufmerksam gemacht, daß die auf Ibbi-Sîn datierten Verwaltungstexte in den verschiedenen Städten des Reiches nach und nach aufhören. Die nunmehr selbständigen „Könige" einzelner Kleinstaaten verfaßten bald ihre eigenen Inschriften (Girsu, Ešnuna). Es kam in der Folge zu einer großen Teuerung im Lande, die Milchwirtschaft in Ur ging zurück. Wir haben literarische Zeugnisse dafür, daß Importe schwieriger wurden. In ihnen wird auch vom unaufhaltsamen Vormarsch Išbi-Erras berichtet. Wohl auf Grund seiner offenkundigen Schwäche wird Ibbi-Sîn zunehmend von seinen Verbündeten verlassen. Banden von Gutäern und Elamern machten das Land unsicher. Der schließliche Untergang wird in dem bedeutenden literarischen Werk „Klage über die Zerstörung von Ur und Sumer" überliefert. Die militärische Niederlage gegen Elam und Simaški – wobei frühere Kampagnen oft nur schlecht verhehlte Niederlagen gewesen waren – bedeutete dann das militärische Aus für Ibbi-Sîn's Gottkönigtum, da zur gleichen Zeit auch der Druck der Amoriter zunahm. Eine ungeheure Inflation erschütterte das Land, der Getreidepreis stieg um das Fünfzehnfache. Die Situation darf als typisches Beispiel für die Schwierigkeit der Rekonstruktion kausaler Abläufe in der mesopotamischen Geschichtsschreibung gelten. So unterstreicht Michalowski die Tatsache, daß der Herrscher auf die finanziellen Ressourcen der Tempel zurückgreifen musste, was zur einer institutionellen Krise geführt habe.[142] Die Tatsache, daß die Getreidekammer des Landes ihre Lieferungen einstellte, hat auf der anderen Seite Sallaberger im Anschluß an Heimpel mit einer dramatischen Verschlechterung der ökologischen Bedingungen in Zusammenhang gebracht, die durch die Verlagerung

---

der Kernstädte des Reiches. Weitere Omenanfragen für En-Priesterinnen: Nanna (10), Enki (11).

[141] Vgl. Civil 1984: 292 (AB 115).

[142] Siehe Michalowski 1976: 87ff.; der vorsichtig eine institutionelle Krise zwischen der 'Krone' und dem 'Tempel' erwägt, da „the crown must resort to the wealth of the temples for means of payment [für den Getreide-Import]. This would seem to indicate that the financial resources of the crown were exhausted" (p. 91). Zu weiterer Literatur und Diskussion über den Zusammenbruch der Ur III-Staaten siehe Sallaberger 1999: 172 n. 175 and 174ff.

des Tigris nach Osten entstanden sei.[143] Eine Verlagerung der Produktion war schon allein aufgrund des starken militärischen Drucks durch die Elamer und Amoriter nicht möglich. Die Elamer waren es schließlich, die die Hauptstadt Ur zerstörten und Ibbi-Sîn als Gefangenen nach Elam entführten.

Tradition und Wandel zur altbabylonischen Zeit.

[78] Mit dem Aufstieg Išbi-Erras, der den mesopotamischen Quellen zufolge als „Mann aus Mari" galt, verschiebt sich das legitimatorische Gewicht nun zunehmend weg von den alten sumerischen oder südbabylonischen Traditionen. In den offiziellen Weihinschriften wird dies zunächst allerdings kaum bemerkbar, und auch die literarischen Zeugnisse bleiben der neusumerischen Tradition verhaftet. Die Herrscherver-göttlichung, die Installation von Töchtern als Hohepriesterinnen, die religiösen Legitimationsstrategien insgesamt, scheinen nicht verändert. Auch der dynastische Wechsel während dieser sogenannten Isin-Zeit, der Übergang von Lipit-Eštar auf Ur-Ninurta, in dem man auch einen Usurpator vermutet hat, erbringt nach der derzeitigen Quellenlage für unser Thema wenig. Die Auseinandersetzung zwischen Isin und dem aufstrebenden südlichen Larsa, die sich in großem Rahmen um Streit über Wasserrechte entzündeten,[144] kann hier nur erwähnt werden. Auffällig ist – und das gilt für alle Herrscher der frühaltbabylonischen und altbabylonischen Zeit –, daß sie in ihren Inschriften nur ausnahmsweise auf ihre Vorgänger – insbesondere ihre Väter – Bezug nehmen. Daß etwa Rim-Sîn von Larsa auf seinen Vater Kudur-mabuk anspielt, ist ebenso die Ausnahme wie die Nennung Sîn-muballiṭs als leiblichen Vater Ḫammu-rapis (*abu wālidīja*). Etwas häufiger finden sich Filiationsangaben bei den Herrschern der amoritischen Uruk-Dynastie des Sîn-kašid. Erstaunlicherweise findet sich auch in den außergewöhnlich seltenen Fluchformeln dieser Epoche keinerlei Hinweis auf eine besondere Bedeutung dynastischer Legitimation.

[79] Wenn ich hier dennoch der verbreiteten These folge, die dynastische Erbfolge habe zur altbabylonischen Zeit ein besonderes Gewicht besessen – ja sei geradezu wesentlich im amoritischen Legitimationskonzept verankert, so beruht dies neben den Quellen aus Uruk vor allem auf dem Befund aus Mari, Malgium, (Ešnuna), Iamḫad, Šeḫnā und anderen Orten. Von besonderer Wichtigkeit ist allerdings die sog. Ḫammu-rapi-Genealogie,[145]

---

[143] Siehe W. Heimpel, Ein zweiter Schritt zur Rehabilitierung des Tigris in Sumer, *Zeitschrift für Assyriologie* 80 (1990) 204-213 und dazu Sallaberger 1999: 177.

[144] Siehe D. Frayne, A Struggle for Water: A Case Study from the Historical Records of the Cities Isin and Larsa (1900-1800 BC). *Bulletin of the Canadian Society for Mesopotamian Studies* (1989) 17, 17-28.

[145] Siehe J.J. Finkelstein, The Genealogy of the Hammurapi dynasty, *Journal of Cuneiform Studies* 20 (1966) 95-118; W.G. Lambert, Another Look at Hammurabi's Ancestors, *Journal of Cuneiform Studies* 22 (1968/69) 1-2; D. Charpin, J.-M. Du-

die nach einem ersten Eindruck, in der Absicht genealogische Fragen in den Vordergrund zu stellen, der unter den frühaltbabylonischen Königen verfaßten Sumerischen Königsliste stark ähnelt.[146] Am Anfang finden sich – wie in der assyrischen Königsliste – eine Reihe von amoritischen Stammesnamen, etwa die Ḥanäer, Tidnu, Amnanu, Jaḫruru u.a.m. Genannt werden dann die fünf unmittelbaren Vorgänger Ḥammu-rapi's, wie auch seine Nachfolger, bis hinab zu Ammiditāna. Sitz im Leben dieser Liste ist der Ahnenkult. Dies bezeugt der Verweis auf die Kommensuralität zwischen allen möglichen Toten und Lebenden, darunter namentlich „jede nicht genannte Dynastie", Soldaten, Prinzen und Prinzessinnen, ja die ganze Menschheit von Ost bis West, eben allen, um deren Totenkult sich niemand kümmere: *al-ka-nim-ma an-ni-a-am a-ak-la an-ni-a-am ši-ti-a* „Kommt, trinkt dies, eßt dies!"

[80] Bereits Lambert machte darauf aufmerksam, daß die Struktur des Textes auf eine Abstufung der Gefährlichkeit der Totengeister hinweist. Verstorbene Herrscher – und auch Soldaten – galten offensichtlich als den lebenden König besonders gefährdend. Eine weitere Folgerung läßt sich aus diesem Texte aber ziehen: die wesentliche Unterscheidung zwischen dem Gottkönig, wie ihn die Ur III-Zeit kannte, und den Menschen ist reduziert auf graduelle Unterschiede. Und entsprechend gehört nun auch die regelmäßige Schreibung des Herrschernamens mit dem Gottesdeterminativ der Vergangenheit an. Die Legitimationsstrategien der altbabylonischen Zeit haben sich verändert.

[81] Obgleich an vielen Punkten eine an sich wünschenswerte Detailbeschreibung im Rahmen dieses Beitrages nicht möglich war, hoffe ich deutlich gemacht zu haben, daß das Problem von Thron- und Dynastiewechsel eine entscheidende historische Dimension hat. Es sind die gesellschaftlichen Subsysteme von Weltanschauung, Ökonomie und Recht, die alle zur Herrschaftsverfassung eines Staates beitragen. Wesentlich für die Entwicklung – für den Wandel – all dieser Systeme ist ihre durch Verdinglichung induzierte Ausdifferenzierung. Das dialektische ja sogar antagonistische Verhältnis zwischen Allgemeininteressen und Individual-interessen war entstanden. Noch hatten die Götter dabei ihren Platz behalten. Was in der alttestamentlichen Forschung die „Krise der Weisheit" genannt wird, kam im Alten Orient nie völlig zur Entfaltung. Wenn jedoch die „Kutha-Legende" dem Narām-Sîn zur Kennzeichnung seiner frevelhaften Gesinnung den Satz in den Mund legt: „Es ist mir wursch, was der Gott sagt, ich kümmere mich um das Meine", dann wird deutlich, daß auf lange Sicht auch die religiösen Legitimationsstrategien und schließlich auch die dynastisch begründeten ins Wanken geraten konnten.

---

rand, Fils de Sim'al: Les origines tribales des rois de Mari, *Revue d'Assyriologie* 80 (1986) 141-183.

[146] Auf die in der Tat sehr viel engeren Parallelen zur assyrischen Königsliste kann ich hier nicht eingehen; verwiesen sei deshalb auf den guten Überblick bei G. Jonker, The Topography of Rememberance,, Leiden 1995: 213ff., bes. 219-223.

Emmer- und Gerstenzuteilungen an die 'Freunde' am Fest der (Göttin) Baba zum Zeitpunkt des Regierungswechsels von Lugal-anda auf Uru'inimgina.

VS 27,33 = VAT 4735

Text: *VAT 4735 = VS 27,33 = Altsumerische Wirtschaftsurkunden aus Berlin* Nr. 23; Maße: H.: 10cm; Br.: 10,2cm;

Umschrift: A. Deimel *AnOr 2*, 12f.; vgl. G.J. Selz *N.A.B.U.* 1992:44, S. 34ff.;

Parallelen: Vgl. *DP* 128 (Ukg. L 2/11); *DP* 129 (Ukg. L 3/12); vgl. *DP* 125 (Lug. 6/12); *Altsumerische Wirtschaftsurkunden aus Berlin* Nr. 24 = *VAT* 4858 (Ukg. L 2/11);

Datum: (Lug. 6/12; vgl. den Kommentar);

1	1	0.1.0 še 0.1.0 zíz	0.1.0 Gerste, 0.1.0 Emmer
	2	g̃ìrì-ni {x}	(an) Girini,
	3	<šeš->sag̃ga-ḪAR-ka	den <Bruder> des
	4	⌐0.0.3¬ še ⌐0.0.3 zíz¬ {x}	0.0.3 Gerste, 0.0.3 Emmer
	5	ama-dub-sar)	an die Mutter des Schreibers
	6	⌐0.0.3¬ 0.0.3 še zíz {x}	0.0.3 Gerste, 0.0.3 Emmer
	7	bi-su- g̃á	(an) Bisug̃a
	8	0.1.0 še 0.1.0 ⌐zíz¬ ⌐ušùr¬-ama- g̃u$_{10}$ {x}	0.1.0 Gerste, 0.1.0 Emmer (an) Ušur(?)-amag̃u,
	9	⌐0.0.3¬ še ⌐0.0.3¬ zíz {x}	0.0.3 Gerste, 0.0.3 Emmer,
	10	pu$_6$(=LAGABx⌐TIL¬)-ta	(an) Puta
	11	⌐dam¬-ur-ká	die Frau des Ur-ka,
	12	0.0.3 še 0.0.3 zíz dam-ki-tuš-lú {x}	0.0.3 Gerste, 0.0.3 Emmer (an) die Frau (von) Kituš-lu,
2	1	0.1.0 še 0.1.0 zíz me	0.1.0 Gerste, 0.1.0 Emmer (an) Me,
	2	0.1.0 še 0.1.0 zíz ⌐ur¬-^{d}⌐ba¬-ba$_6$	0.1.0 Gerste, 0.1.0 Emmer (an) Ur-Baba,
	3	0.1.0 še 0.1.0 ⌐zíz¬[i]gi-⌐zi¬	0.1.0 Gerste, 0.1.0 Emmer (an) Igizi,
	4	0.1.0 še 0.2.0 ⌐zíz¬	0.2.0 Gerste, 0.2.0 Emmer(an)
	5	Ú.Ú(-)úr (=RSP 376b)	Ú.Ú-ur
	6	⌐GAL¬:ÙG̃	den Kommandanten,
	7	0.0.3 še 0.0.3 zíz {x}	0.0.3 Gerste, 0.0.3 Emmer
	8	bur$_5$(= RSP 414)^{mušen}-TUR	(an) Bur-TUR,
	9	0.1.0 še 0.1.0 zíz dam-ur-⌐^{d}nin-pirig̃¬ {x}	0.1.0 Gerste, 0.1.0 Emmer (an) die Frau (des) Ur-Ninpirig̃,
	10	0.0.⌐3 še 0.0.3 zíz¬ {x}	0.0.3 Gerste, 0.0.3 Emmer
	11	bará-a {x}	(an) Bara'a,
	12	0.1.0 še 0.1.0 zíz	0.1.0 Gerste, 0.1.0 Emmer
3	1	AŠ$^?$-mu-i	(an) AŠ$^?$-mu'i,
	2	⌐0.0.3¬ še 0.0.3 zíz	0.0.3 Gerste, 0.0.3 Emmer
	3	⌐šeš$^?$¬-lugal-ra {x}	(an den) Bruder(?) (des) Lugalra,
	4	0.0.3 še 0.0.3 zíz	0.0.3 Gerste, 0.0.3 Emmer
	5	[du]mu-⌐nir¬- g̃ál {x}	(an) das Kind (von) Nirg̃al,
	6	⌐0.1.0 še¬ 0.1.0 zíz	0.1.0 Gerste, 0.1.0 Emmer

7	⌐NAR$_x$(=RSP 468ter)¬	(an) NAR$_x$,
8	engar	den 'Bauern',
9	0.2.0 še 0.2.0 zíz ⌐ur¬-^{d}ba-⌐ba$_6$¬ {x}	0.2.0 Gerste, 0.2.0 Emmer (an) Ur-Baba,
10	ašgab	den Lederwerker,
11	0.1.0 še 0.1.0 ⌐zíz¬! [ni]g̃ìn-⌐mud¬	0.1.0 Gerste, 0.1.0 Emmer (an) Nig̃in-mud(?)
*12	⌐KÍD¬.ALAN	den Statuenschneider,
13	0.0.3 še 0.0.3 zíz amar-{x}-^{d}PA	0.0.3 Gerste, 0.0.3 Emmer(an) Amar-PA,
14	zadim	den Steinschneider,
4 1	[0.0.3 še] 0.0.3 zíz KA.TAR	[0.0.3 Gerste], 0.0.3 Emmer (an) KA.TAR,
2	<dam->lugal-níg̃-gur$_8$	<die Frau> (des) Lugal-nig̃gur,
3	⌐0.0.3?¬ še 0.0.3 zíz ⌐ama¬-ur-ḪAR	0.0.3 Gerste, 0.0.3 Emmer (an die) Mutter (des) Ur-ḪAR,
4	⌐0.0.3¬ še ⌐0.0.3?¬ zíz	0.0.3 Gerste, 0.0.3 Emmer
...5	ur-ḪAR-⌐ra¬	(an) Ur-ḪAR-ra,
6	0.0.3 še 0.0.3 zíz {x}	0.0.3 Gerste, 0.0.3 Emmer
7	[ni]g̃ir-absu	(an) Nig̃ir-absu,
8	nu-kiri$_6$	den Gärtner,
9	0.0.4 še 0.0.4 zíz	0.0.4 Gerste, 0.0.4 Emmer
10	[d]am-⌐lugal¬-ra	an die Frau (des) Lugalra,
11	⌐0.0.4¬ še ⌐0.0.4?¬ zíz?¬ ⌐nin¬-é- g̃i$_6$-na {x}	0.0.4 Gerste, 0.0.4 Emmer (an) Nin-egina,
12	0.2.0 še 0.2.0 zíz	0.2.0 Gerste, 0.2.0 Emmer
13	Ú. Ú {x}	(an) Ú.Ú,
14	gir$_4$-bil	den 'Röster',
5 1	⌐0.0.3¬ še ⌐0.0.3 zíz¬	0.0.3 Gerste, 0.0.3 Emmer
2	gemé-ba	(an) Geme-ba,
3	⌐dumu-a¬-i-lí	das Kind (von) A-ilī,
4	⌐0.2.0¬ še 0.2.0 zíz	0.2.0 Gerste, 0.2.0 Emmer
5	gan-ba	(an) Gan-ba,
6	0.1.0 še 0.1.0 zíz	0.1.0 Gerste, 0.1.0 Emmer
7	amar-ezem	(an) Amar-ezem,
8	0.1.0 ⌐še¬ 0.1.0 ⌐zíz¬ ⌐g̃ír¬-nun	0.1.0 Gerste, 0.1.0 Emmer (an)˜G̃irnun,
9	0.1.0 še ⌐0.1.0¬ zíz SIG$_4$-[z]i	0.1.0 Gerste, 0.1.0 Emmer (an) SIG$_4$-zi,
10	0.[2].0 še 0.2.0 zíz NI:GU	0.2.0 Gerste, 0.2.0 Emmer (an) NI:GU,
11	nagar	den Zimmermann,
12	0.0.3 še 0.3.0 zíz {x}	0.3.0 Gerste, 0.3.0 Emmer
13	ama-AB	(an) Ama-AB,
14	kar-ke$_4$	die (Kult-)Prostituierte,
R 6.1	0.0.3 še 0.0.3 zíz {x}	0.0.3 Gerste, 0.0.3 Emmer
* 2	puzur$_4$(=KAxŠU)-ZA	(an) Puzur$_4$-ZA

Rasur über den Raum von zwei Zeilen.

5	0.0.3 še 0.0.3 zíz	0.0.3 Gerste, 0.0.3 Emmer (an) PN(?),
*	a-DU.DU-éš {x}	
6	0.0.3 še 0.0.3 ⌐zíz¬	0.0.3 Gerste, 0.0.3 Emmer
7	nin-⌐šà¬!¬-<lá-tuku> {x}	(an) Nin-ša<la-tuku>(?),
8	0.0.3 še 0.0.3 zíz	0.0.3 Gerste, 0.0.3 Emmer
9	gan-é	(an) Gan-e,

10	0.1.0 še 0.1.0 zíz	0.1.0 Gerste, 0.1.0 Emmer
11	amar-ezem {x}	(an) Amar-ezem,
12	baḫár	den Töpfer,
7 1	0.0.3 še 0.0.3 zíz	0.0.3 Gerste, 0.0.3 Emmer
2	dam-za{-x}-Ú {x}	(an) die Frau (des) Za-Ú,
3	šu-ku$_6$	des Fischers,
4	0.1.0 še 0.1.0 zíz	0.1.0 Gerste, 0.1.0 Emmer
5	⌐nin⌐-ezem-ma-ni {x}	(an) Nin-ezemani,
6	0.1.0 še 0.1.0 zíz	0.1.0 Gerste, 0.1.0 Emmer
7	nin-mu-a {x}	(an die) Schwester von Mu'a,
8	0.0.⌐3⌐ še ⌐0.0.3⌐ zíz dumu-mu-a {x}	0.0.3 Gerste, 0.0.3 Emmer (an das) Kind von Mu'a,
9	0.1.0 še 0.1.0 zíz	0.1.0 Gerste, 0.1.0 Emmer
10	ki-tuš-lú	(an) Kituš-lu,
11	muḫaldim	den Bäcker/Koch,
12	0.1.0 [še] 0.1.0 zíz	0.1.0 [Gerste], 0.1.0 Emmer
*13	[....z]i$^?$	(an) ...-zi(?),
8 1	0.1.0 še 0.1.0 zíz	0.1.0 Gerste, 0.1.0 Emmer
2	nu-gig {x}	(an) die Hierodule,
3	0.1.0 še 0.1.0 zíz	0.1.0 Gerste, 0.1.0 Emmer
4	munu$_4$-mú {x}	(an) den Mälzer,
5	0.0.3 še 0.0.3 zíz	0.0.3 Gerste, 0.0.3 Emmer
6	é-lú	(an) E-lu.

Der Rest dieser Kolumne und die mittlere Kolumne sind leer.

9 1	šu-niĝín 25.0.0 še gur-2-UL	Zusammen 25.0.0 Gerste (nach) dem Gur zu 2 UL,
2	25.0.0 zíz	25.0.0 Emmer,
3	zíz-ba še-ba	Emmerzuteilungen (und) Gerstenzuteilungen
4	ušùr-ne	hat den 'Freunden'
5	uru-inim	Uru-inim,
6	GAL:Ĝ-ke$_4$	der Kommandant,
7	ezem-^{d}ba-ba$_6$-ka	am Fest der Baba
10 1	e-ne-ba	zugeteilt.

Kommentar:

Diese für die politische Geschichte des altsumerischen Lagaš höchst bedeutsame Urkunde wurde seit der Erstveröffentlichung durch A. Deimel lange nicht mehr behandelt. Merkwürdigerweise ist Deimel selbst auf diese Urkunde nicht näher eingegangen. Auch J. Bauer *Altsumerische Wirtschaftstexte aus Lagaš* S. 66 und G.J. Selz, *Altsumerische Wirtschaftstexte aus der Eremitage zu Leningrad* S. 403 haben bei der Erörterung einer möglichen Identität des **GAL:UĜ uru-inim** mit dem späteren Herrscher **uru-inim-gi-na** lediglich auf die Vermutung von W. Schileico in *Revue d'Assyriologie 11* (1914) 65 verwiesen. Es kann aber kein Zweifel bestehen, daß der hier genannte 'Aufseher'/ 'Kommandant' **uru-inim**, der die Getreiderationen am Baba-Fest ausfolgt, die gleiche Person wie der spätere Stadtfürst Uru'inimgina ist. Dafür spricht nicht zuletzt, daß, entgegen einem in unseren Texten gut bezeugten Brauch, kein anderer Herrscher genannt wird. Da wir

heute wissen, daß nach dem 1. Monat des 7. Jahres des Stadtfürsten Lugal-
anda Uru'inimgina, gleichfalls unter dem Titel Stadtfürst, die Regierungsge-
schäfte übernahm – die Urkunden tragen nunmehr das Datum Ukg. E 1/2
usw. –, können wir für die Entstehung unserer Urkunde mit gutem Grunde
den Zeitpunkt Lug. 6/12 ansetzen. In diesem Monat wurde nach *TSA* 10 im
6. Jahre des Lugal-anda das Baba-Fest abgehalten.

Derzeit läßt sich über den in diesem Text genannten Personenkreis
noch wenig ausmachen; vgl. dazu die nachfolgenden Einzelbemerkungen.
Die Gründe für die unterschiedliche Höhe der Getreiderationen wird man in
der Bedeutung bzw. sozialen Stellung der einzelnen Personen vermuten dürfen. Überdurchschnittliche Rationen erhalten mit 0.2.0 in 2:5-6 ein **Ú.Ú ...
GAL:UG̃**, ein **ur-^{d}ba-ba$_6$** ašgab in 3:9-10, ein **Ú.Ú gir$_4$-bil** in 4:13-14,
eine **gan-ba** in 5:5 und ein **NI.GU nagar** in 5:10-11. Besonders auffällig ist
aber die hohe Ration für **ama-AB kar-ke$_4$**, „PN, die (Kult-)Prostituierte" in
5:13-14. Zu **kar-ke$_4$** vgl. nunmehr auch F. Pomponio, G. Visicato *Early
Dynastic Tablets from Šuruppak* S. 244. Beachte auch die hier mit {x} no-
tierten „Tilgungsausbrüche".

(1:2-3) Sicher Hypokoristikon zu **g̃irì-ni-ba-dab$_5$** bzw. **g̃irì-né-ba-
tuš** (vgl. Verf., *Altsumerische Wirtschaftsurkunden aus Amerikanischen
Sammlungen* S. 384[147]). Ein **sag̃g̃a-G̃AR** dieses Namens ist sonst nicht bezeugt. Nach *DP* 128 1:3 und 129 1:3 gilt er als **šeš-sag̃g̃a-G̃AR** „Bruder des
...". Das allerdings nur an unserer Stelle geschriebene **-ka** repräsentiert offensichtlich das doppelte Genitivmorphem ***/ak-ak/**; deshalb wird hier entsprechend zu emendieren sein. (Beachte, daß dementsprechend bei **sag̃g̃a-
G̃AR** wohl eine Regens-Rectum-Verbindung vorliegt!). Zu **sag̃g̃a-G̃AR** vgl.
die Lit. in G.J. Selz, *Altsumerische Wirtschaftstexte aus der Eremitage zu
Leningrad* S. 188 zu 5:1.

(1:5) Der Name dieser **ama-dub-sar** „Mutter des Schreibers" ist nach
DP 128 1:4, 129 1:4 **nam-dumu**. Beachte weiter, daß *DP* 128 5:8-9 eine(n)
nam-dumu ì-du$_8$ „PN(?), Pförtner(in)" verzeichnet. Diese(r) Pförtner(in)
heißt in der Parallele *DP* 129 5:1-2 allerdings **nam-šita-g̃u$_{10}$-bí-du$_{11}$**.

(1:7) **bi-su-g̃á** trägt in *DP* 128 1:6-7 // 129 1:6-7 den Zusatz **níg-
kurún** „(Mann der) Weinschalen".

(1:10-11) Auch *DP* 128 1:8 // 129 1:8 schreiben deutlich
pu$_6$(=LAGABxTIL)-ta bzw. **túl(=LAGABxTIL)-ta** (vgl. dazu G.J. Selz,
Altsumerische Wirtschaftsurkunden aus Amerikanischen Sammlungen S.
175f.). Zum (gleichfalls) als Autonym gebrauchten **pu$_6$-ta-pà-da**, dem Namen einer Wollarbeiterin in *Altsumerische Wirtschaftsurkunden aus Berlin*

---

[147] Für die erste Bedeutung mag *Ana ittišu* Tf. 3,III 38-40 (= *MSL 1*,44) ins Feld
geführt werden, für die zweite die in *Altsumerische Wirtschaftstexte aus Amerikanischen Sammlungen* S. 384 behandelte Namensparallele.

Nr. 4 = *VAT* 4612 5:16 bzw. *STH 1*, 23 6:7, s. *Altsumerische Wirtschaftsur-kunden aus Amerikanischen Sammlungen* S. 272. – Auch unsere Parallelen *DP* 128 1:8-9 und 129 1:8-9 schreiben den Namen des Gemahls der **pu₆-ta** als **ur-ká-TUR**.

(1:13) Vgl. *DP* 128 // 129 1:10-2:1, die den Namen dieser Ehefrau liefern: **é-ul-le dam-ki-tuš-lú**.

(2:1) D. Foxvog verdanke ich den Hinweis darauf, daß in **me** hier ein Hypokoristikon des bekannten PN **me-an-né-si** vorliegt, der zusammen mit den nachfolgend genannten **ur-ᵈba-ba₆ₓ** und **igi-zi** z.B. in *TSA* 2 3:9-4:2 als **šeš-munus** genannt wird.

(2:5-6) **Ú.Ú(-)úr GAL:ÙG̃** kann ich sonst nicht belegen. Ich kenne auch keinen Namen eines 'Aufsehers', der mit dieser Schreibung des PN zu verbinden sein könnte. Dies eröffnet die Frage, ob in **ÚR** hier nicht eine der vielen Schreibungen für die Schwiegereltern /(m)urum/ (bzw. /ušbar/) vorliege. Ist **Ú.Ú** etwa der „Schwiegervater" des **GAL:ÙG̃**?

Beim Beruf des 'Aufsehers' scheint mir die Zeichengroßschreibung nach wie vor das Beste, auch wenn – scheinbar – unberücksichtigt bleibt, „daß es sich um eine Genitivverbindung handelt"; vgl. J. Bauer *AfO 36/37* (1989/90) 81f. Neben einer Parallele zu Berufsbezeichnungen wie **gal:zadim**, wo im Einzelfalle eine rein orthographische Voranstellung des Adjektives wie in **lugal** = **gal+lú** erwägenswert bleibt, kann m.E. die bereits in G.J. Selz, *Altsumerische Wirtschaftstexte aus der Eremitage zu Leningrad* S. 85f. vorgeschlagene Lesung **kig̃gal** = *mu'e/irru(m)* nicht ausgeschlossen werden. /kig̃gal(a)/ wäre ein Berufsname im regenslosen Genitiv für *(lú-)-kíg̃-gal-ak „der für große Arbeiten (Verantwortliche)", ein Bildungstyp, der hier z.B. bei **má-gal-gal** (vgl. dazu Selz, a.a.O. S. 109. 535 und außerdem meine Miszelle *Von Treidlern, Schiff(bau)ern und Werftarbeitern* ArOr 66 (1998) 255-264) bezeugt ist. Für die Lesung **gal-ùg̃(-ak)** wäre noch auf die Entsprechung **gal-ug̃kig̃** bzw. auf **gal-zu-ug̃kig̃-na** = *rab puḫri* zu verweisen; vgl. *MSL 12*, 96:110-117. Die Zeichengruppe **GAL:ÙG̃** hat also möglicherweise zwei Lesungen besessen, die eng bedeutungsverwandt waren.[148]

(2:8) Vgl. *DP* 128 // 129 2:2.

(2:9) Nach *DP* 128 // 129 2:3-4 war **ur-ᵈnin-pirig̃ sag̃-apin** „Pflugführer".

(2:11) Mit **bará-a** ist wohl die gleiche Person gemeint, die in *DP* 128 // 129 2:5 unter dem Namen **bará-an-né** erscheint. Diese Auffassung bestätigt mir freundlicherweise D. Foxvog.

---

[148] Beachte, daß P. Steinkeller *apud* G. Visicato *Šuruppak* S. 66 Anm. 19 für **UNKIN.KI;**, mit Verweis auf Ebla-Schreibungen, die Lesung **KINₓ.KI;** „earthwork" vorschlägt, ein Vorschlag der, allerdings nur unmittelbar, unsere Interpretation des Wortes /kig̃al/ stützt.

(3:1) Für diesen zunächst **AŠ.MU.ZA** gelesenen PN scheint nach Neukollation nur eine Lesung **AŠ-mu-5** bzw. **AŠ-mu-í** möglich. Der Name ist sonst nicht belegt.

(3:3) Wohl der in *DP* 593 2:1 bezeugte Bruder des **lugal-ra** namens **lugal-ušùr**. Die Gemahlin – sie trägt nach DP 128//129 2:7 den Namen **gan-ki** – wird hier, nach einem Hinweis von D. Foxvog, erst in 4:10 aufgeführt.

(3:4) Vgl. *DP* 128 // 129 2:6-7: **gan-ki dam-lugal-ra**. Vgl. auch im Text unter 4:10.

(3:9) Lesung des PN als **ur-^{d}ba-ba$_6$ ašgab** über die Parallelen in *DP* 128 7:2-3 und 129 6:4-5 bestätigt.

(3:11-12) Nur das Zeichen **é** des PN ist deutlich zu sehen. Bei der Berufsbezeichnung ist vor **alan** offenkundig radiert worden, das **KÍD** ist nur noch schwach zu sehen. Die Emendation dürfte jedoch über **niĝin-mud KÍD.ALAN** in *DP* 128 2:9-3:1 // 129 2:9-10 gesichert sein.

(3:13) Vor dem Zeichen **AN** ist wohl ein Kratzer. – J. Bauer *BiOr 50* (1993) 176 möchte den PN als **amar-an-pa** lesen und mit **an-pa** = *elât šamê* verbinden.

(4:1-2) Zu **KA.TAR <dam->lugal-níĝ-gur$_8$** vgl. *DP* 128 3:4-5 // 129 3:3-4. Ist die Schreibung **níĝ-gur$_8$** mit **níĝ-GA** in der Lesung **níĝ-gur$_{11}$** zu verbinden?

(4:3-5) Vgl., in vertauschter Reihenfolge, *DP* 128 3:6-8: **0.0.3 ur-ḪAR-sar-ra / 0.0.3 ḪAR.TU / ama-ur-ḪAR-sar-ra-ka**; in *DP* 129 3:5 wird nur noch **ur-ḪAR-sar-ra** verzeichnet. Zu **ḪAR-sar-ra** als Kultobjekt vgl. Selz 1995: 140.

(4:9) Die Emendation bestätigt, daß hier der wohlbekannte **niĝir-absu nu-kiri$_6$** geschrieben war.

(4:11) Den PN **nin-é-gi$_6$/ĝi$_6$-na** kann ich sonst nicht belegen. Nach D. Foxvog liegt eine Variante vor zu **nin-é-⌐ĝi$_6$!¬-ni** aus *DP* 128 3:9. Vgl. ferner vielleicht **é-ĝ/gissu-bi-du$_{10}$** *DP* 15 9:1 u.p. bzw. **ĝ/gissu-na-ni-du$_{10}$** (vgl. *Altsumerische Wirtschaftsurkunden aus Amerikanischen Sammlungen* S. 186). Zu **gi$_6$/ĝi$_6$(-ù-na)** = *mušitu(m)*, *mūšu(m)* vgl. die Wörterbücher.

(4:12) Hier und in 6:9 sowie 8:3 scheinen an den Zahlzeichen Verbesserungen vorgenommen worden zu sein; vgl. J. Marzahn im Katalog zu *VS 27*.

(5:2-3.5) Notiere die Kurzschreibung **gemé-ba** für **gemé-^{d}ba-ba$_6$** (**dumu-A-*i-lí***) in *DP* 128 3:10-4:1 // 129 3:6-7. Entsprechend ist **gan-ba** mit D. Foxvog vermutlich **gan-^{d}ba-ba$_6$**, wohl die **nin-ensí-ka** „Schwester des Stadtfürsten" aus *Fö* 106 1:2.

(5:8) Es scheint mir nunmehr eine Lesung **ĝír-nun** wahrscheinlicher.

(5:10-11) **GU.NI nagar** kann ich sonst nicht belegen. Im PN ist die Zeichenreihenfolge offen.

(5:13-14) Die Prostituierte **ama-AB** ist sonst als **ama-AB-é-ta kar-ke₄** aus *DP* 128 4:2-3 // 129 3:8-9 bekannt.

(6:2.5) D. Foxvog möchte hier die PN **ú(!)-za** und **ur(!)-šu(!)** lesen, entsprechend den Namenssequenzen in *DP* 128 und 129. S. unten zu 7:2.

(6:5) Zu **a-DU.DU-éš**, hier wohl Autonym, vgl. die Verbalformen **ba-DU.DU-éš** *Nik I* 14 3:8, 5:1 und *CTNMC* 2 4:3, bzw. **ì-DU.DU-éš** *CTNMC* 2 2:6. – Die Zeichen sind deutlich zu lesen.

(6:7) Das Zeichen nach **NIN** ähnelt dem Rahmen von **DU₁₀**; nach Re-Kollation ist ⸢šà⸣ gut möglich. Allerdings war sicher ein Hypokoristikon geschrieben. Ergänzung nach der Parallele **nin-šà-lá-tuku** in *DP* 128 4:7.

(7:2) Vor dem Zeichen **Ú** findet sich ein senkrechter Keil, der nur mit Mühe als Fortsetzung des abschließenden Senkrechten von **šu** in der darunter befindlichen Zeile erklärt werden kann. Bei der Re-Kollation sah es mir so aus, als sei ein weiteres **Ú** wegradiert worden. Die Parallelen kennen den Namen eines **RI. ḪU** namens **Ú-za**: *DP* 128 4:4 // 129 3:10, neben einem **šu-ku₆** mit dem Namen **za-Ú**: *DP* 128 4:9 // 129 (ohne **dam**!) 6:9. Vgl. hier auch den PN in 6:2.

(7:5) Vor dem Zeichen **NI** ist ein Kratzer.

(7:7-8) Unter dem Zeichen **NIN** ist ein Kratzer. D. Foxvog verdanke ich den einleuchtenden Vorschlag, daß **nin** und **dumu** hier als Verwandt-schaftsbezeichnungen zu verstehen sind. Somit ist **mu-a**, in Übereinstim-mung mit anderen Schreibungen dieses Textes, Hypokoristikon für **mu-an-né-du₁₀** (*DP* 128 4:11f.).

(7:10-11) Vgl. wohl **ki-tuš-lú lú-sar** in *DP* 128 5:2-3 // 129 4:5-6.

(8:1) Ohne Zweifel die **gan-ezem nu-gig** aus *DP* 128 6:5-6 // 129 5:7-8.

(9:1-10:1) An dieser Unterschrift ist, über das in *N.A.B.U.* 1992:44, S. 35 von mir Erörterte hinaus, noch bemerkenswert, daß die Hohlmaßeinheit nicht das „Haupt-Gur" **gur-saĝ-ĝál** (wie in *DP* 128 // 129) ist, sondern das **gur-2-UL** „Gur zu 2 UL". In den späteren Parallelen sind dagegen keine **še-ba** „Gerstenzuteilungen" mehr bezeugt. Da der empfangende Personenkreis zudem in zahlreichen Fällen mit dem der späteren Paralleltexte *DP* 128 und 129 identisch ist, ergibt sich weiterhin die Möglichkeit, daß die **ušùr** unseres Textes gleichfalls sämtlich zu den **ušùr-nam-dumu** „Freunden (des Anwe-sens der) 'Kindschaft'" rechnen, wie dies die späteren Texte explizit vermer-ken.

Die Addition der mehrfach kollationierten Einzeleinträge ergibt 21.0.5 + 0.1.0. Die Differenz zum Summenvermerk kann ich nicht erklären; vgl. die Rasur in Kol. 6:3-4. Beachte auch, daß mehrere Einträge mit Beträgen von 0.2.0, also 2 UL, vorhanden sind, welche eigentlich bereits als 1.0.0 in der 'Gur-zu-2-UL' Notierung geschrieben werden sollten. Was ist falsch? Beach-te, daß wir auch in *DP* 31 ganz ähnlich Notierungsprobleme finden.

Das (sichere) Fehlen einer Jahresdatierung mag mit J. Marzahn im Katalog zu *VS 27* auf eine Bestimmung unseres Textes als Planungsunterlage hinweisen. Wahrscheinlicher scheint mir, daß diese Tatsache mit der Abwesenheit eines Herrschernamens zu verbinden ist. Zum Zeitpunkt der Abfassung unserer Urkunde war Lugal-anda ja noch im Amt, aber zur vollen Führung der Geschäfte offenbar nicht mehr in der Lage.

Thesen zum Beitrag:

Der Argumentationsverlauf

Grundannahmen:
1. Veränderungen und Wandel vollziehen sich in Mesopotamien in dieser Epoche im Rahmen eines axiomatischen Holismus.
2. Vergegenständlichungen – Objektivierungen – spielen in der Ausdifferenzierung der frühen mesopotamischen Gesellschaften eine entscheidende Rolle.
3. Veränderungen und Wandel in der Königsideologie (Königstheologie) korrelieren mit diesen Differenzierungen.
4. Effizienz ist die legitimatorische Wurzel für Weltanschauung und Macht- und Zwangsapparat.

Sozio-politische Grundlinien:
5. Die institutionelle Ausdifferenzierung von Weltanschauung (Religion) und Zwangsapparat (Arbeitsmanagement) begründet ein dauerhaftes innergesellschaftliches Konfliktpotential.
6. Konflikte zwischen diesen unterschiedlichen Gruppeninteressen führen zu einer Stärkung (Renaissance?) von Familien und Individualinteressen.
7. Der Streit um Verfügungs- und Kontrollrechte eskaliert als Konflikt zwischen Gemeininteresse (Amt) und Einzel- bzw. Familieninteresse.

Historische Grundlinien:
8. Die frühgeschichtlichen südmesopotamischen Gesellschaften zeigen Überbleibsel nicht-'patriarchalischer' Strukturen, auf die auch später bei nicht-dynastischem Thronwechsel fallweise rekurriert wird.
9. Der Konflikt über Verfügungs- und Kontrollrechte manifestiert sich als praktischer *und* weltanschaulicher Konflikt. Er wird zum Focus historischer Veränderungen
10. Dynastische Erbfolge ersetzt zunehmend eine - ältere Legitimation des Blutes. Sie entfaltet sich voll als patrilineare Erbfolge in der Verbindung mit der Ausdifferenzierung eines eigenständigen Systems des Rechtes.
11. Vorgängige hierokratisch-bureaukratische Legitimationskonzepte, die auf einem Primat der Funktion / des Amtes beruhen, bilden ein dauerhaftes legitimatorisches Gegengewicht mit allerdings abnehmender Bedeutung.

Fallbeispiele sollen folgende Thesen illustrieren:
1. Unter Uru'inimgina (Irikagina) kumuliert der Konflikt um allgemeine und individuelle Verfügungsrechte.
2. Uru'inimgina (Irikagina) versucht eine Konfliktlösung durch Übernahme und Modifikation traditioneller Legitimationsverfahren.

3. Sargon und Narām-Sîn sind Beispiele für den Wechsel von einem funktionalen zu einem individualistischen Konzept von Herrschaft.

4. Sargon und Narām-Sîn scheitern in ihrem Versuch, die traditionellen Strukturen zu modifizieren, auszuhöhlen, zu überwinden und mit ihrem individualistisch-familialen Herrschaftskonzept zu versöhnen. Hier liegt eine interne Ursache für den Untergang des Reiches von Akkade.

5. Die Gudea-Zeit trägt deutlich den Charakter einer Restauration des traditionellen am 'Amt' orientierten Herrschaftsparadigmas.

6. Ur-Namma, Šulgi-r und ihre Nachfolger versuchen die Identität von Person und Staat herzustellen. Unter Rückgriff auf die vorhandenen Legitimationskonzepte wird durch die Sanktifizierung des Königs als öffentlicher Person ein Gottkönigtum geschaffen.

7. Beim Untergang des Gottkönigtums der Ur III-Zeit spielen der Legitimationsverlust durch Mangel an Effizienz und der Verlust über die Kontrolle des Zwangsapparates eine entscheidende Rolle.

8. Widerstrebende Individual- und Familieninteressen stehen dann Pate bei der Herausbildung des in erhöhtem Maße auf dynastischer Legitimation und auf ökonomischer und rechtlicher (sozialer) Individualisierung beruhenden altbabylonischen Königtums.

Zeittafel – Überblick

'Obed- Zeit	Einzelsiedlungen	ca. 4000-
Früh-Uruk		ca. 3500-3100
(Spät-)Uruk	Expansion, Schrift	ca. 3100-2850
Ǧemdet Nasr	Regional-Zentren	ca. 2850-2700
Frühdynastisch I-III	Partikularisierung	ca. 2700-2340
Fāra-Zeit	Antagonismus zwischen	um ca. 2500
Lagaš-I Dynastie	Nord- und Südbabylo-	ca. 2450-2340
Ur-Nanše	nien	ca. 2450?
En-me:te-na		
Lugal-anda		
Uru'inimgina(=Iri-kagina)		
Lugal-zagesi (von Umma und Uruk)		bis 2340
Akkade-Zeit	Zentralstaat	
Sargon		2340-2284
Narām-Sîn		2259-2223
Gudea-Zeit	sum. Renaissance	
Gudea		2122-2102
Ur-Baba		---
Ur III-Zeit	Zentralstaat	
Ur-Namma		2111-2094
Šulgi(-r)		2093-2046
Amar-Su'ena		2045-2037
Šî-Su'en		2036-2028
Ibbi-Sîn		2027-2003
Altbabylonische Zeit	Amoriter-Dyn.	
Frühaltbabylonische Zeit (Isin)		
Išbi-Erra		2017-1985
Iddin-Dagan		1974-1954
Išme-Dagān		1953-1935
Lipit-Ištar		1934-1924
Frühaltbabylonische Zeit (Larsa(m)		
Rīm-Sîn		1822-1763
Ḫammu-rāpī		1792-1750

Literatur:

1. Überblicke über die historischen Perioden:

Bauer, J. 1998:
> Der vorsargonische Abschnitt der mesopotamischen Geschichte. *Annäherungen* 1 (P. Attinger und M. Wäfler, eds.) *Orbus Biblicus et Orientalis* 160/1, 431-585.

Englund, R.K. 1998:
> Texts from the Late Uruk Period. *Annäherungen* 1 (P. Attinger und M. Wäfler eds.) *Orbus Biblicus et Orientalis* 160/1, 15-233.

Gelb, I. J. und Kienast, B. 1990:
> Die altakkadischen Königsinschriften. *Freiburger Altorientalische Studien* 7. Stuttgart.

Klengel, H. 1991:
> König Hamurapi und der Alltag Babylons. Zürich.

Pientka, R. 1998:
> Die Spätaltbabylonische Zeit, 2 Bde. Münster.

Sallaberger, W. 1999:
> Ur III-Zeit. *Annäherungen* 3 (P. Attinger und M. Wäfler eds.) *Orbus Biblicus et Orientalis* 160/3, 121-390.

Westenholz, A. 1999:
> The Old Akkadian Period: History and Culture. In: *Annäherungen* 3 (P. Attinger und M. Wäfler, eds.) *Orbus Biblicus et Orientalis* 160/3, 17-117.

2. Quellen und ausgewählte Studien zu Einzelfragen.

Alster, B. 1997:
> Proverbs of Ancient Sumer. The World's Earliest Proverb Collections. 2 Vol. Bethesda, Maryland.

Charvát, P. 1993:
> Ancient Mesopotamia. Prague.

Cohen, A.C. 2001:
> Dehistoricing Strategies in Third-Millennium B.C.E. Royal Inscriptions and Rituals. CRRAI 45, pp. 99-111.

Edzard, D.O. 1997:
> The Royal Inscriptions of Mesopotamia: Early Periods Vol. 3/1: Gudea and His Dynasty. Toronto etc.

Farber, G. 1987-1990:
> me (g̃arza, *parṣu*), *Reallexikon der Assyriologie* 7, 610-613.

Frayne, D. 1990:
> The Royal Inscriptions of Mesopotamia: Early Periods Vol. 4: Old Babylonian Period (2003-1595), Toronto etc.

Frayne, D. 1990:
The Royal Inscriptions of Mesopotamia: Early Periods Vol. 2: Sargonic and Gutian Periods (2334-2113 BC), Toronto etc.

Frayne, D. 1997:
The Royal Inscriptions of Mesopotamia: Early Periods Vol. 3/2: Ur III Period (2112-2004 BC), Toronto etc..

Gelb, I.J., Whiting, R., Steinkeller, P. 1989/ 1991:
The earliest Land tenure Systems 2. Bde. *OIP* 104, Chicago.

Gelb, I.J., Kienast, B. 1990:
Die altakkadischen Königsinschriften des dritten Jahrtausends v.Chr. *Freiburger Altorientalische Studien* 7.

Glassner, I.J. 1989:
Women, Hospitality and the Honor of the Family. In: Women's Earliest Records (B. Lesko ed.), 71-90.

Glassner, I.J. 1995:
La gestion de terre en Mésopotamie selon le témoinage des kudurrus anciens. *Bibliotheca Orientalis* 52, 5-24.

Jacobsen, Th. 1939:
The Sumerian Kinglist. *Assyriological Studies* 11. Chicago.

Kienast, B. 1973:
Der Weg zur Einheit Babyloniens unter staatsrechtlichen Aspekten. *Orientalia Nova Series* 42, 489-501.

Kienast, B. 1994:
Glossar zu den altakkadischen Königsinschriften. *Freiburger Altorientalische Studien* 8.

Lambert, W.G. 1968-69:
Another Look at Hamurabi's Ancestors. *Journal of Cuneiform Studies* 22, 1-2

Liverani, M. 1993:
Model and Actualization: The Kings of Akkade in Historical Tradition, in M. Liverani (ed.) Akkad, Padova, 41-67.

Maeda, T. 1988:
Two Rulers by the Name Ur-Ningirsu. *Acta Sumerologica* 10, 19-35.

Magid, G. 2001:
Micromanagement in the É-MÍ/^{D}BA-Ú. Notes on the Organization of Labor at Early Dynastic Lagash. CRRAI 45, pp. 313-328.

Michalowski, P. 1982:
Royal Women of the Ur III period, part III. *Acta Sumerologica* 4, 129-142.

Michalowski, P. [2]1991 (1987):
Charisma and Control, Continuity and Change in Early Mesopotamian Bureaucratic Systems, *Studies in Ancient Oriental Civilization* 46, 55-68.

Michalowski, P. 1983:
History as Charter, *Journal of the American Oriental Society* 103, 237-248.

Michalowski, P. 1989:
Lamentation over the Destruction of Sumer and Ur. Mesopotamian Civilizations 1. Winona Lake.

Michalowski, P. 1993:
Memory and Deed. The Historiography of the Political Expansion of the Akkad State, in: M. Liverani (ed.), Akkad. Padova, 69-90

Neumann, H. 1993:
Zum Problem der privaten Feldpacht in der neusumerischen Zeit. Šulmu IV (J. Zablocka und S. Zawadzkii eds.) Poznan, 223-233.

Neumann, H. 1999:
Grundpfandbestellung und Feldabgabe unter rechts- und sozialvergleichendem Aspekt. CRRAI 41, 137-148.

Nissen, H.-J. 1983:
Grundzüge einer Geschichte der Frühzeit des Vorderen Orients. Darmstadt.

Powell, M.A. 1994:
Elusive Eden: Private Property at the Dawn of History. [Rez. zu Gelb et al. 1991]. *Journal of Cuneiform Studies* 46, 99-104.

Renger, J. 1976:
The Daughters of Ur-baba: Some Thoughts on the Succession to the Throne During the 2. Dynasty of Lagash. *Alter Orient und Altes Testament* 25, 367-369.

Renger 1988:
Das Privateigentum an der Feldflur in altbabylonischer Zeit. *Jb. f. Wirtschaftsgeschichte* 1987, 49-67.

Renger, J. 1995:
Institutional, Communal, and Individual Ownership or Possession of Arable Land in Ancient Mesopotamia from the End of the Fourth to the End of the First Millennium B.C. *Chicago Kent Law Review* 71/1, 269-319.

Sallaberger, W. 1993:
Der kultische Kalender der Ur III-Zeit. *Untersuchungen zur Assyriologie und Vorderasiatischen Archäologie* 7/1-2. Berlin - New York.

Selz, G.J. 1992:
Zum Namen des Herrschers URU-INIM-GI-NA(-K): ein neuer Deutungsvorschlag. *Nouvelles Assyriologiques Brèves et Utilitaires*, 44.

Selz, G.J. 1997:
'The Holy Drum, the Spear, and the Harp'. In: I.L. Finkel, M.J. Geller (eds.) Sumerian Gods and their Representations. *Cuneiform Monographs* 7, 167-213.

Selz, G.J. 1998:
Über Mesopotamische Herrschaftskonzepte. Zu den Ursprüngen mesopotamischer Herrscher-ideologie im 3. Jahrtausend. In: FS W.H.Ph. Römer (*Alter Orient und Altes Testament* 253), 281-344. Münster.

Selz, G.J. 1999/2000:
„Wirtschaftskrise - Legitimationskrise - Staatskrise". Zur Genese mesopotamischer Rechtsvorstellungen zwischen Planwirtschaft und Eigentumsverfassung. *Archiv für Orientforschung* 46/47, 1-44.

Selz, G.J. 2001:
'Guter Hirte, Weiser Fürst' - Zur Vorstellung von Macht und zur Macht der Vorstellung im altmesopotamischen Herrschaftsparadigma. *Altorientalische Forschungen* 28, 8-39.

Selz, G.J. 2001a:
Sex, Crime, and Politics. Zur Interpretation sumerischer Literaturwerke. Überlegungen zu Inana-k und Šukaletuda. *Journal of Ancient Civilizations* 16, 125-148.

Selz, G.J. 2001b:
Irano-Sumerica. *Wiener Zeitschrift für die Kunde des Morgenlandes* 91, 259-267.

Steible, H. 1982:
Die altsumerischen Bau- und Weihinschriften. Freiburger Altorientalische Studien 5/I und 5/II.

Steinkeller, P. 1981a:
More on Ur III Royal Wives. ASJ 3, 77-92.

Steinkeller, P. 1981b:
The Renting of Fields in Early Mesopotamia and the Development of the Concept of 'Interest' in Sumerian. *Journal of the Economic and Social History of the Orient* 24, 113-145.

Steinkeller, P. 1988:
Grundeigentum in Babylonien von Uruk IV bis zur frühdynastischen Periode II. *Jb. f. Wirtschaftsgeschichte* 1988,11-27.

Steinkeller, P. 1989:
Sale Documents of the Ur III-Period. *Freiburger Altorientalische Studien* 17.

Steinkeller, P. [2]1991 (1987):
The Administration and Economic Organization of the Ur III State, *Studies in Ancient Oriental Civilization* 46, 15-33.

Steinkeller, P. 1999:
> Land-tenure Conditions in Southern Babylonia Under the Sargonic
> Dynasty, FS Renger (*Alter Orient und Altes Testament* 267), 553-571.

Suter, C.E. 2000:
> Gudea's Temple Building. The Reconstruction of an Early Mesopo-
> tamian Ruler in Text and Image. Groningen.

Stol, M. 1982:
> State and Private Business in the Land of Larsa. *Journal of Cuneiform
> Studies* 34, 127-230.

Visicato, G. 1995:
> The Bureaucracy of Šuruppak. Administrative Centres, Central Of-
> fices, Intermediate Structures and Hierarchies in the Economic Docu-
> mentation of Fara. Münster.

Waetzoldt, H., Sigrist, M. 1993:
> Haftung mit Privatvermögen bei Nichterfüllung von Dienstverpflich-
> tungen, FS Hallo, 271-280.

Westenholz, J. Goodnick 1997:
> Legends of the Kings of Akkade. *Mesopotamian Civilizations* 7. Wi-
> nona Lake, Indiana.

Wilcke, C. 1970:
> Drei Phasen des Niedergangs des Reiches von Ur III. *Zeitschrift für
> Assyriologie* 60, 54-69.

Wilcke, C. 1974:
> Zum Königtum in der Ur III Zeit, CRRAI 19, 177-232.

Wilcke, C. 1985a:
> Neue Quellen aus Isin zur Geschichte der Ur III Zeit und der I. Dynas-
> tie von Isin. *Orientalia Nova Series* 54, 299-318.

Wilcke, C. 1985b:
> Familiengründung im alten Babylonien. in: E.W. Müller (ed.) Ge-
> schlechtsreife und Legitimation zur Zeugung. Freiburg/München, 213-
> 316.

Wilcke, C. 1999:
> Weltuntergang als Anfang, in: A. Jones (ed.), Weltende. Beiträge zur
> Kultur- und Religionswissenschaft, pp. 63-112.

Yoffee, N. 1977:
> The Economic Role of the Crown in the Old Babylonian Period.
> Malibu.

Gedanken zur Deportation im Alten Orient

Walter Mayer

Es ist im Rahmen der vorliegenden Studie nicht möglich, alle Aspekte des überaus komplexen Phänomens der Deportationen im Alten Orient ausführlich zu behandeln. [1] Zwar sind die Quellen zahlreich und vielschichtig, sie sind aber auch sehr ungleichmäßig über Zeit und Raum verteilt. Viele der uns interessierenden Fragen werden in den schriftlichen Quellen nicht berührt, da die Antworten darauf dem Zeitgenossen wohl selbstverständlich waren. Bevor man aber dem Phänomen der Deportation nähertritt, so wie es sich in den schriftlichen Quellen zur Geschichte Altvorderasiens und speziell auch in der Kunst der neuassyrischen Zeit [2] widerspiegelt, empfiehlt es sich, kurz die politischen Systeme in der Region zu beleuchten.

Am Anfang der Entwicklung aller politischen Systeme standen im gesamten Vorderen Orient – in Mesopotamien, Syrien, Anatolien und Iran – regionale Fürstentümer: ein städtisches Zentrum mit dem Heiligtum des lokalen Gottes und dem Umland, das für die Versorgung notwendig war. Vertreter der Gottheit und Hirte eines solchen Fürstentums war der Stadtfürst. Öffentliche Arbeiten an Tempel, Palast, Befestigungs- und Bewässerungsanlagen wurden von der Bevölkerung im Rahmen einer allgemeinen Dienstpflicht ausgeführt. Der Tempel war der Wohnpalast der Gottheit. Altar und Opfer waren die Voraussetzung für die Verbindung zur Gottheit und damit für den Bestand des Volkes. In den Bergländern wurde dieses System noch durch die geographischen und klimatischen Verhältnisse begünstigt, da Pässe zwischen den einzelnen Lebensräumen mehrere Monate im Jahr unpassierbar sein konnten. Ein solches lokales Fürstentum war auf sich alleine gestellt kaum überlebensfähig. Von daher lag es nahe, daß man sich zu Symmachien zusammenschloß. Nun konnte aber einer der Fürsten in einer solchen Symmachie durch besonderes diplomatisches Geschick oder durch

---

[1] Alle genannten Daten sind v. Chr. Für eine Darstellung der Strategien im Alten Orient und der assyrischen Militärgeschichte siehe W. Mayer 1995. Im Kontext der vorliegenden Studie wird auf Quellenzitate weitgehend verzichtet. Für detailliertere Angaben siehe ebenfalls W. Mayer 1995.

[2] S. dazu ausführlich M. Cifarelli 1995 und 1998.

ökonomische Machtmittel für sich die Position eines Hegemons gewinnen. Zu den Aufgaben des Hegemons gehörte die Repräsentation nach außen, der Abschluß von Verträgen, das Oberkommando im Kriegsfall und die Schlichtung interner Streitigkeiten. Eine hegemoniale Symmachie war sicherlich effizienter als andere Formen – sie war letztlich aber auch auf Beherrschung angelegt [3]. Es gibt viele Beispiele dafür, daß ein Hegemon versuchte, freigewordene Stadtfürsten- oder Hohepriesterstellen mit Familienmitgliedern zu besetzen, um damit die eigene Macht zu stärken und zu sichern. Eine Hegemonie war aber häufig auch eng an die Person des Hegemons gebunden – bei einem nicht adäquaten Nachfolger konnte die Symmachie sehr schnell auseinanderbrechen und sich völlig anders neu gruppieren. Es scheint aber auch möglich gewesen zu sein, daß die Hegemonie in der Form einer *translatio imperii* auf einen anderen Fürsten übertragen wurde, sobald der ursprüngliche Hegemon nicht länger in der Lage war, seine Position auszufüllen.

Der symmachialen Hegemonie steht der Reichsgedanke gegenüber: ein zentralistisch regierter Territorialstaat, der auf dem Wege der Expansion unterworfene und eroberte Gebiete integriert. An der Spitze eines solchen Reiches steht ein König, der seinerseits im Rahmen eines Staatskultes einem Reichsgott direkt verantwortlich ist. Neben dem politischen und dem kultischen Zentrum stehen jetzt weitere städtische Zentren. Zugleich wird durch eine Reichsbildung die auch schon in den Stadtstaaten existierende Abgrenzung gegen den "Anderen" begünstigt und verstärkt. Es zeigt sich, daß die Idee solcher politischen Einheiten erst zu Beginn des 2. Jahrtausends aufkommt – bis sie sich dann tatsächlich auch durchgesetzt hat, sollten noch einige Jahrhunderte der Entwicklung und Reifung vergehen. Hegemoniale Symmachien bestanden aber dort fort, wo sich eine Reichsbildung aus den verschiedensten Gründen als undurchführbar erwiesen hat, so im 1. Jt. beispielsweise in Syrien, wo sich Damaskus immer um die Rolle des Hegemons bemüht hat, und im iranischen Mannäja. In den Bergländern Anatoliens und Irans, in denen die topographischen Verhältnisse einen isolierenden und Partikularismus begünstigenden Faktor bilden, schimmert bei den Reichsbildungen der Hethiter, Urartäer und Iraner auch noch in späterer Zeit die ursprüngliche "föderale" Struktur durch.

Aus der Zeit der sumerischen Stadtstaaten liegen in den schriftlichen Quellen keine Kriegsberichte vor – wenn, dann werden solche Vorgänge nur sehr pauschal erwähnt. Erhalten sind uns aber die sumerischen Klagelieder. Bei diesen Texten handelt es sich um Klagen über die Zerstörung von Städten und Heiligtümern, aber auch über deren Verfall. Als literarische Kompositionen, die oft nur in jüngeren Abschriften vorliegen, sind sie aber

---

[3] Ein klassisches Beispiel dafür ist der Attische Seebund.

meines Erachtens, was ihre historische Aussagekraft angeht, prinzipiell mit Vorsicht zu genießen. Die in den Jahresdaten häufig erscheinende Formulierung "Jahr nachdem ON zerstört worden ist" und einige wenige inschriftliche und literarische Zeugnisse erlauben einige Rückschlüsse auf Kriegführung und Strategie, wie sie bis in den Beginn des 2. Jahrtausends hinein praktiziert worden sind. Bestanden Konflikte oder widersetzte sich eine Stadt einem Vasallenverhältnis oder war sie als Vasall unbotmäßig, so konnte sie bekriegt werden. Die entscheidende Schlacht dürfte dabei meist vor den Mauern dieser Stadt geschlagen worden sein. Waren die Verteidiger besiegt und flohen die Überlebenden in die Stadt, so dürfte deren Fall, sofern nicht schon die siegreichen Verfolger beim ersten Ansturm eindrangen, meist nur die Frage einer kurzen Zeit gewesen sein. Dem Fall folgten Zerstörung und Plünderung. Danach zog der Gegner gewöhnlich ab, ohne das Gebiet zu annektieren. Ohne eine Gebietserweiterung bestand auch kaum Bedarf an zusätzlichen Arbeitskräften. Daher lohnte sich – zumindest in den Anfängen – auch eine Versklavung der besiegten Bevölkerung kaum. Die Wegführung größerer fremder Bevölkerungsteile barg zugleich die Gefahren einer Überbevölkerung im eigenen Lande in sich, zumal auch die eigene Landwirtschaft und Nahrungsmittelproduktion ohne Zugewinn an Land nicht gesteigert werden konnte und diese daher auch nicht beliebig Arbeitskräfte aufnehmen konnte. Die Deportation dürfte daher also auf Teile der Elite, wie eventuell den Fürsten und seine Familie, einige wenige Spezialisten und möglicherweise auch Frauen beschränkt worden sein. Nur eine geringe Anzahl von Besiegten wird in den Sklavenhandel gekommen sein, während wohl zumindest ein Teil der Kriegsgefangenen exekutiert worden ist [4]. Auch von der Deportation der Gottheiten einer besiegten Stadt erfahren wir vorläufig nichts. Die zerstörte Stadt blieb in der Folge sich selbst überlassen. Bis sie sich von den Zerstörungen und Plünderungen wieder erholt hatte und zu einer neuerlichen Auseinandersetzung mit dem alten Gegner bereit war, verging eine beträchtliche Zeitspanne – zumeist wohl mehrere Jahrzehnte.

Erst die Herausbildung der Territorialstaaten zu Beginn des 2. Jahrtausends brachte eine Änderung. Durch Schaffung und Ausbau eines repräsentativen politischen Machtzentrums und den Erhalt und den Ausbau neu hinzugekommener städtischer Zentren entstand jetzt ein großer Bedarf an Arbeitskräften bei öffentlichen Bauten wie Palästen, Tempeln, Befestigungs-

---

[4] Zu Gefangenenszenen auf archaischen Siegelabrollungen s. M.A. Brandes 1979, 117-173. Im Ägyptischen ist *sqr 'nij* "Kriegsgefangener" wörtlich "der lebendig zu erschlagende", was auf den Schminkpaletten der Frühzeit, aber auch sonst in der ägyptischen Kunst oft genug dargestellt wurde. Zu vergleichen ist hier auch Homer, Ilias IX, 591-594. Zu Praktiken der Sieger in China vor dem 6. Jh. v. Chr. s. R.T. Kolb 1991, 258-260.

anlagen und Kanälen, aber auch in der Landwirtschaft und in den verarbei-
tenden und produzierenden Bereichen, wie beispielsweise dem Metallhand-
werk. Territorialstaaten bildeten daher auch einen hervorragenden Absatz-
markt für Sklaven, die häufig von entfernten "barbarischen" Regionen
geliefert wurden. Mit die wichtigste Voraussetzung für die Durchführung
von Deportationen war eine militärische Macht, wie sie nur ein "Reich",
nicht aber ein Stadtstaat entwickeln und zur Anwendung bringen konnte.
Zwangsumsiedlungen speziell zur Durchführung größerer öffentlicher Arbeiten sind schon in der Zeit Ḫammurabis von Babylon (1728-1686) nachweisbar. Aber weder von der territorialen Ausdehnung, noch vom zahlenmäßigen Umfang her sind diese Maßnahmen den späteren hethitischen,
assyrischen und urartäischen Deportationen vergleichbar.

Nach den schriftlichen Quellen erscheinen die Hethiter als erste große
Militärmacht auf der Basis einer imperialen Ideologie in der Geschichte
Vorderasiens. Zu ihren Untertanen gehörten auch zahlreiche nicht-hethitische
Völkerschaften in den Bergländern Anatoliens und im nordwestlichen Syrien.
Deportationen in größerem Umfang als Mittel der Machtpolitik scheinen die
Hethiter als erste für sich entdeckt zu haben. Das vorrangige Ziel dürfte
dabei die Pazifizierung unruhiger Regionen über einen längeren Zeitraum
gewesen sein, wobei Bevölkerungsgruppen aus einem Unruhegebiet in weit
entfernte andere Reichsteile verpflanzt wurden. Da jedoch detaillierte Angaben – anders als in den späteren assyrischen Quellen – zumeist fehlen,
lassen sich Einzelheiten nur schwer ermitteln.

Im 15. Jahrhundert hat sich die Wandlung vom Stadtfürstentum Assur
zum Territorialstaat Assyrien vollzogen. Zu dieser Zeit hatten sich das
Hethiterreich, Babylonien, die Föderation der hurritischen Staaten unter der
Hegemonie des Fürsten von Mitanni und schließlich auch Ägypten als Groß-
mächte etabliert. Diese machtpolitische Herausforderung beantworteten die
Assyrer mit einer militärischen Lösung, aus der sich ein Imperialismus
entwickelte, der vergleichsweise schnell in einen perfekten Militarismus
mündete. Als machtpolitische *homines novi* mußten die Assyrer zwangsläufig
machtpolitische Praktiken von den etablierten Großmächten übernehmen.
Aus verschiedenen Gründen erwiesen sich die Hethiter dabei als die besten
Lehrmeister, von denen gezielt eine Fülle von politischen, militärischen aber
auch künstlerischen Elementen entlehnt wurde [5].

Die wichtigste politische Praxis, die von den Hethitern übernommen
wurde, war die der Bindung eines unterworfenen Fürsten durch einen Vasal-

---

[5] Dieser Vorgang sollte sich dann wiederholen, als sich zu Beginn des 1. Jahrtau-
sends der Reichsverband von Urartu herausbildete - diesmal waren die Assyrer die
Lehrmeister. Auch die spätbabylonischen Könige des ausgehenden 7. und des 6.
Jahrhunderts sind aus der machtpolitischen Schule der Assyrer hervorgegangen.

lenvertrag. Ein solcher Vertrag wurde durch den assyrischen König und den künftigen Vasallenfürsten stellvertretend für den Reichsgott Assur und die lokale Gottheit vor den großen Göttern geschlossen und beschworen. Der Bruch eines solchen Vertrags war für die Assyrer der *casus belli* – es war die Aufgabe des Königs, seinem beleidigten Reichsgott Vergeltung zu schaffen.

Eine der vielen anderen durch die Assyrer von den Hethitern übernommenen Praktiken war die Deportation – die Verpflanzung unruhiger Bevölkerungsgruppen in andere Reichsteile. Eine weitere war die Annalistik, die es uns erst ermöglicht, genauere Angaben zu den Einzelheiten, Ziel und Zweck von Deportationen zu ermitteln.

Der erste assyrische König, der in seine Bauinschriften Berichte über ihm besonders wichtige Feldzüge aufgenommen hat, war Adad-nērārī I. (1305-1274). Dabei hat er im Rahmen seiner Genealogie auch die wichtigsten Operationsgebiete seiner drei Vorgänger erwähnt. In der Folge von Adad-nērārīs Feldzügen wurde der unterworfenen Bevölkerung Frondienst auferlegt. Deportationen schienen sich dabei noch in engen Grenzen gehalten zu haben [6].

Es war Adad-nērārīs Sohn und Nachfolger Salmanasar I. (1273-1244), der als erster über Deportationen in größerem Stil auf seinem ersten Feldzug in die nordöstlichen Bergländer, in das ursprünglich Urartu genannte Gebiet der Wasserscheide zwischen Urmia-See und Tigris, berichtete. Außer der Auflage von Tributen wurde nach der Unterwerfung Urartus auch eine Auslese unter urartäischen Kindern vorgenommen, die der König für seinen Dienst bestimmte. Eine solche Selektion wird an dieser Stelle erstmals erwähnt. Wahrscheinlich wurde zumindest ein Teil der Jungen kastriert und nach einer entsprechenden Ausbildung als Eunuchen (*ša rēši*/Pl. *šūt rēši*) in der nächsten Umgebung des Königs eingesetzt. Gestützt wird diese Aussage Salmanasars nicht zuletzt durch das Erscheinen urartäischer Personennamen in mittelassyrischen Urkunden aus der Zeit seines Nachfolgers Tukultī-Ninurta. Abgesehen von der Tatsache, daß der Tribut sicherlich von Einheimischen, über deren weiteren Verbleib nichts verlautet, nach Assyrien zu tragen war, erscheint die vorgenommene Kinderlese noch nicht unbedingt vergleichbar mit Deportationen der Folgezeit. Für die spätere Geschichte Assyriens gewinnt sie aber möglicherweise noch große Bedeutung [7].

---

[6] So werden beispielsweise die Familie des besiegten Herrschers von Ḫanigalbat zusammen mit der Bevölkerung der Hauptstadt Irrite mit ihrem persönlichen Besitz nach Assur verbracht. Irrite selbst wurde zerstört und tabuiert.

[7] Kastration scheint in Assyrien nur bei ganz wenigen Sexualdelikten innerhalb der eigenen Klasse als Strafe verhängt worden zu sein. Solche Straftäter gehörten sicherlich nicht zum Umfeld des Königs. Generell scheint der Besitz von Eunuchen ein königliches Privileg gewesen zu sein. Ein Vergleich der bildlichen Darstellungen

In Verbindung mit dem zweiten Feldzug nach Nordsyrien, nach Westen also, wird erstmals in den Königsinschriften eines der großen Strafgerichte erwähnt, die künftig untrennbar mit der assyrischen Kriegführung verbunden sind: 14.400 Gefangene werden geblendet und nach Assyrien geschafft. Die Geblendeten befanden sich hinsichtlich ihres Unterhalts in völliger Abhängigkeit vom Sieger – nicht einmal entlaufen konnten sie. Da der assyrische Staat so viele Blinde zu verpflegen hatte, mußte er sich davon einen Nutzen versprochen haben. Dieser dürfte darin bestanden haben, daß in diesem Zeitalter der einfachen Maschinen [8] in den verschiedensten Bereichen ein hoher Bedarf an der Erzeugung von Kraft durch Menschen oder Tiere bestand, ohne daß dabei der Gebrauch der Augen nötig gewesen wäre [9]. Ein typisches Beispiel ist das Drehen der Mühlen der Philister durch den geblendeten Samson [10].

Salmanasars Sohn und Nachfolger Tukultī-Ninurta I. (1243-1207) deportierte in seinen frühen Regierungsjahren aus Gebieten jenseits des Oberen Euphrats 28.800 hethitische Untertanen – überwiegend wohl Hurriter. Diese Zahl gilt in der Wissenschaft gemeinhin als unglaubwürdig, da sie genau dem Doppelten der 14 400 Geblendeten und Deportierten Salmanasars entspricht. Die simple Frage, was einen orientalischen Herrscher gehindert haben sollte, einfach zu verfügen, daß genau die doppelte Zahl seines Vorgängers zu deportieren sei, wird in diesem Zusammenhang aber gewöhnlich nicht gestellt.

Aus den Inschriften und den archäologischen Zeugnissen ist bekannt, daß die drei Könige des 13. Jh. – Adad-nērārī, Salmanasar und Tukultī-Ninurta – in ihrem ganzen beständig wachsenden Herrschaftsbereich eine ungeheure

---

des 1. Jt. vermittelt den Eindruck, als wären Assyrer niemals durch Waffen penetrierbar. Von daher liegt die Vermutung nahe, daß Assyrer auch nicht freiwillig für den Dienst am König kastriert werden konnten – die Analogie zu den besser dokumentierten römischen Verhältnissen bietet sich an. Vor allem im 8. und 7. Jh. lag aber der größte Teil der mittleren und gehobenen Führung und Verwaltung des Reiches in den Händen von Eunuchen. Sollten die eingangs gemachten Prämissen zutreffen, dann muß es sich bei diesen Eunuchen um ausländische Nichtassyrer gehandelt haben. Es ist wohl kaum damit zu rechnen, daß sich dies zumal in Krisenzeiten positiv auf die innere Stabilität des Reiches ausgewirkt hat. S. dazu und zu den ideologischen Hintergründen detailliert J. Assante 2005.

[8] Rolle, Hebel, Flaschenzug u. dgl.; s. dazu R.J. Forbes 1955-72.

[9] Bis auf den heutigen Tag werden Tieren, die sich bei ihrer Arbeit im Kreise bewegen, oft die Augen verbunden.

[10] Ri 16,21. H. Vámbéry berichtet im Zusammenhang mit seinen Reisen in Zentralasien 1862/3 über die Behandlung von Kriegsgefangenen bei Uzbeken und Turkmenen. Gefangene unter 40 wurden versklavt, solche über 40 exekutiert oder geblendet. Belohnungen erfolgten durch unterschiedlich prächtige Ehrengewänder je nach der Zahl der abgeschlagenen Köpfe; s. H. Vámbéry 1865, 114-116 u. ö.

Bautätigkeit entfalteten. Die dabei errichteten Tempel, Paläste und Befestigungsanlagen waren ein äußeres Zeichen für die gewonnene Macht und den Reichtum. Dabei darf man aber nicht vergessen, daß das wichtigste Baumaterial in Mesopotamien der zwar leicht und billig herzustellende, aber nicht sehr langlebige luftgetrocknete Lehmziegel war. Da Assyrien noch im Bereich des Regenfeldbaus lag, mußten nach jeder Regenzeit an den Bauten personalintensive Ausbesserungsarbeiten durchgeführt werden [11].

Von den drei zuvor genannten Königen verfolgte Tukultī-Ninurta offenbar die ehrgeizigsten Ziele [12]. Dazu gehörte unter anderem zunächst die gründliche Erneuerung des Alten Palastes und der wichtigsten Tempel in seiner Hauptstadt Assur. Da ihm der Alte Palast wohl nicht genügte, wollte er sich im Nordwesten der Stadt einen größeren neuen bauen, der auf einer gewaltigen Terrasse über dem Tigris stehen sollte. Zu diesem Zweck wurden eine Reihe von Wadis und Schluchten zum Tigris hin mit Ziegeln zugemauert und aufgefüllt. Bevor aber nach Fertigstellung der Terrasse mit den eigentlichen Bauarbeiten für den Neuen Palast begonnen werden konnte, stellte sich offenbar heraus, daß die ganze Konstruktion trotz des gewaltigen Arbeitsaufwandes zu instabil war. Darauf entschloß sich Tukultī-Ninurta, jenseits des Flusses eine neue Hauptstadt zu erbauen mit den dazugehörigen Palästen, Tempeln und den dazugehörigen Ziqqurats, einschließlich eines neuen Reichsheiligtums für den Reichsgott Assur – der Name der Stadt war Kār-Tukultī-Ninurta [13]. Für die Realisierung dieser gigantischen Vorhaben benötigte der König mehr Arbeitskräfte, als er der assyrischen Wirtschaft und der Armee entziehen konnte.

Am einfachsten waren die erforderlichen Arbeitskräfte zu bekommen, wenn man sie aus eroberten oder unterworfenen Gebieten nach Assyrien schaffte. Aus Kār-Tukultī-Ninurta sind eine Reihe von teilweise sehr um-

---

[11] Die Geschichte der Befestigungsanlagen von Assur ist durch die königlichen Bauberichte vergleichsweise gut dokumentiert. Eine Synopse zeigt, daß selbst bei Verblendung mit Stein oder mit gebrannten Ziegeln nach etwa 40-50 Jahren eine Grundüberholung der Mauern erforderlich war, sollten sie ihren Zweck weiter erfüllen. Nach spätestens 150 Jahren war ihre Lebensdauer abgelaufen und sie mußte von Grund auf neu gebaut werden.

[12] Den nachfolgenden Ausführungen zu den Baumaßnahmen Tukultī-Ninurtas in Assur und Kār-Tukultī-Ninurta liegt zugrunde J. Assante 2000: 179-209. Zum ideologischen Wandel in der Tukultī-Ninurta-Zeit, der sich auch in der Errichtung einer neuen "Reichshauptstadt" und nicht nur in der Verlegung des Regierungssitzes zeigt, s. ebd.: 256-288.

[13] Einen Regierungssitz kann man verlegen, nicht aber ein Kultzentrum. Daher wurde die neue Hauptstadt Kār Tukultī-Ninurta nach dem Tode des Königs sofort aufgegeben, wenngleich die Stadt selbst bis in die neuassyrische Zeit hinein weiterbestanden hat.

fangreichen Musterungsprotokollen und Verpflegungslisten erhalten, in
denen sich die Spuren der 28.800 von jenseits des Euphrat Deportierten
wiederfinden. Es ist zu erkennen, daß diese Deportierten hier unter assyrischer Aufsicht die Bauarbeiten auszuführen hatten. Sie lebten im Familien-
verband und in Haushalten zusammen und wurden verpflegt. Der jeweilige
Familien- oder Haushaltsvorstand scheint für Vollzähligkeit, Arbeitsleistung
und Wohlverhalten verantwortlich gewesen zu sein.

Die inzwischen nutzlos gewordene Terrasse für den Neuen Palast in
Assur schien unterdessen als "Industriegebiet" genutzt worden zu sein, in
dem, wie die Funde zeigen, die königlichen Luxusgüter produziert wurden.
Hier waren die Spezialisten für das Kunstgewerbe tätig: Möbelbau, Metall-
handwerk, Elfenbeinschnitzerei, die Produktion von Glas und Fritte und
wohl auch die Fabrikation von Teppichen und anderen hochwertigen Textilien. Einige der Techniken sind nicht assyrisch – sie kommen aus dem
nordsyrischen Raum.

In seinen späteren Jahren führte Tukultī-Ninurta einen Präventivkrieg
gegen das kassitische Babylonien. Gruppen deportierter Kassiten sind in
Wirtschaftsurkunden der Zeit nachweisbar, ohne daß sich deren Verwendung
in Assyrien näher bestimmen ließe. Den König Kaštiliaš hat Tukultī-Ninurta
seinen Inschriften zufolge gefangen und gebunden nach Assur gebracht.
Interessant ist, daß ein assyrischer Jahreseponym aus dieser Zeit den Namen
Kaštilias trägt. Möglicherweise lebte der gefangene Kassitenkönig als geehr-
ter "Gast" am Hofe des assyrischen Königs.

Faßt man an dieser Stelle zunächst einmal zusammen, so zeichnen sich
bisher zwei Motive ab: die Beschaffung von billigen Arbeitskräften in großer
Zahl, zu denen auch die Geblendeten gehören, und die von Spezialisten, wie
unter anderen beispielsweise Kunsthandwerker. Praktisch möglich geworden
waren die Deportationen durch die bislang nicht dagewesene Steigerung der
Schlagkraft und der zahlenmäßigen Stärke der Armee. Der König als der
irdische Sachwalter des Reichsgottes Assur war zum Besitzer der unterworfenen Länder und ihrer Bewohner geworden, über die er nach eigenem Gutdünken und nur seinem Reichsgott verantwortlich verfügen konnte. Zugleich
war damit eine klare Trennungslinie zwischen Assyrien und seiner nicht-
assyrischen Umwelt geschaffen worden.

Auf das 13. Jh. mit seinem für Assyrien stürmisch verlaufenen Machtzuwachs folgte ein Dreivierteljahrhundert der politischen Agonie, das zudem
hinsichtlich der historischen Ereignisse nur sehr dürftig dokumentiert ist.
Daß Assyrien diese Phase überlebt hat, liegt teilweise daran, daß in dieser
Zeit die Seevölker den Hethitern und der spätbronzezeitlichen Welt westlich
des Euphrats ein Ende bereitet hatten.

Mit Tiglatpilesar I. (1114-1076) bestieg ohne Zweifel der größte der
mittelassyrischen Könige den Thron in Assur. Auffallend und in dieser Form

und diesem Umfang bisher nur bei ihm belegt ist bei Feldzügen in die Bergländer die Ausweitung der Kriegführung in die religiöse Sphäre. In zwei Fällen wird von der Einnahme und der Zerstörung eines großen *māijāzu* "Markt- und Kultstadt" berichtet. Mehrfach wird auch die Deportation einheimischer Götter aus Regionen erwähnt, deren Bevölkerung sich dem assyrischen Zugriff wiedersetzte. In zwei Fällen wird dabei ausgesagt, daß diese deportierten Götter den Tempeln assyrischer Götter übergeben worden seien. Dem Widerstand in aufständischen Regionen wurde durch die Wegführung der heimischen Götter die kultische Basis entzogen [14]. Die Deportation von Gefangenen und Unterworfenen scheint sich bei Tiglatpilesar zumindest in Grenzen gehalten zu haben. Auch er rühmt sich zahlreicher Baumaßnahmen, wie der Restaurierung und der Neuanlage von Tempeln, Palästen, Befestigungsanlagen und Depots im ganzen Land. Als sein Hauptmotiv nennt er dabei aber die Sorge für die künftige Wohlfahrt seines Reiches.

Ungeachtet ihrer bruchstückhaften Erhaltung lassen die Inschriften von Tiglatpilesars Sohn Aššur-bēl-kala eine stark angewachsene Brutalisierung in der Kriegführung erkennen. Neben den Deportationen erscheinen in den Texten das Schinden, Pfählen und Blenden als Strafgerichte weit häufiger als früher. Aššur-bēl-kala scheint demnach gezielt eine Politik der Abschreckung betrieben zu haben. Während Tiglatpilesar offensichtlich versucht hatte, die Abschreckung als politisch-militärisches Mittel auf das Unvermeidbare zu beschränken, war Aššur-bēl-kala nicht länger in der Lage, der politischen Linie seines Vaters zu folgen. Die Gründe dafür können mannigfaltig gewesen sein. Das Herrschercharisma und die politischen und militärischen Fähigkeiten mögen bei Tiglatpilesar ausgeprägter gewesen sein als bei Aššurbēl-kala. Dabei muß jedoch einschränkend vermerkt werden, daß die Quellen nur sehr wenige Erkenntnisse über die späten Jahre Tiglatpilesars liefern. Eine Peripetie könnte durchaus schon in dieser Zeit erfolgt sein. Denkbar ist aber auch, daß die Kräfte Assyriens, das unter Tiglatpilesar einen bisher nicht gekannten Höhepunkt der Macht erreicht hatte, durch die Dauer der Anstrengung überbeansprucht waren – der steile Anstieg zu dieser Machtfülle hatte schließlich bereits Jahrzehnte vorher, in der Zeit Aššur-dāns I. (1179-1134), aus einer tiefen Talsohle der politischen Agonie heraus begonnen. Wahrscheinlich trafen aber mehrere Gründe zusammen. Der Druck der Aramäer von außen hatte sich verstärkt, die Kräfte waren überdehnt und es hätte eines begnadeteren Herrschers als Aššur-bēl-kala bedurft, um die aufgetretenen Probleme erfolgreich zu lösen.

---

[14] In der Zeit der Nachfolger von Sargon II. (721-705) begegnen auch Fälle, in denen die Götter arabischer Stämme deportiert wurden und später – natürlich nur bei politischem Wohlverhalten – zurückgegeben wurden.

Die folgenden 120 Jahre waren für Assyrien eine Zeit schwerer Rückschläge. Wie die Inschriften der Könige des späten 10. und frühen 9. Jh. zeigen, gingen im Westen fast alle bisherigen Eroberungen an die über den Euphrat eindringenden Aramäer verloren. Auch der Einfluß über die rohstoffreichen Bergländer an der nördlichen und östlichen Peripherie Assyriens schwand zunehmend dahin. Die verbleibende Geschichte des neu-assyrischen Reiches im 1. Jt. läßt sich grob in vier Abschnitte einteilen: Die Phase der Rückeroberung im späten 10. und frühen 9. Jh., die der Expansion bis zum Höhepunkt der Macht in der 2. Hälfte des 8. Jh., die Wende unter Sanherib (705-681) und der Zusammenbruch bis 610.

Mit zu den wichtigsten Anliegen der Könige der Rückeroberungsphase – Assur-dān II. (934-912), Adad-nērārī II. (911-891) und Tukulti-Ninurta II. (890-884) scheint neben der Rückgewinnung der inzwischen verlorenen Gebiete auch die Rückführung von Assyrern, die vor Hunger und Seuchen, den Begleiterscheinungen langer Kriege, geflohen waren, gehört zu haben. Es wird dabei nicht gesagt, ob diese Flüchtlinge aus der Fremde in die verlassenen Gebiete gebracht oder ob sie heim ins Reich geholt wurden. Dazu kommt, daß Adad-nērārī II. mit Ḫuzirina/Sultantepe erstmals am äußeren Rand des Vasallengürtels gleichsam als eine vorgeschobene Bastion eine assyrische Enklave einrichtet. Obwohl zu dieser Enklave keine räumliche Verbindung besteht, werden die Stadt Ḫuzirina und ihr Umland zu assyrischem Territorium erklärt. Unter Adad-nērārīs Nachfolgern werden in gleicher Weise Raṣappa/Ruṣāfa auf dem Weg vom Euphrat nach Palmyra, Til Barsip am Mittleren Euphrat und Aribua im westlichen Syrien zu assyrischen Bastionen in Insellage ausgebaut. Im Kontext der Fragen im Zusammenhang mit Rückführungen und Deportationen von Außen in das assyrische Kernland muß auch die nach einer Deportation von Assyrern nach Außen aufgeworfen werden. Jetzt, aber vor allem in der Phase der großen Eroberungen, mußten immer mehr Assyrer, deren Zahl angesichts der zwangsläufigen Verluste in den fast jährlichen Feldzügen gar nicht so schnell wachsen konnte, über immer größere Gebiete verteilt werden, wo sie in einer meist zumindest unfreundlichen, wenn nicht gar feindseligen Umgebung leben mußten. Es ist kaum anzunehmen, daß solche Verpflanzungen ausschließlich auf freiwilliger Basis vorgenommen worden sind. Unbekannt bleibt auch der betroffene Personenkreis, sieht man vom Militärpersonal einmal ab. Die vorhandenen Quellen liefern jedenfalls keinerlei Informationen zu diesen Fragen.

Betrachtet man die 1. Hälfte des 1. Jt. und speziell die neuassyrische Zeit als die hohe Zeit der Deportationen als ganzes, so wird man davon ausgehen können, daß die Beschaffung von Fach- und Arbeitskräften für die Aufrechterhaltung und Erweiterung der Infrastruktur und für die Erhaltung und die Neuanlage von Städten ein vordringliches Problem war. Von daher wird man wohl annehmen müssen, daß auf jedem der nahezu jährlichen Feldzüge Kriegsgefangene und Teile der nichtkombattanten Bevölkerung verschleppt wurden, auch wenn die Quellen dies nicht ausführlich berichten. Es entsteht der Eindruck, als wären Deportationen völlig normal und kein besonderes Ereignis mehr gewesen. Im folgenden sollen nur einige der größten Projekte kurz behandelt werden.

Assurnaṣirpal II. (883-859), der erste der großen Erobererkönige, ließ die Stadt Kalḫu mit großem Aufwand zur neuen Haupt- und Residenzstadt ausbauen [15]. Zu diesem Zweck ließ er aus allen eroberten Ländern Leute herbeiholen. Die Einweihung wurde mit einem zehntägigen Bankett gefeiert, bei dem 69.574 Gäste gespeist und getränkt wurden. Zu diesen Gästen zählten 5.000 Würdenträger und Gesandte aus noch nicht kontrollierten Gebieten, 47.074 Männer und Frauen aus ganz Assyrien, 1.500 Palastbediensteten und 16.000 Einwohner von Kalḫu. Es fragt sich, ob in der letztgenannten Zahl die Deportierten einschlossen waren. Für diesen Fall könnte man schließen, daß diese Leute hier angesiedelt wurden, durch ihre Arbeit zu Einwohnern der Stadt und damit zu Assyrern geworden wären. Arbeitskräfte für künftige Erweiterungen von Kalḫu und für die Erhaltung der Bausubstanz waren auch weiterhin nötig.

Zu den großen Leidenschaften Sargons II. (721-705) gehörte ohne Zweifel seine neue Residenz Dūr Šarru-kēn/Ḫorsabad "Sargonsburg". Am Fuße von Bergen wurde 18 km nördlich von Ninive seit 717 gebaut, in der Hauptsache durch Deportierte aus allen Reichsteilen unter der Aufsicht assyrischer Fachleute, zu deren Aufgaben auch die Vermittlung der rechten Ehrfurcht vor Aššur und dem König gehörte [16]. Mehrere Provinzen hatten die Lasten für den Bau, der auch durch alle erdenklichen Maßnahmen gefördert wurde, zu tragen. Die rechteckige Anlage war von einer etwa 8 km langen Mauer mit acht Toren umschlossen. Im Westen vorspringend lag die wiederum von einer hohen Mauer eingeschlossene Zitadelle. Neben anderen Palästen standen hier auf einer 15 m hohen Terrasse der Königspalast und die Ziqqurrat. In den Repräsentationsräumen des Palastes waren auf Reliefs zumeist Sargons Feldzüge, aber auch die Siegesfeiern mit seinen Soldaten verewigt. Neben den Reliefs fanden sich auch Reste von Emailziegelarbeiten und von Malereien. In seinen Inschriften schwärmt Sargon in den höchsten Tönen von diesem Werk und seiner Vollendung. Die Einweihung der noch

---

[15] Assur selbst blieb unterdessen als Sitz des Reichsgottes die Reichshauptstadt, auch wenn der König dort nicht residierte.

[16] "(Deportierte von überall her) ... ließ ich eines Sinnes werden und in ihr (=der Stadt) wohnen. Gebürtige Assyrer, die in jeglichem Beruf erfahren sind, schickte ich ihnen als als Aufseher und Leiter, um (ihnen) beizubringen, zuzupacken und Gott (und) König zu fürchten." Sargon Zylinder, 73/4.

unvollendeten Stadt erfolgte 706. Nachdem Sargon auf einem Feldzug in Kappadokien 705 gefallen war, wurde sie sofort aufgegeben.

Auch Sargons Sohn und Nachfolger Sanherib (704-781) hatte große Pläne. Er wollte das uralte Kultzentrum der hurritischen Ištar von Ninive in einer bisher nicht dagewesenen Weise zu seiner Residenz ausbauen. Das Resultat war wohl eine der größten, prachtvollsten und elegantesten Städte des Alten Orients. Auch für diese Arbeiten, zu denen auch noch umfangreiche Ent- und Bewässerungsanlagen und der Bau von Kanälen und Aquädukten gehörten, wurden von Deportierten von der Peripherie des Reiches ausgeführt.

In der Zeit Sanheribs begegnet uns ein weiteres eklatantes Beispiel für die Zwangsverpflichtung und -umsiedlung von Fachleuten. In dem langjährigen und immer erbitterteren Krieg gegen den Aramäer Merodachbaladan mit seinem Stamm Bēt Jakīn und seine elamischen Verbündeten hatte sich Sanherib mittelfristig zu einer großangelegten amphibischen Operation im Bereich der Großen Lagune am Nordende des Golfes entschlossen. Assyrien war eine reine Landmacht. Seeoperationen im Mittelmeer, wie etwa gegen griechische Piraten oder die Entsendung von Truppen nach Zypern, waren bisher nur von den phönikischen Vasallen Assyriens durchgeführt worden. Eine amphibische Operation am Golf war ein noch nie dagewesener Überraschungsschlag – dafür brauchte Sanherib Schiffe in genügender Zahl und Leute, die mit ihnen auch umgehen konnten.

Der Bau einer Flotte und die Vorbereitungen für einen Angriff auf Nagītu und das Nördliche Meerland mußten einen mehrjährigen Zeitraum in Anspruch nehmen. Zuerst mußte ein Plan erarbeitet werden, dann mußten sachkundige syrische Schiffbauer zwangsverpflichtet, in den Raum Ninive überführt und dort angesiedelt werden. Schließlich mußten das Holz für den Schiffbau herangeschafft, die Arbeiten ausgeführt und die fremden, seekundigen Besatzungen verpflichtet und auf die speziellen Gegebenheiten der Schiffahrt auf Tigris, Euphrat und den Kanälen eingeübt werden. Trotz zahlreicher unvermutet auftauchender Schwierigkeiten gelang die Aktion, als sie 694 schließlich durchgeführt wurde.

Die Assyrer waren nicht die einzigen in Vorderasien, die in der 1. Hälfte des 1. Jt. Arbeitskräfte durch Deportationen beschafft haben. Auch die Urartäer als gelehrsame Schüler in Sachen Machtpolitik und später die spätbabylonischen Könige haben zu diesem Mittel gegriffen. Die Könige Argište I. und Sardure II., beide im 8. Jh., nennen in ihren Annalen am Ende einer jeden Kampagne konkrete Zahlen über die erbeuteten Menschen und Tiere. Bei Argište schwanken die Zahlen für die Gefangenen zwischen 3.270 und 52.675, bei Sardure zwischen 7.150 und 37.800. Verundeutlicht werden diese Zahlen allerdings durch den Zusatz "die einen erschlug ich, die anderen führte ich lebend weg". In den meisten Fällen werden

"Diener/Sklaven", "Krieger" und "Frauen" auch noch getrennt ausgewiesen. Leider sind in den urartäischen Inschriften die geographischen und ethnischen Angaben nur in den seltensten Fällen verifizierbar.

Die Gründe für die urartäischen Deportationen lagen nicht nur in einer getreulichen Kopie der assyrischen machtpolitischen Praktiken. Das Land war überzogen von einem Netz von Befestigungsanlagen, die zum Teil gigantische Ausmaße hatten – beispielsweise Van Kale, Toprak Kale, Arma Vir, Karmir Blur und Arinberd, um nur einige zu nennen. Selbst eine kleinere Stadt wie Bastam verfügte über gewaltige Festungswerke. Dazu kam, abgesehen von Tempeln, Palästen und befestigten Herrenhäusern, wie die erhaltenen Bauinschriften zeigen, auch noch eine Vielzahl von Kanälen zur Bewässerung. Ohne die Mitwirkung der Deportierten aus besiegten und unterworfenen "barbarischen" Nachbarvölkern, die von der urartäischen Armee eingebracht wurden, ist die Ausführung dieser Werke kaum denkbar. Angesichts der topographischen und klimatischen Bedingungen und der überwiegenden Verwendung von Stein als Baumaterial dürften die Verluste und Ausfälle hoch gewesen sein.

Schließlich muß in diesem Kontext auch noch der spätbabylonische König Nebukadnezar II. (604-562) genannt werden. Da die Babylonier sich anders als die Assyrer nie die Annalistik zu eigen gemacht haben, sind die zahlreichen Feldzüge, die Nebukadnezar als Kronprinz und als König geführt hat, nur höchst dürftig dokumentiert – am bekanntesten noch die Kampagnen gegen Juda von 598 und 587. Bedenkt man die Dimensionen des Ausbaus von Babylon zur größten Stadt der damals bekannten Welt mit ihren Palästen, Tempeln, Prozessionsstraßen, "Hängenden Gärten" und Befestigungsanlagen, so dürfte dies – ganz abgesehen von den Bauaktivitäten im übrigen Babylonien – einen permanenten Nachschub von deportierten Arbeitskräften erfordert haben.

Die bisherigen Ausführungen sollten keinesfalls dahingehend interpretiert werden, daß alle Bautätigkeiten im Alten Vorderasaien ausschließlich von Deportierten ausgeführt worden seien. Festgehalten werden muß aber, daß die teilweise gewaltigen Projekte assyrischer, urartäischer und spätbabylonischer Könige neben dem Erhalt bestehender Anlagen weit mehr Kräfte erforderten, als die jeweiligen Staaten von sich aus aufbringen konnten. Die Beschaffung von Arbeitskräften und Spezialisten ist aber nur ein Aspekt der Deportationen. Ein anderer ist der durch den nahezu permanenten Einsatz ständig wachsende Personalbedarf der Armeen – der assyrischen, der urartäischen und wohl auch der spätbabylonischen.

Bereits zu Zeiten Aššur-bēl-kalas und der Könige des 10. und 9. Jh. scheint es zur Übernahme von Soldaten Unterworfener gekommen zu sein. Es ist bezeichnend, daß das Assyrische weder für diesen Personenkreis noch für Söldner ein eigenes Wort hat – sie werden als "Fremde" bezeichnet. Dennoch wurden bis in das 8. Jh. hinein die Kriege im wesentlichen von einer in ethnischer Hinsicht assyrischen Armee geführt. Eine gewisse Sonderstellung dürfte dabei die Reiterei eingenommen haben, da der Reiterkampf den Assyrern letztlich nie recht vertraut geworden ist, weshalb man auch zunehmend Angehörige der Reitervölker anwerben mußte [17]. Über sieben Jahrhunderte jedoch mit fortgesetzten Kriegen und Eroberungen mußten zu beträchtlichen demographischen Veränderungen führen.

Durch die Deportation großer Bevölkerungsteile wurden aramäische Gruppen über das ganze Reich verteilt. Gemeinsam war diesen Gruppen die Aversion gegen den Unterdrücker und eine Sprache, die im Vergleich zum Assyrischen leicht zu erlernen und aufgrund der Alphabetschrift vor allem leicht zu schreiben war. Von der Mitte des 8. Jh. an erscheinen auf den Reliefs zumeist zwei Schreiber, die auf unterschiedlichen Materialien schreiben [18]. Dieses Faktum kann nur so gedeutet werden, daß für die Verwaltung und speziell für die Armee neben dem auf Tontafeln geschriebenen Neuassyrischen das Aramäische als zweite Sprache verwendet wurde. Es ist bezeichnend, daß sich dieses Phänomen gerade bei der Armee zeigt: Durch die Ausdehnung der assyrischen Fronten in nahezu permanenten Kriegen war diese Armee gezwungen, ihre aufgebrauchten personellen Reserven durch die Integration von ganzen Truppenteilen aus den Reihen der Unterworfenen zu ergänzen [19]. Es mag als eine Ironie der Geschichte betrachtet werden, daß dadurch gerade die Armee – das Instrument der assyrischen Politik *par excellence* – den wahrscheinlich größten Beitrag zur Ausbreitung der Aramäer und ihrer Sprache geleistet hat. Dieser aramäischen Verwaltungssprache des neuassyrischen Reiches wurde von der Semitistik kein eigener Name gegeben, im besten Sinne des Wortes handelt es sich aber hierbei um

---

[17] Es stellt sich die Frage, ob nicht die sprunghafte Verbesserung der Reiterei unter der Herrschaft Tiglatpilesars durch die Anwerbung von Reiternomaden erreicht wurde, auch wenn dies den Quellen nicht zu entnehmen ist. Sollte dies aber der Fall sein, so lägen hier die Anfänge eines bislang "unassyrischen" Söldnertums, das im 7. Jh. in hohem Maße mit zum Untergange des Reiches beitragen sollte.

[18] Erstmals bei Tiglatpilesar III.; s. R.D. Barnett/M. Falkner 1962, pl. V/VI.

[19] Unter Tiglatpilesar III. und seinen Nachfolgern Sargon und Sanherib mußten die Verluste der Armee und die Ausweitung ihrer Aufgaben in erheblichen Maße durch die Übernahme der Eliteformationen Unterworfener und durch die Rekrutierung unter den Deportierten ausgeglichen werden. Nach der Eigengesetzlichkeit des Militärwesens wuchs der Personalbedarf der Armee ohnehin beständig an, zumal eben im Laufe der Zeit auch die Ausfälle ersetzt werden mußten. Dies wird besonders deutlich sichtbar in den Annalen Sanheribs durch das Resümee am Ende der Kriegsberichte und vor dem jeweiligen Baubericht. Demnach hat Sanherib während der ersten sechs Feldzüge durchschnittlich nach jeder Kampagne aus den Deportierten etwa 8 500 Mann für seine Armee rekrutiert.

"Reichsaramäisch" [20]. Zusammen mit vielem Anderen wurde auch das Reichsaramäische als Verwaltungssprache von den Medern und den ihnen nachfolgenden Achämeniden übernommen. Es ist daher kaum korrekt, die Bezeichnung "Reichsaramäisch" auf Sprachzeugnisse aus der Achämeniden-zeit zu beschränken.

Die Rekrutierung unter Deportierten mußte zwangsläufig zu einer Schwächung der assyrischen Basis der Armee führen, die bereits durch die Einführung des Reichsaramäischen deutlich zum Ausdruck kommt. Solange die Machtpolitik beibehalten werden konnte und sich auch die militärischen Erfolge einstellten, mochte sich dieses Verfahren dennoch bewähren – in Krisenzeiten jedoch, bei militärischen Rückschlägen oder gar Rückzügen mußte es zu einer großen Gefahr werden.

Wenn wir die Analen der urartäischen Könige richtig verstehen, dann haben auch die Urartäer unter den Angehörigen unterworfener und besiegter Völkerschaften in erheblichem Umfang für ihre Armee rekrutiert. Die in der babylonischen Geschichte singulären militärischen Erfolge der spätbabylo-nischen Könige Nabupolassar (625-605) und Nebukadnezar II. (604-562) dürften auf die Übernahme eine großen Zahl assyrisch gedrillten und ausge-bildeten Personals – Assyrer und Nichtassyrer – aus der Konkursmasse des assyrischen Reiches zurückzuführen sein. Nach zwei Generationen war dieses Kapital jedoch aufgebraucht und das spätbabylonische Reich steuerte seinerseits dem Untergang entgegen.

Zu den bisher angesprochenen Motiven der Beschaffung von Arbeits- und Fachkräften und der Ergänzung und Verstärkung der Armeen, die auch weiterhin wirksam bleiben, kommt als weiteres die Liquidation jeglichen politischen Widerstandes. Durch die Deportationen sollten Unruheherde beseitigt und damit zugleich andere Vasallen und Nachbarn abgeschreckt werden. Die Großreiche des Alten Vorderasien hatten stets die Gefahr zu fürchten, daß ein Zurückweichen vor einer erfolgreichen Rebellion nahezu alle Vasallen zu Aufständen ermuntern mußte. Aus assyrischer Sicht waren die Bestraften unterworfene Feinde, die meist wiederholt die assyrische Macht herausgefordert hatten. Damit waren sie meist mehrfach eidbrüchig geworden und so der Strafe der Götter verfallen. Die Folgen hatten sie sich selbst zuzuschreiben. Aus ursprünglichen Vasallen wurden durch die Depor-tation unmittelbare Untertanen des Reiches, die wie alle Assyrer dem König und dem Reich dienstpflichtig waren [21].

---

[20] Es sind nur vergleichsweise geringe Sprachreste erhalten. Allerdings ist der Einfluß, den das Aramäische auf das Neuassyrische ausgeübt hat, deutlich zu erkennen.

[21] Briefe aus der Zeit Sargons II. aus den nördlichen Grenzbereichen zu Urartu lassen erkennen, daß unterhalb der Schwelle des heißen Krieges die gegnerischen

Bislang ungeahnte Ausmaße erreichten die Deportationen von der Mitte des 8. Jh. an. Von Tiglatpilesar III. (745-727) an werden ganze Volksgruppen verpflanzt: Aramäer Südbabyloniens in die Grenzgebiete zu Urartu, Syrer in das iranische Bergland und Iraner nach Syrien. Betroffen waren von diesen Maßnahmen Götter, Fürsten und Bevölkerungen. Götter und Fürsten als ihre irdischen Stellvertreter waren fest an ihre Territorien gebunden. Der hauptstädtische Tempel galt als Wohnpalast der Gottheit. Altar und Opfer waren Voraussetzung für die Verbindung zur Gottheit und damit für den Bestand des Volkes. Im Falle einer "ethnischen Säuberung" durch Deportation oder gar durch eine Zerstörung des Heiligtums konnten Opfer und Kult nicht länger praktiziert werden. Dazu kamen die Beteiligten in der Regel in Bereiche, in denen schon andere Numina herrschten. Von daher bedeutete eine Deportation die Auslöschung der ethnischen Identität. Um die Wirkung noch zu verstärken und um eine ethnische Neuformierung für alle Zeit zu verhindern, scheinen politische Eliten und auch Kultpersonal vom Rest der Deportierten getrennt und in den Zentren des Reiches festgehalten worden zu sein [22].

In Verbindung mit Beute gibt es in den neuassyrischen Annalen grundsätzlich zwei Zählweisen, die beide nebeneinander in ein und demselben Text erscheinen können. So berichtet beispielsweise Sargon II. im "Gottesbrief" zum 8. Feldzug von 714, daß er aus Muṣaṣir 6110 Menschen, 12 Maultiere, 380 Esel, 525 Rinder und 1235 Schafe weggeführt habe. Dies ist eine sehr exakte Art der Zählung, wobei gegen die Größenordnung der einzelnen Posten nichts einzuwenden ist. Sargon fährt dann fort und berichtet, was aus dem Königspalast, dem Ḫaldi-Tempel und dem zum Tempel gehörigen Arsenal herausgeholt wurde. Das kann dann beispielsweise so aussehen:

"305.415: bronzene Schwerter – schwere und leichte, Bogen, Köcher und Pfeile aus Bronze"

Auf den ersten Blick erscheint diese Zahl unglaublich. In der Tat ist aber so zu rechnen: 1 Schwert, 1 Bogen und 1 Köcher mit circa 30 Pfeilen [23] – zusammen also 33 Teile – gehören zur Kampfausstattung **eines** einzelnen Soldaten. Teilt man demnach 305.415 durch 33, so ergibt sich daraus, daß

Provinzgouverneure versucht haben, solche dienstpflichtigen Untertanen jeweils für ihre Seite abzuwerben.

[22] Dies läßt sich vor allem für die spätbabylonische Zeit nachweisen, wie die Schicksale von König Jojakim von Juda und der aus Harran stammenden Mutter König Nabonids zeigen. Zu letzterer s. W. Mayer 1998.

[23] Nach Musterungsprotokollen aus Nuzi enthielten die Köcher 30 - 40 Pfeile. Die Zahl 30 in diesem Beispiel wurde willkürlich gewählt.

es sich bei dieser Menge um die im Arsenal eingelagerte Kampfausstattung für etwa 9.250 Mann gehandelt haben dürfte, wovon wiederum etwa 30-50 % Reserve gewesen sein dürfte.

In ähnlicher Weise lassen sich beispielsweise auch die Zahlenangaben in Sanheribs Bericht über die auf seinem 3. Feldzug von 701 aus den eroberten judäischen Gebieten Deportierten erklären. Dort heißt es:

"205.105: Menschen – klein (und) groß, männlich und weiblich, Pferde, Maultiere, Esel, Kamele, Rinder und Kleinvieh ohne Zahl ..."

Es wird also alles Lebendige als Beute ohne Gattungsdifferenzierung nach Köpfen gezählt. Das "Kleinvieh", das wohl neben Schafen und Ziegen auch Geflügel umfaßte, ist in der Gesamtsumme nicht enthalten.

In der Welt der Stadtstaaten bis zum Beginn des 2. Jt. erfolgten Deportationen nur in sehr begrenztem Umfang. Man beschränkte sich im wesentlichen auf die Wegführung von Symbolen, wie beispielsweise die Fürstenfamilie, von einem Zentrum in ein anderes. Man betrachtete sich als derselben Kultur zugehörig und damit als mehr oder weniger gleichrangig. Der betroffene Stadtstaat verblieb im Besitz seines Stadtgottes. Durch eine Eroberung oder Zerstörung war also keine Veränderung der Besitzverhältnisse eingetreten.

Mit dem Aufkommen der Territorialstaaten und speziell der Großreiche veränderten sich die Gegebenheiten grundsätzlich. In der Vorstellung eines Reiches gibt es nur noch ein Zentrum, wobei Kult- und Regierungssitz nicht identisch sein müssen. Vasallen, Unterworfene und Nachbarn werden nicht länger als zum eigenen Kulturkreis gehörig betrachtet – man grenzt sich klar gegen sie ab [24]. Durch Unterwerfung und Eroberung kommen als nicht gleichwertig empfundene Nachbarn in den Besitz des Reichsgottes. Der König als der irdische Sachwalter des Reichsgottes wiederum kann mit diesem Besitz nach eigenem Gutdünken verfahren. Die Bevölkerung wird dabei ebenso als Besitztum verstanden wie das erbeutete Vieh und wie dieses kann es auch auf andere "Weiden" getrieben werden.

Nur drei Motive für Deportationen im Alten Orient wurden näher beleuchtet: Gewinnung von benötigten billigen Arbeits- und Fachkräften, Ersatz für die Armee und die Auslöschung von politischem Widerstand. Dienten die ersten beiden der Stärkung der Wirtschaftskraft und der Macht, so handelte es sich bei dem letztgenannten am ehesten um eine Selbstschutz-

---

[24] So hat beispielsweise Babylonien, dem man sich als dem Land der alten Götter verbunden fühlte, für Assyrien bis in die Endzeit hinein immer eine Sonderrolle gespielt. Dagegen war Elam anscheinend immer das Land der Hexen, Teufel und der schwarzen Magie; s. dazu W. Mayer 1995: 85-87 und 93/4.

maßnahme, da Widerstand nicht erfolgreich sein durfte, sollte nicht der Bestand des ganzen Reiches ernstlich gefährdet werden. Alle drei Motive dürften zu allen Zeiten mit unterschiedlicher Gewichtung zusammengewirkt haben.

Bibliographie:

Assante, J. 2000
    The Erotic Reliefs of Ancient Mesopotamia, Ph.D. thesis, Columbia University.
Assante, J. 2005
    "Men Looking at Men". NIN (in Vorbereitung).
Barnett, R.D./Falkner, M. 1962
    The Sculptures of Aššur-naṣir-pal II (883-859 B.C.) Tiglath-pileser III (745-727 B.C.) Esarhaddon (681-669 B.C.) from the Central and South-West Palaces at Nimrud. London.
Brandes, M.A,1979
    Siegelabrollungen aus den archaischen Bauschichten in Uruk-Warka. Freiburger Altorientalische Studien 3. Stuttgart.
Cifarelli, M. 1995
    Enmity, Alienation and Assimilation: The Role of Cultural Difference in the Visual and Verbal Expression of Assyrian Ideology in the Reign of Ashurnasirpal II (883-859 B.C.). Ph.D. thesis, Columbia University.
Cifarelli, M. 1998
    "Gesture and Alterity in the Art of Ashurnasirpal II of Assyria". Art Bulletin 80: 210-228.
Forbes, R.J. 1955-72
    Studies in Ancient Technology 1-7. Leiden.
Kolb, R.T. 1991
    Die Infanterie im Alten China: ein Beitrag zur Vor-Zhan-guo-Zeit. Materialien zur Allgemeinen und Vergleichenden Archäologie 43. Mainz.
Mayer, W. 1995
    Politik und Kriegskunst der Assyrer. Abhandlungen zur Literatur Alt-Syrien-Palästinas und Mesopotamiens 9. Münster.
Mayer, W., 1998
    "Nabonids Herkunft", in: dubsar anta-men. FS Willem H. Ph. Römer. Alter Orient und Altes Testament 253: 245-261.
Vámbéry, H. 1865
    Reisen in Mittelasien. Leipzig.

Dokumentation der Tagungsreihe Königtum und Herrschaft/Macht und Herrschaft im Rahmen des Sonderforschungsbereichs 493 „Funktionen von Religionen in antiken Gesellschaften des Vorderen Orients"

24.-25. November 2000 Symposion „Königtum und Herrschaft I"

S. Parpola, Helsinki, Legitimation eines assyrischen Herrschers.

Chr. Auffarth, Tübingen, König und doch kein König: Königsideologie in der „Anarchie" der frühgriechischen Gesellschaft.

1.-2. Juni 2001 Symposion „Königtum und Herrschaft II"

Prof. Dr. A. Loprieno, Basel: Literatur als kritische Bühne – zur Problematisierung der Herrschaft im Alten Ägypten.

Prof. Dr. G.J. Selz, Wien: „'Wer sah je eine königliche Dynastie (für immer) in Führung!' Thronwechsel und gesellschaftlicher Wandel im frühen Mesopotamien: eine Nahtstelle von *microstoria* und *longue durée*".

22. Juni 2001: Symposion „Macht und Herrschaft"

Chr. Sigrist: „Macht, Autorität, Herrschaft und *espace politique*".

R. Haude, „Institutionalisierung von Macht und Herrschaft in antike Gesellschaften".

Th. Wagner, „Zentralisationsprozesse in Mesopotamien".

Sach- und Personenverzeichnis

Ugarit-Verlag Münster

Ricarda-Huch-Straße 6, D-48161 Münster (www.ugarit-verlag.de)

Lieferbare Bände der Serien AOAT, AVO, ALASP(M), FARG, Eikon und ELO:

Alter Orient und Altes Testament (AOAT)

Herausgeber: Manfried DIETRICH - Oswald LORETZ

43 Nils P. HEEßEL, *Babylonisch-assyrische Diagnostik.* 2000 (ISBN 3-927120-86-3), XII + 471 S. + 2 Abb., ∈ 98,17.

245 Francesco POMPONIO - Paolo XELLA, *Les dieux d'Ebla. Étude analytique des divinités éblaïtes à l'époque des archives royales du IIIe millénaire.* 1997 (ISBN 3-927120-46-4), VII + 551 S., ∈ 59,31.

246 Annette ZGOLL, *Der Rechtsfall der En-ḫedu-Ana im Lied nin-me-šara,* 1997 (ISBN 3-927120-50-2), XII + 632 S., ∈ 68,51.

248 *Religion und Gesellschaft. Veröffentlichungen des Arbeitskreises zur Erforschung der Religions- und Kulturgeschichte des Antiken Vorderen Orients (AZERKAVO), Band 1.* 1997 (ISBN 3-927120-54-5), VIII + 220 S., ∈ 43,97.

249 Karin REITER, *Die Metalle im Alten Orient unter besonderer Berücksichtigung altbabylonischer Quellen.* 1997 (ISBN 3-927120-49-9), XLVII + 471 + 160 S. + 1 Taf., ∈ 72,60.

250 Manfried DIETRICH - Ingo KOTTSIEPER, Hrsg., *"Und Mose schrieb dieses Lied auf". Studien zum Alten Testament und zum Alten Orient. Festschrift Oswald Loretz.* 1998 (ISBN 3-927120-60-X), xviii + 955 S., ∈ 112,48.

251 Thomas R. KÄMMERER, *Šimâ milka. Induktion und Reception der mittelbabylonischen Dichtung von Ugarit, Emār und Tell el-'Amārna.* 1998 (ISBN 3-927120-47-2), XXI + 360 S., ∈ 60,33.

252 Joachim MARZAHN - Hans NEUMANN, Hrsg., *Assyriologica et Semitica. Festschrift für Joachim OELSNER anläßlich seines 65. Geburtstages am 18. Februar 1997.* 2000 (ISBN 3-927120-62-6), xii + 635 S. + Abb., ∈ 107,88.

253 Manfried DIETRICH - Oswald LORETZ, Hrsg., *dubsar anta-men. Studien zur Altorientalistik. Festschrift für W.H.Ph. Römer.* 1998 (ISBN 3-927120-63-4), xviii + 512 S., ∈ 72,60.

254 Michael JURSA, *Der Tempelzehnt in Babylonien vom siebenten bis zum dritten Jahrhundert v.Chr.* 1998 (ISBN 3-927120-59-6), VIII + 146 S., ∈ 41,93.

255 Thomas R. KÄMMERER - Dirk SCHWIDERSKI, *Deutsch-Akkadisches Wörterbuch.* 1998 (ISBN 3-927120-66-9), XVIII + 589 S., ∈ 79,76.

256 Hanspeter SCHAUDIG, *Die Inschriften Nabonids von Babylon und Kyros' des Großen.* 2001 (ISBN 3-927120-75-8), XLII + 766 S., ∈ 103,--.

257 Thomas RICHTER, *Untersuchungen zu den lokalen Panthea Süd- und Mittelbabyloniens in altbabylonischer Zeit* (2., verb. und erw. Aufl.). 2004 (ISBN 3-934628-50-8; Erstausgabe: 3-927120-64-2), XXI + 608 S., ∈ 88,--.

258 Sally A.L. BUTLER, *Mesopotamian Conceptions of Dreams and Dream Rituals.* 1998 (ISBN 3-927120-65-0), XXXIX + 474 S. + 20 Pl., ∈ 75,67.

259 Ralf ROTHENBUSCH, *Die kasuistische Rechtssammlung im Bundesbuch und ihr literarischer Kontext im Licht altorientalischer Parallelen.* 2000 (ISBN 3-927120-67-7), IV + 681 S., ∈ 65,10.

260 Tamar ZEWI, *A Syntactical Study of Verbal Forms Affixed by -n(n) Endings . . .* 1999 (ISBN 3-927120-71-5), VI + 211 S., ∈ 48,06.

261 Hans-Günter BUCHHOLZ, *Ugarit, Zypern und Ägäis - Kulturbeziehungen im zweiten Jahrtausend v.Chr.* 1999 (ISBN 3-927120-38-3), XIII + 812 S., 116 Tafeln, ∈ 109,42.

262 Willem H.Ph. RÖMER, *Die Sumerologie. Einführung in die Forschung und Bibliographie in Auswahl* (zweite, erweiterte Auflage). 1999 (ISBN 3-927120-72-3), XII + 250 S., ∈ 61,36.

263 Robert ROLLINGER, *Frühformen historischen Denkens. Geschichtsdenken, Ideologie und Propaganda im alten Mesopotamien am Übergang von der Ur-III zur Isin-Larsa Zeit* (ISBN 3-927120-76-6)(i.V.)

264 Michael P. STRECK, *Die Bildersprache der akkadischen Epik.* 1999 (ISBN 3-927120-77-4), 258 S., ∈ 61,36.

265 Betina I. FAIST, *Der Fernhandel des assyrischen Reichs zwischen dem 14. und 11. Jahrhundert v. Chr.*, 2001 (ISBN 3-927120-79-0), XXII + 322 S. + 5 Tf., € 72,09.

266 Oskar KAELIN, *Ein assyrisches Bildexperiment nach ägyptischem Vorbild. Zu Planung und Ausführung der „Schlacht am Ulai".* 1999 (ISBN 3-927120-80-4), 150 S., Abb., 5 Beilagen, € 49,08.

267 Barbara BÖCK, Eva CANCIK-KIRSCHBAUM, Thomas RICHTER, Hrsg., *Munuscula Mesopotamica. Festschrift für Johannes RENGER.* 1999 (ISBN 3-927120-81-2), XXIX + 704 S., Abb., € 124,76.

268 Yushu GONG, *Die Namen der Keilschriftzeichen.* 2000 (ISBN 3-927120-83-9), VIII + 228 S., € 44,99.

269/1 Manfried DIETRICH - Oswald LORETZ, *Studien zu den ugaritischen Texten I: Mythos und Ritual in KTU 1.12, 1.24, 1.96, 1.100 und 1.114.* 2000 (ISBN 3-927120-84-7), XIV + 554 S., € 89,99.

270 Andreas SCHÜLE, *Die Syntax der althebräischen Inschriften. Ein Beitrag zur historischen Grammatik des Hebräischen.* 2000 (ISBN 3-927120-85-5), IV + 294 S., € 63,40.

271/1 Michael P. STRECK, *Das amurritische Onomastikon der altbabylonischen Zeit I: Die Amurriter, die onomastische Forschung, Orthographie und Phonologie, Nominalmorphologie.* 2000 (ISBN 3-927120-87-1), 414 S., € 75,67.

272 Reinhard DITTMANN - Barthel HROUDA - Ulrike LÖW - Paolo MATTHIAE - Ruth MAYER-OPIFICIUS - Sabine THÜRWÄCHTER, Hrsg., *Variatio Delectat - Iran und der Westen. Gedenkschrift für Peter CALMEYER.* 2001 (ISBN 3-927120-89-8), XVIII + 768 S. + 2 Faltb., € 114,53.

273 Josef TROPPER, *Ugaritische Grammatik.* 2000 (ISBN 3-927120-90-1), XXII + 1056 S., € 100,21.

274 Gebhard J. SELZ, Hrsg., *Festschrift für Burkhart Kienast. Zu seinem 70. Geburtstage, dargebracht von Freunden, Schülern und Kollegen.* 2003 (ISBN 3-927120-91-X), xxviii + 732 S., € 122,--.

275 Petra GESCHE, *Schulunterricht in Babylonien im ersten Jahrtausend v.Chr.* 2001 (ISBN 3-927120-93-6), xxxiv + 820 S. + xiv Tf., € 112,48.

276 Willem H.Ph. RÖMER, *Hymnen und Klagelieder in sumerischer Sprache.* 2001 (ISBN 3-927120-94-4), xi + 275 S., € 66,47.

277 Corinna FRIEDL, *Polygynie in Mesopotamien und Israel.* 2000 (ISBN 3-927120-95-2), 325 S., € 66,47.

278/1 Alexander MILITAREV - Leonid KOGAN, *Semitic Etymological Dictionary. Vol. I: Anatomy of Man and Animals.* 2000 (ISBN 3-927120-90-1), cliv + 425 S., € 84,87.

279 Kai A. METZLER, *Tempora in altbabylonischen literarischen Texten.* 2002 (ISBN 3-934628-03-6), xvii + 964 S., € 122,--.

280 Beat HUWYLER - Hans-Peter MATHYS - Beat WEBER, Hrsg., *Prophetie und Psalmen. Festschrift für Klaus SEYBOLD zum 65. Geburtstag.* 2001 (ISBN 3-934628-01-X), xi + 315 S., 10 Abb., € 70,56.

281 Oswald LORETZ - Kai METZLER - Hanspeter SCHAUDIG, Hrsg., *Ex Mesopotamia et Syria Lux. Festschrift für Manfried DIETRICH zu seinem 65. Geburtstag.* 2002 (ISBN 3-927120-99-5), XXXV + 950 S. + Abb., € 138,--.

282 Frank T. ZEEB, *Die Palastwirtschaft in Altsyrien nach den spätaltbabylonischen Getreidelieferlisten aus Alalaḫ (Schicht VII).* 2001 (ISBN 3-934628-05-2), XIII + 757 S., € 105,33.

283 Rüdiger SCHMITT, *Bildhafte Herrschaftsrepräsentation im eisenzeitlichen Israel.* 2001 (ISBN 3-934628-06-0), VIII + 231 S., € 63,40.

284/1 David M. CLEMENS, *Sources for Ugaritic Ritual and Sacrifice. Vol. I: Ugaritic and Ugarit Akkadian Texts.* 2001 (ISBN 3-934628-07-9), XXXIX + 1407 S., € 128,85.

285 Rainer ALBERTZ, Hrsg., *Kult, Konflikt und Versöhnung. Veröffentlichungen des AZERKAVO / SFB 493, Band 2.* 2001 (ISBN 3-934628-08-7), VIII + 332 S., € 70,56.

286 Johannes F. DIEHL, *Die Fortführung des Imperativs im Biblischen Hebräisch.* 2004 (ISBN 3-934628-19-2), XIV + 409 S., € 78,00.

287 Otto RÖSSLER, *Gesammelte Schriften zur Semitohamitistik,* Hrsg. Th. Schneider. 2001 (ISBN 3-934628-13-3), 848 S., € 103,--.

288 A. KASSIAN, A. KOROLËV†, A. SIDEL'TSEV, *Hittite Funerary Ritual šalliš waštaiš.* 2002 (ISBN 3-934628-16-8), ix + 973 S., € 118,--.

289 Zipora COCHAVI-RAINEY, *The Alashia Texts from the 14th and 13th Centuries BCE. A Textual and Linguistic Study.* 2003 (ISBN 3-934628-17-6), xiv + 129 S., € 56,--.

290 Oswald LORETZ, *Götter – Ahnen – Könige als gerechte Richter. Der "Rechtsfall" des Menschen vor Gott nach altorientalischen und biblischen Texten.* 2003 (ISBN 3-934628-18-4), xxii + 932 S., € 128,--.

291 Rocío Da RIVA, *Der Ebabbar-Tempel von Sippar in frühneubabylonischer Zeit (640-580 v. Chr.),* 2002 (ISBN 3-934628-20-6), xxxi + 486 S. + xxv* Tf., € 86,--.

292 Achim BEHRENS, *Prophetische Visionsschilderungen im Alten Testament. Sprachliche Eigenarten, Funktion und Geschichte einer Gattung.* 2002 (ISBN 3-934628-21-4), xi + 413 S., € 82,--.

293 Arnulf HAUSLEITER - Susanne KERNER - Bernd MÜLLER-NEUHOF, Hrsg., *Material Culture and Mental Sphere. Rezeption archäologischer Denkrichtungen in der Vorderasiatischen Altertumskunde. Internationales Symposium für Hans J. Nissen, Berlin 23.-24. Juni 2000.* 2002 (ISBN 3-934628-22-2), xii + 391 S., € 88,--.

294 Klaus KIESOW - Thomas MEURER, Hrsg., *„Textarbeit". Studien zu Texten und ihrer Rezeption aus dem Alten Testament und der Umwelt Israels. Festschrift für Peter WEIMAR zur Vollendung seines 60. Lebensjahres.* 2002 (ISBN 3-934628-23-0), x + 630 S., € 128,--.

295 Galo W. VERA CHAMAZA, *Die Omnipotenz Aššurs. Entwicklungen in der Aššur-Theologie unter den Sargoniden Sargon II., Sanherib und Asarhaddon.* 2002 (ISBN 3-934628-24-9), 586 S., € 97,--.

296 Michael P. STRECK - Stefan WENINGER, Hrsg., *Altorientalische und semitische Onomastik.* 2002 (ISBN 3-934628-25-7), vii + 241 S., € 68,--.

297 John M. STEELE - Annette IMHAUSEN, Hrsg., *Under One Sky. Astronomy and Mathematics in the Ancient Near East.* 2002 (ISBN 3-934628-26-5), vii + 496 S., Abb., € 112,--.

298 Manfred KREBERNIK - Jürgen VAN OORSCHOT, Hrsg., *Polytheismus und Monotheismus in den Religionen des Vorderen Orients.* 2002 (ISBN 3-934628-27-3), v + 269 S., € 76,--.

299 Wilfred G.E. WATSON, Hrsg., *Festschrift Nick WYATT.* 2004 (ISBN 3-934628-32-X)(i.V.)

300 Karl LÖNING, Hrsg., *Rettendes Wissen. Studien zum Fortgang weisheitlichen Denkens im Frühjudentum und im frühen Christentum. Veröffentlichungen des AZERKAVO / SFB 493, Band 3.* 2002 (ISBN 3-934628-28-1), x + 370 S., € 84,--.

301 Johannes HAHN, Hrsg., *Religiöse Landschaften. Veröffentlichungen des AZERKAVO / SFB 493, Band 4.* 2002 (ISBN 3-934628-31-1), ix + 227 S., Abb., € 66,--.

302 Cornelis G. DEN HERTOG - Ulrich HÜBNER - Stefan MÜNGER, Hrsg., *SAXA LOQUENTUR. Studien zur Archäologie Palästinas/Israels. Festschrift für VOLKMAR FRITZ zum 65. Geburtstag.* 2003 (ISBN 3-934628-34-6), x + 328 S., Abb., € 98,--.

303 Michael P. STRECK, *Die akkadischen Verbalstämme mit ta-Infix.* 2003 (ISBN 3-934628-35-4), xii + 163 S., € 57,--.

304 Ludwig D. MORENZ - Erich BOSSHARD-NEPUSTIL, *Herrscherpräsentation und Kulturkontakte: Ägypten - Levante - Mesopotamien. Acht Fallstudien.* 2003 (ISBN 3-934628-37-0), xi + 281 S., 65 Abb., € 68,--.

305 Rykle BORGER, *Mesopotamisches Zeichenlexikon.* 2004 (ISBN 3-927120-82-0), viii + 712 S., € 74,--.

306 Reinhard DITTMANN - Christian EDER - Bruno JACOBS, Hrsg., *Altertumswissenschaften im Dialog. Festschrift für WOLFRAM NAGEL zur Vollendung seines 80. Lebensjahres.* 2003 (ISBN 3-934628-41-9), xv + 717 S., Abb., € 118,--.

307 Michael M. FRITZ, *". . . und weinten um Tammuz". Die Götter Dumuzi-Ama'ušumgal'anna und Damu.* 2003 (ISBN 3-934628-42-7), 430 S., € 83,--.

308 Annette ZGOLL, *Die Kunst des Betens. Form und Funktion, Theologie und Psychagogik in babylonisch-assyrischen Handerhebungsgebeten an Ištar.* 2003 (ISBN 3-934628-45-1), iv + 319 S., € 72,--.

309 Willem H.Ph. RÖMER, *Die Klage über die Zerstörung von Ur.* 2004 (ISBN 3-934628-46-X), ix + 191 S., € 52,--.

310 Thomas SCHNEIDER, Hrsg., *Das Ägyptische und die Sprachen Vorderasiens, Nordafrikas und der Ägäis. Akten des Basler Kolloquiums zum ägyptisch-nichtsemitischen Sprachkontakt Basel 9.-11. Juli 2003.* 2004 (ISBN 3-934628-47-8), 527 S., € 108,--.

311 Dagmar KÜHN, *Totengedenken bei den Nabatäern und im Alten Testamtent. Eine religionsgeschichtliche und exegetische Studie.* 2004 (ISBN 3-934628-48-6) (i.V.)

312 Ralph HEMPELMANN, *„Gottschiff" und „Zikkurratbau" auf vorderasiatischen Rollsiegeln des 3. Jahrtausends v. Chr.* 2004 (ISBN 3-934628-49-4), viii + 154 S., + Tf. I-XXXI, Abb., ∈ 55,--.

313 Rüdiger SCHMITT, *Magie im Alten Testament.* 2004 (ISBN 3-934628-52-4), xiii + 471 S., ∈ 94,--.

314 Stefan TIMM, *„Gott kommt von Teman . . ." Kleine Schriften zur Geschichte Israels und Syrien-Palästinas.* Hrsg. von Claudia Bender und Michael Pietsch. 2004 (ISBN 3-934628-53-2), viii + 274 S., ∈ 63,--.

315 Bojana JANKOVIĆ, *Vogelzucht und Vogelfang in Sippar im 1. Jahrtausend v. Chr. - Veröffentlichungen zur Wirtschaftsgeschichte Babyloniens im 1. Jahrtausend v. Chr., Bd. 1.* 2004 (ISBN 3-934628-54-0), xx + 219 S. (i.D.)

316 Christian SIGRIST, Hrsg., *Macht und Herrschaft. Veröffentlichungen des AZERKAVO / SFB 493, Band 5.* 2004 (ISBN 3-934628-55-9), xii + 239 S. (i.D.)

317 Anja ULBRICH, *KYPRIS. Heiligtümer und Kulte weiblicher Gottheiten auf Zypern in der kyproarchaischen und -klassischen Epoche (Königszeit).* 2005 (ISBN 3-934628-56-7) (i.V.)

318 Manfred HUTTER / Sylvia HUTTER-BRAUNSAR, *Offizielle Religion, lokale Kulte und individuelle Religiosität. Akten des religionsgeschichtlichen Symposiums „Kleinasien und angrenzende Gebiete vom Beginn des 2. bis zur Mitte des 1. Jahrtausends v. Chr." (Bonn, 20.-22. Februar 2003).* 2004 (ISBN 3-934628-58-3), 504 S., Abb. (i.D.)

Neuauflage:

257 Thomas RICHTER, *Untersuchungen zu den lokalen Panthea Süd- und Mittelbabyloniens in altbabylonischer Zeit* (2., verb. und erw. Aufl.). 2004 (ISBN 3-934628-50-8; Erstausgabe: 3-927120-64-2), XXI + 608 S., ∈ 88,--.

Elementa Linguarum Orientis (ELO)
Herausgeber: *Josef TROPPER - Reinhard G. LEHMANN*

1 Josef TROPPER, *Ugaritisch. Kurzgefasste Grammatik mit Übungstexten und Glossar.* 2002 (ISBN 3-934628-17-6), xii + 168 S., ∈ 28,--.

2 Josef TROPPER, *Altäthiopisch. Grammatik des Ge'ez mit Übungstexten und Glossar.* 2002 (ISBN 3-934628-29-X), xii + 309 S. ∈ 42,--.

Altertumskunde des Vorderen Orients (AVO)
Herausgeber: *Manfried DIETRICH - Reinhard DITTMANN - Oswald LORETZ*

1 Nadja CHOLIDIS, *Möbel in Ton.* 1992 (ISBN 3-927120-10-3), XII + 323 S. + 46 Taf., ∈ 60,84.

2 Ellen REHM, *Der Schmuck der Achämeniden.* 1992 (ISBN 3-927120-11-1), X + 358 S. + 107 Taf., ∈ 63,91.

3 Maria KRAFELD-DAUGHERTY, *Wohnen im Alten Orient.* 1994 (ISBN 3-927120-16-2), x + 404 S. + 41 Taf., ∈ 74,65.

4 Manfried DIETRICH - Oswald LORETZ, Hrsg., *Festschrift für* Ruth Mayer-Opificius. 1994 (ISBN 3-927120-18-9), xviii + 356 S. + 256 Abb., ∈ 59,31.

5 Gunnar LEHMANN, *Untersuchungen zur späten Eisenzeit in Syrien und Libanon. Stratigraphie und Keramikformen zwischen ca. 720 bis 300 v.Chr.* 1996 (ISBN 3-927120-33-2), x + 548 S. + 3 Karten + 113 Tf., ∈ 108,39.

6 Ulrike LÖW, *Figürlich verzierte Metallgefäße aus Nord- und Nordwestiran - eine stilkritische Untersuchung.* 1998 (ISBN 3-927120-34-0), xxxvii + 663 S. + 107 Taf., ∈ 130,89.

7 Ursula MAGEN - Mahmoud RASHAD, Hrsg., *Vom Halys zum Euphrat.* Thomas Beran *zu Ehren.* 1996 (ISBN 3-927120-41-3), XI + 311 S., 123 Abb., ∈ 71,07.

8 Eşref ABAY, *Die Keramik der Frühbronzezeit in Anatolien mit »syrischen Affinitäten«.* 1997 (ISBN 3-927120-58-8), XIV + 461 S., 271 Abb.-Taf., ∈ 116,57.

9 Jürgen SCHREIBER, *Die Siedlungsarchitektur auf der Halbinsel Oman vom 3. bis zur Mitte des 1. Jahrtausends v.Chr.* 1998 (ISBN 3-927120-61-8), XII + 253 S., ∈ 53,17.

10 *Iron Age Pottery in Northern Mesopotamia, Northern Syria and South-Eastern Anatolia.* Ed. Arnulf HAUSLEITER and Andrzej REICHE. 1999 (ISBN 3-927120-78-2), XII + 491 S., ∈ 117,60.

11   Christian GREWE, *Die Entstehung regionaler staatlicher Siedlungsstrukturen im Bereich des prähistorischen Zagros-Gebirges. Eine Analyse von Siedlungsverteilungen in der Susiana und im Kur-Flußbecken.* 2002 (ISBN 3-934628-04-4), x + 580 S. + 1 Faltblatt, € 142,--.

Abhandlungen zur Literatur Alt-Syrien-Palästinas und Mesopotamiens (ALASPM)
Herausgeber: *Manfried* DIETRICH - *Oswald* LORETZ

1   Manfried DIETRICH - Oswald LORETZ, *Die Keilalphabete.* 1988 (ISBN 3-927120-00-6), 376 S., € 47,55.

2   Josef TROPPER, *Der ugaritische Kausativstamm und die Kausativbildungen des Semitischen.* 1990 (ISBN 3-927120-06-5), 252 S., € 36,30.

3   Manfried DIETRICH - Oswald LORETZ, *Mantik in Ugarit.* Mit Beiträgen von Hilmar W. Duerbeck - Jan-Waalke Meyer - Waltraut C. Seitter. 1990 (ISBN 3-927120-05-7), 320 S., € 50,11.

5   Fred RENFROE, *Arabic-Ugaritic Lexical Studies.* 1992 (ISBN 3-927120-09-X). 212 S., € 39,37.

6   Josef TROPPER, *Die Inschriften von Zincirli.* 1993 (ISBN 3-927120-14-6). XII + 364 S., € 55,22.

7   *UGARIT - ein ostmediterranes Kulturzentrum im Alten Orient. Ergebnisse und Perspektiven der Forschung.* Vorträge gehalten während des Europäischen Kolloquiums am 11.-12. Februar 1993, hrsg. von Manfried DIETRICH und Oswald LORETZ.
    Bd. I: *Ugarit und seine altorientalische Umwelt.* 1995 (ISBN 3-927120-17-0). XII + 298 S., € 61,36.
    Bd. II: H.-G. BUCHHOLZ, *Ugarit und seine Beziehungen zur Ägäis.* 1999 (ISBN 3-927120-38-3): **AOAT 261**.

8   Manfried DIETRICH - Oswald LORETZ - Joaquín SANMARTÍN, *The Cuneiform Alphabetic Texts from Ugarit, Ras Ibn Hani and Other Places. (KTU: second, enlarged edition).* 1995 (ISBN 3-927120-24-3). XVI + 666 S., € 61,36.

9   Walter MAYER, *Politik und Kriegskunst der Assyrer.* 1995 (ISBN 3-927120-26-X). XVI + 545 S. € 86,92.

10 Giuseppe VISICATO, *The Bureaucracy of Šuruppak. Administrative Centres, Central Offices, Intermediate Structures and Hierarchies in the Economic Documentation of Fara.* 1995 (ISBN 3-927120-35-9). XX + 165 S. € 40,90.

11 Doris PRECHEL, *Die Göttin Išḫara.* 1996 (ISBN 3-927120-36-7) — Neuauflage geplant in AOAT.

12 Manfried DIETRICH - Oswald LORETZ, *A Word-List of the Cuneiform Alphabetic Texts from Ugarit, Ras Ibn Hani and Other Places (KTU: second, enlarged edition).* 1996 (ISBN 3-927120-40-5), x + 250 S., € 40,90.

Forschungen zur Anthropologie und Religionsgeschichte (FARG)
Herausgeber: *Manfried* DIETRICH - *Oswald* LORETZ

27 Jehad ABOUD, *Die Rolle des Königs und seiner Familie nach den Texten von Ugarit.* 1994 (ISBN 3-927120-20-0), XI + 217 S., € 19,68.

28 Azad HAMOTO, *Der Affe in der altorientalischen Kunst.* 1995 (ISBN 3-927120-30-8), XII + 147 S. + 25 Tf. mit 155 Abb., € 25,05.

29 *Engel und Dämonen.* Hrsg. von Gregor AHN - Manfried DIETRICH, 1996 (ISBN 3-927120-31-6), XV + 190 S. - vergr.

30 Matthias B. LAUER, *"Nachhaltige Entwicklung" und Religion. Gesellschaftsvisionen unter Religionsverdacht und die Frage der religiösen Bedingungen ökologischen Handelns.* 1996 (ISBN 3-927120-48-0), VIII + 207 S., € 18,41.

31 Stephan AHN, *Søren Kierkegaards Ontologie der Bewusstseinssphären. Versuch einer multidisziplinären Gegenstandsuntersuchung.* 1997 (ISBN 3-927120-51-0), XXI + 289 S., € 23,52.

32 Mechtilde BOLAND, *Die Wind-Atem-Lehre in den älteren Upaniṣaden.* 1997 (ISBN 3-927120-52-9), XIX + 157 S., € 18,41.

33 *Religionen in einer sich ändernden Welt. Akten des Dritten Gemeinsamen Symposiums der THEOLO-GISCHEN FAKULTÄT DER UNIVERSITÄT TARTU und der DEUTSCHEN RELIGIONSGESCHICHTLICHEN STUDIENGESELLSCHAFT am 14. und 15. November 1997.* Hrsg. von Manfried DIETRICH, 1999 (ISBN 3-927120-69-3), X + 163 S., 12 Abb., ∈ 16,87.

34 *Endzeiterwartungen und Endzeitvorstellungen in den verschiedenen Religionen. Akten des Vierten Gemeinsamen Symposiums der THEOLOGISCHEN FAKULTÄT DER UNIVERSITÄT TARTU und der DEUT-SCHEN RELIGIONSGESCHICHTLICHEN STUDIENGESELLSCHAFT am 5. und 6. November 1999.* Hrsg. von Manfried DIETRICH, 2001 (ISBN 3-927120-92-8), IX + 223 S., ∈ 16,87.

35 Maria Grazia LANCELLOTTI, *The Naassenes. A Gnostic Identity Among Judaism, Christianity, Classical and Ancient Near Eastern Traditions.* 2000 (ISBN 3-927120-97-9), XII + 416 S., ∈ 36,81.

36 *Die Bedeutung der Religion für Gesellschaften in Vergangenheit und Gegenwart. Akten des Fünften Gemeinsamen Symposiums der THEOLOGISCHEN FAKULTÄT DER UNIVERSITÄT TARTU und der DEUT-SCHEN RELIGIONSGESCHICHTLICHEN STUDIENGESELLSCHAFT am 2. und 3. November 2001.* Hrsg. von Manfried DIETRICH - Tarmo KULMAR, 2003 (ISBN 3-934628-15-X), ix + 263 S., ∈ 46,--.

37 *Die emotionale Dimension antiker Religiosität.* Hrsg. von Alfred KNEPPE - Dieter METZLER, 2003 (ISBN 3-934628-38-9), xiii + 157 S., ∈ 46,--.

38 Marion MEISIG, *Ursprünge buddhistischer Heiligenlegenden. Untersuchungen zur Redaktions-geschichte des Chuan⁴ tsih² pêh² yüan² king¹.* 2004 (ISBN 3-934628-40-0), viii + 182 S., ∈ 53,--.

39 Dieter METZLER, *Kleine Schriften zur Geschichte und Religion des Altertums und deren Nachleben. Hrsg. von Tobias Arand und Alfred Kneppe.* 2004 (ISBN 3-934628-51-6), ix + 639 S. mit Abb., ∈ 98,--.

Eikon
Beiträge zur antiken Bildersprache
Herausgeber: *Klaus STÄHLER*

1 Klaus STÄHLER, *Griechische Geschichtsbilder klassischer Zeit.* 1992 (ISBN 3-927120-12-X), X + 120 S. + 8 Taf., ∈ 20,86.

2 Klaus STÄHLER, *Form und Funktion. Kunstwerke als politisches Ausdrucksmittel.* 1993 (ISBN 3-927120-13-8), VIII + 131 S. mit 54 Abb., ∈ 21,99.

3 Klaus STÄHLER, *Zur Bedeutung des Formats.* 1996 (ISBN 3-927120-25-1), ix + 118 S. mit 60 Abb., ∈ 24,54.

4 *Zur graeco-skythischen Kunst. Archäologisches Kolloquium Münster 24.-26. November 1995.* Hrsg.: Klaus STÄHLER, 1997 (ISBN 3-927120-57-X), IX + 216 S. mit Abb., ∈ 35,79.

5 Jochen FORNASIER, *Jagddarstellungen des 6.-4. Jhs. v. Chr. Eine ikonographische und ikonologi-sche Analsyse.* 2001 (ISBN 3-934628-02-8), XI + 372 S. + 106 Abb., ∈ 54,19.

6 Klaus STÄHLER, *Der Herrscher als Pflüger und Säer: Herrschaftsbilder aus der Pflanzenwelt.* 2001 (ISBN 3-934628-09-5), xii + 332 S. mit 168 Abb., ∈ 54,19.

7 Jörg GEBAUER, *Pompe und Thysia. Attische Tieropferdarstellungen auf schwarz- und rotfigurigen Vasen.* 2002 (ISBN 3-934628-30-3), xii + 807 S. mit 375 Abb., ∈ 80,--.

8 *Ikonographie und Ikonologie. Interdisziplinäres Kolloquium 2001.* Hrsg.: Wolfgang HÜBNER - Klaus STÄHLER, 2004 (ISBN 3-934628-44-3), xi + 187 S. mit Abb., ∈ 40,--.

Auslieferung - Distribution:
BDK Bücherdienst GmbH
Kölner Straße 248
D-51149 Köln

Distributor to North America:
Eisenbrauns, Inc.
Publishers and Booksellers, POB 275
Winona Lake, Ind. 46590, U.S.A.